国家社会科学基金项目

邢建华◎著

福建私营企业主阶层的政治参与

Fujian Private Entrepreneurs' Political Participation

社会科学文献出版社
SOCIAL SCIENCES ACADEMIC PRESS (CHINA)

前　言

改革开放以来，私营企业主阶层及其政治参与问题，是当代中国社会结构和社会生活中发生的一件新事、大事，也是重大的理论和现实问题。福建省私营经济在福建经济中已经形成“三分天下有其二”局势，福建私营企业主阶层在政治、经济和社会等领域提出了独特的利益诉求，其政治参与体现了鲜明的地域特色，产生了深远的社会影响。

本书的研究目标在于，系统梳理福建私营企业主阶层政治参与的条件、动机、途径等现状，深入分析福建私营企业主阶层政治参与中存在的问题及其深层次原因，研究福建私营企业主阶层政治参与的正负面社会影响，提出有利于进一步扩大福建私营企业主阶层有序政治参与的对策和建议，从而促进福建私营企业主阶层的政治参与向规范、理性和有序的方面发展。

本书运用政治学、政治社会学、马克思主义社会结构理论对福建私营企业主阶层政治参与问题进行系统研究分析。主要内容体现在以下几个方面：

一　福建私营企业主阶层政治参与的重要基础

福建私营企业的发展状况是福建私营企业主阶层政治参与的重要基础。福建省私营企业的发展在国家和地方政府不同时期政策的影响下，经历了从萌芽到稳定发展的六个不同时期，不同的时期表现出不同的发展水平和状况，直接影响了福建私营企业主政治参与的状况并形成地方特色。其主要特征在于：企业主拥有的企业规模越大、发展越稳定，政治参与的层次和水平也越高。

二　福建私营企业主阶层已经具备的政治参与主客观条件

改革开放以来，国家和福建省各级政府在经济、政治、文化以及社会方面的建设推动了福建私营企业主阶层政治参与的迅猛发展，而福建私营企业主阶层日益提高的个人政治素质和文化教育水平，为其政治参与提供了重要的内在素质条件。本书从宏观、中观到微观，多角度深入分析了福建私营企业主阶层政治参与所具备的主客观条件。

三　福建私营企业主阶层政治参与多元化的动机

从政治参与的动机而言，福建私营企业主阶层政治参与的动机是多元化的，既有个人层面的提高自身社会地位和谋求政治保护的动机，也有企业层面的发展企业的动机，还有社会层面的履行社会责任的动机。这些动机在私营企业主政治参与当中都会交叉出现。目前，福建私营企业主阶层的政治参与总体上是基于资源获取导向和个人、企业导向，社会奉献型政治参与还较少。本书阐述了福建私营企业主阶层政治参与的动机及其产生的深层次原因。

四　福建私营企业主阶层灵活多样的政治参与途径和渠道

最为广泛和具有影响力的几种途径是：参选各级人大代表和政协委员，申请加入中国共产党等党派组织，参加工商联等商会组织，参与光彩事业和各类社会公益慈善事业，与有关政府官员进行政治接触，参与农村基层自治，等等。本书评析了各种途径和渠道的政治参与的功能以及凭借这些途径的私营企业主的政治参与对福建省以及国家政治生活的影响。

五　福建私营企业主阶层政治参与比较凸显的若干问题

总体上，福建私营企业主阶层的政治参与获得了较好的发展，体现在政治参与意识较强，政治参与人数较多，政治参与水平较高，政治参与效度较深等方面。但是，福建私营企业主阶层政治参与中存在的问题也比较凸显，最主要的表现为，相对于沿海私营经济最发达省份的私营企业主的政治参与水平，相对于福建私营经济在福建省经济中的地位和作用来看，福建私营企业主阶层政治参与作用的发挥还不够充分，政治参与的制度化水平较低，政治参与的总体水平尚待提高，政治参与的不平衡性突出，政治冷漠现象还在一定的范围内存在，更有甚者，还有个别的私营企业主通过非法政治参与获取政治资源，从而得到更多的政治支持。本书详细分析了福建私营企业主阶层政治参与中存在的问题及其成因。

六 福建私营企业主阶层政治参与比较突出的积极社会影响

福建私营企业主阶层的政治参与对国家和福建省地方各级政府的经济、政治、文化和社会建设都产生了十分重要的积极影响，是其社会影响的主流。但是，部分福建私营企业主的政治冷漠以及个别私营企业主的非法参与产生的消极影响也不容忽视，必须要引起高度重视并加以解决。本书详细分析了福建私营企业主阶层政治参与对社会产生的积极影响和消极影响。

七 福建私营企业主阶层政治参与切实有效的规范和引导

鉴于福建私营企业主阶层政治参与的现状以及存在的问题，应以扩大福建私营企业主阶层有序的政治参与为基本原则，加强对福建私营企业主阶层政治参与的规范和引导，则可使其由被动参与转向主动参与、由个人参与转向组织参与、由非法参与转向合法参与，促进其政治参与朝着理性和有序的方向发展。因此，国家和福建地方政府要重视创造社会各阶层平等参与的政治环境，创造条件，促进福建私营企业主阶层与劳工之间的新型政治伙伴关系。基于此，本书提出了扩大福建私营企业主阶层有序政治参与的具体对策和举措，力求起到切实有效的作用。

我国学界对于福建私营企业主阶层政治参与的研究只是一个开始，目前尚没有相关系统的研究，本书是一个开创性的探索。唯愿这一探索能够为丰富和发展我国私营企业主阶层政治参与理论，拓展我国学界微观研究的领域尽绵薄之力；为推动福建政治民主的发展提供基本的社会素材和决策依据；为推动福建私营经济的发展，引导福建私营企业主提高社会责任感和增强政治参与意识起到一定的借鉴和启示作用。也唯愿这一探索能够抛砖引玉，引起更多的研究者和政治工作者对福建私营企业主阶层政治参与问题的关注，这也是本书写作的另一个重要目的。

目　录

导 论

一 选题的意义

中国改革开放三十多年取得了举世公认的经济发展成就，其中私营经济不断发展壮大，已经成为社会主义市场经济的重要组成部分和促进社会生产力发展的重要力量。与此同时，私营企业主在改革开放中快速成长为新的独特群体，成为我国经济结构和社会结构变革调整中最引人注目的社会阶层。当前私营企业主阶层是我国社会成员中拥有雄厚经济资源的重要一员，经济地位处于社会上层，社会地位不断提高，政治参与意识日益增强，政治诉求变得越来越迫切。中共十六大通过允许他们中间的优秀分子入党，明确了私营企业主阶层的政治地位，进一步激发了私营企业主阶层政治参与的热情。可以说，私营企业主作为一个阶层参与政治是中国政治发展的大事，是对中国社会主义政治参与结构的重大突破，标志着中国新的利益主体开始进入政治体制内从事政治活动，将对中国的政治生态产生重大而深远的影响。特别是，由于私营经济在我国社会主义经济政治意识中的特殊性，以及在我国总体经济结构中独有的效率与成长性，使得私营企业主阶层的政治参与必然带有较强的独特性与复杂性。中共十七大强调"国家一切权力属于人民，从各个层次、各个领域扩大公民有序政治参与"。私营企业主阶层理性而有序的政治参与，对于化解社会各阶层之间的矛盾和冲突，推进政治体制改革和民主政治发展，实现政治稳定，建设和谐的全面小康社会都具有标本意义。因此，如何对待私营企业主阶层政治参与扩大化和有序化的社会现实，成为当前我国学界急需研究的新课题，对这一课题的深入研究具有理论和现实的多重意义。

在马恩列斯毛经典著作中，没有关于社会主义制度下私营企业主政治参与的任何理论阐述。在科学社会主义发展史上，关于社会主义条件下私营企业主的政治参与问题是一个崭新的课题。因此，在当前中国建设社会主义市场经济，发展社会主义民主政治、建设和谐社会的关键时期，加强对这一问题的研究，将有助于丰富和发展马克思主义的政治参与理论。福建省地处中国改革开放的前沿，私营经济在福建经济中“三分天下有其二”。福建私营企业主阶层政治参与具有鲜明的地域特色，对于其他地区私营企业主的政治参与具有典型示范效应。加强对改革开放以来福建私营企业主阶层政治参与的研究，可以拓展我国学界微观研究的领域，丰富和发展私营企业主阶层政治参与理论。

本研究立足于福建私营企业主阶层政治参与发展的实践，通过系统梳理福建私营企业主政治参与的现状，深入分析福建私营企业主阶层政治参与中存在的问题及其深层次原因，进一步提出有利于扩大福建私营企业主阶层有序政治参与的路径，并在此基础上对福建私营企业主阶层的政治参与提出前瞻性思考等，为推动福建政治民主的发展提供基本的社会素材和可资借鉴的经验与启示，对推动海峡西岸经济区建设、和谐社会建设、闽台关系的良性发展以及祖国统一都具有很强的现实意义和广泛的社会价值。

二　国内外研究动态

（一）国外研究动态

政治参与思想最早可以追溯到古代民主制下古希腊的政治学说中。最具典型性的是以雅典为代表的政治参与思想。在中世纪的欧洲，总体上没有民主与政治参与，但在个别实行民主制的城市与城邦，如中世纪意大利的佛罗伦萨和威尼斯，公众的政治参与有了较大的发展。它表现为城邦社会内部的直接、间接的选举制，等级代表、比例代表制，普选制等具体形式的出现。

近代资产阶级国家的诞生，使人类第一次看到了自由与民主的曙光。资产阶级民主制在西方的确立过程就是公民获得参与权的过程。在资产阶级的革命过程中争取普遍参与权（普选权）本身就是一种政治参与形式。近代资产阶级民主制下的政治参与有着坚实的理论支撑。对资产阶级民主理论贡献最大的是孟德斯鸠、洛克、卢梭、约翰·密尔、托克维尔等人。法国思想家卢梭从主权在民的政治理念出发，阐述了人民作为主权者参与社会政治过程的重要作用及其途径。托克维尔更是开创了公民政治参与的历史和经验研究的方式，他在《论美国的民主》中分析了公民政治参与的实践意义和理论意义，强调公民政治参与的重要性。政治参与思想得到进一步丰富和发展。

现代政治学中的政治参与概念，是在20世纪五六十年代随着政治学的学科转型而产生的。第二次世界大战以后，政治学研究发生了较大的变化。它一改早期政治学以国家制度为研究重点，以历史分析为主要研究方法的传统，把政治现实中可以观察到的政治行为作为研究重点，将自然科学以及社会学、心理学、人类学、统计学等各个社会科学的理论和方法引入政治学，从而产生了一批新的政治学研究课题。“政治参与”便是其中之一。

政治参与的研究对于社会转型的顺利推进具有重要意义，对于公民政治参与的拓展、国家和社会的稳定、民主在实践中的实现等都具有重要作用。从理论上看，政治参与是现代民主理论的一个重要概念，是衡量民主的一个重要尺度。政治参与与民主紧密相连。事实上人们谈论政治参与，是从更充分的意义上来谈论民主。对政治参与进行一定的研究，是政治学的题中应有之义。从实践上看，现代政治学中的政治参与研究本来就是应二战以后政治参与空前发展的实践而产生的。西方一些学者用这一概念分析发展中国家的政治发展状况以及作为透视发展中国家政治发展水准的重要指标，并认为，发展中国家面临着政治参与的压力。

第二次世界大战后，国外一些学者对政治参与的研究比较系统和深入。如美国著名政治学家塞缪尔·亨廷顿的《难以抉择——发展中国家的政治参与》和《变化社会中的政治秩序》、加布里埃尔·A·阿尔蒙德和西德尼·维伯的《公民文化——五个国家的政治态度和民主制》、安东尼·M·奥罗姆的《政治社会学导论——对政治实体的社会剖析》、日本学者蒲岛郁夫的《政治参与》，等等。但是国外学者的研究领域主要是宏观的、公民整体的政治参与问题，对于微观的特殊公民的政治参与的专门研究成果十分有限，只有少数国外学者如日本学者今田高俊的《社会阶层与政治》、美国社会学家米尔斯、20世纪90年代初期西欧国家的少数学者以及中国香港和台湾的少数学者对中产阶级或中间阶层的政治参与进行过研究。对于我们研究中国的私营企业主阶层的政治参与有一定的借鉴意义。

而对中国私营企业主阶层的政治参与进行了较为系统的研究并且取得了有价值的研究成果的学者中最有代表性的是德国政治学家托马斯·海贝

勒。他于1996~1997年对中国的私营企业主阶层进行了调查研究，撰写了《作为战略群体的企业家——中国私营企业家阶层的社会与政治功能研究》一书。其中私营企业主的政治参与问题是海贝勒研究的一个领域。在该书中，海贝勒通过对中国私营企业家和越南私营企业家的比较，把中国的私营企业家定位为作为战略群体的企业家，认为中国私营企业家拥有一个共同的、长期的行动计划和一个相应的行为战略，是有影响力的社会行为体，并充分肯定了中国私营企业家的政治作用。他运用经济精英和政治精英理论分析了我国私营企业主的政治参与，得出了一些有参考价值的结论：小企业家比大企业家政治参与的兴趣更大；城市和农村的私营企业家政治参与的程度不同，相比城市私营企业家而言，农村地区私营企业家拥有更多的参政机会；人大代表是我国私营企业家政治参与的重要渠道，人大代表能为中国的私营企业家提供政治保护，成为影响和接触本地政治、经济和知识精英的渠道，私营企业家明确地将参与人大工作看做是施加影响和实现自身利益的机会；私营企业家阶层的政治目标是实现自身政治和经济安全及法律保障，拒绝国家财产和分配系统的垄断和特权，占有更多的政治资源，减少政府对商业过程的经常干预，期望通过政治参与影响政府经济政策的制定以获得良好的生产经营环境等。海贝勒从私有化进程这个角度，较高地估计了私营企业主的政治作用，但是他确实看到了私营企业主的政治作用将成为影响未来中国政治发展的一个极为重要的因素。海贝勒的研究成果对于我们国内对私营企业主阶层的政治参与研究具有重要的提示作用和借鉴意义。

（二）国内研究动态

中国的学者也曾对政治参与做过一定程度的研究。到目前为止，新中国对公民政治参与的研究与实践经历了几个时期，即新中国成立后到1956年，1956年到1966年，1966年“文化大革命”的爆发到1978年，1978年至今。应当说，1978年之前几个时期的研究缺乏系统性和科学性。1978年党的十一届三中全会确立了改革开放的方针后，中国公民的政治参与开启了新的时期，中国公民政治参与活动日益扩大，中国学者通过自己的视角研究中国政治参与的理论日益活跃，其中最有代表性的是陶东明、陈明明所著《当代中国政治参与》（1998年）一书，系统地分析了中国公民政治参与的主体、客体及方式。尤其是21世纪以来，人类社会进入全球化时代、网络化时代、知识经济时代，中国经济社会从计划经济向市场经济转型，利益集团多元化等，这些都给我国公民政治参与带来了深远的影响，也给我国理论界带来了研究社会各阶层政治参与的繁荣景象。特别是改革开放催生的私营企业主阶层，近年来伴随着私营经济的快速发展，开始通过各种方式表达政治和经济方面的诉求，影响政治系统的决策及其实施过程，越来越成为中国理论界研究的热点问题。理论界对私营企业主的政治参与作了一些有益的探索和研究，相关的科研立项成果及论文、专著陆续问世。在中国期刊网上，以“私营企业主政治参与”为主题可以检索到75篇学术论文，16篇博硕士学位论文，有关私营企业主政治参与的专著10余部。其中比较有代表性的研究专著有：陆学艺主编《当代中国社会阶层研究报告》（2002年）、董明《政治格局中的私营企业主阶层》（2002年）、张厚义等《中国私营企业发展报告》（2005年）、敖带芽《私营企业主阶层的政治参与》（2005年）、李宝梁《从共生走向和谐——当代中国私营企业主成长的社会生态研究》（2005年）、赵丽江《中国私营企业家的政治参与》（2006年）、王晓燕《私营企业主的政治参与》（2007年）等。比较有代表性的博硕士学位论文有：魏满霞《现阶段我国私营企业主阶层政治参与研究》（2004年硕士学位论文）、李丽梅《论现阶段中国私营企业主的政治参与》（2004年硕士学位论文）、郑云鹏《转型期私营企业主政治参与的理性思考》（2005年硕士学位论文）、毛明斌《中国私营企业主阶层政治参与研究》（2005年硕士学位论文）、钟蔚梁《私营企业主阶层政治参与的现状分析与对策思考》（2005年硕士学位论文）、李敬华《论现代化进程中民营企业主阶层的政治参与》（2005年硕士学位论文）、陈诚平《我国私营企业主的政治参与研究》（2007年硕士学位论文）、周师《论我国私营企业主非制度性政治参与及其防范》（2007年硕士学位论文）、高贤峰《我国民营企业家政治行为分析——以S市调查为例》（2007年博士学位论文）、刘妙妙《现阶段我国私营企业主政治参与研究》（2008年硕士学位论文）、罗英光《民营企业家参政议政与企业绩效》（2008年硕士学位论文）、陆燕《社会变迁中的私营企业主政治参与与利益诉求——以浙江省P市为例》（2008年硕士学位论文）、陈文苞《民营企业家参政透视——以温州为例》（2009年硕士学位论文）等。比较有代表性的专家学者的学术论文有：成伟《关于私营企业主政治参与的理性思考》（2002年），张荆红、黄家猛《我国私营企业主政治参与的现状及对策》（2003 年），祝晓光《私营企业主群体政治参与的有序化与我国基本政治制度》（2003 年），游龙波《关于在私营企业主先进分子中发展党员的调查与思考》（2003 年），陈剩勇、魏仲庆《民间商会与私营企业主阶层的政治参与——浙江温州民间商会的个案研究》（2003 年），尹毅、李蔓琳《关于云南省私营企业主政治参与的调查与分析》（2003 年），邢乐勤、杨逢银《浙江省私营企业主政治参与的现状分析——以温州永嘉私营企业主的政治参与状况为个案》（2004 年），廖根深《走向政坛的青年私营企业主——对广东青年私营企业主群体政治参与的调查》（2004 年），吴波《私营企业主阶层的政治参与与发展趋势分析》（2004 年），胡永琴《论私营企业主实现有序政治参与的法治基础》（2004 年），朱光磊、杨立武《中国私营企业主政治参与的形式、意义和限度》（2004 年），刘润堂《发挥私营企业主阶层的政治参与功能》（2004 年），管煜武、孙发锋《今日中国私营企业主政治参与的特征及其作用》（2004 年），毛明斌《略论私营企业主阶层的政治参与方式及其特点》（2004 年），华正学《需要层次理论视域下的私营企业主政治参与》（2004 年），华正学《私营企业主政治参与中的满意度研究》（2005 年），华正学《私营企业主参与社会主义政治文明建设的绩效分析》（2005 年），王一程、戴建中、吴波、房宁《中国私营企业主的政治态度和政治参与》（2006 年），郎友兴、韩志明《目的·条件·功能：私营企业主阶层的政治参与》（2008 年），吕倩《当前我国私营企业主政治参与分析》（2008 年），秦韩生《论私营企业主阶层和谐政治参与》（2008 年），温淑春《刍议和谐社会视野下私营企业主的政治参与》（2008 年），奚学仁《警惕少数私企老板的“参政”动因》（2008 年），杨建平、郭清梅《浅论私营企业主非制度性政治参与》（2008 年），叶国平《完善新社会阶层有序政治参与的对策思考》（2008 年），等等。上述这些研究成果，不同程度地涉及了从阶级阶层的角度探讨私营经济及私营企业主的政治合法性及其认识；私营企业主政治参与的必要性或资格论证；私营企业主政治参与的心理与行为特点；私营企业主政治参与的形式与意义；私营企业主政治参与的“度”；保证私营企业主制度性政治参与的路径选择等领域。这些研究已经取得了比较丰硕的成果，为本课题的研究提供了一些资料，打下了一定基础，做了很好的理论上的准备。但是，综观国内外研究成果，就整体而言，尚存一些不足之处：

第一，从研究方法看，理论思辨的研究较多，实证研究的成果较少。

目前流行的主要还是定性分析居多，定量分析较少，一些定量研究解释力度不够，影响了研究的效度和信度，制约了研究质量的再提升。

第二，从研究内容看，在私营企业主政治参与合法性问题上，仅限于理论推导和制度的分析，缺乏更宽泛的政治文化研究视角；在私营企业主政治参与必要性和政治参与资格问题上，基本停留在对中央决策的理论性论证上，缺乏前瞻性和建设性的理论成果；在私营企业主政治参与的心理与行为问题上，无论政治参与期望、政治参与态度还是政治参与动机，整体上还没有引起足够重视，留下较多的研究盲点；在私营企业主政治参与的形式问题上，对于私营企业主制度性政治参与研究较多，而对于私营企业主非制度性政治参与的研究较为薄弱；在私营企业主政治参与的“度”问题上，大多数学者都提出私营企业主的政治参与和从政是不同的概念，应该是适度的政治参与，但是在如何保持私营企业主适度的政治参与问题上却涉及不多；在私营企业主政治参与的路径选择问题上，对如何构建私营企业主参政行为的激励与约束机制，还需要进行更加深入的研究，需要提出切实可行的建设性措施。①

第三，从研究视角看，对于私营企业主政治参与研究主要是立足于中国整体的宏观领域进行探讨，而对于地域性的微观的私营企业主政治参与的研究却寥若晨星，付之阙如。尤其是理论界对于福建省私营企业主的政治参与未能引起足够的重视，存在着研究的空白，因此，相对于比较活跃的福建省私营企业主政治参与的实践而言，理论研究是滞后的。

三 研究过程与方法

（一）研究过程

进入21世纪以来，伴随着中国经济体制改革的巨大成功，加快政治体制改革势在必行，多次摆到我国党政领导议事日程。《中共中央关于国民经济和社会发展第十个五年计划的建议》提出：“加强城乡基层政权机关和群众性自治组织建设，扩大公民有序的政治参与，引导人民依法管理自

① 高贤峰：《我国私营企业主参政问题研究评述》，《当代世界与社会主义》2005年第3期，第153页。

己的事情。”中共十六大在论述“坚持和完善社会主义民主制度”时，提出要“扩大公民有序的政治参与”，凸显扩大公民有序的政治参与，是21世纪初叶中国政治发展面临的重大课题，是建设社会主义政治文明的重要内容。因此，2003年初笔者把《论当前我国公民的政治参与》作为硕士论文选题。在论文答辩中有一位专家提出了一个十分尖锐的问题，即“你是如何认识私营企业主政治参与有‘捕获’国家的危险的？”当时虽然做出了回答，但是也使笔者更加关注私营企业主的政治参与问题。在2007年9月到2008年6月，笔者在中国人民大学马克思主义学院访学。访学期间笔者抓住难得的学习机会，一方面大量地听本科生、硕士生、博士生的课，听不同学科、不同专业、不同学校的讲座；一方面徜徉在人民大学图书馆、书店之间，搜索并阅读了当时国内几乎所有的关于私营企业主阶层政治参与的专著，阅读了大量的有关文献资料，发现理论界对于私营企业主政治参与的研究已经形成热点。同时，也遗憾地发现其中没有关于福建省私营企业主政治参与的系统阐述。笔者在福建省会城市工作生活了近二十年，亲眼见证、亲身体会了福建省作为改革开放前沿省份私营经济的迅猛发展。福建省私营经济对福建经济贡献巨大，三分天下已有其二；在与不同行业的私营企业主打交道的过程中，福建私营企业主勤勉、坚忍、踏实、内敛，给笔者留下了深刻的印象。发现他们非常关心政治，非常关注国家政策，他们也在试图通过各种方式影响地方政策和地方事务。由此引发系列思考，他们政治参与的动机是怎样的？他们选择了什么样的途径实现其政治参与的目标？他们参政议政的总体情况如何，在全国处于什么样的水平？他们参政议政的绩效如何？他们的参政议政对于福建私营经济的发展，对于福建民主政治建设影响如何？等等。带着这些问题，在原有研究基础上，笔者在2008年3月申报了国家社会科学基金项目，尝试对福建省私营企业主政治参与的状况进行系统的梳理，并希望借此能对福建省私营企业主政治参与的理论拓展尽一位社会科学工作者的绵薄之力。

（二）研究方法的选择

本课题的研究方法主要采用抽样问卷调查与个别深入访谈相结合的实证研究方法。笔者认为，对于本研究而言，问卷调查拥有诸多优点：一是能突破时空限制，在广阔范围内，对众多私营企业主同时进行调查；二是便于对调查结果进行定量研究；三是由于自填式问卷调查的匿名性特点，有利于笔者询问那些不宜于当面询问的敏感问题、尖锐问题和隐私问题，也有利于私营企业主如实反映自己的真实情况、想法和感受；四是私营企业主可以利用空余时间填答问卷，可以从容地思考和推敲如何回答，可以去查询某些资料或情况，有利于提高回答的质量。

在设计问卷时，笔者事先经过了大量的文献阅读和总结，对所研究的问题的已有成果和待研究的对象进行逐步锁定，做到了心中有数。然后，根据现有的理论成果和数据资料对问卷设计的理论逻辑和问题维度进行初步拟定，并征求专家、私营企业主和政府官员的意见；对问卷初稿进行设计，并针对问卷设计内容进一步征求专家和调查对象的意见；再在小范围内对私营企业主群体进行试调查。最后，对试调查中反馈回来的信息进行分析，对问卷进行定稿。

笔者于 2008 年 9 月开始在福建全省范围内发放抽样问卷。问卷共设计 69 个问题，采用封闭型回答与开放型回答相结合的回答方式，主要通过邮政问卷、送发问卷以及网络问卷等方式，通过私营企业主所在地的政府部门和利用私营企业主集中开会的时机，在福州市（包括长乐、福清）、南平市（包括武夷山、顺昌、建瓯）、厦门市、泉州市（包括石狮、莆田）、龙岩市（包括上杭）、漳州市发放问卷 700 份，最终收回有效问卷 577 份，并于 2010 年 5 月统计完毕。因为所有的问卷都是通过朋友、同学、同事和亲戚帮忙发放，选择调查对象时考虑到地区、性别、年龄、行业、资产规模、政治参与的层次等，因此问卷的回答质量应该有一定的保障，调查的数据也应该具有一定的效度和信度。这是本研究获得的最重要的第一手材料之一，对于私营企业主政治参与的综合研究具有重要价值。

问卷调查法尚存在一些不足之处，如问卷缺乏弹性，常常失去进一步发掘资料的机会，很难作深入的定性调查；只能获得书面的社会信息，而不能了解到生动、具体的社会情况。因此，对于那些新事物、新情况、新问题的研究，问卷调查法很难单独完成，需要更直接的调查方法弥补它的缺憾。所以，本研究于 2009 年 4 月使用了个案研究的方法，即定性研究方法，具体地运用个别深入访谈法，对福建省私营企业主政治参与进行个案的、动态的、过程的、多视角的实地考察，揭示私营企业主政治参与的发展过程。个案研究对于认识和理解私营企业主这一社会群体阶层意识、政治参与动机、非制度性、非正式政治参与途径，掌握私营企业主阶层与政府、制度间的相互作用的微妙和多元的演变过程，分析私营企业主阶层政治参与形式的产生和运作有着不可替代的优势。深度的个案研究使本研究深入到微观中去，发现那些真正起作用的隐秘的机制，探究实践的逻辑。访谈对象的样本采集使用目的性选样的方式，为本研究提供最需要、最有价值的信息。同时，兼顾方便性选样方式，以扩大样本量。在访谈对象的配额上，兼顾了企业规模、所属行业、所在区域以及企业经营者的性别、受教育程度、年龄、创业经历等多种因素。这是本研究取得的最重要的第一手材料之二。

由于本选题研究内容十分庞杂，涉及的学科范围比较广泛，所以本研究在采用实证研究方法进行研究的基础上，又同时运用了文献分析法、比较分析法、历史分析法、归纳演绎法等理论研究方法，开展交叉性、综合性研究，多角度、全方位地论证，希冀取得比较全面的科学的认识。

文献分析法：文献资料的分析虽较实地调查资料缺少现状的认识，但对于过去调查的事实资料进行历史的分析，对本研究来说也是极为有益的。本书所需的研究福建私营企业主政治参与的文献和资料的主要来源包括：一是已经发表的学术资料。虽然文献中很少有福建的内容，但是由于学界已对有关全国私营企业主的政治参与的基本理论问题进行了比较系统的梳理，给本研究提供了一个相对坚实的理论平台。二是官方文献。包括福建省委统战部、福建省工商联、人大、政协、民政厅、统计局等部门提供的相关材料。如《福建民营经济发展报告》（2004～2010）、《福建民营经济调研论文集》（2008～2011）、《福建光彩》（1997～2008）、《福建统计年鉴》（2001～2010）等。这些资料中一些数据和实证的内容是本课题研究的重要参考资料。三是传媒资料。如福建省政府有关部门相关网站资料以及其他学者的调研案例。网站内容具有更新比较快、数据比较新等特点，便于掌握动态变化情况。

比较分析法：相对于全国或其他省份私营企业发展状况、全国或其他省份私营企业主政治参与状况，福建私营企业的发展、福建私营企业主政治参与的发展处于怎样的状况和水平；福建省不同区域之间、不同受性别之间、不同企业规模之间、不同受教育程度之间私营企业主政治参与的程度如何；福建私营企业主政治参与渠道的不同、政治身份的不同导致不同的政治参与效果等，诸如之类的问题都需要使用比较分析的研究方法。但比较方法本身也存在缺陷，运用不当会使研究过程和研究的结果出现很大的片面性，正如列宁所说："任何比较都不会十全十美"，"任何比较只是拿所比较的事物或概念的一个方面或几个方面来相比，而暂时地和有条件地撇开其它方面”。[①]

历史分析法：历史发展进程中的社会现象并不是静止的，而是一个动态的过程。因此当我们研究历史上所发生的社会现象时，不但要分析这种社会现象产生时的历史背景，而且还要说明现象产生的历史过程，亦即从历史的静态分析到历史的动态分析。

对正处于现代化进程中的中国而言，改革开放以后才出现的私营企业、私营企业主以及由此衍生的私营企业主政治参与作为重要的社会政治现象是一个历史的概念，更是一个不断走向成熟的历史进程。当我们把握福建私营企业主政治参与问题时，不但要分析福建私营企业产生的历史背景，而且还要说明福建私营企业产生的历史进程，进一步了解在不同历史背景下福建私营企业主政治参与面临的不同主客观环境，把握福建私营企业主政治参与的动态演变过程及其基本特征，继而进行历史纵深的比较研究。这或许也将是本书奉献给读者的另一个特殊价值。

归纳演绎法：笔者在论述福建私营企业主政治参与存在的问题以及应该采取相应措施时，通过对现状进行透彻分析，综合运用了归纳演绎的方法，剖析影响福建私营企业主阶层政治参与的因素，提出扩大福建私营企业主有序政治参与的路径，并在此基础上预测福建私营企业主阶层政治参与发展趋势。

综上所述，本研究在理论工具选择和研究方法的使用上，特别注意两个问题：一是在对福建私营企业主阶层政治参与这一敏感课题进行研究的过程中，始终坚持马克思主义的立场、观点和方法，正确运用这些立场、观点和方法分析政治现象、政治关系的一些基本观点，并力求有针对性地提出解决这些问题的对策和方法。同时，充分借鉴西方政治学理论成果的一些基本理论模型，特别是方法论层面的合理成分。二是本研究将理论联系实际的方法贯穿始终，敢于直面政治现实，透过纷繁的政治现象寻找内在的联系，寻找形成制度性、规范性的因素，对促进当前和未来的福建私营企业主阶层政治参与的发展具有一定的积极的现实价值，有利于把握福建乃至全国的私营企业主阶层政治参与的发展趋向。

---

① 《列宁全集》第 8 卷，中共中央马克思、恩格斯、列宁、斯大林著作编译局编译，人民出版社，1986，第 423 页。

第一章　新时期中国私营企业主阶层及其政治参与发展

一　“政治参与”和“私营企业主阶层”概念的界定

（一）“政治参与”概念的界定

1. 政治参与的内涵界定

政治参与（Political Participation）又称参与政治，来自西方政治学，是现代民主的一个重要概念，是衡量民主的一个重要尺度。近年来，政治参与及公民有序的政治参与问题，已经成为国内学界广泛关注的一个重要课题。然而，对于“政治参与”这一概念本身的内涵和外延争议颇多。从政治参与的内涵看，因考察角度和理解方式的不同，国内外学者们对政治参与的认识存在较大差异，主要分歧体现在以下三个问题上：

一是政治参与的主体问题。在此问题上存在两种观点：一种观点认为政治参与的主体专门指一般公民即普通公民，不包括在国家机构中担任公职的公民。如蒲岛郁夫在《政治参与》一书中指出：“所谓政治参与是旨在对政府决策施加影响的普通公民的活动。”① 另一种观点则认为政治参与主体包括一个国家的所有公民。“这一宽泛的定义适用于从事这类行为的任何人，无论他是当选的政治家、政府官员或是普通公民，只要他是在政治制度内以任何方式参与政策的形成过程。”②

二是政治参与的形式，尤其是参与行为是否合法的问题。对这一问题的看法，同样存在分歧：一种观点主张，只有依据法定程序参与政治的行为才能谓之政治参与，也就是说，政治参与是“公民自愿地通过各种合法

① 〔日〕蒲岛郁夫：《政治参与》，解莉莉译，经济日报出版社，1989，第 4 页。

② 〔英〕戴维·米勒·韦农·波格丹诺：《布莱克维尔政治学百科全书》，邓正来译，中国政法大学出版社，1992，第 563 页。

方式影响公共权力的行使和公共政策的制定过程的行为”。[①] 另一种观点认为，“政治参与只是试图影响政府决策的活动”，[②]因此，只要是影响决策的行为，不论其合法与否都属于政治参与。

三是政治参与的存在方式。一种观点认为，“在政治体制的各个层次中，意图直接或间接影响政治抉择的个别公民的一切自愿活动”。[③] 按此观点，可以认为，只有影响政府决策的行为才是政治参与，即有具体行为存在的才算是政治参与。另一种观点认为，只要存在观念和意识领域的也算是政治参与，不管其是否影响决策。将政治意识纳入政治参与内涵之中，认为政治冷漠即“不参加政治生活”，“对政治问题和政治活动冷漠而不关心是一种消极的政治参与”。[④] 美国学者巴恩斯等人在《政治行为：五个西方民主国家的群体参与》一书中，就将公民阅读政治文章即了解政治知识视为政治参与；[⑤] 美国政治心理学家威廉·F·斯通甚至将“追踪报纸和电视报道”列为间接的政治参与。

本书基于上述的研究分析认为，政治参与是指普通公民通过一定的方式或途径试图影响政府决策或政治过程的行为。这一含义包含以下内容：

第一，政治参与的主体是一般公民。政治参与作为现代政治学的一个概念，主要用来衡量一个国家的政治发展状况，尤其是衡量一个国家民主政治的完善程度，其核心在于一般公民的政治权利是否有保障和实现，所以把政治参与的主体界定为一般公民。

第二，政治参与不计其合法或不合法，只要是其行为对政府的决策有所影响，都可认定其为“政治参与”。因为，政治参与的目的是通过政治过程的参与来影响决策，而政治过程中的不合法的参与行为也可能影响政府决策，如围攻政府、暴力攻击各级干部和执法人员、堵塞交通、暴动等等，所以不把是否合法作为政治参与的必要条件。

---

① 辞海编辑委员会《辞海》缩印本，上海辞书出版社，1999，第3959页。

② 〔美〕塞缪尔·亨廷顿、琼·纳尔逊：《难以抉择——发展中国家的政治参与》，汪晓寿、吴志华、项继权译，华夏出版社，1989，第5页。

③ 〔美〕帕特里克·J·孔奇：《政治参与概念如何形成定义》，王胜明、范云萍译，《国外政治学》1989年第4期，第28页。

④ 王浦劬主编《政治学基础》（第二版），北京大学出版社，2006，第175页。

⑤ 〔美〕帕特里克·J·孔奇：《政治参与概念如何形成定义》，王胜明、范云萍译，《国外政治学》1989年第4期，第27~31页。

第三，在现实政治生活中，一些公民对政治问题感兴趣，甚至对政治的相关性理论也颇有研究，但他们并没有影响政治过程的意图，政治参与行为无从谈起。

第四，政治参与是实际的活动，是普通公民的政治活动。只要是对政府的决断施加影响的行为，无论其活动是否产生了实际效果，都将列入政治参与的范畴。

2. 政治参与的外延界定

从外延看，政治参与所涉及的行为是多种多样的。学术界根据不同的标准，对政治参与行为做出不同的分类。本文综合了陶东明、陈明明《当代中国政治参与》和陈振明、李东云的《政治参与概念辨析》的基本观点，将政治参与的外延大致分为如下几种不同的类型：

（1）个别参与和组织参与

以参与主体的特征为依据，可以将政治参与划分为个别参与（个人参与）和组织参与（团体参与）。个别参与是指“公民以个体的身份进行政治参与的活动”；而组织参与是指“与他人合作以特定的团体形式参与政治的活动”。[①]

公民参与各类政治选举是个别参与中最主要和常见的形式。政治投票是公民参与人数最多的政治活动，公民一般还可以通过投书信访、行政听证、与公职人员接触、捐赠政治献金等多种形式进行个别参与。[②]

组织参与主要包括政党、政治性社团和基层自治等形式。“在现代社会，各种政治团体在政治过程中的作用远胜于公民个体。在当代政治生活中，影响政治过程最重要的行为者通常是政党和政治性团体。作为政治团体的成员，不管其是否参与了影响政府的活动，加入该组织本身即是一种政治参与行为。”[③]

（2）主动参与、被动参与和消极参与

以参与者的主观态度为依据，可以将政治参与划分为主动参与（自主参与、自动参与）、被动参与（动员参与）以及消极参与。主动参与

---

① 〔美〕塞缪尔·亨廷顿、琼·纳尔逊：《难以抉择——发展中国家的政治参与》，汪晓寿、吴志华、项继权译，华夏出版社，1989，第5～6页。

② 陈振明、李东云：《政治参与概念辨析》，《东南学术》2008年第4期，第108页。

③ 王邦佐：《新政治学概要》，复旦大学出版社，1998，第247页。

是“在自愿基础上影响政府的活动”，而被动参与则“并非出于参与者的自愿，是通过他人引导、劝说、威胁等方式产生的影响政府的活动”。主动参与和被动参与的根本差别在于参与主体本身是否具有影响政府的主观意图，主动参与的行为主体具有明确的由衷的行为意图，被动参与的行为主体则不然，往往是迫于外力的推动而参与。消极参与是指“公民出于自觉或是不自觉的原因而对政治问题漠不关心或对政治采取消极行为”。其实，在现实政治生活中，这三种政治参与往往会在一定条件下互相转化。[①]

（3）直接参与和间接参与

以参与者是否通过中间环节来影响政治过程为依据，可以将政治参与划分为直接参与和间接参与。这是公民或公民团体参与国家管理的两种基本形式。直接参与意味着“公民用自己的行为直接影响政府决策，而不经过其他中间环节”。[②] 如参与选举，通过集会、游说等途径直接发表政见，对国家法律的创制、复决以及对一些重大问题的全民公决，与政府公职人员或政治家个别接触、基层自治等；而间接参与则是经过其他中间环节才对政府决策产生影响。在现代社会中，随着国家规模的扩大和政治事务的日益专业化，公民直接参与政治受到越来越多的限制，大量公民参与只能以间接方式进行。最常见的间接方式有：一是通过代表中介参与。公民通过自己的代表和代议机关参与国家政务，这是间接参与最基本的形式。二是理论参与。理论对政治实践具有指导作用，它虽然不像提意见或施加压力的作用那么明显，表面上看，也不一定直接影响政府的决策，但理论的宣传可以通过转变人们的思想观念进而影响政府决策。三是舆论参与。在现代社会，随着电视、广播、报纸杂志、互联网等各种传播媒介的发达，社会舆论对政府决策过程的影响越来越明显。公众通过传媒发表的意见和建议，无论是否针对政府，一旦形成社会舆论便自然会对政府产生压力，对政府决策产生影响。[③]

（4）合法参与和非法参与

以政治参与和既定的政治法律规范的关系为依据，可以将政治参与

---

① 邓元时、李国安：《政治科学原理》，重庆大学出版社，2003，第 278 页。

② 陶东明、陈明明：《当代中国政治参与》，浙江人民出版社，1998，第 126 页。

③ 陈振明、李东云：《政治参与概念辨析》，《东南学术》2008 年第 4 期，第 109 页。

分为合法的政治参与（制度化政治参与）和非法的政治参与（非制度化政治参与）。公民在既定法律规范内展开的政治参与活动就是合法的（制度化的）政治参与；超越了既定的政治法律规范的政治参与行为，就是非法的（非制度化的）政治参与。[①] 非法政治参与按表现形态和性质严重程度可以分为以下几种情况：一是不合作；二是拉拢收买；三是骚乱；四是暴力（包括政治暗杀、恐怖活动、城市游击战、叛乱、暴动等）；五是革命。

（5）常态参与和非常态参与

以参与是不是在正常的情况下进行，可以将政治参与划分为“常态参与”和“非常态参与”。常态政治参与的特点是：直接的、公开的、主动的、合法的、均衡的参与。当国内外出现政治危机或重大变故，在政治条件受到限制、剥夺或按照常规渠道无法实现预期政治目标时，参与主体可能转向以非常规的方式参与政治，即非常态参与。非常态参与和常态参与表现出相反的特性，即非直接的、隐性的、被动的、非法的、非均衡的参与。[②]

除了上述五种划分方式外，还有其他划分方式。例如，以参与的历时类型与不同的社会性质，政治参与可划分为资本主义国家的政治参与和社会主义国家的政治参与；以参与的实际效果为标准，政治参与可划分为有效的政治参与和无效的政治参与；以参与的方式为标准，政治参与可划分为和平的政治参与和暴力的政治参与。[③]

（二）“私营企业主阶层”概念的界定

1. 私营企业主概念的界定

（1）私营经济和私营企业的概念

所谓私营经济是指以生产资料私有和雇工劳动为基础的，并以营利为目的和按资分配为主的一种经济类型。私营经济是个体经济发展的必然趋势，在本质上与个体经济一样，是一种私有制的经济形式。私营企业是该经济形态的外在表现形式。根据 1988 年 6 月 25 日国务院颁布的《中华人

① 陈振明、李东云：《政治参与概念辨析》，《东南学术》2008 年第 4 期，第 109 页。
② 陶东明、陈明明：《当代中国政治参与》，浙江人民出版社，1998，第 126 页。
③ 陈振明、李东云：《政治参与概念辨析》，《东南学术》2008 年第 4 期，第 110 页。

民共和国私营企业暂行条例》规定，私营企业是指企业资产属于私人所有、雇工在8人以上的营利性经济组织。它的组织形式分为独资企业、合伙企业和有限责任公司等多种类型。但是随着商贸服务业以及高新科技的发展，出现了大量雇用人数不超过8人的小规模的公司、企业，企业的雇工人数不断变动，而且公司或企业的投资额和收益水平相当可观。因此，学界对私营企业的“七上八下”的界定提出了质疑。其中最有代表性的是中国人民大学教授、我国《资本论》研究权威专家卫兴华在《雇八个工人是理论和政策的界限吗?》的文章中指出：“近几年来，经常有这样的议论：雇八个工人，就是剩余价值剥削，量变发展为质变，雇主变成了资本家。如果只雇八个以下的工人，就不是剩余价值剥削，不具有资本主义性质。据说，这是马克思在《资本论》中所讲的道理。在我国进行经济改革、发展多种经济形式中，根据上述议论，雇八个工人，不仅被当成判断有无剩余价值剥削的理论界限，而且甚至被某些同志当作政策界限。把雇七个工人作为个体经济看待，而雇八个以上工人才作为非个体经济看待这种在一定范围内流行的见解，缺乏科学的理论根据。被引证来作为论据的《资本论》中的有关论述，本来是马克思为说明货币必须达到一定最低额才能转化为资本，而随意举出的假定条件下的假定例子，却被看作是马克思为划分雇工经济性质而提出的量的规定即数量界限”。[①] 由上述引文可知，卫兴华教授并不认同这个定义。当然，现在学界对私营企业的判定也不再限于是否超过8人这一标准上。加之，随着产权改革的深化，私营企业的内涵不断扩大，表现为私营企业与外商合资、与公有企业合营、与其他股东合作，从而形成股份制企业、联营企业、股份合作制企业等各种形式；许多私营企业戴着一顶“假帽子”，如假国营、假集体、假乡镇、假福利等，还有各种国有私营、集体所有私人经营、生产资料私人所有由其他人私营等各种企业，所以，目前在学界极少有人使用1988年《中华人民共和国私营企业暂行条例》中的定义了。

1998年8月28日，国家统计局、国家工商行政管理局联合颁布了《关于划分企业登记注册类型的规定》（国统字〔1998〕200号），其中第九条明确指出：“私营企业是指由自然人投资设立或由自然人控股，以雇佣劳动为基础的营利性经济组织。包括按照《公司法》、《合伙企业法》、

① 卫兴华：《卫兴华选集》，山西人民出版社，1988，第235页。

《私营企业暂行条例》规定登记注册的私营有限责任公司、私营股份有限公司、私营合伙企业和私营独资企业。”对私营企业定义的界定与1988年明显不同：一是不再局限于雇工的人数，二是对于私营企业的多种产权运作形式予以了肯定。

综合学界对于私营企业概念的界定多方面的观点，笔者认为私营企业是一个动态的发展过程，对私营企业概念的把握也是一个认识逐步深入的过程。但是无论私营企业的雇工人数如何变动，产权运作形式如何复杂多变，最根本的一个原则是产权归属，这是界定是否私营企业的定性标准。按产权的划分标准，企业可以分为国有企业和私营企业。国有企业就是国家所有、经营的企业。私营企业就是私人所有、经营的企业。因此，本书的私营企业的概念是：私营企业是指产权归私人所有的以营利为目的独立从事生产经营活动、向社会提供商品和服务的、具有独立法人资格的经济组织。

私营企业的概念包含以下几点内容①：

第一，私营企业的根本目的是营利，这是企业区别于其他社会团体的标志。

第二，私营企业是一个经济组织，它通过向消费者提供商品和服务而获得利润。

第三，私营企业是一个独立的经济组织，具有独立的经济利益，自主经营自负盈亏。

第四，私营企业产权归私人所有，产权私有既包括产权纯粹私有（如独资、合伙、不存在公有股份的股份制），也包括以私人所有为主的混合所有，从而与国有和集体企业相区别。

第五，私营企业的具体形式有独资企业、合伙企业、有限责任公司和股份有限公司。

（2）私营企业主的概念

①私营企业主的内涵界定

国内学者对于私营企业主的概念阐述的角度有所不同。

陆学艺从私营企业主是私营经济的人格化身的角度，在其主编的《当代

① 参考李华林《当代中国私营企业主政治参与研究》，硕士学位论文，福建师范大学，2005，第12～13页。

中国社会流动》中认为“私营企业主就是私营企业的私人身份的投资人”。[①]

李宝梁认为，“私营企业主并不是一个规范性的概念，它只是对从事私营经济活动，独立或合伙开办相关企业，并以此为营生手段的那部分业主的称谓，是一种具有描述性的身份概括。”[②] 这一称谓是与中国社会发展的进程相对应的，从最初的“个体工商户”到“专业户老板”再到“私营企业主”，随着私营经济地位的变迁而不断调整。

张厚义等主要是从私营企业主是一个新出现的阶层角度进行定位，将私营企业主定义为“企业资产私人所有，以雇佣劳动为基础、以经营管理为职业的，在工人、农民两大基本阶级之外，处于中间状态、过渡阶段的社会集团”。[③]

笔者认为阐述私营企业主的概念应该通过私营企业的概念得出。私营企业主就是指以营利为目的独立从事生产经营活动、向社会提供商品和服务的、具有独立法人资格的经济组织的所有权享有者。这是本书所研究的私营企业主的内涵。

②私营企业主的外延界定

根据本书的私营企业及私营企业主概念之要义，港、澳、台商投资企业和外商投资企业应包括其中。但本书探讨的中国私营企业主阶层，主要是指中国改革开放后，在大陆地区土生土长的，个体投资创立、经营，自负盈亏的私营企业主。尽管港、澳、台商也都是中国人，其中不少人以私人投资名义在中国大陆地区开办企业，但本书鉴于历史和现实客观因素，以及本研究的意旨主观因素，对此三类人暂不列入研究对象。

2. 关于私营企业主和民营企业家的关系

目前，部分学者把私营企业称为民营企业，私营企业家称为民营企业家。据学者晓亮称，最初大概是为了回避“私有化”而使用“民营化”的。民营这一概念提出来后，争议极大。有的学者极力回避私营而以民营代之，认为民营企业主就是私营企业主；有的学者认为，民营是一个表述经营主体的概念而不是所有制概念，凡国有以外的都可以称为民营。私营

① 陆学艺主编《当代中国社会流动》，社会科学文献出版社，2004，第242页。

② 李宝梁：《从共生走向和谐——当代中国私营企业主成长的社会生态研究》，天津社会科学院出版社，2005，第5页。

③ 张厚义：《中国的私营企业主会不会发展为新生的资产阶级》，载袁方主编《社会学家的眼光——中国社会结构转型》，中国社会出版社，1998，第192页。

企业主只是民营企业主之一种；有的学者主张淡化所有制，各类企业应当一律平等，而民营突出了民间、民主、民办、民享的含义，是活力的源泉；有的学者认为，淡化所有制而采用民营这一概念揭示了不同企业特别是私营企业的本质属性。[①] 笔者认为，所有制的差别不应回避，不仅因为这是一个客观存在。而且，只有区分了所有制才能揭示各类经济主体的本质，并有利于实际操作。民营的范畴毕竟太广，内部缺乏可比性且界限模糊，在理论和实践上都易造成误解。所以，必须要明确私营企业和民营企业的不同，才能把握私营企业主和民营企业家的区别。

实际上私营经济与民营经济有着本质不同，私营企业主与民营企业家也因此存在差异。其实，私营经济与民营经济，从逻辑角度来说，这是两个概念。民营经济的外延大于私营经济外延，“民营企业包括国有民营企业、集体企业、私营企业、个体企业、合伙企业、外资企业、港澳台资企业等非国家经营的企业”。[②] 所以，私营经济从属于民营经济，二者都是一种经济形态，都是相对或区别于国有经济，其实质或根本都在于产权归属问题，即所有制问题。从政治概念角度来说，民营经济与私营经济又同属于一个概念范畴，相较于国有经济，同样是产权归属问题，只是在中国不同的历史时期不同的提法而已。不同的提法，反映了中国社会主义经济建设历史的进程，尤其是经济体制改革的历史进程。

新中国成立不久，社会主义改造运动席卷中国大陆，我国城市的民族资本家、个体企业主、手工业劳动者等，所有私有的生产资料基本被改造而归属于国家或集体企业所有，农村的个体农民生产资料也大都归并而成立农业生产合作社。可以说，在这段时期，中国大陆地区几乎不存在私有经营经济。在国家和国民概念中，除了国有经济就是集体经济，个体经营者在国民的概念中就是无职业者。而当时的集体经济，实质上就是民营经济，所有的生产资料、企业利润等支配权归属于这个集体企业的所有员工，而非归属于这个集体企业的某一个体，包括这个企业的最高领导者。而且，不管是国营企业，还是集体企业（抑或民营企业），它们的生产、

① 曾永泉、黎民：《私营企业主群体研究述评》，《广东社会科学》2001年第6期，第147页。

② 中共上海市社会工作委员会、上海市社会服务局编著《解读非公企业》，文汇出版社，2007，第2页。

经营等一系列企业运作，均受制于国家政府的计划经济，不可越雷池一步。

随着改革开放，社会主义计划经济向社会主义市场经济转型，国家日渐允许私营经济在法律规定的范围内存在和发展，私营经济才得以在我国大陆地区“死灰复燃”，并得到政府认可，确认为“是社会主义公有制经济的补充”。之后，私营经济在改革开放东风吹拂下如雨后春笋蓬勃发展。

同时，随着外资、港资、台资的引入，私营经济的提法比民营经济的提法更为精确。所以，1998 年国家工商局要求各地停止使用“民营企业”的提法，以便于对各类企业的登记和管理，从法理上使私营企业名正言顺。

鉴此，本书研究的私营企业，其概念是“由中国大陆地区公民投资创立，不管是自身经营，还是委托他人经营，其企业产权和经营利润归属投资者支配的所有企业”。相对应的，能够拥有该私营企业的产权，自主占有和支配企业利润，掌握企业的经营管理权，与其企业员工形成雇佣关系者，本书称之以“私营企业主”，而不称之以“民营企业家”。

3. 私营企业主阶层的社会属性界定

经过三十多年的改革开放，中国绝大多数人对私营经济在社会主义初级阶段的重要性和必要性达成了共识，但对私营企业主的社会政治属性的认识却见仁见智。笔者认为，既然我国已经确定必须继续发展私营经济的政策，那么，对于私营企业主社会属性的界定是我们不能不直面的课题。

阶层指的是依社会资源占有情况不同所造成的职业经济收入、社会地位不同而形成的特定的社会群体。马克思主义认为，所谓阶级，就是这样一些集团，由于他们在一定社会经济结构中所处的地位不同，其中一个集团能够占有另一个集团的劳动。[①] 阶级和阶层的相同之处在于二者都是按照人们在社会生产体系中所处的不同地位所占有的社会资源划分的一定的社会群体。它们之间的不同之处在于：阶级是个政治学概念，马克思、恩格斯正是用阶级分析的方法来探求人类社会发展历程的，而阶层是个社会学概念，是从客观存在的人们的生存状况差别，特别是利益差别来分析当今社会结构的；阶级是以不同社会集团对生产资料的占有情况来划分

① 《列宁全集》第 37 卷，人民出版社，1986 年中文第 2 版，第 13 页。

的，而阶层是以人们对社会资源的占有情况，包括政治资源、经济资源和文化资源等来划分的；阶级强调的是剥削和对立，而阶层强调的是资源分配和生存现状差异。改革开放以来，我国的社会生产力得到了极大的解放和发展，所有制结构、经济成分、就业和分配方式等都发生了明显的变化，社会结构、社会成员日趋复杂化、多元化。这种形势下，如果仅用过去的阶级分析法，显然过于狭隘和简单化。当前，在承认阶级斗争在一定范围内存在的同时，更多地用阶层来分析社会结构，更加具有时代性和科学性。

1978 年改革开放使中国社会发生了深刻的变化，经济体制转轨和现代化进程的推进，促使中国社会阶层结构发生结构性的改变。基于此，江泽民在 2001 年纪念建党 80 周年的“七一”讲话中指出，“改革开放以来，我国的社会阶层构成发生了新的变化，出现了民营科技企业的创业人员和技术人员、受聘于外资企业的管理技术人员、个体户、私营企业主、中介组织的从业人员、自由职业人员等社会阶层。而且，许多人在不同所有制，不同行业、不同地域之间流动频繁，人们的职业、身份经常变动”。[①]何清涟按大类把中国社会阶层分为精英层、中下层和边缘化集团。[②] 朱光磊将中国民众划分为四种阶层类型，即基本阶层、新兴阶层、复兴阶层、边缘者阶层。基本阶层如产业工人阶层、知识分子阶层、官员阶层、农业劳动者阶层等；新兴阶层包括乡镇企业、“三资”企业、第三产业职工；复兴阶层，如个体劳动者、私营企业主、失业者阶层；边缘者阶层含过渡性阶层（如军人）、交叉性阶层（如乡村知识分子）、边缘性群体（如游民）。[③] 陆学艺主编的《当代中国社会阶层研究报告》指出，原来的“两个阶级一个阶层”（工人阶级、农民阶级和知识分子阶层）的社会结构发生了显著的分化，一些新的社会阶层逐渐形成，各阶层之间的社会、经济、生活方式及利益认同的差异日益明晰化，以职业为基础的新的社会阶层分化机制逐渐取代过去的以政治身份、户口身份和行政身份为依据的分化机制。这些迹象表明，社会变迁已导致了一种新的社会阶层结构的出现，而且这种结构正在趋于稳定。于是，他提出了以职业分类为基础，以

① 《江泽民文选》第 3 卷，人民出版社，2006，第 286 页。

② 何清涟：《当前中国社会结构演变的总体性分析》，《书屋》2003 年第 3 期，第 3～16 页。

③ 朱光磊：《当代中国社会各阶层分析》，天津人民出版社，1998。

组织资源、经济资源、文化资源占有状况为标准来划分社会阶层的理论框架，把当今中国社会群体划分为十个阶层，即国家与社会管理者阶层，经理人员阶层，私营企业主阶层，专业技术人员阶层，办事人员阶层，个体工商户阶层，商业服务业员工阶层，产业工人阶层，农业劳动者阶层，城市无业、失业和半失业者阶层。[①] 这种社会阶层理论在社会上影响很大。

诚然，当前中国的社会阶层结构已经发生变化，成为一个不争的事实。但是，总体上看，目前中国各阶层群体还在处于分化组合的过程中，稳定的阶层状况还未完全形成。2002 年党的十六大报告把私营企业主定性为中国特色社会主义事业的建设者，是人民群众不可分割的一部分，是社会的主人。他们在党的方针政策指引下，通过诚实劳动和合法经营，为发展社会主义经济和社会生产力做出了贡献，并伴随着私营经济的迅速发展，队伍迅速壮大，成长最快，在社会上影响力越来越大，成为新的社会阶层的突出代表。

在如何看待私营企业主阶层的问题上，我国学术界无论是从所发表的文章数目、研究的时间跨度，还是从争辩的激烈程度看，都占据十分重要的地位。综合学界的研究，大致有七种观点：第一种观点认为私营企业主群体是社会主义劳动者；第二种观点认为私营企业主还不是一个独立的社会阶层，它“依附于”工农阶级；第三种观点认为私营企业主已形成一个独立的社会阶层，但没有形成一个独立的阶级；第四种观点认为私营企业主以后也不会形成一个独立的阶级；第五种观点认为私营企业主群体是新生的资产阶级，或私营企业主就是资本家，与新中国成立初期的民族资产阶级相当接近；第六种观点认为当前的私营企业主并不是完全的资产阶级，而是“半资产阶级”或小资产阶级；第七种观点认为，私营企业主是具有当代中国时代特点和特殊规定性的一个新出现的阶层，不宜简单地套用其他概念。根据现阶段私营企业主的特性，依据社会主义初级阶段的实际，笔者认为，现阶段的私营企业主不是资产阶级，他们是中国特色社会主义事业的建设者。他们在中国社会结构中已经形成为一个独立的社会阶层。私营企业主的社会属性具有动态的“可塑性”。

（1）当前私营企业主不是新生的资产阶级

现阶段，我国私营企业主与员工在政治上是平等关系，在生产经营中

---

① 陆学艺主编《当代中国社会阶层研究报告》，社会科学文献出版社，2002，第 8 页。

是管理与被管理的关系。私营企业主不具备成为新生资产阶级的条件和要素。“阶级形成的基本条件是：稳定的经济基础，独立的意识形态，捍卫自己利益的政治纲领。”[①] 私营企业主阶层还不具备其中任何一条。

首先，私营经济还没有形成一个稳定的经济基础。公有制经济为主体是我国社会主义的一项根本原则。私营经济的发展始终要受到公有制经济的影响和制约，尽管改革开放以来私营经济取得了较快发展，并且保持着旺盛势头，但是就整体而言，它们的发展规模还普遍较小，大多数企业的技术含量还较低，在整个国民经济中所占比重还不高，它远未能像在资本主义社会那样发展成为一支独立的经济力量，建立自己的信贷系统和流通渠道，而只能依赖于公有制经济的扶助和支持，并与其建立密切的互补、联合、协作关系。[②] 私营企业的组织形式会越来越多地采用股份制，从而使私营经济成为社会资本的一种形式。再加上在阶层结构的变动中，国家完全有能力通过税收、劳动保障、行为规范等各种经济、行政和法律手段，确保经济和社会运行以及私营企业向有利于社会主义生产力的方向发展。正如邓小平明确指出的：“会不会产生新的资产阶级？个别资产阶级分子可能会出现，但不会形成一个资产阶级。”“坦率地说，我们不会容许产生新的资产阶级”，“如果产生了什么新的资产阶级，那我们就真是走了邪路了”。[③]

其次，私营企业主阶层还没有形成共同的阶级心理和阶级意识，更没有政治纲领。

作为一个利益群体与社会群体，私营企业主阶层有着共同的经济地位与社会处境，他们在维护自身合法的经济利益与政治权利方面，表示出认同感。但是，我国的私营企业主还没有彻底割断同原有社会身份联系的“脐带”，他们的社会角色还不太稳定。依照马克思的理论，作为阶级划分基础的物质生活条件的差异，将会给阶级心理、阶级意识打上自己的烙印。“在不同的所有制形式上，在生存的社会条件上，耸立着各种不同情感、幻想、思想方式和世界观构成的整个上层建筑。整个阶级在它的物质条件和相应的社会关系的基础上创业和构成这一切。”[④] 我国的私营企业主阶层显然没有这

---

① 朱光磊：《当代中国私营企业主阶层社会属性问题研究》，《教学与研究》1999 年第 4 期，第 24 页。

② 董明：《政治格局中的私营企业主阶层》，中国经济出版社，2002，第 29 页。

③ 《邓小平文选》第 3 卷，人民出版社，1993，第 139、172、111 页。

④ 《马克思恩格斯选集》第 1 卷，人民出版社，1995，第 611 页。

种共同的政治意识，在实际生活中，其“出身”的迥异和时代的机遇，大多数私营企业主在心理和情感上衷心拥护共产党的领导，拥护社会主义制度与改革开放政策，热切盼望党和政府在经济上和政治上接纳他们。

最后，现阶段私营企业主阶层虽然有了大致相同的生产方式和生活方式，但仅同当年马克思笔下的法国小农极为相似。“好像一袋马铃薯是由袋中的一个个马铃薯所集成的那样”，“他们利益的同一性并不使他们彼此间形成任何的共同关系，形成任何的全国性的联系，形成任何一种政治组织，所以他们就没有形成一个阶级”①。

（2）私营企业主是中国特色社会主义事业的建设者

第一，从私营企业主的产生来看，私营企业主与旧中国民族资产阶级没有任何联系，而是在社会主义土壤里生长起来的。

民族资产阶级是 1840 年鸦片战争后在半殖民地半封建社会成长起来的，经过动摇最终接受工人阶级领导成为民族民主革命的力量，在革命胜利后又接受社会主义的和平改造，变为社会主义劳动者的一部分。现阶段私营企业主阶层则是改革开放以后形成的新的社会阶层。他们是我国非公有制经济发展的产物，是党的改革开放政策的实践者与受益者，是在共产党和人民政府的鼓励和支持下迅速发展壮大的。私营经济在特定的历史时期脱胎于公有制经济，而且其发展和壮大又有赖于公有制经济的扶持和支持。这就决定了私营经济和私营企业主都要受公有制经济的影响和制约，更要受人民政府的保护、监督、管理和调控。

第二，从私营企业主阶层构成来看，私营企业主的社会来源是社会主义劳动者。现阶段的私营企业主是从农民、工人、知识分子以及城镇待业人员等劳动阶层分化出来的，随后发展到包括从党政机关、国有企事业单位、大专院校、科研单位分流出来的原行政干部和中高级知识分子，以及从海外归来的留学人员，其中不乏共产党员、共青团员、民主党派成员等加入这一行列。据第八次全国私营企业抽样调查数据显示，被访企业主的平均年龄为 44.4 岁，年龄中位数为 44 岁，年龄标准差为 8.5 岁。② 也就是

---

① 《马克思恩格斯选集》第 1 卷，人民出版社，1995，第 677 页。

② （2005～2007 年）《中国私营企业研究》课题组：《2008 年第八次全国私营企业抽样调查数据分析综合报告》，载中华全国工商业联合会、中国民（私）营经济研究会主编《中国私营经济年鉴（2006 年 6 月～2008 年 6 月）》，中华工商联合出版社，2009，第 32 页。

说，他们基本上是“生在新社会，长在红旗下”，而旧中国民族资产阶级大都来源于官僚、地主、买办、商人、钱庄老板等。我们可以看到，现阶段的私营企业主同历史上的资产阶级没有任何继承或渊源关系，他们初始教育接受的是社会主义意识形态的教育，并深深受益于改革开放的成果，对中国共产党的领导和建设中国特色社会主义的主流意识形态是比较认同的。

第三，从私营企业主的财产来源来看是合理合法的。我国私营企业主的财产来源主要有三个方面①：①创办企业初始资金的积累。马克思在《资本论》中分析的资本主义资本原始积累的过程，是通过暴力手段迫使小生产者与生产资料相分离的历史过程，是一系列暴力和劫夺的过程。而我国私营企业初始资金的积累过程则是在改革开放的大背景下，私营企业主抓住机遇，通过艰苦创业，逐步发展起来的，他们创办企业的初始资金主要来源于个人或家庭的劳动收入。②合法的劳动收入。其收入主要包括私营企业主的经营管理劳动和市场营销风险收入。经营管理劳动包括决策劳动、组织劳动、创新劳动、市场开拓劳动等形式；市场营销风险收入包括新产品开发风险、产品销售风险、售后收款风险、企业倒闭风险、政策变化风险、自然灾害风险等方面的收入。为了规避这些风险，私营企业主承担着巨大的心理压力，付出大量的脑力劳动。③合法的非劳动收入。主要包括按生产要素分配所得和剩余价值的合法占有。私营企业主投入的资本、土地、技术、信息等生产要素，取得相应的收入，这部分的收入来源于工人创造的剩余价值。我们应该承认，在我国现阶段这种对剩余价值的占有即剥削也是不可避免的，并且是合法的。我们要正确看待私营企业中的剥削现象。剥削是一个历史范畴，它随私有制的出现、发展而产生，也终将随私有制的消亡而消亡。剥削是对他人劳动的无偿占有，是一种不道德的行为。但在经济学上区分一种行为是否合理，是不能采用道德的标准的，只能用生产力的标准来判断，主要看它能否推动生产力的发展和人类文明的进步。况且，私营企业主动用自家资本，发挥自己的智慧和才华，赌进身家的风险，如果不能按照生产要素分配所得和合法占有部分剩余价值，那么谁还有兴趣投资私营企业。

---

① 以下材料参考李志国《论私营企业主阶层是中国特色社会主义事业的建设者》，《社会科学战线》2003 年第 2 期，第 54 ~ 55 页。

第四，从私营企业主对财产的支配和使用来看，是有利于经济建设的，具有重要的社会意义。私营企业主对财产的支配和使用包括：引进新设备，对企业进行技术改造；引进专业人才并对原有职工进行技术培训；开发新产品、创造品牌产品；改善职工的工作环境、加强劳动安全保护、为职工交纳养老医疗保险金；参加社会公益事业；个人生活费主要用于日常生活、子女教育、构建住房、购买交通工具等。[①] 我们可以看到，他们的财产支配使用途径是合理合法的，是有利于国家的经济建设的。

基于这个现实，我们认为，虽然私营企业主通过雇佣工人进行生产，占有了一部分剩余价值，表面上看具有剥削性质，但他们把占有的剩余价值主要用于企业发展，用于国家的经济建设，用于社会公益事业，无疑也是合理的、进步的。这也是我们之所以要积极发展私营经济的根本原因所在。

第五，从私营企业主阶层对社会的贡献来看，私营企业主阶层确实为中国特色社会主义事业做出了巨大贡献。我国私营企业对 GDP 的贡献率已超过 50%。私营经济是社会就业的主要载体，私营企业主是开拓市场的生力军，私营经济是技术创新中最活跃的因素。事实证明，私营经济的发展为社会创造了大量的财富，提高了我国人民的生活水平，维护了国家和社会的稳定，在国民经济的发展中发挥了巨大的作用，是我国社会主义市场经济的重要组成部分，与公有制经济一起共同推动着我国经济的发展。

正如江泽民在十六大报告中指出："不能简单地把有没有财产、有多少财产当作判断人们政治上先进和落后的标准，而主要应该看他们的思想状况和现实表现，看他们的财产是怎样得来的以及对财产怎样支配和使用，看他们以自己的劳动对中国特色社会主义事业所作的贡献。"综上可见，我国现阶段的私营企业主也是中国特色社会主义事业的建设者。

（3）私营企业主已经形成独立的社会阶层

经过改革开放三十多年的发展，中国的私营企业主群体已经发展成为中国社会结构中具有相对独立的社会经济地位和政治要求的社会阶层。

---

① 参考李志国《论私营企业主阶层是中国特色社会主义事业的建设者》，《社会科学战线》2003 年第 2 期，第 55 ~56 页。

①私营企业主的经济地位独立

私营企业的资产属于企业主私人所有，企业主对企业资产享受占有权、使用权、收益权和处置权，并且受到国家法律的保护。私营企业的整个生产、交换、分配过程，都由企业主调节、控制和指挥，为追求利润最大化的生产经营目的服务，私营企业主是生产资料的主人，私营企业内部产权关系明晰。

②私营经济已具有相当规模

目前，私营企业已占我国企业总数的一半以上，截至2008年6月全国私营企业达到6238702户，投资者已有1507.4万人，从业人员7097万人，是就业的主渠道之一，其注册资金达107504亿元，产出占GDP的1/3以上。[①] 我国的私营经济经历了起步、发展、壮大与腾飞四个发展阶段，私营经济在我国国民经济中已经取得了举足轻重的地位。

③私营企业主的阶层意识已经初步形成

“所谓阶层意识，是指某个社会阶层的成员对本阶层的归属感、认同感，亦即全体成员对本阶层的共同处境与共同利益的共同认识。”[②] 简言之，即是阶层成员之间的一种认同感、身份感。随着当代中国社会阶层结构的变迁，私营企业主阶层日益发育壮大，他们之间的共性特征日渐突出，逐渐形成大致相同的看法，这主要集中在三个相互联系的问题上：一是对于自己身份的认可；二是私营企业主普遍关心自己在社会阶层结构中的经济地位、政治地位和社会地位，特别是政治地位，实质上也就是关心自己的前途和命运；三是关心自己的合法权益，特别是他们的私有财产的安全。我们认为，现阶段私营企业主阶层已经初步形成了对本阶层的共同处境与共同利益的共同认识，即阶层意识已经初步形成。表现为：第一，私营企业主阶层对自身身份认同度高。正如李春玲对当前中国人的社会分层意识的分析指出，私营企业主在对自身进行类别归类时，对于“私营企业主”这一身份名称标签的认同程度相当高，高于其他各类人群如“个体工商户”、“干部”、“知识分子”、“工人”和“农民”等对自己的身份标

---

① （2005～2007年）《中国私营企业研究》课题组：《2008年第八次全国私营企业抽样调查数据分析综合报告》，载中华全国工商业联合会、中国民（私）营经济研究会主编《中国私营经济年鉴（2006年6月～2008年6月）》，中华工商联合出版社，2009，第6页。

② 陆学艺主编《当代中国社会阶层研究报告》，社会科学文献出版社，2002，第223页。

签的认同。[①] 第二，私营企业主阶层的自我评价比较一致，认为自己为中等社会阶层。从2008年第八次全国私营企业抽样调查数据[②]可以看出，私营企业主对自身在经济、政治和社会三大领域中的地位的评价大致相同。他们对自身的经济地位、政治地位、社会地位选择为居于中层（第5和第6位）的最为集中，比例达到45.7%、36.7%、44.4%；认为自己的经济地位和社会地位在中等以上（即第6位到第1位）的都达到了75.1%，认为自己的政治地位在中等以上（即第6位到第1位）的要略少一些，但也有63.3%。可见，私营企业主大都把自己在社会上的地位确定在中上等水平，对于自身在社会结构中的地位的认知比较接近。第三，私营企业主阶层政治参与热情高，政治要求比较一致。随着经济实力的增强和阶层队伍的扩大，私营企业主的人员年龄结构呈现年轻化，文化程度在提高，在开办企业前的社会经历很丰富，整体上呈现精英化的趋势。随着经济地位的提高和文化素质的提高，私营企业主阶层自然会提出相应的政治要求，并实现一定的政治参与，以表达其阶层意识和合法权益。从总体上看，政治参与热情高，有政治要求的私营企业主逐年增多。他们中的绝大多数人在政治上有自我保护的反应，有一部分综合素质较高、经济实力较强的人，开始积极地将自己普遍关心的问题提升为政治要求，并努力在一定的场合以一定的方式反映出来。我们可以把已经产生政治要求的私营企业主分为三类。一类是关心政治；一类是提出了一些较为具体的政治要求，但尚未直接参与政治；一类是有政治要求的私营企业主则已经较为直接地参与政治，并已经获得一定的政治安排。他们的政治要求大体上一致，多数人以寻求政治保护、维护经济利益为目的。

④社会群体对私营企业主阶层的评价较高

私营企业主在当代中国社会阶层结构中的地位较高，独立性也很明显。李春玲通过对当前中国人的社会分层意识的分析指出，从人们对社会结构基本形态的想象中，我们可以感觉到，有几类人在人们的意识中已经凸显出来，他们所具有的特殊的社会经济特征使他们从芸芸众生中被剥离出来。他

---

① 李春玲：《当前中国人的社会分层意识》，《湖南社会科学》2003年第5期，第79页。

② （2005～2007年）《中国私营企业研究》课题组：《2008年第八次全国私营企业抽样调查数据分析综合报告》，载中华全国工商业联合会、中国民（私）营经济研究会主编《中国私营经济年鉴（2006年6月～2008年6月）》，中华工商联合出版社，2009，第38页。

们是处于社会两端的人，即处于社会顶端的人——有实际权力的干部和私营企业主；处于社会底端的人——因工作和收入无保障而生活贫困的人。[①] 事实上，尽管目前许多学者所作的社会分层划分的阶级阶层各不相同，但都无一例外地把私营企业主划为一个独立的阶层或基本的社会阶层。

可见，无论是社会评价还是主观认同，私营企业主都已是一个独立或基本的社会阶层。否认这一点，不利于科学分析私营企业主阶层的社会地位及其属性，也不利于正确把握私营企业主阶层的发展走向。

（4）私营企业主阶层的社会属性具有动态可塑性

我国是工人阶级领导的，以工农联盟为基础的人民民主专政的社会主义国家，工人阶级是领导阶级，农民阶级是同盟军，中国共产党是中国特色社会主义革命和建设的领导核心，代表着由工农为主要构成的最广大人民的根本利益。所以，尽管私营企业主阶层相较于工人阶级、农民阶级等都属于“强势”阶层，也尽管私营企业主阶层的独立性显而易见，但在政治意义上说，该阶层具有“依附性”却是不可改变的。由此可以看到，私营企业主的社会属性具有可变化和可以塑造的特点。因此，这就要求我们要密切关注私营企业主阶层社会属性的变化态势，积极引导私营企业主阶层成为合格的中国特色社会主义事业的建设者。

第一，私营企业主的人员构成可能会出现彻底的独立性。经过30多年市场经济的发展，私营企业主阶层作为非公有制生产关系的人格化代表已开始显露出来，并伴随私营经济的进一步发展和经济基础的不断巩固，私营企业主创业的第一代固然没有割断与原来工农或国家干部等社会身份的联系，但若干年后会出现因财产继承而来的第二代乃至第三代私营企业主，其社会身份的独立性就相对于创业的第一代彻底多了，并有可能会出现彻底的独立性。

第二，阶级是通过阶层发展而来的，阶层是阶级形成的必经阶段，即阶级的形成要经过阶层的发展阶段和过程。[②] 阶层与阶级之间并非泾渭分明。李元书指出，阶级在形成过程中，首先是具有阶级的某一部分属性，而不是一下子就具有阶级的全部属性。当一个社会集团已经具有新的社会

① 李春玲：《当前中国人的社会分层意识》，《湖南社会科学》2003年第5期，第78页。

② 李元书：《社会分层与阶级分层的区别、功能和意义》，《江苏社会科学》2005年第2期，第92页。

阶级的某些属性，但还不具备新阶级的基本属性，或基本属性还不稳定的时期，常以阶层的属性存在。所以，不能因为现在私营企业主阶层还不是阶级或还未形成为一个阶级，就否认将来有形成为阶级的可能性。

第三，阶级产生的社会生产关系是存在的。社会结构及其分化中最本质的、具有决定性的因素是人们对生产资料的占有关系，它决定着人们在社会结构中的不同地位和其他社会活动领域中的差别。可见，阶级是与社会不平等现象紧密联系在一起的，以生产资料占有关系划分的阶级之间的差别是一切社会不平等的根源。在资本主义社会，正是因为生产资料私有制引起贫富两极分化，进而导致严重的社会不平等，社会才分裂为无产阶级和资产阶级两大对立的阶级。我国还处于社会主义初级阶段，与现有的生产力水平相适应，实行以公有制经济为主体，多种所有制经济共同发展的基本经济制度，并实行“两个毫不动摇”方针，私有制能为我所用，增加社会财富，为发展社会主义生产力服务。但在充分肯定其积极作用的同时，也不能忽视私有制的存在与社会不平等现象的内在联系。多种所有制形式的存在带来了生产资料占有方面的差异，以个人对财产的占有状况来分配报酬的财产分层体系引起了我国社会阶级与阶层结构的分化与重组，随之而来的收入上的分化、贫富差距的扩大、阶级阶层之间利益矛盾的凸显就是这种分化的重要表现形式。只要生产力水平没有达到建立单一公有制的程度，社会不平等现象仍然存在，生产资料占有方面的差异仍然是社会不平等现象产生的一个重要根源，那么我们就不能轻易排除私营企业主阶层有形成一个阶级的可能性。因此，我们现在还不能断言私营企业主阶层“不可能”形成一个阶级，相反，要充分认识其形成阶级的潜在可能性，并密切关注其成长和发展过程。

第四，阶层意识可能会发展为阶级意识。阶级意识是一个自在的阶级成为自为的阶级的主观因素，包括一个阶级的价值观念、政治理想、政治态度和觉悟程度等。判定阶级的形成与否主要取决于经济状况，但政治思想意识也是很重要的因素，只有在意识上达到一定程度，有自己独立的阶级意识才算是一个完整的阶级。随着经济地位的明显提高和企业主队伍的不断扩大，私营企业主开始形成其阶层意识。私营企业主阶层意识的形成具有两重性。① 一方面，私营企业在中国特色社会主义建设的大背景下产

① 以下材料参考李国荣《试论我国现阶段私营企业主阶层的社会属性》，《中国特色社会主义研究》2008 年第 6 期，第 83 ~ 87 页。

生和发展，私营企业主在总体上是拥护党的领导和社会主义制度，拥护党的路线方针政策，遵纪守法，热爱祖国的。随着经济实力的增强和阶层队伍的扩大，私营企业主阶层一定会提出相应的政治诉求，目前，该阶层政治诉求主要表现为要求党和政府对私营经济的政策稳定、连续、完善并且落到实处，以及要求加强对私营企业财产的保护，而且大部分私营企业主是通过体制内的政治参与来表达其政治诉求。但也应该看到另一方面，私营经济是建立在私有制基础上的一种商品经济，私营企业主也不可避免产生商品拜物教和货币拜物教意识；一些私营企业主的人生观、价值观和世界观存在较为严重的问题，拜金主义和享乐主义表现得比较突出；由利润最大化动机所驱动，一部分私营企业主也滋生了钱权交易的强烈意识，并以非法的手段或者以贿选的方式来谋取政治资本和社会地位。私营企业主阶层意识形成的这种两重性是客观存在的，而且两者是此消彼长的关系，它的走向会影响这个阶层的发展趋势。

通过上述可知，私营企业主阶层有发展成为新兴资产阶级的可能性，这要引起我们高度警觉。但私营企业主阶层是个很特殊的社会阶层，他们自己内部存在极大的差异性和多层次性，所以，党和政府对他们既要“尊重、鼓励、保护、表彰”，又需要“团结、帮助、引导、教育”。除了用法律法规加强对私营企业的监督管理以外，还要有针对性地进行教育和引导，做好他们的工作。在经济上，要鼓励、支持和引导非公有制经济发展，进一步把私营企业主的生产经营行为纳入为社会主义现代化建设服务的轨道，大力推进私营企业和谐劳资关系的构建，努力缩小贫富差距，克服社会不平等现象；在思想上，加强私营企业主的思想道德教育，提高他们的思想政治素质，帮助他们树立正确的荣辱观和价值取向；在社会上，评选优秀私营企业主为劳模和优秀中国特色社会主义建设者，引导广大私营企业主争当中国特色社会主义建设者；在政治上，培养非公有制经济代表人士，吸纳他们进行有序的政治参与，并吸收优秀私营企业主入党；等等。从各个方面努力塑造私营企业主阶层，促使他们做到诚实劳动和合法经营，并在企业发展中能够“致富思源，富而思进”。

当然，把私营企业主塑造成为合格的中国特色社会主义建设者是史无前例的，是中国特色社会主义建设事业的一个伟大创造。因此，这是一个长期的过程，还需要各方付出长期和艰苦的努力。

二　当前中国私营企业主阶层政治参与的实践与发展

（一）当前中国公民的政治参与

1. 当前扩大我国公民有序的政治参与的必要性

《中共中央关于国民经济和社会发展第十个五年计划的建议》提出："加强城乡基层政权机关和群众性自治组织建设，扩大公民有序的政治参与，引导人民依法管理自己的事情。"党的十六大和十六届四中、六中全会以及胡锦涛的"6·25"重要讲话都明确提出要从各个层次扩大公民有序的政治参与。特别是胡锦涛在党的十七大报告中，明确指出"坚定不移地发展社会主义民主政治"，"坚持国家一切权力属于人民，从各个层次、各个领域扩大公民有序政治参与，最广泛地动员和组织人民依法管理国家事务和社会事务、管理经济和文化事业"，"保障人民的知情权、参与权、表达权、监督权"，[①] 等等，使党对于公民政治参与的地位和作用的认识达到最新高度，极大地推进了我国公民政治参与的发展。扩大公民有序的政治参与，是21世纪中国政治发展面临的重大课题，是建设社会主义民主政治的重要内容。

（1）扩大公民有序的政治参与是社会主义民主政治的本质要求

社会主义是实行以生产资料公有制为主体的经济制度，它反映在政治上，必然要求全体人民充分享有管理国家事务和管理社会事务的民主权利。因此，从根本上说，人民当家做主是社会主义本质在政治上的体现，是社会主义民主政治的本质要求，是社会主义政治文明的内在要求和价值目标。中国共产党从诞生之日起，就以实现和发展人民民主为己任，在党的领导下，中国实现了从几千年的封建专制政治向人民民主政治的伟大跨越，使人民真正当家做主，成为国家、社会和自己命运的主人。

第二次世界大战后，资本主义社会的政治参与得到了迅猛发展。但是，资本主义统治的实质决定了资本主义社会的政治参与仍有很大的局限性，在资本主义制度下，真正在政治生活中有影响的仍然是资产阶级政党

---

① 胡锦涛：《高举中国特色社会主义伟大旗帜 为夺取全面建设小康社会新胜利而奋斗》（单行本），人民出版社，2007，第28、29页。

的头面人物以及他们从事政治活动的物质条件提供者，社会公众的政治参与仅仅表现为在不危及资产阶级的政治统治的前提下相对自由地发表自己的政治见解，其对国家实际政治生活的影响仍是较为微弱的。

社会主义是在更高历史阶段上对以往的社会政治文明的一次伟大的历史性变革。社会主义从国家政权、经济基础、组织上、法律上、物质上等方面保证公众政治参与的广泛性、进步性、真实性。我国是社会主义国家，实行的是人民代表大会制度，是在全国各族人民在定期普选基础上，产生各级人民代表大会，作为人民行使国家权力的机关，并由人民代表大会组织各级政府机构，以实现人民管理国家与社会的一种政权组织形式。各级人大代表中都拥有一定比例的社会各阶层的代表，能够代表社会各个阶层民众的意见。各级人大代表直接参与了管理国家事务，而非代表民众间接地参与国家民主管理。这是社会主义民主政治的主要形式。但是各级人大代表的人数相较于全国公民数毕竟属于少数，为了更加有利于决策的民主化和科学化，使决策真正体现人民的意志和利益，减少决策失误，并使这样的决策得到广大人民的认可并自觉贯彻执行；为了更加有利于对各级政府权力进行有效的制约，避免“公仆”与“主人”的关系的倒置，避免或减少对“公意”可能的偏离，就需要不断鼓励和扩大公民有序的政治参与。因此，根据社会主义制度的本质要求，从现实社会经济条件出发，改革和完善社会主义政治体制，促进社会主义条件下政治参与的发展是政治建设的一项重要的内容和任务。

（2）扩大公民有序的政治参与是实现现代化的必然要求

现代化不仅是经济建设的现代化，也是政治管理的现代化、政治参与的现代化。我国21世纪现代化的目标是实现富强、民主、文明的社会主义国家。其中民主是对于我国政治体制改革的要求，文明也包括了政治的文明。它要求完善党和国家的制度，从制度上保证党和国家政治生活的民主化、经济管理的民主化、整个社会生活的民主化，充分调动人民群众的积极性，才能促进社会主义现代化建设的顺利进行。目前我国经济体制改革已经到了最关键的攻坚阶段，政治体制改革必须与之相适应。所以，必须扩大我国公民的政治参与，以大力推进政治体制改革，保障经济体制改革的深化。

政治参与的发展可以促进社会主义经济的现代化。政治参与不仅沟通了公民与政府间的信息交流，而且还有利于公民许多直接利益的实现，既可集思广益，又可提高公民对国家和社会的满意程度，从而为经济发展提供取之不尽的动力源。只有不断发展社会主义民主，才能正确地集中人民群众的意见和要求，使社会主义各项事业的发展符合最广大人民的根本利益，才能增强人民群众的主人翁责任感，充分发挥他们建设社会主义的积极性和创造性，才能保证所创造的成果真正属于人民，才能巩固和发展安定团结、生动活泼的政治局面，保证社会主义建设的顺利进行。

（3）扩大公民有序的政治参与是解决社会矛盾的有效途径

进一步的改革必然带来社会利益的重新整合和观念的碰撞，而政治参与是有效的平衡手段。政治参与是一个国家保持政治稳定的前提，通过政治参与，国家得以有效地平衡个人和国家之间的矛盾，产生公民对政治的认同感，利于国家政权的稳定。

当前，我国处于社会经济的转型期，各种观念冲突、期望膨胀、群体摩擦、政治腐败、国际风潮等，都会影响社会的稳定，尤其是各类腐败问题已日渐成为突出的重大社会问题。要彻底地清除腐败毒瘤，调整好人民群众与政府、党的关系，发展政治参与是根本途径。腐败的根源在于对权力的监督不力。邓小平曾指出："进行政治体制改革的目的，总的来讲是消除官僚主义，发展社会主义民主，调动人民和基层单位的积极性。要通过改革，处理好法治和人治的关系，处理好党和政府的关系。"① 也就是说，必须对权力进行制约，对掌权者进行监督。而这些，如果没有人民群众参与的制约和监督，是难以真正发挥其效能的。

（4）扩大公民有序的政治参与是新的时代背景和历史条件的客观要求

和平与发展是当代世界的两大主题。各国都在致力于本国经济、政治的发展。建立和实现民主政治，使本国成为一个高度民主文明和开放的国家，成为很多国家的政治目标。中国政治的发展离不开世界政治发展的背景。在现阶段必须开发新的政治资源，即在现有政治和法律的框架内，从落实宪法及其他法律已经明确规定的基本权利入手，在具体制度安排上增加公民实际参与政治的途径和机会，以调动全体公民参与国家民主管理的主动性和积极性，使公民参与政治更加具有广泛性和普遍性。

2. 改革开放以来我国公民政治参与的发展历程

《中国政治参与报告（2011）》指出②，改革开放以来，我国公民的政

① 《邓小平文选》第3卷，人民出版社，1993，第177页。

② 以下材料参考房宁主编《中国政治参与报告（2011）》中的总报告《改革开放以来中国公民政治参与的发展》，社会科学文献出版社，2011，第1～62页。

治参与大体可以划分为四个发展阶段。

第一阶段：1979～1981年，恢复公民的选举参与阶段。这个时期中国公民的政治参与带有明显的“转折期”特征，即将一些盲目政治热情下的政治运动式的政治参与，转变为“以经济建设为中心”的理性化、制度化的政治参与，特别是全面恢复人大代表选举和取消公民有运用“四大”即“大鸣、大放、大辩论、大字报”权利的规定，终结了“四大”的政治参与方式，带有重大的“转折”意义。

第二阶段：1982～1994年，基层群众自治成为一种新的政治参与方式的阶段。这个时期中国公民的政治参与带有重要的“路径选择”特征。在当时席卷全球的“民主化浪潮”中，中国的政治参与面临三种路径抉择：第一种路径是，以大规模的群众示威、游行等参与形式，要求政治体制改革，并且有一部分人明确要求在中国发展西方式的民主。第二种路径是，认真摸索适应中国国情的政治参与方式，并且使公民广泛的政治参与符合坚持社会主义道路，坚持人民民主专政，坚持共产党的领导，坚持马克思列宁主义、毛泽东思想四项基本原则。第三种路径是，全面限制政治参与的发展。20世纪90年代发生的苏联东欧剧变，人们逐渐形成这样的共识：只有第二种路径才能保证中国经济社会平稳、健康发展。而积极发展基层群众自治，是选择第二种路径的具有代表性的举措。

第三阶段：1995～2003年，基层选举密集化时期。这个阶段中国公民的政治参与带有明显的“创新”特征。一是在基层选举密集化的态势下，出现了一系列“选举创新”，如在县乡人大代表选举、村民委员会选举、社区居民委员会选举、党内选举以及县、乡国家机关领导人员选举中，出现了创新选举方式的试点，为民众的选举参与提供了不同的参与机会。二是在群众自治参与、政策参与中创造了一些新的参与平台，如村务公开、城市社区建设和“网络参与”等。这为全面提升民众的参与水平起了重要的推动作用。

第四阶段：2004年以来，中国公民的政治参与在科学发展观的引领下，向“制度化”和“法治化”发展，在选举参与、人民团体与群众自治组织参与、政策参与、接触式参与等方面，都发生了重大的变化，使中国公民的政治参与进入了一个新的发展阶段。

3. 目前我国公民政治参与的总体情况

《中国政治参与报告（2011）》蓝皮书从中国公民政治参与的实践发展

出发，大致将公民的政治参与分为选举参与、政策参与、人民团体与群众自治组织参与、接触式参与等类型，根据国内2004年以来各高等学校、研究机构等问卷调查数据，说明不同领域政治参与的基本情况。

（1）选举参与

通过对投票率，实际投票情况，自愿投票程度，对选举的关注程度，候选人提名、确定、介绍的参与，对候选人的了解程度，影响他人的投票取向，对选举程序的了解程度，选民对选举公正性的评价，选民对选举作用的评价等方面进行考察。

（2）人民团体与群众自治组织参与

通过对基层工会组织的工人参与、村民自治中的村民参与和城市社区居民自治中的居民参与情况进行考察。

第一，基层工会组织的工人参与。包括职工加入工会组织情况，参与职工代表大会选举，职工参与管理意愿，职工参与管理渠道，厂务公开，实行民主议事制度，管理者和被管理者的关系等方面。

第二，村民自治中的村民参与。包括村民代表的作用，村民会议的作用，村里重大事项的决定情况，村民参与决策的作用，村务公开，村财务开支审批和财务公开，建立村务公开监督小组，制定村民自治章程，村民对村干部的满意度等方面的参与状况。

第三，城市社区居民自治中的居民参与。包括政府部门在社区开展对话活动，居民对不良政策的反应，居民代表会议召开情况，居民协商议事委员会会议召开情况，居民小组活动情况，居民参与社区活动情况，举办社区听证会情况，居务公开情况，居民向社区居委会提意见和建议情况，居民对社区建设和居民自治的满意度等方面进行考察。

（3）政策参与

通过对公民评价政府的权利意识，政治参与意愿，政策参与的实际选择，计算机网络承载的政策参与，民众对政策的了解程度，民众对决策过程的认知，民众对政策执行过程问题的认知，民众对政策绩效的认知，政策满意度，政策参与的满意度等方面进行考察。

（4）接触式参与

中国公民的接触式参与，无论是为了个人的事情还是为了大众的事情，无论是政治问题还是经济问题、社会问题，大致可以归纳为14种参与途径。包括接触上级领导，单位内部解决，接触人大代表，接触政协委员，参加民间组织或社会组织，依靠社会组织，依靠熟人网络，依靠法律途径，上访，向媒体反映，游行、请愿等抗争行为，罢工、罢课，个人暴力形式，接触式参与的满意度等。

《中国政治参与报告（2011）》蓝皮书根据中国公民政治参与的状况，创设了初步的指标评估体系。该指标评估体系，以选举参与、人民团体与群众自治组织参与、政策参与、接触式参与、政治参与意识与政治参与评价5个一级指标（每个一级指标1分，总分为5分）评估2004年以来中国公民的政治参与水平。并且，在国内学者和研究机构已有问卷调查数据和相关统计数据的基础上，综合评估中国当前的公民政治参与处于中等水平（以5分作为评估标准，目前的得分为2.115分（见表1－1）。在政治参与涉及的5项指标中，得分最高的是“政治参与意识与政治参与评价”（0.553分），其次是“选举参与”（0.529分），再次是“政策参与”（0.503分），“人民团体与群众自治组织参与”得分位列第四（0.452分），“接触式参与”得分最低（0.078分），见表1－1。

表1－1　中国公民政治参与综合评估表

一般指标	分　值	赋　分
选举参与	1	0.529
人民团体与群众自治组织参与	1	0.452
政策参与	1	0.503
接触式参与	1	0.078
政治参与意识与政治参与评价	1	0.553
合　计	5	2.115

资料来源：房宁主编《中国政治参与报告（2011）》中的总报告《改革开放以来中国公民政治参与的发展》，社会科学文献出版社，2011，第62页。

（二）当前私营企业主阶层的政治参与

1. 私营企业主阶层政治参与的必然性与必要性

私营企业主阶层政治参与是指私营企业主阶层通过一定的方式或途径试图影响政府决策或政治过程的行为。私营企业主阶层进行政治参与是一种必然的趋势，而且有其必要性。

（1）私营企业主阶层政治参与符合社会发展规律性

随着私营企业主阶层经济地位的提高和经济实力的增强，他们必然迫切要求参与社会政治生活，表达其政治诉求，通过自身的活动来影响并推动政治系统的决策，从而维护和谋取经济利益。根据经济基础决定上层建筑的基本原理，人们的社会经济地位必然会从根本上影响并支配着人们的政治思想和政治行为。因此，私营企业主阶层政治参与是符合社会发展规律的，任何人都不可能逆转。

（2）私营企业主阶层政治参与符合我国相关法律文件的规定

我国宪法明文规定："凡具有中华人民共和国国籍的人都是中华人民共和国公民"，"中华人民共和国公民在法律面前一律平等"，"任何公民享有宪法和法律规定的权利，同时必须履行宪法和法律规定的义务"，"人民依照法律规定，通过各种途径和形式管理国家事务，管理经济和国家事业，管理社会事务"等。我国当前的私营企业主作为单独的个体、国家公民，在履行宪法和法律规定的义务同时，应该享有宪法和法律规定的各项政治权利。因此，私营企业主阶层本身就拥有参与政治的权利。党的十六大报告指出："坚持和完善社会主义民主制度。健全民主制度，丰富民主形式，扩大公民有序的政治参与，保证人民依法实行民主选举，民主决策，民主管理和民主监督，享有广泛的权利和自由，尊重和保障人权。"私营企业主阶层作为人民的一部分也享有宪法和法律赋予的权利，因此，私营企业主阶层政治参与是符合我国宪法和法律规定的。

（3）私营企业主阶层政治参与对我国当前构建社会主义和谐社会起着重要的作用

社会主义和谐社会是以人为本，充满活力，利益协调，全面发展的社会。私营企业主作为社会主义社会的一个阶层，在促进社会和谐方面的作用是不可替代的。

第一，私营企业主阶层的政治参与有利于促进社会主义民主政治建设。社会主义民主的实质就是人民当家做主。私营企业主是中国特色社会主义事业的建设者，其有序政治参与的扩大体现了社会主义民主的广泛性，同时也有利于国家对私营企业主决策的民主化和科学化，减少决策失误，使政府的决策能得到广大私营企业主的认可并自觉贯彻执行。私营企业主的政治参与，能充当政治体制监督者的角色，有利于对政府权力部门进行有效的制约，促进了社会主义民主政治的制度化、规范化和程序化。

第二，私营企业主阶层的政治参与有利于维护社会的稳定。政治参与与社会稳定之间存在内在的一致性。一方面，有序的政治参与必须以社会稳定为前提，只有保持社会动态有序的稳定，才能为有序化政治参与提供社会环境和条件；另一方面，社会稳定也离不开有序的政治参与。只有通过有序化政治参与才能合理满足公众的政治诉求，从而使他们安心于当前政治体系和社会框架，由此保证了社会稳定。我国现阶段私营企业主的政治参与是在现有的社会主义政治体系框架下进行，是一种适度的有序政治参与，这种政治参与与社会稳定形成了良性互动关系。私营企业主通过政治参与可以学习发挥自己的政治作用，增强对政治的信赖感，并感到自己是社会的一员，得到一种满足感，进而产生更多的社会责任感。国家只要在经济政策上给予他们国民待遇，在政治上予以恰如其分的定位，在参政议政上顺势引导，就会使他们愿意为国家和社会多做贡献，从而有利于维护我国政治和社会的稳定与发展。

第三，私营企业主阶层的政治参与有利于社会主义经济的迅猛发展。私营企业主是私营经济真正活的灵魂。私营经济的发展为私营企业主的政治参与奠定了基础，而私营企业主政治参与反过来又促进了私营经济的发展。通过扩大私营企业主有序的政治参与，可以使其政治地位、政治权利及其政治作用得到社会的正确认识，从根本上消除私营企业主发展私营经济的后顾之忧；可以维护他们的经济和政治利益，激发他们发展经济的最大潜力，从而把私营企业做大做强，发展我国的民族经济，增强我国民族经济的国际竞争力。因此，引导私营企业主有序的政治参与必然会促进作为中国社会主义经济重要组成部分的私营经济的发展，从而有利于推动整个社会主义市场经济的发展。

由此可见，私营企业主阶层的政治参与不仅是其自身发展的需要，更是当前构建社会主义和谐社会、促进社会全面发展的需要。

2. 私营企业主阶层政治参与的发展历程

私营企业主阶层作为改革开放以来新兴的社会阶层，在已有政治体系中不可能一开始就有自己确定的地位和参政渠道，而是经历一个逐渐定位和参与的过程。这个过程与私营企业的发展过程大致相同，可以分成四个阶段。

（1）第一阶段：1979～1987 年，私营企业的起步阶段，这一时期私营

企业主政治参与比较冷漠

1982 年的宪法第十一条规定，“在法律规定范围内的城乡劳动者个体经济，是社会主义公有制经济的补充。国家保护个体经济的合法权利和利益”。当时，国家只允许没有雇佣的劳动者即个体经济的存在，并“通过行政管理，对个体经济实行指导、帮助和监督”。这一阶段个体经济的规模很小，对国民经济的发展和人民生活水平的提高发挥的作用还不够明显，但是它已经引起了社会的广泛关注。私营企业在个体经济基础上，以个体大户的形式自发萌生和发展起来。这个阶段政府对私营经济一直采取观望态度，不提倡、不宣传、也不取缔，社会上又存在“姓资姓社”的争论，因此当时的私营企业主自身尚在担惊受怕中过日子，只求能经营下去。他们的心理状况比较复杂，担心国家政策会变，怕冒政治风险，怕被打入“另册”永世不得翻身。中国民主建国会研究室的同志 1988 年上半年对温州地区私营企业主的抽样调查显示：中共十三大（1987 年 10 月）以前，企业主有“五怕”：怕政策变，怕当资本家，怕坐牢，怕没有法律保障，怕税重。其中怕政策变者占问卷回答者总数的 80%。十三大以后，企业主有“两怕”：怕先行政策不能持久，怕没有法律保障。这“两怕”占问卷回答者总数的 75%。这个调查结果，基本上反映了企业主在十三大前后的心态。[①] 不同规模的私营企业主的政治心态也不一样，企业实力比较小的企业主，正处于养家糊口或小康状态，大部分时间和主要精力用于维持经营；企业规模比较大的企业主，又想干一番更大的事业，赢得社会的尊重，又不可避免地担惊受怕。再加上这时候私营企业主的素质并不太高，虽然社会已经接受了他们提供的服务和方便，但总体上讲，他们当中还没有萌发政治参与的意识，换一句话讲，他们对政治参与还比较冷漠。由于当时自身条件和社会条件都不具备，站稳脚跟是首要考虑，参政议政尚在思维之外。

（2）第二阶段：1987～1991 年，私营企业的曲折发展阶段，这一时期私营企业主政治参与方面处于无序状态

在这个阶段，私营经济出现较快的发展，私营企业主人数也出现较大的增长。1987 年初，中共中央颁布《关于把农村改革引向深入的决定》的文件，首次肯定了私营经济存在的必要性。私营企业主政治参与从无到有

---

① 张厚义、刘文璞：《中国私营经济与私营企业主》，知识出版社，1995，第 247～248 页。

的标志是1988年七届全国人大一次会议通过的宪法修正案，在根本大法中确立了私营经济是社会主义公有制经济的补充。根据宪法，国务院于1988年颁发了《中华人民共和国私营企业暂行条例》等法规，把私营企业的发展和管理纳入了法制的轨道。法律的出台促使私营经济在较短的时间里得到了飞速的发展，城市里的一些工人、销售人员、技术人员、管理人员以及国家机关干部和大专院校的教师、科研院所的科技人员也都纷纷下海经商办厂。1989年底，我国私营企业已达90581户，投资者为214224人，注册资金合计为84亿元，当年的总产值为97亿元，从业人员有164万人。① 与此同时，随着外部环境的明显宽松，一些个体大户和专业大户纷纷扩大投资，向私营企业转变。随着私营经济实力的增强和私营企业主群体的扩大，他们不能接受自己在政治上不能发言的现实状况，对无人能够代表本阶层在政治和社会生活中说话颇为苦恼。他们开始寻求保护其经济和社会权益的政治后盾，寻求能够反映其愿望和要求的政治渠道，并广泛地参与到社会生活中去。但是对于私营企业主逐渐出现的政治参与倾向，国家尚无特定的政治渠道和场所给予疏导和容纳。个别有幸能够参与到政治生活中去的企业主或是通过以前的个人身份背景参政，或是通过其他的渠道参与政治。这种政治参与只是零星的、个别的，总体上，私营企业主在政治参与方面处于无序状态。在1989年8月中共中央发出的《关于加强党的建设的通知》中强调，不能吸收私营企业主入党。已经是党员的私营企业主在企业的收入分配方面，领取作为经营管理者应得的收入，而把企业税后利润的绝大部分用作生产发展基金，增加社会财富，发展公共事业，做不到这些的，不能再当党员。这一政策主张代表了当时党对私营企业主政治特征的分析和判断。

（3）第三阶段：1991～2000年，私营企业的稳定发展阶段，这一时期私营企业主的政治参与从无序状态进入有序状态

私营企业主政治参与进入有序轨道的标志是1991年7月中共中央下发了中发〔1991〕15号文件。文件明确指出："做好非公有制经济代表人士的思想政治工作，对巩固和发展爱国统一战线具有重要意义"，"在工作中要注意把握政策，对现在的私营企业主，不应和过去的工商业者简单地类

① 张厚义、明立志主编《中国私营企业发展报告》（1978～1998），社会科学文献出版社，1999，第60页。

比和等同，更不是要像50年代那样对他们进行社会主义改造。工商联要配合党和政府工作，对非公有制经济代表人士进行团结、帮助、引导、教育。”① 根据中央精神，统战部门和工商联及时把私营企业主纳入统一战线范围，一方面加强对私营企业主的思想政治工作，另一方面又对他们做出适当的政治安排，使他们能够进入人大、政协参政议政，从而促使这个群体在政治参与方面走向有序的轨道。之后，1993 年 3 月，我国有 20 多位私营企业主首次成为全国政协委员，1994 年 9 月，工商联开始筹办民办商业银行“民生银行”，为民营企业提供贷款，1997 年 10 月党的十五大将非公有制经济的地位提升为社会主义市场经济的重要组成部分，1999 年九届全国人大二次会议通过的宪法修正案肯定了这一精神，私营经济取得了与公有制经济平等的社会和经济地位。我国的私营企业主从此开始在统一战线大团结的旗帜下逐渐走向了有序的政治参与。

（4）第四阶段：2001 年至今，私营企业的快速发展阶段，这一时期是私营企业主政治参与的蓬勃发展时期

随着私营企业主政治参与意识的增强，其政治参与已经开始向纵深发展。促使私营企业主政治参与蓬勃发展的政策诱因是 2001 年 7 月 1 日江泽民在庆祝中国共产党成立八十周年大会上的讲话。这个讲话首次认可了他们也是有中国特色的社会主义事业的建设者，肯定了他们在社会主义建设中发挥的重要作用，并且允许他们当中的优秀分子入党。如果说 1999 年修改宪法，非公有制成为社会主义市场经济的“重要组成部分”，解决的是私营经济的法律地位问题，那么这个“七一”讲话解决的则是私营企业主的政治地位的问题。

2002 年党的十六大召开之后，进一步肯定了江泽民“七一”讲话的精神，并指出：对为祖国富强贡献力量的社会各阶层人们都要团结，对他们的创业精神都要鼓励，对他们的合法权益都要保护，对他们中的优秀分子都要表彰，努力形成全体人民各尽所能、各得其所而又和谐相处的局面。要形成与社会主义初级阶段基本经济制度相适应的思想观念和创业机制，营造鼓励人们干事业、支持人们干成事业的社会氛围，放手让一切劳动、知识、技术、管理和资本的活力竞相迸发，让一切创造社会财富的源泉充

① 中共中央统一战线工作部、中共中央文献研究室：《新时期统一战线文献选编》，中共中央党校出版社，1997，第 333 页。

分涌流，以造福于人民。

尽管私营企业主在积极主动地提出要求并参与政治，但这些参政要求能真正得到满足的并不多，很多私营企业主是通过安排参与政治的，特别是一些较高层次的政治参与。各地的党政部门在“七一”讲话和“十六大”后，都加大了安排私营企业主进入到人大和政协的力度，以体现当地重视私营经济的发展。当然，不是所有的私营企业主都能平等地获得安排的机会，幸运只属于那些在当地具有典型意义或代表价值的企业主。一般而言，这样的私营企业要具有一定的规模，企业主平时比较配合政府部门的活动，或在行业、提供就业、完成纳税等方面具有示范意义。[①] 他们中的一部分人纷纷当选为各级人大代表、政协委员、工商联领导班子成员，私营企业主有序的政治参与蓬勃发展，进入高潮时期。

3. *私营企业主阶层政治参与的形式*

目前，我国私营企业主阶层政治参与的途径和形式，主要包括以下几方面。

（1）当选人大代表或政协委员

人民代表大会制度是我国的根本政治制度。人民代表大会是国家权力机关，人民通过人民代表大会参与政治生活，行使国家权力。正如列宁所指出的，社会主义国家组织应“保证能够把议会制的长处和直接民主制的长处结合起来”[②]。我国的人民代表大会制度就是要保证公民广泛地参与政治。共产党领导的多党合作和人民政治协商制度是我国的一项重要政治制度。人民政协是共产党领导的多党合作、政治协商和民主监督的机构，是有广泛代表性的统一战线组织，是我国公民政治参与的重要载体。

由中国私营企业研究课题组进行的2008年第八次全国私营企业抽样调查[③]表明，在被调查受访的4098位私营企业主中，担任人大代表、政协委员是私营企业主参与政治的最主要方式，回答担任各级这两类职务的总计有2101人，占受访企业主的51.3%。在受访的1372名党员私营企业主中，担任各级党代表的达到28.3%，其中，省级党代表和全国党代表分别

① 敖带芽：《私营企业主阶层的政治参与》，中山大学出版社，2005，第56～57页。

② 《列宁选集》第3卷，人民出版社，1979年第2版，第309页。

③ （2005～2007年）《中国私营企业研究》课题组：《2008年第八次全国私营企业抽样调查数据分析综合报告》，载中华全国工商业联合会、中国民（私）营经济研究会主编《中国私营经济年鉴（2006年6月～2008年6月）》，中华工商联合出版社，2009，第39～40页。

有 15 人和 7 人，占党员企业主总数的 1.6%。

除了当选为人大代表或政协委员，私营企业主在人大或政协中担任的职务也越来越高。2000 年 3 月，中共中央组织部、统战部联合下发文件，明确规定私营企业主不得担任党政机关领导职务。但是这些规定在实践中已有明显的突破。

2008 年第八次全国私营企业抽样调查表明，有 205 名中共党员企业主进入了地方各级党委领导机构，占受访党员企业主总数的 14.9%，其中担任省级党委委员的有 4 人。有 61 人担任了县乡两级政府副职领导。这种亦官亦商、官商一体的现象没有法律和政策依据，其结果和影响如何，值得认真研究。

第八次全国私营企业抽样调查统计表明，担任人大常委会主任、副主任和常委的分别有 9 人、7 人和 162 人，担任人大常委会主任、副主任的全部集中在县乡两级，担任人大常委会委员的不但在县乡两级有，而且地级和省级分别有 34 人和 10 人。人大常委会作为国家权力机关，由私营企业主进入其领导机构甚至担任主要负责人，尚缺乏法理依据。

（2）加入政党组织，主要是加入共产党，还包括加入民主党派

我国实行的是中国共产党领导的多党合作的政党制度。私营企业主通过加入中国共产党或民主党派可以更好地表达自己的政治观点和态度以维护自身的利益。

在政党组织中，私营企业主加入最多的是共产党。第八次全国私营企业抽样调查数据①显示，被调查者中中共党员所占比例为 33.5%，在私营企业主中中共党员的比例在逐年增长，高学历的党员私营企业主的比例在逐年增长，详情见表 1－2。党员比例增长的主要原因是近几年有大量的国有企业、集体企业改制成了私营企业，这些企业的负责人多是中共党员。另外，新党员人数也在增加。在尚未加入共产党的私营企业主中，写过入党申请书的虽然只占 10.3%，但这一比例比上一次调查数据（9.6%）略有提升。从总体上看，私营企业主中要求入党的仍然是少数人。有些私营

① 以下数据均来自（2005～2007 年）《中国私营企业研究》课题组：《2008 年第八次全国私营企业抽样调查数据分析综合报告》，载中华全国工商业联合会、中国民（私）营经济研究会主编《中国私营经济年鉴（2006 年 6 月～2008 年 6 月）》，中华工商联合出版社，2009，第 38 页。

企业主通过加入民主党派，主要是加入以工商界代表为主的民主建国会来参与政治。第八次全国私营企业抽样调查数据显示，参加民主党派的私营企业主占其总数的7.0%，我国八大民主党派都有私营企业主的加入。

表1-2　全国抽样调查中私营企业主中中共党员和大专学历以上所占比例

单位：%

调查年份	私营企业主中中共党员比例	大专学历以上企业主比例
1993	12.9	17.2
1997	19.0	20.4
2000	19.9	38.4
2002	26.2	38.4
2004	33.9	51.8
2006	32.2	49.3
2008	33.5	61.8

资料来源：根据历次全国私营企业抽样调查数据整理。

（3）加入工商联等人民团体以及组建或加入私营企业协会、各种行业协会、商会等社会团体

随着私营企业主队伍的发展壮大，与此相关的社会团体和组织也发展起来，包括工商联、私营企业家协会、企业家联谊会、各种商会等。这些团体组织会员参与国家方针政策的讨论，发挥民主监督的积极作用；维护成员的合法权益，协助企业改善经营状况，开拓国内外市场；消除企业间不正当竞争，维护行业利益；协调企业与政府部门、企业与社会各阶层的关系，树立企业良好的社会形象。作为私营企业主利益的代表，社团的出现弥补了单个私营企业主政治参与力量的薄弱。私营企业主以社团为单位，通过组织的力量参与政治，极大地增强了他们在利益表达、影响政府决策上的影响力，提高了私营企业主抵御政治和经济风险的能力。

工商联是中国共产党领导的中国工商界组成的人民团体和民间商会，是党和政府联系非公有制经济人士的桥梁和纽带，是政府管理非公有制经济的助手，也是对外开放、民间外交的一条重要渠道。工商联的职能包括：引导会员积极参政议政、参加国家经济建设；做工商界代表人士政治安排的推荐工作；帮助会员自觉遵守国家的政策法令，引导、教育会员爱国、敬业、诚信、守法，做中国特色社会主义的建设者；反映会员意见和

要求，维护会员合法权益；为会员提供信息、科技等服务；开展与港澳台同胞、海外侨胞中工商社团和工商界人士的联络工作，协助政府引进资金、技术和人才；办好工商联自办企业等。据第七次全国私营企业抽样调查统计，截至2006年6月底，工商联拥有会员197.3万，其中企业会员67.5万，县以上组织3119个；乡镇商会、街道分会等基层组织22402个，组建的各级行业组织7588个。[①] 在2008年抽样调查的私营企业中，总体上有68.1%的企业是工商联的会员，51.6%的企业参加了工商联下属的行业商会或同业公会。目前，担任全国工商联执行委员的私营企业主有233人（占总数的56%），其中担任全国工商联副主席的有8人，担任省级工商联会长的有3人。中国最大的摩托车生产企业——重庆力帆轰达实业集团董事长尹明善和传化集团董事长徐冠巨分别担任重庆和浙江省工商联的会长。2008年第八次全国私营企业抽样调查显示[②]，私营企业主十分关注工商联工作，对新时期工商联加强履行职能，更好地服务于非公有制经济寄予厚望。他们企盼工商联及其下属的行业商会或同业公会为企业提供服务。82.7%的企业希望工商联及其下属行业组织代表本行业的共同利益，维护合法权益；65.7%的企业希望帮助其与政府沟通；半数以上的企业希望商会和行业商会协调同行业的经营行为，健全行规、行约，加强自律、维护信誉。调查还发现，对非公有制经济人士担任工商联会长试点的支持率比2006年高出34.8个百分点，达到69.7%。支持率高的原因分别是：认为非公有制经济人士担任会长能够更好地反映所有企业主的意见的占82.5%，认为能够更好地指导企业主改进经营管理的占58.6%，认为有利于体现工商联的经济性和民间性的占56.4%，认为有利于调动企业主参与和支持工商联工作积极性的占57.7%。作为私营企业家的代表，工商联是私营企业家参与国家大政方针及政治、经济和社会问题讨论的重要途径，发挥了民主监督和参政议政的重要作用。

（4）参与公益事业

除了上述的政治参与方式之外，很多私营企业主还通过其他间接的方

---

① 资料来自金融界网站，http：//www.jrj.com.cn/，2007年2月15日。

② （2005～2007年）《中国私营企业研究》课题组：《2008年第八次全国私营企业抽样调查数据分析综合报告》，载中华全国工商业联合会、中国民（私）营经济研究会主编《中国私营经济年鉴（2006年6月～2008年6月）》，中华工商联合出版社，2009，第43～44页。

式参与政治。“光彩事业”和捐赠行为是私营企业主认同党的领导、支持政府部门完成各项工作、回报社会、提升个人及企业知名度和影响力的重要方式。

中国光彩事业是我国私营企业主响应《国家八七扶贫攻坚计划》所发起并实施的一项开发式扶贫的社会事业。许多私营企业主积极响应政府号召，参加“光彩事业”，并到老少边穷地区投资教育、卫生等事业，兴办福利事业，同时也扩大了自身在社会上的影响力。例如：希望集团多年来一直致力于光彩事业，不断地向社会进行公益捐赠。2003 年，希望集团董事长刘永行被授予“中国光彩事业奖章”。2005 年对中国私营企业主的调查显示，有 44% 的企业参与了“光彩事业”，规模越大的企业参与“光彩事业”的比例越高：亿元级的企业参与率为 82%，千万元级的为 76%，百万元级的为 64%，而百万元级以下的企业为 40%。这说明我国的私营企业主阶层在为自己事业奋斗的同时，也承担起对社会的责任，为社会贡献自己的力量。

私营企业主的捐赠行为主要指捐款捐物。2008 年第八次全国私营企业抽样调查数据[①]表明，在被调查的私营企业主中有过捐赠行为的占 86.7%，比上次调查高出 2.6 个百分点。在有过捐赠行为的企业中，捐赠金额的中位数为 6 万元，比上次调查高 20%，说明近两年私营企业主的社会贡献意识逐渐增强。从企业规模看，企业规模越大，捐赠人数比例和捐赠金额越高。从政治面貌看，私营企业主中共产党员和共青团员的捐赠金额大幅度提高。从文化程度看，研究生学历的私营企业主捐赠的金额和捐赠人数都是最高的。从年龄来看，年龄大的私营企业主较年纪轻的私营企业主社会贡献相对高些。

应当说，光彩事业和捐赠行为以一种特定的形式抒发了私营企业主的成就感，展示了私营企业主共同发展的责任感，同时也获得了全社会对私营企业主价值的认同和赞扬，为私营企业主更高层次的政治参与奠定了基础。

（5）与党政领导人个别接触

个别接触是西方公认的政治参与的一种重要形式。“有着特殊问题的个人主动与政府官员接触，我们称这类参与为公民主动的接触，它代表

① （2005～2007 年）《中国私营企业研究》课题组：《2008 年第八次全国私营企业抽样调查数据分析综合报告》，载中华全国工商业联合会、中国民（私）营经济研究会主编《中国私营经济年鉴（2006 年 6 月～2008 年 6 月）》，中华工商联合出版社，2009，第 36 页。

第三种类型的政治活动。"[①] 合法的个别接触也是公民政治参与的一种重要途径。第七次全国私营企业抽样调查数据[②]显示，私营企业主中分别有22.8%和25.4%的人选择最为迫切和比较迫切"与党政领导人经常保持联系"，以此作为提高自身社会地位的途径。私营企业主通过与党政领导人的个别接触，能更迅速地反映他们的要求，当然，这里所讨论的个别接触只是指私营企业主与党政领导人的合法的良性的接触。在私营企业主与党政领导人的个别接触中，还存在通过与当地政府官员的政治接触建立关系网，官商结合，权钱交易，恶性介入地方政策和地方事务，从而为本企业和个人牟取私利的非法行为，对这种行为应有所警觉并坚决遏制。

（6）自行参与村委会选举

1998年11月九届全国人大常委会修订通过《中华人民共和国村民委员会组织法》后，农村基层民主政治建设出现了十年渐进、一朝突破的局面。一些本来就出身于农村的中小规模的私营企业主纷纷以极大的热情投入农村基层组织竞选。私营企业主这一群体的介入，一方面使一些具备带领群众致富本领的人参与村务管理；另一方面也给农村基层政权建设带来新的活力和挑战。

村民委员会是村民自我管理、自我教育、自我服务的基层群众性自治组织，实行民主选举、民主决策、民主管理、民主监督。在我国农村，现阶段主要的任务是发展生产，改善人民生活水平。私营企业主往往是农村地方经济发展的带头人，私营企业主竞选村委会成员，而村民也乐意让那些有公心、真正为民办事的私营企业主当选。不过，在农村基层选举中，拉票、贿选现象也普遍存在，这种现象也应引起充分的注意。

以上是私营企业主阶层政治参与的六种主要途径。此外，私营企业主还可能通过其他途径，如通过行使宪法赋予的批评、建议、申诉、控告或者检举等权利参与政治。同时在现实政治生活中，由于制度化政治参与渠道的狭窄或制度化参与不能达到其目的，以及基于对参与成本的考虑，私营企业主阶层非制度化政治参与的不和谐音符时有出现，如通过拉拢收买

---

① 〔美〕格林斯坦、波尔斯比：《政治学手册精选》下卷，储复耘译，商务印书馆，1996，第301页。

② （2005～2007年）《中国私营企业研究》课题组：《2006年第七次全国私营企业抽样调查数据分析综合报告》，载中华全国工商业联合会、中国民（私）营经济研究会主编《中国私营经济年鉴（2006年6月～2008年6月）》，中华工商联合出版社，2009，第47页。

当地一些主要政府官员，实现官商结合，使地方政权为其所用，用金钱支配权力；通过贿赂选民当选为人大代表；通过贿赂人大代表当选为国家公务人员等。非制度化参与的存在容易孳生腐败，在深化政治体制改革的同时，政府必须加强对私营企业主的政治思想教育，鼓励引导他们通过制度化、合法化的方式和渠道参与政治。

4. 私营企业主阶层政治参与的特点

进入新的历史时期的中国私营企业主阶层，他们在内生型的规模扩张和外生型数量增加的双重作用下，整个阶层的经济实力和队伍得到进一步的增强和扩大。在此基础上，他们的政治参与热情高涨，活动也更加频繁，并向纵深方向发展。私营企业主与其他阶层比，其政治参与具有以下几点特性。

（1）明显的利益性

利益是人们从事一切活动最根本的动因，“在绝大多数的场合下，人们奋斗所争取的一切都同他们的利益有关”。[①] 利益动因是公民包括政治参与在内的一切活动的首位动因。趋利避害、自我保护等功利性目的是大多数私营企业主政治参与的主要动力。一方面，他们希望通过参与政治，政府能够关注和满足他们的利益和要求，营造公平有序的市场秩序，为企业发展创造良好的政治和社会环境；另一方面，通过参政议政来提高个人社会地位和企业的知名度，为个人和企业向更高层次发展奠定基础。他们从保护和追求自身利益出发，关心国家政治，尤其是关心党和国家有关民营经济发展和私营企业主的政策，特别是该政策的连续性、稳定性，实质上是关心自己的前途和命运。

第七次私营企业抽样调查数据[②]分析显示，私营企业主的政治态度表现出鲜明的利益特征。高达 70.8% 的私营企业主认为当前最迫切的事情是“在商言商，把企业办好”。政治参与为他们提供了一个对外交流的平台，在这个过程中，他们向政府表达了自己的利益诉求，并获得实实在在的好处。如中国政法大学蔡定剑教授所强调的，众多出身低微的私营企业主在实践中感受到了“红顶商人”的实惠，利益驱动使得他们对成为真正意义

① 《马克思恩格斯全集》第 1 卷，人民出版社，1956，第 82 页。

② （2005 ~ 2007 年）《中国私营企业研究》课题组：《2006 年第七次全国私营企业抽样调查数据分析综合报告》，载中华全国工商业联合会、中国民（私）营经济研究会主编《中国私营经济年鉴（2006 年 6 月 ~ 2008 年 6 月）》，中华工商联合出版社，2009，第 46 页。

上的“官僚资本家”充满向往。[①]

（2）明显的层次性

从30多年的中国社会私营经济发展来看，私营企业主的整体素质和内部构成发生了重大变化。改革开放之初，社会精英主要集中在国有企事业单位和党政机关，从事个体私营经济的绝大多数是进城农民、待业和无业人员，整体素质相对低下。1988年宪法修正案确立了私营经济的合法地位后，尤其是进入90年代后，相当一部分国家干部、国有企事业单位职工，特别是一大批高学历、高素质的知识分子“下海”，进入私营经济领域，私营经济呈现更快更大的发展势头，私营企业家队伍的整体素质大大提高，开始获得了社会的理解和认同，在普通民众中逐渐拥有了一定的社会威望。有人按私营企业主来源，将他们分为农民型、社队干部型、市民型、机关干部型和科技干部型等。[②] 他们层次繁多，社会地位不同，政治素质也参差不齐，参政知识、技术与水平也不一致。按照私营企业主阶层政治参与程度的高低，可以分为三个不同层次[③]：第一是关心政治层。处于这一层次的私营企业主多半是其企业正处于起步发展阶段，这个层次的大多数私营企业主主要把精力放在企业的经营发展上，而无暇顾及政治问题和参与政治活动，只是对关系到私营经济发展命运的政策稳定等问题十分关心，因而他们对政治参与的愿望不是很高而且政治参与的能力也相对较差。第二是提出政治诉求层。处于这一层次的私营企业主多半是其企业处于稳定发展阶段，这一层次的私营企业主基本完成了资本的原始积累，生产经营状况较为稳定，经济实力也较为深厚，因此，他们开始有一定的精力对社会政治生活产生兴趣，并提出相应的政治要求。例如：要求政策稳定和落实到位；要求加强对私营企业主财产的保护；要求进一步提高社会地位和社会形象；要求进一步拓宽政治联系渠道；要求建立自我保护与协调组织等。[④] 第三是参与政治层。处于这一层次的私营企业主多半是其企业已经处于超稳定发展阶段，这

① 章敬平：《权变——从官员下海到商人从政》，浙江人民出版社，2004，第277页。

② 任杰、梁凌：《中国政治与私人经济》，中华工商联合出版社，2000，第357～359页。

③ 以下材料参考赵丽娜《当前我国私营企业主阶层政治参与的现状及对策分析》，硕士学位论文，东北师范大学，2006，第12页。

④ 姜南扬：《私营企业主政治参与的过程、特点与效应》，《中国党政干部论坛》2005年第4期，第24页。

一层次的私营企业主已具有较大规模和实力，在社会上已具有较强的影响力，他们往往热衷于参与政治，通过一些安排性参与进入人大、政协或工商联等组织，或自发地要求加入中国共产党或民主党派，自行参与地方领导竞选等。这一层次是政治参与水平最高的一层，而且政治参与的能力也相对高一些。现阶段我国私营企业主阶层的政治参与水平呈现出这种多层次的特点，正反映了我国私营经济内部发展的多层次性，从另一个侧面也反映了我国私营企业主政治参与水平还有很大的提高空间。

（3）相对的独特性

私营企业主阶层在参政方式上相较于社会的其他阶层人士更倾向于选择个别接触的方式。其原因在于，私营企业主是当代中国社会中经常自己直接面对各级各类行政执法部门的阶层，在日常生产经营活动中，工商、税务、公安、市容、卫生防疫、土地管理等执法部门必然与他们在业务上有割不开、斩不断的千丝万缕的利益关系。尤其在我国法治尚未健全，人治依然残留的社会环境下，为了保护或扩大自身的利益，个体老板大多试图与政府执法人员搞好人际关系，以争取在政策的执行过程中对他们有所“照顾”，实力强的个体工商大户和私营企业主则更进一步在地方政府中寻求自己的代理人，与地方领导人建立私人关系，这使他们对政策的影响更为直接和深入。

（4）组织化程度增强

在私营企业主阶层政治参与的初期，他们的政治参与对政治系统的影响不大。其原因主要在于私营企业主的政治参与是以个别参与为主，组织化程度不高。这种参与方式只涉及个别或少数人的利益，而不是针对多数人或普遍性的利益需求；私营企业主关注的焦点大多局限于政府某一具体政策或某一政府官员的意向，很少触及战略性、方向性、全局性的问题。因此，产生的社会回应力小，对政治过程的实际影响力相当有限，很多政治参与活动并不一定能够带来实质性的结果。

随着政治参与实践的逐步深入，私营企业主在经历一次次政治参与的洗礼后，慢慢开始意识到联合的重要性。正如刘妙妙在其硕士学位论文中指出的，“他们在政治参与的实践中认识到，如果同行利益受损，那么自身利益也难保全。他们逐步把关注的视角从自我发展转移到整个行业和群体的发展，从所在地区的发展状况转移到整个国家和社会的发展。工商联、私营企业家协会、各种行业协会、民间商会等代表私营企业主利益的社团把一个个彼此不相关的‘参与孤岛’连成一片。团体意识的觉醒和共同的利益追求，使私营企业主政治参与的组织化程度不断提高。行业内各类组织和社团为私营企业主提供了沟通信息、交换意见、扩大社会网络、积累人脉资源的绝佳平台，参加组织生活让私营企业主获得久违的归属感和安全感。更重要的是，通过组织或协会向上反映意见、通过集体的方式表达利益诉求所产生的合力和影响力要远远大于私营企业主个人政治参与所产生的社会回应力。政治参与中集体力量的优势必然强化了私营企业主组织化参与的认识和行动。”①

① 刘妙妙：《现阶段我国私营企业主政治参与研究》，硕士学位论文，华东师范大学，2008，第 39 ~40 页。

第二章　福建省私营企业的发展

一　福建省的基本概况

（一）总体情况

福建地处我国东南沿海，连接长江三角洲和珠江三角洲，与台湾隔海相望，是中国大陆重要的出海口，也是中国与世界交往的重要窗口和基地。全省土地总面积12.4万平方公里，海域面积13.6万平方公里，常住人口3627万，现有9个设区市，下设14个县级市，45个县和26个市辖区（见表2－1）[①]。福建省有以下几个比较突出的特点[②]：

1. 山海资源得天独厚

福建地处亚热带，气候宜人。全省森林覆盖率达60.5%，居全国首位，是我国四大林区之一，素有“南方绿色宝库”之称。海域辽阔，全省陆地海岸线长达3751.5公里，居全国第二位，拥有厦门湾、福州港、湄洲湾、三都澳等众多优良港湾，可建10万～30万吨级泊位的海岸线资源居全国首位。全省拥有内陆养殖面积约1000平方公里，可作业的海洋渔场面积12.5万平方公里，是我国重要的渔场之一，水产品总产量居全国第二位，人均占有量全国第一。水力资源蕴藏丰富，全省可开发利用的装机容量1062万千瓦，居华东各省、市之首，沿海地区还蕴藏着丰富的潮汐能、风能等各种可再生资源。全省境内已探明储量的矿种有86种，其中有工业利用价值的20多种。福建也是一个特产丰富的省份，寿山石雕、脱胎瓷器、安溪铁观音、武夷山大红袍、德化瓷器、惠安石雕、漳州水仙花、片仔癀等享誉海内外。

① 《八闽大地》，福建省政府网站，http：//www.fujian.gov.cn/bmdd。

② 以下材料参考《福建基本省情》，中国经济网，http：//www.ce.cn/xwzx/gnsz/gdxw/201111/26/t20111126_22869656.shtml，2011年11月26日。

2. 改革开放先行一步

福建是我国对外通商最早的省份之一。南宋和元代，泉州是世界最大商港之一，与 100 多个国家和地区有通商关系，形成了著名的"海上丝绸之路"。福建是全国最早实施对外开放的省份之一，全省形成了由经济特区、沿海开放城市、经济技术开发区、高新技术园区、保税区、台商投资区、旅游度假区、沿海开放区等构成的全方位、多层次、宽领域的对外开放格局。以港、澳、台和东南亚为基础，不断扩大对外经贸工作，与全球 200 多个国家和地区建立了经贸往来关系，与 18 个国家的 37 个省、市缔结了友好省、城市关系。

表 2－1　2009 年全省行政区划统计表

地市名称	地市所在区	地市所辖县（区）市
福州市	鼓楼区	鼓楼区 台江区 仓山区 马尾区 晋安区 闽侯县 连江县 罗源县 闽清县 永泰县 平潭县 福清市 长乐市
厦门市	思明区	思明区 海沧区 湖里区 集美区 同安区 翔安区
莆田市	城厢区	城厢区 涵江区 荔城区 秀屿区 仙游县
三明市	梅列区	梅列区 三元区 明溪县 清流县 宁化县 大田县 尤溪县 沙县 将乐县 泰宁县 建宁县 永安市
泉州市	丰泽区	鲤城区 丰泽区 洛江区 泉港区 惠安县 安溪县 永春县 德化县 金门县 石狮市 晋江市 南安市
漳州市	芗城区	芗城区 龙文区 云霄县 漳浦县 诏安县 长泰县 东山县 南靖县 平和县 华安县 龙海市
南平市	延平区	延平区 顺昌县 浦城县 光泽县 松溪县 政和县 邵武市 武夷山市 建瓯市 建阳市
龙岩市	新罗区	新罗区 长汀县 永定县 上杭县 武平县 连城县 漳平市
宁德市	蕉城区	蕉城区 霞浦县 古田县 屏南县 寿宁县 周宁县 柘荣县 福安市 福鼎市

资料来源：本表根据 2010 年《福建年鉴》整理。

3. 两岸交流重要基地

福建是我国著名的侨乡和台胞祖籍地，旅居世界各地的闽籍华人达 1260 多万，特别典型的侨乡石狮市（原为镇），其旅居海外华侨的数量竟相当于全市人口的总量。福建与台湾一水相连，台湾同胞中祖籍福建的占 80% 以上，其血缘相亲、语言相通、习俗相近，形成闽台两地特殊的历史、地域和文化渊源关系，经贸交往和人员往来、文化交流等各方面的联系十分密切，福州和厦门开通了与高雄港的试点直航，沿海地区同金门、马祖等海上直接来往十分频繁，福建日益成为对台经贸、文化交流的重要基地之一。截至2009年年底，福建全省共有台籍同胞5969户17503人（内含高山族同胞615人）；台胞全年来闽定居18人，福建居民赴台定居197人。在闽台胞中，现有全国人大代表2名，全国政协委员3名，福建省人大代表7名，福建省政协委员15名，县（处）级干部69人，厅级19名。

4. 人文优势独具魅力

福建历来尊师重教，英才辈出，涌现出许多在中国历史上有影响的杰出人物，如教育家朱熹一生都在福建传道授业，世界法医学鼻祖宋慈，书法家黄道周、蔡襄，民族英雄郑成功、林则徐，近代思想家、翻译家严复、林纾，爱国华侨陈嘉庚等都诞生在福建。在代表我国自然科学界最高荣誉的科学院、工程院两院院士中，福建籍的有100位，他们在所从事的科学研究领域取得了很高的成就，在国内外享有极高声誉。他们是福建的骄傲和光荣，也是福建珍贵的智力宝库。

5. 人居环境优美舒适

福建依山面海，境内四季常青，到处是绿色的世界。空气质量良好，二氧化硫、悬浮颗粒和降尘等年日均值达到或超过国家环境卫生空气质量二级标准。宜人的气候条件，保护良好的动植物基因库，深厚的文化底蕴，使福建拥有众多的国家级风景名胜和自然保护区，武夷山世界文化与自然遗产、厦门鼓浪屿、湄洲岛妈祖文化、泉州海上丝绸之路文化、福建土楼文化遗产、上杭古田会址、昙石山古文化遗址、宁德白水洋奇观等八大旅游品牌影响日益扩大。福建省省会福州市还拥有马尾船政文化、石鼓名山、三坊七巷、西禅寺、森林公园等一批独具特色的旅游景观。目前全省拥有国家级风景名胜区13个，国家级自然保护区9个，国家级森林公园15个，国家旅游度假区2个。已建成自然保护区、森林公园、风景名胜区的面积约占全省土地面积的8%。目前，全省已建成国家优秀旅游城市7个、国家园林城市3个、国家环保模范城市1个，形成了人与自然和谐共处的良好境界。

（二）经济社会发展成就

改革开放以来，福建的经济和社会面貌发生了巨大的变化。现阶段，福建省"十一五"规划已胜利实现，取得了重大的经济社会发展成就[①]，主要体现在以下四个方面：

1. *发展思路拓展提升*

海西战略上升为国家战略，海西列入全国主体功能区的重点开发区域，平潭开放开发得到特殊扶持，厦门经济特区扩大到全市，革命老区和原中央苏区享受中西部优惠政策，国家部委在规划、项目、资金、政策等方面加大对福建省的支持力度，福建进入推动科学发展、跨越发展的新阶段。

2. *发展实力显著增强*

积极应对国际金融危机冲击，有效克服各种灾害的不利影响，经济保持平稳较快发展，全省生产总值（2010 年为 14357.12 亿元[②]）、人均生产总值（2010 年为 39432 元）、财政总收入（2010 年为 2056.01 亿元）、外贸进出口（2010 年为 1087.82 亿美元）、社会消费品零售总额（2010 年为 5310.01 亿元）都比 2005 年翻了一番，全社会固定资产投资（2010 年为 8273.42 亿元）是 2005 年的 3.5 倍。特别是基础设施全面改善，铁路新增快速干线里程 504 公里，在建里程和运营里程均突破 2000 公里，其中快速铁路在建和运营里程超过 1500 公里；高速公路新增通车里程实现翻番，总里程达 2403 公里，在建里程超过 2000 公里；港口新增吞吐能力 1.8 亿吨，吞吐量由 2005 年的 1.98 亿吨增加到 3.27 亿吨；机场旅客吞吐量接近翻番；电力新增装机容量实现翻番，累计达 3480 万千瓦，形成 500 千伏大环网。福建已经成为中国最具发展活力的地区之一。

2011 年 2 月 28 日，《中国省域经济综合竞争力发展报告（2009 ~ 2010）》蓝皮书在北京正式发布。蓝皮书中综合考量我国各省的宏观经济、产业经济、可持续发展、财政金融、知识经济、发展环境、政府作用、发展水平、统筹协调等各项指标，在全国 31 个省、市、自治区经济综合竞争力排名中，福建排名第 9 位，处于优势地位。[③]

2011 年 7 月 29 日，中科院发布全国各省 GDP 质量排行榜，通过数量维

① 黄小晶在福建省十一届人大四次会议上作政府工作报告《方式转变 成果惠民 福建实现"十一五"规划》，《福建日报》2011 年 1 月 14 日。

② 2010 年的数据材料均来自《福建省 2010 年国民经济和社会发展统计公报》，福建省统计局网站：http：//www.fujian.gov.cn/zwgk/tjxx/tjgb/201102/t20110225_ 340974.htm。

③《省域经济综合竞争力排名出炉：福建省第九》，东南网，2011 年 2 月 28 日，http：//www.fjsen.com/c/2011 -02/28/content_ 4121052_ 4.htm。

（发展度）、质量维（协调度）和时间维（持续度）三者本质叠加的最大化构成“GDP 质量指数”，在全国 31 个省、市、自治区经济 GDP 竞争力排名中，福建排名第 7 位。同样说明福建省的经济在全国处于优势地位。[①]

3. 发展方式加快转变

在国内生产总值中，福建省产业结构不断优化，三次产业结构比例由 1978 年的 36:42.5:21.5 调整到 2010 年的 9.5:51.3:39.2。发展坚持“好”字优先、能快则快，发展的质量和效益稳步提高，高技术产业增加值年均增长 18.2%，比工业增加值年均增幅高 2.1 个百分点，科技促进经济社会发展指数居全国第 5 位，节能减排目标预计可以完成，森林覆盖率保持全国首位，生态环境质量位居全国前列。2011 年 12 月 12 日中国社科院发布的《中国省域环境竞争力绿皮书》（2009～2010），福建省名列全国 31 个省级行政区环境竞争力第 7 名。[②]

4. 发展成果惠及人民

大力发展社会事业和改善民生，城镇居民人均可支配收入、农民人均纯收入分别增加 9460 元和 2977 元，到 2010 年全省农民人均纯收入 7427 元，城镇居民人均可支配收入 21781 元。农村居民家庭恩格尔系数（即居民家庭食品消费支出占家庭消费总支出的比重）为 46.1%，城镇居民家庭恩格尔系数为 39.3%。全面实现城乡免费义务教育，基本医疗保障制度覆盖全省居民，公共文化服务体系初步形成，城乡低保实现应保尽保，老百姓得到更多实惠。

二　福建省私营企业的发展历程

（一）改革开放前福建省私营企业的发展

1. 解放前夕福建省私营企业的发展状况[③]

福建省早期的私营企业可以追溯到清末民初。那时的福建地方有识之

① 《中科院昨首发我国 GDP 质量排行榜 福建排第七》，东南网，2011 年 7 月 30 日，http://www.fjsen.com/c/2011-07/30/content_5409332.htm。

② 《首部省级环境竞争力评价报告出炉：福建位列第七位》，东南网，2011 年 2 月 28 日，http://www.fjsen.com/c/2011-02/28/content_4121034.htm。

③ 根据福建省情资料库：地方志之窗整理，http://www.fjsq.gov.cn/showtext.asp?ToBook=194&index=78。

士为了与买办资产阶级抗衡，决心发展自己的民族工业。早期发展的民间私营工业企业，主要是一些木材产区的电锯木厂、沿海沿江的造船厂以及有水电资源的水力发电厂等。由于这些私营企业多为自发，数量不多，规模亦小，政府不太在意，未加过问，更无暇监管。

1928 年 5 月，福建省建设厅训令各县长及县建设局填报工厂调查表，开始过问私营企业发展情况。次年，国民政府交通部令，要求沿海各县调查造船厂情况。

1929 年，福建归侨名医陈天恩目睹洋纸充斥福建市场，土纸无法与之抗衡，便奔走相告，筹集百万银元股金（侨股占 70% ~80%），从瑞士等国购进成套先进造纸机械设备，开办“福建造纸厂”，由其子陈希庆（留美化学硕士，曾受聘于美、英及瑞士等国任造纸工程师）任总经理。此为当时全国 25 家大型机械造纸厂之一。这些规模较大、技术装备较先进的企业的出现，带动了福建私营企业的发展。当时福建工业均为民营，即私营工业企业。

1931 年，福建省政府颁布奖励工业令，扶持地方工业发展。1947 年，省工商局一面督饬各县市办理商业登记，一面派员前往福州市政府、林森县（今闽侯县）政府，抽阅商业登记的各种簿籍，督促其尽速完成商业登记，并推广登记至乡镇。从审核各县、市填送的各种核准商业登记月报表情况看，最优者为建阳、沙县、将乐、上杭、霞浦和长泰 6 县，最劣者为福州、福清、福安、福鼎、泰宁、平潭、金门、海澄、宁洋、华安、永定、清流、宁化、建瓯和崇安 15 个市、县。省工商局督饬各种公司依法办理登记，并核其业务。新设立之公司或分公司经登记完竣者计有华侨船业公司等 66 家，变更登记者有厦门自来水公司等 3 家，解散登记者有中国国货公司等 2 家。派员协助各公司创设及清理债务，出席其股东会议，监督选举董事、监事，考核其业务盈亏及各种公司法规之释疑。对于那些不属公司组织擅用公司名义之商号及还未办理登记之公司，计有百余家，分别作出禁用公司名称的决定或移送法院惩处。为尽速完成新度量衡制，设立公营或官商合营之度量衡制造厂集中产制，设立度量衡检定所，并派员协助各县市推行、订定完成划一度量衡程序、训练度量衡检定员，加强检验田粮机关及仓库度量衡器具，推行工业标准。为奖助归侨暨地方民间人士投资从事生产事业，同时为便利民间投资经营实业，还核定福州、南平、厦门、仙游、龙岩等 14 县市制定扶植民营事业办法。经积极督饬和各县市政府倡导，侨居南洋各地华侨纷纷集资来闽筹办各项生产事业。

解放前夕的福建民族工商业，由于连年战争而遭到严重破坏，有些有一定生产能力的工厂企业相继被迫关闭。据1950年的统计，全省民族工商业144816户，从业人员257563人，注册资本8831万元（已折合人民币，下同）。这些民族工商业的特点是：第一，工业基础十分脆弱。1950年私营工业总户数只有7267户，从业人员47084人，注册资本2863万元，年产值8992万元。其中雇工人数在16人以上的工厂仅129家，只占工业企业总户数的1.5%；74%的企业是生产生活消费品，其中食品工业又占了82%。第二，商贸业很不发达。1950年全省商业门店总数为137549户，从业人员210452人，注册资本5968万元。其中，批发商4551户，从业人员9429人，注册资本1037万元。零售商132998户，从业人员201023人，注册资本4931万元。零售商在商业总数中所占比重分别为：户数占97%，人员占99.78%，注册资本占83%。第三，发展极不平衡。私营工业企业和较大的商业批发商，大半集中在福州、厦门、泉州、漳州4个城市。零售商户70%分布在沿海地区。许多偏僻山区、小集镇的商人，多数是半农半商、亦农亦商。

虽然这些工商业的力量相当薄弱，但在当时的福建国民经济中仍占绝对优势，起着重要作用。据福建省统计局1950年的统计，当时在全省工业总产值中，私营企业占92.6%；在全省商业批发总额中，私营商业占81.6%；在全省零售商业中，小商小贩占96.3%。

2. 私营经济改造前后福建省私营工商业的基本情况

解放初期，福建省面临极其严峻险恶的经济形势，迅速恢复与发展生产和解决失业问题是当时的首要任务，省人民政府在接收官僚资本主义企业、建立国营经济的同时，认真贯彻“发展生产、繁荣经济、公私兼顾、劳资两利、城乡互助、内外交流”的经济政策，对私营资本主义经济实行利用、限制，允许和扶持一切有利于国计民生的私营经济继续存在和发展，发挥它们在恢复国民经济中的积极作用，对资金短缺、原料无法解决但有益于国计民生的私营工商业，通过银行在贷款上给予大力支持，国营贸易公司协助解决原料供应等措施，使大多数行业都有不同程度的恢复，私营工商业的生产经营开始出现好转。据1951年上半年统计，福州、厦门两市私营工商业实增1905户，比1950年底增加11.8%。1951年，私营工商业产值比1950年增长31.23%。许多私营工商业者称赞1951年是“真正的黄金时代”。

1953 年，随着党在过渡时期总路线的提出，国家加快了对私营工商业的社会主义改造步伐。福建省较大的 25 家私营工业企业如福建造纸厂、福州民天食品厂、南平木材化工厂、厦门华康烟厂、厦门电话公司、泉州源和堂等开始实行公私合营。1955 年，对福建造纸行业实行公私合营。1956 年，全省所有私营企业均实行社会主义改造。据统计，私营工业户数的 94%、私营批发商的 97%、私营零售商的 87.8% 和全部私营汽车、轮船业分别纳入了公私合营、合作社的轨道或直接转变为国营企业，基本上消灭了生产资料的资本主义私有制。到 1957 年社会主义改造完成以后，私营经济在福建全省基本上消失了（见表 2-2）。

表 2-2　1950～1957 年福建省私营工业情况表

年　份	私营工业总产值（万元）	企业单位数（个）	职工人数（人）
1950	8992.10	7267	47084
1951	11951.40	7148	44025
1952	11405.05	5667	39347
1953	14596.07	5493	46421
1954	15613.54	4317	35177
1955	13404.89	2408	19567
1956	148.94	19	179
1957	136.84（150.70）*	32	403

* 括号内按 1957 年不变价格计算，其余按 1952 年不变价格计算。

资料来源：福建省情资料库：地方志之窗，http://www.fjsq.gov.cn/showtext.asp?ToBook=194&index=78。

3. 福建私营企业在 1957～1978 年间的生存状况

到 1959 年，在统计报表上能反映出来的福建全省个体工商业者还不到 100 户。1961 年，国家调整、合并和下放了一批国营和合作企业，调动了小商小贩的积极性，活跃了城乡市场。福州市分两批分离出属于个体性质的合作小组和个体商贩 3804 人，恢复集体性质的合作商店 2145 户、17485 人。1963 年初，福建省个体工商户恢复到 5.37 万户、5.43 万人。然而随着国民经济状况的初见好转，两个阶级、两条道路斗争和防止资本主义复辟的错误判断再次严重影响经济工作。福建省大批个体工商户被整顿压缩或强行转业，从事其他生产劳动。到1964年底，全省从事个体工商业经营的仅有3万人，到“文化大革命”前夕，全省个体商贩已不足2万人。1966年“文化大革命”爆发后，全省上下把残存的个体工商户一刀切掉。[①]

在这样的大背景下，著名的侨乡石狮市“冒天下之大不韪”，个体私营经济的发展成为一道独特的风景线。[②] 从经济地理分析，石狮市穷乡恶土，只有10000余亩的水田，其余多为“风头水尾漏沙地”，只能种地瓜。每逢水、旱灾，就吃不饱饭。除了花岗石和沙子，没有其他矿产资源。因此，石狮世世代代有许多男子到南洋去谋生，称为“番客”，他们留在家中的妻子被称为“番客婶”。起初，“番客婶”主要使用外汇度日。后来，她们把海外亲人携带或寄送回来的家用小洋货摆到街上出售，琳琅满目，最多的是各种衣服。“番客婶”或以物易物，或用它们换来现钞购买粮食、蔬菜。因为她们卖的多半是旧衣服，所以她们的摊子又叫做“估衣摊”。她们的顾客，不仅有本地人，也有不少外地人。就这样，石狮市在20世纪60～70年代逐步形成了一个以“估衣”为主的小洋货市场。石狮人有经商传统，有商品经济头脑，他们不仅利用小洋货从事买卖活动，还利用其他的机会进行商品生产和经营。例如，在风行领袖像章的年代，石狮人迎合当时“个人崇拜”的政治需要，大量生产加工像章，贩运到各地销售，取得了成功，一些私营老板尝到了在当时可谓巨大的甜头。就这样，一些从事商品生产和购销的个体私营企业主就在这样的交换过程中产生出来，石狮市因此成为中国社会主义市场经济的发源地之一。“文化大革命”后期，个体私营业主更是冒着被批判和坐牢的风险，开始大规模地从事商品生产、商品交换，探索市场经济之路。1976年，中央新闻电影纪录片《铁证如山》在全国播放，其中一段解说词：石狮的资本主义小摊点有993个，日成交额达60余万元。从钟楼脚到民生街，只有500多米左右小街，当时呈现一片繁荣景象，出现了螺丝大王、水产大王、票证大王、水果大王、烟丝大王、砖瓦大王、粮油大王、扑克大王等“八大王”，出现了年收入

① 以上材料参考福建省工商业联合会《福建民营经济发展报告》（2004）蓝皮书，2005，第75～79页。

② 以下材料根据陈世雄《福建省石狮市个体私营经济“八大王”今昔》，载张厚义、侯光明等主编《中国私营企业发展报告》（2005），第344～353页整理。

超过10000元的典型。“八大王”受到严厉批判，或进“学习班”学习，或进监狱等。这段解说词足以表明，到1978年时我国的私营经济已经完全丧失了合法的地位。

（二）改革开放后福建省私营企业的发展

1978年，国有经济在国民经济所占的比重达56%，集体经济占43%，非公有制经济仅剩1%，也就是幸存下来的14万户个体户，也就是说，私营经济在我国大陆地区几乎绝迹。

1978年中共十一届三中全会后，在国家改革开放方针指导下，在国家经济政策支持下，福建省的私营经济开始恢复并逐渐壮大。

纵观30多年来福建省私营企业的发展，可以发现私营经济的发展表现出很强的政策路径依赖性。依据国家和福建省发展私营经济政策的转变及其对私营经济发展带来的影响，可将福建省的私营经济发展分为6个阶段，每一阶段都有明显不同于上一阶段私营经济发展的特征。

1. 第一个阶段：萌芽与隐形形成时期（1979～1982年）

（1）国家政策背景

这是我国私营经济发展的起步阶段。1979～1982年，中国农村实行了生产责任制，恢复了以户为基础的生产方式，并允许农民进城经商。在城市，大批返城青年等待安置，加之城镇原有的待业青年和社会闲散人员，就业形势十分严峻，而事实上国家所能提供的就业机会相当有限，多数人需要自谋生路。基于此，在这个阶段，发展个体经济的思想和基本方针在国家的各种会议讲话及文件开始出现，虽然尚未形成正式的法律，但已为我国的个体私营经济的发展提供了土壤。

1979年9月29日，叶剑英同志在庆祝中华人民共和国成立30周年大会上的讲话中指出，在很有限的范围内继续存在的城乡劳动者个体经济，是社会主义公有制经济的附属和补充。

1980年8月17日，中共中央在《关于转发全国劳动就业会议文件的通知》中明确提出，要鼓励和扶持城镇个体经济的发展。“宪法明确规定，允许个体劳动者从事法律许可范围内的、不剥削他人的个体劳动。这种个体劳动是社会主义公有制经济的不可缺少的补充，在今后一个相当长的历史时期内将发挥积极作用，应当适当发展。有关部门对个体经济发展要予以支持，不得刁难、歧视。一切守法的劳动者，应当受到社会的尊重。"

1981年7月7日，国家在雇工问题上又有所松动，国务院发布了《国务院关于城镇非农业个体经济若干政策性规定》，允许"请一、两个帮手，带三、五个学徒"。由于个体生产规模的扩大，雇三五个学徒不能满足需要，于是雇工在7个人以上的个体"大户"在全国各地出现。

1981年10月，中共中央、国务院发出了《关于广开门路，搞活经济，解决城镇就业问题的若干规定》，指出今后要调整产业结构和所有制结构，在发展经济和各项建设事业的基础上，解决城镇就业问题。这就把解决城镇就业问题和发展多种经济成分联系到一起来了。

1982年9月，党的十二大报告指出："在农村和城市，都要鼓励劳动者个体经济在国家规定的范围内和工商行政管理下适当发展。"

1982年12月，五届全国人大五次会议通过的《中华人民共和国宪法》第十条规定：在法律规定范围内的城乡劳动者个体经济是社会主义公有制经济的补充。国家保护个体经济的合法权益和利益。

十二大的召开及1982年宪法中对于个体经济的规定，标志着国家关于发展个体经济的方针基本形成。以上文件规定的出现，显示国家在发展个体工商经济上的态度日益明朗，这对于个体工商经济的恢复起了有力的推动作用。此期间，在农村涌现出一批"重点户"和"专业户"，在城市也出现了一批懂经营、会管理的个体户。

在这一阶段发展起来的主要是个体工商业劳动者，还没有真正意义上的民营企业出现，但是个体经济已经成为私营经济生长的温床。

（2）福建省私营企业发展状况

福建省是我国最早对外开放的沿海地区之一，地理位置独特，又是全国著名的侨乡，具有先行先试的基础和条件。在发展个体、私营经济方面，起步早，发展快。在改革开放初期，福建城乡多种经济成分开始得到迅速发展，个体经济、私营经济以及多种经济成分相互联合、参股的经济组织和外商投资企业大量涌现。

这一时期发展起来的私营企业，从经营方式上来看，基本上是以家庭经营为基础，以各个家庭为独立的经济单位，从事生产经营活动；从产业构成上看，第三产业占绝对的主导地位，第一、第二产业所占比重很小，经营行业主要是解决城乡人民群众买难卖难的修理业及手工加工业；从人员的结构来看，从业人员主要是在改革开放初期无法进入国家体制内企业及事业单位工作的待业人员（按当时的说法），这部分人员相对机会成本较小，因此进入较早；从经营行为的特征来看，由于在改革开放初期的经济是绝对的卖方市场，而国家在发展私营经济的同时对私营企业的经济行为的法治约束不力，致使私营企业在经营活动中短期经济行为严重，存在着大量的假冒伪劣、偷税漏税等违法行为。

早在1983年福建工业新增产值中非国有经济贡献率就达到52.2%，首次超过国有企业的贡献率，比全国1992年的水平提前了9年，走在了全国前列。1982年全省个体工商户发展到7.36万户，从业人员8.53万人，但经营规模小，经济实力弱小，注册资本不足2000万元。

2. 第二个阶段：第一次发展高峰时期（1983～1988年）

（1）国家政策背景

这个阶段是国家逐步对私营企业的政策从法律上认可的阶段。

虽然在一系列政策和方针的指引下，个体经济得到迅猛发展，但是在“谈私色变”的年代，很多人对私营经济还心存疑虑，宁愿做一个个体户，也不愿做私营企业主。请帮工严格限制人数，在扩大企业规模上束手束脚。

1984年，邓小平针对国内议论较多的私营企业的雇工问题发表谈话，提出“放两年再看”。到1985年和1986年，国家没有出台新的政策，对私营企业仍然是“看一看”，没有对它的存在给予肯定和承认，只是要求有关部门进行调查研究，引导私营企业向合作经济方向发展。当时在干部中虽然有反对雇工经营的，但是中央有文件规定“不要急于取缔”，所以就听之任之，默认其存在和发展。

1987年初，中共中央在《关于把农村改革引向深入的决定》中指出：对私营企业要“允许存在，加强管理，兴利除弊，逐步引导”。这里的“逐步引导”不再是引导私营企业向合作经济发展，而是引导私营企业自身健康发展。这是自1956年以来第一次重新提出允许私营企业存在的文件。

1987年11月党的十三大报告中，对私营经济的地位、性质和经济作用作了阐述，明确鼓励私营经济发展，指出“目前全民所有制以外的其他经济成分，不是发展太多了，而是还很不够。对城乡个体经济和私营经济，都要鼓励它们发展”。“个体、私营经济和涉外三资企业等非公有制经济成分在社会主义社会很长的一个时期内，都将是中国社会主义经济的必要的和有益的补充。”

1988 年 4 月 12 日，七届全国人大一次会议通过的《中华人民共和国宪法修正案》中规定：“国家允许私营经济在法律规定的范围内存在和发展。私营经济是社会主义公有制经济的补充。国家保护私营经济的合法权益和利益，对私营经济实行引导、监督和管理。”至此，国家在根本大法中才确立了私营企业的合法地位。

1988 年 6 月 25 日，国务院颁布《中华人民共和国私营企业经营暂行条例》、《中华人民共和国私营企业所得税暂行条例》和《国务院关于征收私营企业投资者个人所得税暂行条例》三项法规，规定了私营企业的标准、特点、作用、种类、开办条件、登记内容、权利义务以及国家对其监督管理的内容，从而把私营企业的发展和管理纳入了法制的轨道。《私营企业经营暂行条例》规定，私营企业是指企业资产属于私人所有、雇工在 8 人以上的营利性经济组织。它的组织形式分为独资企业、合伙企业和有限责任公司等多种类型。私营经济的合法地位确立后，国家开始对私营企业进行登记管理，私营企业纷纷从个体大户、合作经营组织和集体企业中分离出来，从此我国的各类经济统计年鉴上开始出现一个单列的“私营经济”项目。国家关于私营经济的发展的政策进一步放开和完善，私营经济开始得到长足的发展。

（2）福建省私营企业发展状况

这一时期是福建省个体工商户高速发展的时期，是私营企业开始涌现并稳定发展的时期。福建省政府十分重视私营企业的发展，省工商行政管理部门从政策上和管理上推动了福建省私营经济的发展。

首先，福建省工商行政管理局全面开展私营企业登记发照工作。1988 年 8 月底，根据国家工商行政管理局《关于处理个体、合伙经营及私营企业领有集体“营业执照”问题的通知》等有关规定，在调查研究、做好工作的基础上，把混淆在集体企业中的私营企业划分出来，全面开展私营企业登记发照工作。并在同年 10 月，向省政府呈送了《关于纠正集体企业中经济性质混淆状况，促进个体私营经济健康发展的报告》，指出福建省大部分私营企业采取“挂靠”形式，相当一部分私营企业戴集体帽子，导致产权关系模糊，心怀疑虑，不敢放胆扩大再生产，经营行为短期化，阻碍生产力发展，并提出了解决的对策。

其次，福建省各地工商行政管理部门积极筹建私营企业协会，当年即有9个县（区）1个市成立私营企业协会，还建立健全了私营企业登记管理规范化程序。拟定《私营企业登记审批程序若干规定》和《私营企业分级管理意见》2个规范化文件并颁发施行。

最后，为加强个体私营经济管理机构和队伍建设，省工商行政管理局将个体经济管理处更名为个体私营经济管理处，并增加人员编制。各地、市、县（区、市）也相应更改机构充实人员。

福建省政府及其有关部门的重视和政策支持，有力地推动了私营经济的发展。这一阶段，福建省私营企业经历了迅猛发展的过程。第一，城市私营经济得到高速发展，而且与城镇私营经济相比，城市私营经济开始进入制造业领域，有一定的产品开发能力和生产能力，私营经济在第二产业中所占的比重开始上升，高科技私营企业开始创业，如当时的实达公司。第二，福建省私营企业在发挥股份合作制上取得突破性进展，成为全国实行股份合作制的“发源地”之一。到80年代末，全省股份合作企业的企业数和产值均占全省私营企业的60%以上，在经济发达的沿海地区，股份合作企业的覆盖面高达80%以上。第三，人员结构发生了变化。与70年代末80年代初相比，在此阶段，国家体制保障内的一批高素质人才加入私营经营者的队伍，使私营经济从业人员的整体素质有所提高。截至1988年年底，全省拥有个体私营企业41.73万户，从业人员74.19万人，注册资金达14.69亿元。6年间，户数、从业人员和注册资金三项指标年均增长率分别为33.54%、43.4%和106.24%。福建省私营经济的发展走在全国的前列。

（3）福建省乡镇企业异军突起

伴随着这两个阶段的是以“晋江模式”为代表的福建省乡镇企业的异军突起。[①] 乡镇企业的经营主体是具有独立生产自主权和经营权的农民，他们自筹资金，自由组合，联合兴办各种乡镇企业。福建省的乡镇企业以原有的民营色彩浓厚的社队企业的突破发展为基础，一开始就力排姓“社”姓“资”的非议，冲破计划经济的框框，以面向市场、依托市场、满足市场需求为出发点，创造出一套适应市场经济发展的经营模式和灵活

① 以下材料参考福建省工商业联合会《福建民营经济发展报告》（2004）蓝皮书，2005，第81～84页。

的运行机制，显示出其特有的生机和活力。

1981 年，福建省政府根据国务院有关规定的精神，结合福建的实际情况，大力推动社队企业的发展。在这个时期，沿海一些侨区的农民，利用当地侨眷和农民的“三闲”（闲人、闲房、闲钱）空间，发挥海外的资金、技术、信息等优势，纷纷集资联合兴办企业，发展商品生产。1983 年，全省第一次社队企业工作现场会议在晋江县陈棣镇召开，总结了该县农民集资兴办乡镇企业的成功经验，解除了长期紧箍在农民和基层干部头上的“发展商品经济就是走资本主义道路”的精神枷锁。省委书记项南兴奋地称赞“乡镇企业一枝花”。

1984 年 3 月，中共中央、国务院转发农牧渔业部《关于开创社队企业新局面的报告》，提出了进一步发展乡镇企业的决定，使乡镇企业发展具有了新形式和新内涵，包括的范围从原来社（乡）、队（村）举办的企业扩大到部分农民联营的合作企业和个体企业。福建省乡镇企业凭借中央政策的支持，在市场经济轨道上日益活跃，成为当时农村经济乃至整个国民经济中生命力最旺盛、发展最迅速的经济形式。最早创办乡镇企业的群体是：依托侨乡“三闲”起家，“国产洋货”的发明者——晋江石狮农民；依托民间手工作坊起家，“草根工业”的创办者——长乐金峰农民；依托修理五金技术起家的“水暖器材大王”——南安仑仓农民；依托传统陶瓷起家的晋江磁灶农民……他们自筹资金、自找原料、自寻技术、自主经营，成为独立的经营者，冲出计划经济的重重包围，没有原料靠市场、没有技术靠市场、没有销路靠开拓，顶住种种风险和压力，创出了自己的一片天地，显示出强大的生命力和创造力。例如：1983 年春天，石狮的农民企业家宋太平，第一个通过合资创办了“爱花”胸罩服装厂，其产品获得外贸部出口产品优质证书，成为驰名国内外的名牌产品。宋太平本人也于 1987 年获得“当代优秀农民企业家”的光荣称号。

80 年代中后期，全面经济体制改革开始后，福建省私营企业的发展突破了社队企业和乡镇企业的界限，出现了“村村点火，处处冒烟”的景象，而且在完成资本原始积累的过程中，发展理念和经营战略不断取得突破。1984 年以前，在私营企业发展的指导思想上，片面强调“三就地”原则，严重束缚了私营企业的健康发展。随着商品经济的日益发展，私营企业家们大胆地突破“三就地”的框框，面向市场，依靠市场调节，使企业管理逐步由生产型转变为生产经营型。各地分地区、分层次逐步建立了私营企业的销售基地——供销公司、专业公司、专业市场和不定期的展销中心，造就出一支不辞辛苦、善于经营的庞大的供销队伍。例如泉州市的私营企业就有50多万名供销人员走南闯北、走乡串村，在国内各大中城市设立了5000多个销售专柜、办事处和营业部，形成了遍布全国的信息网和销售网。到80年代末，福建省私营企业总产值已占到全省工农业总产值的1/3强，吸收农村剩余劳动力近30%，向国家上缴税金约占全省财政收入的1/5。但是，这一阶段，也出现了一些盲目发展、重复建设的现象，资源浪费严重，经济效益差，不少企业经营管理粗放，队伍素质较低，产品质量低劣。80年代后期，福建省私营企业进入了整顿提高的过渡期，为迎接新一轮的发展积蓄力量。

3. 第三个阶段：第一次低迷萎缩时期（1989～1991年）

（1）国家政策背景

这个时期是我国私营经济发展的低迷萎缩时期，既有经济原因也有政治因素。

首先从经济环境看，从1988年下半年起，由于通货膨胀等原因，国家开始治理经济环境，整顿经济秩序。1989年11月9日，党的十三届五中全会通过《关于进一步治理整顿和深化改革的决定》，经济环境明显地由宽松变为紧缩，宏观环境恶化。其次从政治氛围看，1989年的政治风波使当时的“左”的舆论把私有经济视为社会主义的异己力量，是“和平演变”的经济基础，是培养资本主义的温床，从而加重了私营企业主的心理负担和思想顾虑。于是在私营经济中出现了一献、二靠、三减、四停的现象。

一献表现为有些地方的部分私营企业主在1989年春夏之后，主动提出了献给集体，成为集体的公有财产；而部分地方的私营企业主甚至采取了变的办法，即私营企业主是党员，则把企业的所有权，包括人、财、物和设备等都转给家里或亲属中其他非党成员。

二靠体现为私营企业主把企业挂靠在公有制企业或单位，只要挂靠在集体或国营部门下，以它们为靠山，就改变私营性质，成为公有制企业。

三减主要是减少雇工，缩小企业规模。

四停是私营企业主有意退照歇业，停止私营企业生产经营，用此方法来“适应”形势的需要。这种情况在当时具有典型和普遍性质。所以这个时期我国私营经济发展受到严重影响，开始趋向萎缩，步履维艰。

（2）福建省私营企业发展状况

这一时期福建省个体私营企业发展首次遭受挫折。

个体私营企业户数和从业人员两项指标出现萎缩，1989 年首次出现负增长。截至 1991 年年底，全省个体私营企业仅为 38.49 万户，从业人员 71.19 万人，不及 1988 年的水平。不过注册资金、营业额、商品零售总额和上缴税收等项指标一直都呈现正增长之态。私营企业所涉及的领域也由过去传统的手工业、商业零售、餐饮服务业拓展到电子、机械、化工、建材、能源、计算机等生产领域。

4. 第四个阶段：第二个发展高峰时期（1992～1995 年）

（1）国家政策背景

1992 年邓小平南方谈话发表。姓“社”姓“资”的争论到此画上了句号，人们的顾虑开始逐渐地打消，私营企业发展的春天到了。随后党的十四大召开，确立了建立社会主义市场经济体制的改革目标，推出了深化经济改革的重大举措，提出了各种经济成分长期共存，为私营经济发展创造了宽松的政治环境、经济环境，极大地鼓舞了个体工商户和私营企业主的创业热情。

1993 年 4 月 28 日，国家工商管理局下发了《关于促进个体私营经济发展的若干意见》的通知，提出了我国政府促进个体和私营经济健康发展的 20 条政策，对个体工商户与私营企业的开业、登记注册资金、经营范围、经营方式等方面都放宽了政策限制。《意见》还支持有能力和条件的私营企业主采取各种形式扩大生产经营规模或组建联合体，形成规模经营，产生规模效益。

1993 年 11 月，中共十四届三中全会作出了《关于建设社会主义市场经济体制若干问题的决定》，明确提出“国家要为各种所有制经济平等参与市场竞争创造条件，对各类企业一视同仁”，为非公有制经济创造平等的竞争环境，为非公有制经济消除了制度障碍。

宽松的政策和合法的地位使私营企业获得了进一步发展壮大的时机，并迅速成长起来。许多具备了一定的经济资源或者具备其他方面社会资源的人，纷纷进入私营企业领域。他们动员、转化和再生产各类社会资源的能力增强，私营企业的经济实力和竞争能力也进一步增强。我国现代化建设和改革开放都进入了一个高速发展阶段，私营经济也迎来了第二个高速发展时期。

（2）福建省私营企业发展状况

福建省对发展个体私营经济的政策是高度关注的。

1993年3月，福建省政府出台了《福建省加快个体私营经济发展的暂行规定》，此后还陆续出台了一系列的扶持和规范个体私营经济的政策法规，如：《福建省私营企业工会若干规定》、《福建省工商行政管理局关于促进我省个体私营经济发展的决定》、《福建省个体工商户和私营企业权益保护条例》等，推动福建省私营经济发展再次步入快车道。截至1995年年底，全省个体私营企业户数达68.35万户，从业人员160.26万人，注册资金达189.32亿元，上述三项指标年均增长率分别为15.44%、22.37%和65.04%。

5. 第五个阶段：第二个低缓发展时期（1996~2002年）

（1）国家政策背景

1996年开始，由于私营企业发展过速，在企业发展中累积的一些问题开始爆发，一批有影响的私营企业先后陷入经营危机。私营企业进入一个自我反省时期。

1997年，党的十五大将公有制为主体、多种所有制共同发展的方针确定为我国社会主义初级阶段的一项基本政治制度，明确提出“非公有制经济是我国社会主义市场经济的重要组成部分”。这说明党和政府已将发展非公有制经济纳入国家的基本制度层面，意味着我国发展私营经济的方向将不会改变。

1999年3月9日宪法修正案第十一条规定：“在法律规定范围内的个体经济、私营经济等非公有制经济，是社会主义市场经济的重要组成部分。国家保护个体经济、私营经济的合法的权利和利益。国家对个体经济、私营经济实行引导、监督和管理。”进一步明确了个体经济、私营经济等非公有制经济在我国社会主义市场经济中的地位和作用。

2000年1月1日起《中华人民共和国个人独资企业法》生效，取消了对个人独资企业的雇工人数、注册资金设最低限制。将个体私营经济的管理纳入法制化轨道，标志着中国个体私营经济的发展环境从此将更为公平、宽松。

2001年，江泽民在庆祝中国共产党成立八十周年大会的讲话首次认可了私营企业主是中国特色社会主义事业的建设者，并且允许他们当中的优秀分子入党。如果说修改宪法解决的是私营经济的法律地位问题，那么“七一”讲话解决的则是私营企业主的政治地位的问题。

这段时期国家对于私营经济和私营企业主的政策不断完善和宽松，我国私营经济总体上步入稳定和快速发展阶段，私营经济在国民经济中的地位与作用日益突出。

（2）福建省私营企业发展状况

福建省委、省政府重视发展个体私营经济，1998年出台了《关于加快我省非公有制经济发展的若干意见》；2001年福建省人大颁布了《福建省个体工商户和私营企业权益保护条例》；2002年，福建省政府以闽政〔2002〕6号文批转了省计委《关于进一步促进和引导民间投资的若干意见》，这些扶持政策对个体私营经济的发展起了重要的作用。

但是在这期间，亚洲金融危机爆发，国际经济环境十分恶劣，冲击国内市场，使得国内市场疲软；同时随着改革开放不断深入和经济全球化的加速发展，私营企业过去所形成的先发优势、体制优势和竞争优势正逐渐弱化，制约私营企业快速发展的因素日益显化，私营企业面临着新的挑战。因此，尽管党和国家以及福建省政府对个体私营经济的政策不断完善，但是全省个体私营经济的发展速度还是趋缓了，发展状况不尽如人意，表现为：

①总体上发展速度趋缓

据统计，进入20世纪90年代中期以来，福建省私营经济增长速度呈现小步前进之状；而其他省市政策扶持力度加大，私营经济快速发展，有的省呈现跑步前进之势。以私营企业为例，1997～2003年7年间，全国私营企业户数增长了2.13倍，雇工人数增长了2.08倍，注册资金增长了5.87倍。同期，福建省私营企业户数增长1.87倍，雇工人数增长1.36倍，注册资金增长4.19倍，均低于全国平均水平。与私营经济发达省市比，福建省的差距就更大了。以上3项指标，北京同期分别增长了18.62倍、21.03倍和95.48倍；上海同期分别增长了3.20倍、3.29倍和8.99倍；浙江同期分别增长了2.29倍、2.5倍和5.21倍；江苏同期分别增长了3.91倍、3.29倍和10.28倍。

私营经济省际的差距也反映在总量上的差距。据福建省统计局提供的数据，2003年福建非公有制经济占GDP的比重为47.2%。2004年浙江省民营经济占 GDP 的比重为 71%，温州地区这一比重高达 95% 以上，台州地区也在 90% 以上。

此外，福建省的民间投资在 1996 年以前都是正增长，但 1996 ~ 2002 年之间出现了负增长（见表 2 - 3），2002 年城镇集体、个体经济投资（不含房地产）下降 8.1%。全省个体私营企业户数和从业人员，于 1996 年和 1997 年连续两年出现负增长。1998 年全省个体私营经济从业人员 160.6 万人，恢复到 1995 年的水平；而注册登记的总户数，仅为 58.12 万户，仍比 1995 年减少了 10 万户。

表 2 - 3　1996 ~ 2001 年福建省民间投资情况

年　份	民间投资额（亿元）	全社会固定资产投资额（亿元）	民间投资占全社会固定资产的比重（%）
1996	466.8	790.0	59.09
1997	529.83	898.47	58.97
1998	618.95	1048.52	59.03
1999	636.27	1071.95	59.36
2000	670.83	1110.10	60.43
2001	656.13	1123.01	58.43

资料来源：根据《福建统计年鉴》（1997 ~ 2003）整理。

②福建省个体私营经济总体上规模长不大、做不强的现象普遍存在

这期间，福建个体私营企业逐步转向专业化、社会化经营，各地普遍形成了钢材市场、木材市场、建材市场、花鸟市场、小商品市场、图书市场等专业市场。同时，私营企业两极分化加剧。一批大型私营企业集团在市场竞争中崛起，如恒安集团、福耀玻璃、金得利、万利达、龙工集团、浔兴拉链、亲亲股份、新大陆、宏智科技等已完成资本原始积累，形成规模较大、扩张力强、有知名品牌和较强竞争实力的企业（集团）。晋江的鞋和食品、南安的建材、安溪的茶叶、德化的陶瓷等已开始形成产业链。在全省享有“中国驰名商标”14 个和“中国名牌”8 个中，民营企业分别有 8 个和 4 个，这些大型企业对全省个体私营经济的发展起到了带动和示范作用。

但是从总体上看，福建省个体私营经济规模长不大、做不强。如这期间福州市许多从事个体零售、贸易的个体工商户、私营企业倒闭，主要是因为沃尔玛、麦德龙等国际超市巨头登临福州。据全国工商联发表的 2003

年度《中国民营企业500强》资料，上榜企业最多的是浙江省，有182家；其次是江苏省，有113家；福建省上榜的企业只有4家。

受1989年和1996年这两个低缓发展阶段的影响，福建省个体私营经济在全国的位次不断后移，由改革开放20年来前半段的名列前茅，衰退到后半段位居中游水平。1998年全省个体工商户54.62万户，名列全国第21位，居华东六省一市第6位，仅高于上海市；注册资本77.01亿元，名列全国第13位，在华东六省一市中，排在江西、上海之前居第5位。同年，全省拥有私营企业3.5万户，名列全国第11位，在华东六省一市中居第5位，排在安徽、江西之前；注册资本338.75亿元，名列全国第7位，在华东六省一市中居第5位。

6. 第六个阶段：稳定发展的新时期（2003年至今）

（1）国家政策背景

2003年以来，福建省私营经济的发展步入了前所未有的历史机遇期。

首先是得益于国家更加宽松的政策支持。2002年11月党的十六大报告中指出“必须毫不动摇地巩固和发展公有制经济”，“必须毫不动摇地鼓励、支持和引导非公有制经济发展”，进一步提高了非公有制经济的地位。报告还指出，要“放宽国内民间资本的市场准入领域，在投融资、税收、土地使用和对外贸易等方面采取措施，实行公平竞争”，允许非公有制经济投入到更广阔的市场、更多的领域，使各市场主体在市场中平等竞争、公平竞争。报告明确地指出了私营企业主阶层是中国特色社会主义事业的建设者，同其他各阶层一样都属于我国新时期人民群众的范畴，并允许其先进分子加入中国共产党，从政治上提高了他们的社会地位，促使他们更积极投身于中国特色社会主义事业。

2003年10月，《中共中央关于完善社会主义市场经济体制的若干问题的决定》更具体规定“清理和修订限制非公有制经济发展的法律法规和政策，消除体制性障碍。放宽市场准入，允许非公有资本进入法律法规未禁入的基础设施、公用事业及其他行业和领域。非公有制企业在投融资、税收、土地使用和对外贸易等方面，与其他企业享受同等待遇”。这是扩大非公有制经济经营的领域，即非公有制经济已经可以涉足很多之前不能涉足的行业。比如允许私营企业上市融资；允许私营企业发行企业债券；扩大商业银行对私营企业的贷款；允许组建非国有银行（例如民生银行），开展融资业务；等等。

2004 年 3 月，十届全国人大二次会议又通过宪法修正案，规定“公民的合法的私有财产不受侵犯”，“国家依照法律规定保护公民的私有财产和继承权”，“国家为了公共利益需要，可以依照法律规定对公民的私有财产实行征收或者给予补偿”。这比 1999 年宪法修正案更突出了对私有产权的保护。

2005 年 2 月 22 日，《国务院关于鼓励支持和引导个体私营等非公有制经济发展的若干意见》出台，这是第一次以中央政府名义发布的支持非公有制经济发展的纲领性文件。因文件内容共 36 条，这份文件通常被简称为“非公 36 条”。《若干意见》从七个方面提出了促进非公有制经济发展的主要政策措施和要求，为非公有制经济的持续健康发展创造良好的政策环境，其中关于放宽非公有制经济市场准入的规定，使非公有制经济获得更大发展空间。

2007 年，国务院又下发了《关于加快发展服务业的若干意见》，提出要深化电信、铁路、民航等服务行业政策，放宽市场准入，引入竞争机制，推进国有资产重组，实现投资主体多元化。

2007 年十届全国人大五次会议通过的《中华人民共和国物权法》更是进一步从法律的高度保护合法的私有财产不受侵犯，有利于非公有制经济人士增加投资，有利于他们把资金留在国内，扩大生产经营。

同年，党的十七大提出要“健全劳动、资本、技术、管理等生产要素按贡献参与分配的制度”，这是在党的十五大提出“允许和鼓励资本、技术等生产要素参与收益分配”和十六大提出“确立劳动、资本、技术和管理等生产要素按贡献参与分配的原则”的基础上的进一步深化。

2010 年 5 月 13 日国务院公布的《国务院关于鼓励和引导民间投资健康发展的若干意见》，被称为“非公经济新 36 条”，与 5 年前的文件相比，此次国务院进一步拓宽了民间投资的领域和范围。允许民间资本兴办金融机构，鼓励和引导民间资本进入基础产业和基础设施领域，支持和引导民间资本投资建设经济适用住房、公共租赁住房等政策性住房。

（2）福建省私营企业发展状况

福建省海峡西岸经济区战略的提出以及实施，是福建省私营经济发展的新的历史机遇期。

2004 年 1 月，福建省十届人大二次会议政府工作报告中提出了建设对外开放、协调发展、全面繁荣的海峡西岸经济区的战略构想，这是对福建未来发展的新定位。2004 年 8 月中共福建省委七届七次全会批准实施《海峡西岸经济区建设纲要（试行）》，2005年1月福建省十届人大三次会议作出了《促进海峡西岸经济区建设的决定》，省第八次党代会对加快推进海峡西岸经济区建设做出了全面部署。

党的十六届五中全会《关于制定国民经济和社会发展第十一个五年规划的建议》、十六届六中全会《关于构建社会主义和谐社会的决定》和《中华人民共和国国民经济和社会发展第十一个五年规划纲要》都明确提出“支持海峡西岸和其他台商投资相对集中地区的经济发展”。2007年2月福建省十届人大五次会议批准了《福建省建设海峡西岸经济区纲要》。2008年1月，胡锦涛到福建视察时，充分肯定了建设“海西”的战略构想。这些都标志着“海西”建设已经由福建省的地方战略上升到国家战略，进入了一个实质性发展的阶段。海峡西岸经济区建设，强调把海峡西岸经济区建成中国经济的重要增长极、与台港澳经贸合作与科技文化交流的重要地区和促进祖国统一的重要基地。通过构建产业支撑体系、基础设施支撑体系、城镇支撑体系、社会发展支撑体系、开放支撑体系、市场支撑体系、生态支撑体系等建设对外开放、协调发展、全面繁荣的海峡西岸经济区，绘就了福建新时期的宏伟蓝图，也为海内外投资者在福建发展创造了巨大的商机和广阔的空间。所以，福建人把海西建设称为“福建省第二次的改革开放”。

与此同时，2005年以来，福建在鼓励支持和引导非公有制经济发展方面也出台了政策性文件。2005年12月，福建省委、省政府出台了《关于全面提升民营经济发展水平的若干意见》，把加快发展民营经济作为促进海峡西岸经济区建设的重大举措之一。同时提出凡与国务院《关于鼓励支持和引导个体私营等非公有制经济发展的若干意见》文件精神不一致的规范性文件，要及时研究予以修改或废止，要让所有非公有经济主体公平、公正地享有国家赋予的各项优惠措施。2006年，省监察厅、省法制办联合省直有关部门全面开展了关于鼓励支持和引导个体私营等非公有制经济发展政策规定贯彻执行情况的专题调研。2008年12月2日，福建省十一届人大常委会六次会议通过《福建省企业和企业经营管理者权益保护条例》。

福建对私营经济的扶持措施，突出体现在以下几个方面。第一，实行平等市场准入和公平待遇，鼓励民间资本进入基础设施和公用事业领域，进入社会事业领域，投资现代服务业，投资矿产资源领域，参与国企改革，简化申办程序。第二，着力促进私营经济转变经济增长方式，培育发展私营大企业大集团大品牌，推进私营企业产业集群发展，引导私营企业外向拓展。第三，完善社会服务体系，包括科技创新、市场拓展、人才支撑、法律援助、信用信息、社会中介、创业辅导、园区配套等服务。第四，加大财政扶持，拓宽直接融资渠道，创新金融服务方式，建立融资担保体系。第五，把私营企业发展用地统一纳入计划，提高土地集约利用水平，改进土地产权办理服务。第六，加强宏观指导，充分发挥工商联作为党和政府联系私营经济人士的桥梁和纽带、政府管理服务私营企业的助手作用，营造良好社会氛围，积极探索私营企业党建工作的有效途径。切实维护企业合法权益，保障职工合法权益，加强劳动监察和劳动关系协调，推进社会保障制度建设，建立私营企业投诉机制和民主评议制度，建立健全企业工会组织。因此，尽管面临金融危机，福建省私营企业还是出现了逆势增长（见表2－4）。截至2010年年底，福建省实有私营企业26.67万户，比上年增长15.66%；从业人员293.4992万人，比上年增长11.94%；注册资本1.03万亿元，比上年增长23.08%。私营企业对福建经济的贡献率达到76%，提供了全省60%的税收，解决了85%的人口就业。[①] 全省已初步培养形成了一批拥有自主知识产权和自主品牌、综合实力较强的私营大企业大集团，一批具有持续发展能力和市场竞争力的私营经济产业集群，私营经济正朝着增长方式集约、产权结构多元、产业组织合理、管理制度科学的方向快速发展。私营企业对福建省经济持续快速增长起到了基础和加速的作用，日益成为福建经济发展新的增长点、支撑点、贡献点，成为推动福建省整体经济增长、增加财政收入、促进就业、维护社会稳定的重要力量。

（三）福建省私营企业发展的总体态势

总体上，福建私营企业发展呈现如下态势：

1. 发展速度迅猛，但总量偏小，与发达地区差距较大

根据2004～2010年福建年鉴等资料显示，在全部企业法人单位中，非公有制企业单位发展迅猛，其中，私营企业法人单位数量最多，发展最快，每年呈现一定的递增态势。2004～2010年，全省私营企业从11.0185万户增加到26.67万户，年平均增长率为17.39%；从业人员从111.32万人增加到293.4992万人，年平均增长率为15.78%；注册资金从1844.35

---

① 数据来自作者在福建省工商联调研的内部资料：《福建民营经济发展报告》（2010）蓝皮书，第41页。

亿元增加到10300亿元，年平均增长率为34.33%（详情见表2－4），高于同时期的全国平均水平。

尽管福建私营企业发展速度如此迅猛，但与私营经济发达省市相比，总量仍然偏小。以2008年全国第八次私营企业抽样调查综合报告为依据，以私营企业户数、从业人员和注册资金的增长为评价标准，可以看到，福建省的总体水平排在东部地区的江苏、浙江、上海、山东、广东等之后。详见表2－5。

表2－4　2004～2010年福建省私营企业增长态势

年　份	企业户数		从业人员		注册资金	
	户　数（万户）	比上年增长（%）	人　数（万人）	比上年增长（%）	金　额（亿元）	比上年增长（%）
2004	11.0185	25.9	111.32	4.56	1844.35	39.99
2005	12.7421	15.64	136.32	22.46	2579.70	39.87
2006	14.54	14.11	162.96	19.54	3162.38	22.59
2007	16.2247	11.59	202.56	24.30	4101.56	29.70
2008	20.4975	26.34	232.23	14.65	5658.21	37.95
2009	23.0577	12.49	267.8660	15.35	7235.49	27.88
2010	26.67	15.67	293.4992	9.57	10300	42.35

资料来源：根据《福建统计年鉴》（2005～2010）和2010年《福建省民营经济发展报告》整理。

表2－5　我国东部地区私营企业基本情况（与上年年底对比）

地　区	企业户数（万户）			从业人员（万人）			注册资金（亿元）		
	2007年	2006年	增长率（%）	2007年	2006年	增长率（%）	2007年	2006年	增长率（%）
天　津	9.4	8.6	9.3	98.6	97.0	1.6	2342.3	1862.1	25.8
河　北	18.8	15.8	19.0	259.5	249.0	4.2	2962.4	2105.1	40.7
上　海	49.9	50.7	-1.6	476.3	472.9	0.7	8755.9	8139.7	7.6
江　苏	67.6	59.9	12.9	1066.1	917.9	16.1	12684.8	9707.1	30.7
浙　江	45.0	40.6	10.8	759.1	601.3	26.2	8663.9	6936.7	24.9
福　建	16.2	14.5	11.7	202.6	163.0	24.3	4101.6	3162.4	29.7
山　东	37.1	36.3	2.2	522.7	507.6	3.0	6173.0	5260.5	17.3
广　东	62.3	55.1	13.1	750.3	652.6	15.0	10081.1	8428.5	19.6
海　南	4.7	3.8	23.7	48.4	39.7	21.9	1195.5	915.4	30.6

资料来源：根据《2008年第八次全国私营企业抽样调查数据分析综合报告》第8页整理而成。

2. 私营企业规模总体不大，竞争优势不明显

福建私营企业虽然起步早，起点较高，基础较好，影响较大，但企业长不大、做不强的现象普遍存在。尽管近几年也出现了一些规模较大的私营企业，但绝大部分私营企业的规模还较小、实力较弱，并且那些规模较大的私营企业，在资产规模、整体实力方面与同行业国有、港澳台、外资企业和私营经济发展比较发达的省份相比仍有较大差距。据全国工商联发表的2011年度《中国民营企业500强》资料，苏、浙、粤等省的民营企业数量仍然遥遥领先，仅江苏一省就超过了100席，达到111家。福建省仅有6家民营企业上榜，福建达利集团、福建恒安集团有限公司、福耀玻璃工业集团股份有限公司、福建凯西钢铁集团有限公司、厦门银鹭食品集团有限公司、三六一度（中国）有限公司分别排名第169、175、259、440、442、488位。福建私营企业不仅上榜数量少，而且单个企业经济总量不及前10名的1/10，规模差距巨大。福建省私营企业组织单体规模不大，直接制约了私营企业竞争力的提升。

3. 各地区发展不平衡性突出

由于历史和现实诸多因素的影响，福建省私营经济发展的区域差异十分明显。从2007年的统计数据来看，福州、厦门、泉州3市登记的私营企业户数占全省私营企业总户数的70.53%，注册资金占全省私营企业注册资金的62.17%。福建省私营企业的发展有“三个层面”的划分，第一层面指的是福州、厦门、泉州、漳州四个设区市，其私营企业户数占全省的70%左右；第二层面是宁德、莆田两个设区市，其私营企业户数占全省的10%左右；第三层面是南平、三明、龙岩三个设区市，其私营企业户数占全省的20%左右。近10年来这样的态势基本没有改变，福建省沿海与山区、发达地区与落后地区的差距仍然较大。这种差距，不仅反映在量上，而且表现在质上；不仅反映在实践上，而且表现在认识水平上；不仅反映在技术上，而且表现在管理机制上，缩小这种差距，是全面提升私营经济发展水平的一项重要任务。

4. 私营企业的发展层次偏低

尽管这些年来，福建省私营企业的产业结构逐步地从第二产业向第三产业转移，在某些新兴行业成为主导，但是，总体上私营企业的发展层次仍然偏低，主要集中在科技含量较低的行业。在第二产业，私营企业主要

集中在非金属矿制品业、食品加工业、服装及纤维制品制造业、以工艺美术品和日用品为主的其他制造业、金属制造业、塑料制品业、非金属矿采选业、皮革毛皮羽绒及其制品业、木材加工及竹藤棕草制品业、纺织业、食品制造业等领域，以上11大行业工业总产值占全部个体私营经济工业总产值的2/3。在第三产业，私营企业主要集中在批发、零售贸易、餐饮和社会服务业等行业。由此可见，私营企业结构优化和产业升级任务十分艰巨。

5. 企业组织形式多样化，私营有限责任公司和私营独资企业占绝对比重

目前，福建的私营企业主要有3种组织形式：私营独资企业、私营有限责任公司、私营股份有限公司。2010年福建年鉴资料显示，截至2009年年底，全省私营企业户数达230577户，其中，个人独资企业33583户，占私营企业总数的14.57%；私营有限责任公司实有190129户，占私营企业总数的82.50%；私营股份有限公司672户，占私营企业总数的2.93%。

（四）福建省私营企业的作用与功能

经过改革开放30多年的发展，福建省私营企业目前已经形成相当大的规模，已经支撑起海峡西岸经济区建设的半壁江山，成为推动全省经济持续、快速、健康发展的重要力量，在社会主义现代化建设中发挥了重要作用。

1. 福建省私营企业成为推动国民经济增长的中坚力量

改革开放以来，我国国民经济以年均9.5%的速度增长，而福建省国内生产总值年均增长13.8%，高于全国平均水平，这与私营经济的贡献是分不开的。私营企业对福建经济的贡献率达到76%，对国民经济持续稳定增长做出了积极贡献。特别是在国有企业改革相对艰难、经济效益相对较低的时期，私营企业对福建省经济发展的拉动作用更加明显。

从工业增加值来看，2010年全省实现工业增加值6242.33亿元，比上年增长18.4%，其中规模以上工业增加值6053.21亿元，增长20.5%。在规模以上工业企业中，国有企业、外商及港澳台投资企业和股份制企业、私营企业分别完成增加值273.74亿元、2886.57亿元、2553.93亿元和1716.42亿元，分别增长14.0%、19.4%和22.5%、22.8%。通过表2－6可见，福建省私营企业的增长速度最快。

表 2-6　2010 年福建省规模以上工业增加值主要分类情况

指　　标	绝对数（亿元）	比上年增长（%）
工业增加值	6053.21	20.5
其中：国有及国有控股企业	787.92	16.0
其中：国有企业	273.74	14.0
集体企业	66.95	9.9
股份制企业	2553.93	22.5
外商及港澳台投资企业	2886.57	19.4
其中：私营企业	1716.42	22.8
轻工业	2952.98	18.7
重工业	3100.23	22.0

资料来源：表格来自《福建省 2010 年国民经济和社会发展统计公报》，福建省统计局网站：http：//www.fujian.gov.cn/zwgk/tjxx/tjgb/201102/t20110225_ 340974.htm。

福建众多私营企业发挥经营灵活的优势，通过并购国际品牌、寻求国际资本合作、到境外设立营销网络或投资办厂等方式，扩大了国际市场占有率，2010 年[①]完成出口总额 290.04 亿美元，占全省的 40.5%，比上年增长 42.3%，高出全省平均水平 8.2 个百分点。

福建省经济贸易委员会称，截至 2010 年年底，福建私营经济实现增加值 9480.36 亿元，占福建生产总值的比重达 66%；福建规模以上私营工业企业达 15558 家，占全省企业数的 78.4%。

2. 私营企业涉及的产业领域不断扩大，品牌影响力和竞争力不断提高

近年来，福建省私营企业不仅在纺织服装鞋帽制造业、家具制造业、农副食品加工业、化学纤维制造业、建材等传统优势产业领域发展迅猛，而且在电子信息、机械装备和石油化工等三大新兴产业方面更发挥了不可替代的作用。福建私营科技企业也不断成长壮大，成为私营经济发展的中坚力量，截至 2010 年底，福建经过认定的软件企业 95% 以上为私营企业。

全省已初步培养形成了一批拥有自主知识产权和自主品牌、综合实力较强的私营大企业大集团。据不完全统计，到 2011 年，福建省现有注册商标 20.5 万件，居全国第 5 位；共有 100 个中国名牌产品、891 个福建名牌

① 以下数据来自《福建民营经济超越“半壁江山”形成 60 个产业集群》，中国新闻网，2011 年 9 月 27 日，http：//www.chinanews.com/cj/2011/09-27/3358050.shtml。

产品，位居全国第5位；共有208件中国驰名商标，总数位居全国第5位；马德里国际注册商标756件，居全国第3位；地理标志商标74件，居全国第3位，其中地理标志驰名商标12件，居全国第1位。获“名牌产品”、“免检产品”和“驰名商标”的企业中80%以上是私营企业。福建省有全国闻名的“中国鞋都”、“中国纺织产业基地”、“中国休闲服装名城”、“中国建材之乡”、“中国建筑之乡”、“中国石雕之都”、“中国工艺陶瓷之乡”、“中国瓷都”、“中国茶都”、“中国伞都”、“中国拉链之都”、“中国中小电机之都”、“中国化油器名城”等称号。福建省质量技术监督局局长黄序和说，福建已在信息电子、工程机械、建材等生产领域涌现出一批拥有自主知识产权，产品技术、标准水平在全国同行业中具有领先优势的“中国名牌”。[①] 如福建私营企业福耀集团是中国最大的汽车玻璃制造和出口供应商，也是国内同行业中唯一具有多项技术专利的企业，其生产的福耀牌汽车玻璃是中国同行业中唯一的中国名牌，产品受到世界各大汽车制造商的青睐。

3. 私营经济产业集群已经初步形成

全省已初步培养形成了一批具有持续发展能力和市场竞争力的私营经济产业集群。目前已经形成电子、机械、石化、轻纺、电器、食品、建材、工艺品、林产品、轻工制品等10大类60个大小不等的产业集群，总产值约4000亿元左右，约占全省工业总产值的一半，超越八闽“半壁江山”，成为经济社会发展的重要力量和创造社会财富的活水源头。产业集群（详见表2－7）主要集中在沿海泉州、福州、厦门、漳州4个地区。晋江和石狮的服装纺织、晋江旅游运动鞋、南安石材、莆田鞋业、安溪铁观音、德化瓷器、福安电机、建瓯笋竹、仙游仿古家具等产业集群，如今在中国都是响当当。其中，厦门“电子信息产业集群”、福安“电机产业集群”、泉州“箱包产业集群”、晋江“休闲运动鞋产业集群”、石狮“休闲运动服装产业集群”、南安“五金水暖器材产业集群”、德化“日用工艺陶瓷产业集群”等7个产业集群入选《中国百佳产业集群》。近年来，南平、三明、龙岩、宁德市产业集群快速发展，沿海、内地山区各具特色的产业集群，正成为福建省推进工业发展的有效组织形式，成为增强福建各地市区域经济竞争力的有效途径。

---

① 《福建中国名牌产品总数达一百个 居中国第五》，福建政府网，2007年9月11日，http：//www.fujian.gov.cn/fjyw/200709/t20070911_32734.htm。

表 2－7　“十五”末全省主要工业产业集群分布情况

单位：亿元

序号	集群名称（工业产值）	序号	集群名称（工业产值）
1	福州显示器产业集群（459）	9	长乐纺织产业集群（149）
2	泉州纺织服装产业集群（400）	10	福州食品加工产业集群（138）
3	福厦计算机及网络产品产业集群（308）	11	泉州箱包产业集群（130）
4	闽南石材加工产业集群（258）	12	福州塑胶产业集群（118）
5	厦门海沧石化产业集群（197）	13	湄洲湾石化产业集群（117）
6	厦漳闽台合作农产品加工产业集群（191）	14	厦门移动通信产业集群（103）
7	泉州鞋业产业集群（190）	15	三明钢铁产业集群（101）
8	厦漳数字视听产品产业集群（150）		
100 亿元以上集群小计（3009）			
1	晋江南安建陶产业集群（95）	7	厦门半导体照明产业集群（60）
2	福州服装产业集群（94）	8	德化日用工艺陶瓷产业集群（59）
3	莆田鞋业产业集群（83）	9	福州汽车及零部件产业集群（58）
4	厦门电控设备产业集群（74）	10	闽东电机电器产业集群（58）
5	闽西水泥产业集群（74）	11	南平竹木制品产业集群（51）
6	厦门汽车及零部件产业集群（63）		
50～100 亿元集群小计（769）			
1	龙岩运输及环保等专用设备产业集群（48）	11	漳州小家电产业集群（42）
2	厦门工程机械产业集群（46）	12	三明林产加工产业集群（41）
3	福州船舶产业集群（16）	13	南安五金水暖件产业集群（40）
4	福安船舶产业集群（14）	14	泉州电子信息产业集群（38）
5	厦门船舶产业集群（15）	15	漳州钢铁产业集群（38）
6	莆田食品产业集群（45）	16	厦门纺织服装产业集群（38）
7	福州输变电设备产业集群（44）	17	莆田电子信息产业集群（34）
8	晋江东石伞业集群（43）	18	安溪乌龙茶产业集群（30）
9	厦漳搬运机械产业集群（42）	19	莆田化工医药产业集群（30）
10	泉州休闲食品产业集群（42）		
30～50 亿元集群小计（686）			
1	厦门钨制品深加工产业集群（28）	3	仙游木雕产业集群（26）
2	丰泽树脂工艺品产业集群（27）	4	安溪竹藤铁工艺品产业集群（26）

续表

序号	集群名称（工业产值）	序号	集群名称（工业产值）
5	南平电线电缆产业集群（21）	11	永安纺织产业集群（16）
6	三明机械及汽车零部件产业集群（20）	12	福州医药产业集群（15）
7	漳州家具产业集群（19）	13	闽侯藤铁工艺品产业集群（15）
8	莆田服装纺织产业集群（18）	14	长乐冶金产业集群（12）
9	南平纺织服装产业集群（16）	15	厦门生物及新医药产业集群（11）
10	闽东石材产业集群（16）	16	长汀服装产业集群（11）
10～30亿元集群小计（297）			
1	宁德汽摩配件产业集群（8）	5	闽东食用菌产业集群（5）
2	南平乳制品产业集群（8）	6	三明天然药物产业集群（2）
3	闽东水产加工产业集群（7）	7	闽东（柘荣）制药产业集群（2）
4	闽东茶业产业集群（6）		
10亿元以下集群小计（38）			
合计68个（4799）			

资料来源：表格来自《福建省“十一五”加快产业集聚培育产业集群专项规划》，福建政府网，2010年8月23日，http：//www. fujian. gov. cn/ggfwpt/qykb/cyzc/scyzc/sxjmjwyh/201008/t20100823_277731. htm。

4. 私营企业迈出“走出去”步伐，国际实力不断增强

据省外经贸厅提供的数据显示，截至2010年年底，福建省经核准设立的境外企业（含境外机构）共1092家，协议投资总额30. 38亿美元，中方协议投资额20. 15亿美元，分布在83个国家和地区。2010年，全省（不含厦门）新批112家企业赴境外投资设点，其中非公有制企业107家（私营企业84家），占比达到95. 5%（私营企业89%）。

5. 私营企业是新增就业的主渠道，是支持社会稳定的重要力量

从2004年到2010年，福建省私营企业新增就业人员182. 1792万人，年均净增近260256个工作岗位，解决了福建省85%的城镇人口就业，消化了大批国有集体企业结构调整中分流出的富余人员、农村剩余劳动力和社会新增劳动力，缓解了社会就业压力，促进了社会稳定。

6. 私营企业是福建省财政日益重要的来源

据不完全统计，截至2010年年底，福建省私营企业缴纳营业税359728

万元，缴纳企业所得税 195045 万元，同比增加分别为 35.57%、45.16%，私营企业缴纳税收收入占全省同期税收收入的 60% 以上。私营企业缴纳的各种行政性收费弥补了地方财政的不足，也是福建省财政的重要收入。此外，私营企业主还广泛参加赈灾、架桥修路、建学校、资助贫困学生就业等社会公益活动。

7. 私营经济的发展满足了人们多样化的需要

私营经济大部分分布在零售、餐饮、社会服务等第三产业及加工制造业等第二产业，而且点多面广、经营灵活、求新求快，使商品更加丰富，服务更加多样化和个性化，使人们生活变得更加方便。

8. 私营经济的发展，促进了福建新农村建设

随着私营经济的发展，农村剩余劳动力有序流动，城乡二元化的社会结构得到了松解和整合，促进了城市规模的提高和城市功能的完备。通过发展个体私营经济、农业人口向非农产业转移，增加了农民的收入、缓解了贫困，广大农民自觉不自觉地参与农产品生产、加工、销售的“产业链”，商品意识和市场意识日益增强，同时也潜移默化地受到现代化大生产和企业文化的熏陶，文明素质也得以不断提高，个体私营经济专业村、专业市场以及私营经济园区的发展，增强了小城镇的聚集、辐射功能，推进了农村工业化和城镇化进程。

9. 私营经济是福建省建立市场经济体制的重要推动力量

私营经济与市场有着天然的联系，其要素的取得和产出的效益都要通过市场来实现，接受价值规律、供求规律等市场竞争法则的考验。它在市场竞争中表现出来的灵活竞争机制，逐渐被社会所认同，并在国有企业转制中发挥了示范作用。私营经济的发展不仅直接带动了有形市场的发育，也促进了市场规则的形成，对福建省市场经济的完善起到了强有力的推动作用。目前，福建全省非公有制经济投资占社会固定资产投资的比重超过 60%，全省有 95% 以上资源通过市场调节配置，市场化程度居全国第 3 位。福建省私营经济的发展推进了国有企业经济的战略性调整，改制后的国有企业活力进一步增强。福建省已经成为全国非公有制经济发展比较快、活力较强的省份之一。

总之，福建省私营企业的蓬勃发展为福建私营企业主阶层的政治参与提供了十分重要的经济基础。

第三章　福建省私营企业主阶层政治参与的条件

改革开放30多年来，随着我国社会主义市场经济的发展和民主政治的进步，我国国内已经形成了有利于私营企业主阶层政治参与的经济、政治、文化和社会环境。福建省私营企业主是我国私营企业主群体的一个重要组成部分，福建省经济、政治、文化的发展为私营企业主的政治参与提供了重要的客观条件；福建省私营企业主自身雄厚的经济实力，良好的政治素质、文化素质以及日益增强的政治参与意识、日渐提高的政治参与能力和水平构成其政治参与重要的主观条件。可以说，现阶段是福建省私营企业发展的一个极为重要的战略机遇期，福建省私营企业主阶层扩大有序的政治参与已经具备了基本的主客观条件。

一　经济条件

（一）宏观上，社会主义市场经济的发展为我国公民的政治参与提供了坚实的物质前提

马克思主义认为，一切政治活动归根到底是由一定的物质生产方式决定的。经济状况制约着政治参与的发展。只有当社会经济有了一定程度发展的情况下，才能使人们的物质生活得到改善，从而为其政治参与提供必要的物质保障。一般来说，经济发展水平越高，政治参与的水平和层次就越高。正如亨廷顿所说：“高水平的政治参与总是与更高水平的发展相伴随的，而且社会和经济更发达的社会，也趋向于赋予政治参与更高的价值。”①

① 〔美〕塞缪尔·亨廷顿、琼·纳尔逊：《难以抉择——发展中国家的政治参与》，汪晓寿等译，华夏出版社，1989，第174页。

1. 社会主义市场经济的发展为人民群众提供了行使民主权利的物质条件，降低了政治参与的成本，使政治参与变得容易和方便

政治参与的实现和扩大需要一定的成本，比如与政治参与相配套的基础设施建设，政治参与过程中所使用的交通、通讯和传播工具，与政治参与相适应的制度建设，政治参与渠道的开辟，与政治参与相关的法律和政策的制定等，都需要强大的经济做后盾。经过30多年的改革和发展，我国的经济发展取得了巨大成就，举世瞩目。根据国家统计局的数据[①]，2006~2010年，我国国内生产总值年均实际增长11.2%，不仅远高于同期世界经济年均增速，而且比“十五”时期年均增速快1.4个百分点，是改革开放以来发展最快的时期之一。在经济发展的带动下，我国各项事业都获得了长足进展。在基础设施方面，全国铁路营业里程由2005年的7.5万公里增加至2010年的9.1万公里。过去5年，城市公共交通业、水利、环境和公共设施管理业等基础产业投资年均增长30%左右。我国电话、网络等通讯事业迅速发展并基本普及。2010年全国固定及移动电话用户总数达到11.5339亿户，比2005年增长55.1%；移动电话用户数达到8.59亿户，比2005年增长1.18倍。由于我国宏观经济形势向好，网络基础建设务实推进，农村信用化使用深度加强等因素的共同作用，推动了网民规模和普及率的稳定上升。截至2012年6月[②]，互联网上网人数5.38亿，互联网普及率达到39.9%。我国网民规模占全球网民总数超过23.2%，亚洲网民总数超过55.4%。

先进、便捷、快速的交通、通讯和传播工具，一方面为民众进行政治交流和社会沟通提供了便利条件，另一方面为决策的民主化、科学化提供了设备支持，可以“利用先进的电子通讯设备，创造许多富有想象力的措施，把直接民主和间接民主结合起来”[③]，为代议制民主向参与制民主的过渡创造良机。与此同时，我国相关的各项法律制度逐步建立和健全。社会主义市场经济的发展为我国公民提供了政治参与所必需的种种“硬件”设施和“软件”环境，开辟了更多新的参政渠道，奠定了参政的物质基础。

---

① 数据来自《我国“十一五”经济社会发展成就综述》，新华网，2011年3月1日，http://news.xinhuanet.com/politics/2011-03/01/c_121136002.htm。

② 数据来自《第30次中国互联网络发展状况调查统计报告》，2012年7月20日，中国互联网络信息中心，http://www.isc.org.cn/zxzx/ywsd/listinfo-21627.html。

③〔美〕阿尔温·托夫勒：《第三次浪潮》，朱志焱等译，上海人民出版社，1987，第43页。

2. 社会主义市场经济的发展增强了国家经济实力，增加了国民财富，使人们不再为生计花费心思，使政治参与成为可能

一个国家或地区的经济发展水平对民众的政治参与影响巨大。亨廷顿在研究 1974～1990 年间一些国家向民主制度过渡时指出，在 20 世纪 70 年代初期，许多国家取得了全面的经济发展，这种发展为民主提供了经济基础，促进了向民主的过渡。[①] 一般而言，经济发展水平的提高可以促进政治参与的扩大。“研究表明，人均 GDP 达到 1000 美元是一个关键点，当一个国家的人均 GDP 在 1000 美元以下时，人们对于政治民主的要求要小于对于发展经济、提高生活水平的要求。只有当人均 GDP 达到 1000 美元时，人们才开始关注政治方面的要求，对政治民主的渴望比以往要激烈得多。亚洲的韩国和新加坡等国，都是在人均 GDP1000～3000 美元时开始迅速走上政治民主的道路的。”[②] 因为生活在贫困中的整天为生计而费尽心思的人是难以顾及政治生活的。“严重贫困的群众，根本无法获知参与公共事务的足够的信息，对公共事务进行有效的讨论。”[③] 人们只有在衣食无忧的情况下才能开始对身边的政治表现出关注，并挤出更多的闲暇时间来研究政体和民主问题。

当前我国社会经济的发展使人们的物质生活得到极大程度的改善，从而为其政治参与提供了必要的物质保障。根据国家统计局的数据[④]，20 世纪末，我国人均 GDP 已经接近 1000 美元。2011 年我国国内生产总值达到 471564 亿元，按平均汇率折算达到 72981 亿美元，成为仅次于美国的世界第二大经济体。目前我国人均 GDP 已经超过 5414 美元。同期，我国城乡居民收入快速增长。2011 年，我国城镇居民人均可支配收入 21810 元，比 2010 年增长 14.1%，扣除价格因素，实际增长 8.4%；农村居民人均纯收入 6977 元，比 2010 年增长 17.9%，扣除价格因素，实际增长 11.4%。2011 年我国城乡居民人民币储蓄存款余额达 308046 亿元。

随着生活水平的明显改善和提高，我国城乡居民消费结构向发展性和享受性方向转变。人们不再为就业发愁，不再为维持生存费尽心思，而有

---

① 〔美〕塞缪尔·亨廷顿：《第三波——20 世纪后期民主化浪潮》，刘军宁译，三联书店，1998，第 68～69 页。

② 敖带芽：《私营企业主阶层的政治参与》，中山大学出版社，2005，第 39～40 页。

③ 〔美〕科恩：《论民主》，聂崇信、朱秀贤译，商务印书馆，1988，第 111 页。

④ 国家统计局：《2011 年城乡居民收入增长情况》，中国国家统计局网站，2012 年 1 月 30 日，http://www.stats.gov.cn/tjfx/jdfx/t20120120_402780174.htm。

了更多的时间和精力关注政治民主化问题，他们更愿意积极支持政府改革方案、谋求稳定的政治环境以及力图通过合法民主的渠道实现自己的利益要求。这也是新世纪以来我国公民政治参与热情不断高涨，政治参与意识不断提高，政府日益重视扩大公民有序政治参与的重要原因。

私营企业主是我国拥有较高经济地位的社会阶层，他们在获得商界成功的同时也越来越多地把目光投到政治领域。他们渴望通过政治参与为企业和行业发展创造良好的社会政治环境，树立企业和个人积极正面的社会形象。市场经济的发展为这种参与提供了各种“软”、“硬”环境，使私营企业主自主的政治参与能够变为现实。

3. 社会主义市场经济的发展势必带来利益关系的不断变化，使公民不得不诉诸政治行为来维护并进一步实现自身利益，从而推进公民政治参与的发展

社会主义市场经济的发展推动了中国的现代化进程和社会的转型，中国出现了社会阶层的分化，形成了各种各样的利益群体。各种利益群体在现代经济运动中不断涌现、分化、组合，以最大限度地适应社会变革的需要，实现和满足自己的利益和要求。利益多元化格局的形成，客观上造成社会成员在占有社会资源、经济资源上的不平等，出现了大量的具体利益上的纠纷和矛盾，这就要求有序的政治参与，要求人民群众在平等参与和平等表达的基础上，通过与党政部门的平等对话和协商及彼此间的沟通、协商等，实现充分的利益表达和利益整合。在各种利益群体中最突出的是包括私营企业主在内的新兴的利益群体，特别是私营企业主阶层，他们掌握一定的生产资料，具有一定的经济实力和社会财富，其自身的主体意识、权利意识和利益诉求不断增强，有着自己独特的利益要求。为了表达自己的意愿，维护自身的利益，追求自己的权利，他们必然需要寻求代表和保护自己利益的政治后盾，希望进入政治舞台，参与公共事务活动，努力参与影响党和政府政治决策和公共政策的制定过程。他们政治参与的积极性和主动性对提高全社会的政治参与水平和层次具有很大的推动力。

（二）中观上，福建省私营企业主阶层自身经济实力的增强为其参与政治提供了直接的经济支持

福建省私营经济水平和总量的提升，对于其政治参与起到了促进的作用。福建省的私营经济如今已占据福建经济的“半壁江山”以上。“十一五”期间，福建省生产总值年均增长 13.8%，高于全国平均水平，这与福

建省私营经济的贡献是分不开的。福建省私营经济顺应时代的发展已经走在全国的前列。1978 年至今，福建省的私营经济经历了 6 个发展阶段，创造出了全国闻名的“晋江模式”，总体发展水平基本居于全国第 7 位。从 2004 年至 2010 年，全省私营企业从 11.0185 万户增加到 26.67 万户，年平均增长率为 17.39%；从业人员从 111.32 万人增加到 293.4992 万人，年平均增长率为 15.78%；注册资金从 1844.35 亿元增加到 10300 亿元，年平均增长率为 34.33%，高于同时期的全国平均水平。[①] 福建私营企业早已经成为推动福建省整体经济增长、增加财政收入、促进就业、推动经济结构调整、促进社会主义市场经济体制的建立和完善、维护社会稳定的重要力量。我们可以预见，在未来的时间内，在党和政府为加快海峡西岸经济区建设而出台的一系列优惠政策的扶持下，福建省私营经济和私营企业主队伍还将以较高的速度继续稳步发展。

当福建私营企业主和员工一起发展私营经济创造巨大社会财富的同时，私营企业主阶层的经济地位不断上升，成为福建省经济地位比较高的社会群体。在本课题组[②]调查的福建省 577 家企业中，私营企业主个人每月的生活消费水平（不含通讯费和交通费）在 2000 元以下的有 138 人，占被访企业主的 23.9%，2000～5000 元之间的有 247 人，占被访企业主的 42.8%，5000～10000 元之间的有 125 人，占被访企业主的 21.7%，10000 元以上的有 67 人，占被访企业主的 11.6%。其中 76.1% 的私营企业主月消费超过了 2000 元（见表 3－1），而 2010 年福建省城镇居民月人均可支配收入在 1800 元左右，可见，私营企业主中绝大多数人的月均消费远远高于居民月人均可支配收入。而且客观地讲，调研中的数据并不十分准确，很可能有些人的实际消费还要高一些。因为笔者在做调查的时候，就有好几个私营企业主私底下问过：对于收入和消费，不一定填写得很实在吧？他们中还是有不少人怕露富，有的怕招致妒忌。据资料显示，福建省私营企业户均注册资本约 390 万元。私营企业主的财产收入主要取决于其经营状况，经营效益好，收入就高。据 2010 年中国福布斯富豪榜单显示[③]，在

---

① 数据来自福建省工商联《福建民营经济发展报告》（2004～2010）蓝皮书。

② 除非特别注明，本书的调查数据均来自本项目课题组对福建省 577 家私营企业的抽样问卷调查。

③ 《2010 福布斯中国富豪榜》，金融网，http://finance.qq.com/zt2010/forbes2010/。

富豪榜的门槛比 2009 年提高 1 亿美元的情况下，福建省新华都实业集团陈发树的个人财产（以人民币为单位）294 亿元；恒安集团的施文博 148 亿元、许连捷 141 亿元；中国龙工集团的李新炎夫妇 125 亿元，福耀集团的曹德旺家族 122.5 亿元，福建三安集团的林秀成家族 118 亿元，安踏的丁志忠 89 亿元、丁世家 86.5 亿元，世纪金源的黄如论 86.5 亿元，圣农实业的傅光明家族 78 亿元，都在全国排名 100 名之内。本课题组在对私营企业主进行“您认为自己的社会经济地位所处的层次”的回答中，有 29 人认为自己处在上层，占被访企业主的 5.0%；有 160 人认为自己处在中上层，占被访企业主的 27.7%；有 266 人认为自己处在中层，占被访企业主的 46.1%；还有 92 人和 30 人认为自己处在社会经济地位的中下层和下层，仅占被访企业主的 16.0% 和 5.2%，详见表 3－2。总体上有 78.8% 的被访企业主认为自己处在社会经济地位的中层以上，这与我国社会对于私营企业主的社会经济地位的判断基本一致。同时，福建私营企业主阶层对于自己的社会经济地位很满意和满意的占被访总数的 78.8%，这与上一个调查结果中有 78.8% 的私营企业主认为自己处在社会的中层以上是一致的。值得我们关注的是，在对福建私营企业主进行“对福建私营企业主阶层经济地位的发展趋势预测”的调查中得知，有 280 位被访企业主认为其经济地位会越来越高，占被访企业主总数（577 人）的 48.6%；有 189 位被访企业主认为会维持现状，占被访企业主总数的 32.8%；另外，有 54 人认为其经济地位会越来越低，占被访企业主总数的 9.3%；有 54 人认为不好预测，占被访企业主总数的 9.3%；可见有占被访总数 81.4% 的私营企业主对于未来自身的经济地位是持十分乐观的态度的，认为其经济地位是稳固的和逐步上升的，详见表 3－3。可以看到，在当前福建省社会各阶层中，私营企业主阶层是经济地位最高的阶层之一。就其发展趋势而言，私营企业主的收入水平还将进一步提高。

表 3－1　福建私营企业主个人每月大致的生活消费水平（不含通讯费和交通费）

每月大致的生活消费水平	2000 元以下	2000～5000 元	5000～10000 元	10000 元以上	合　计
人　　数（人）	138	247	125	67	577
所占百分比（%）	23.9	42.8	21.7	11.6	100

表 3-2　福建私营企业主认为自己的社会经济地位所处的层次

您认为自己的社会经济地位所处的层次	上　层	中上层	中　层	中下层	下　层	合　计
人　　数（人）	29	160	266	92	30	577
所占百分比（%）	5.0	27.7	46.1	16.0	5.2	100

表 3-3　福建私营企业主对本阶层经济地位的发展趋势预测

对本阶层经济地位发展趋势的预测	越来越高	维持现状	越来越低	不好说	合　计
人　　数（人）	280	189	54	54	577
所占百分比（%）	48.6	32.8	9.3	9.3	100

按照马克思主义的经济决定政治，经济基础决定上层建筑的基本原理，人们的经济实力和经济地位会在根本上决定着他们的政治地位与政治影响力。一般情况下，人的经济地位和政治地位、经济实力和政治影响力是相互平衡和对称的。一个人拥有财富的总量，在很大程度上决定着他的社会地位、受教育的机会，以及政治参与的心理、动机、技能。关于经济地位与政治参与的关系，美国社会政治学家安东尼·奥罗姆指出，人们的社会经济地位（Social Economic Status，简称 SES）和政治参与之间存在着相当明确的关联，当一个人在社会分层等级中经济地位越高，他的政治参与比率也就越高。因为处于较高社会地位的人和处于较低社会经济地位的人之间存在着差别，“这种差别确实可以反映出那些处于较低社会地位的成员在各方面的不利条件，诸如享有极低级别的信息和极少的闲暇时间”。[①]“这种看法既适用于反映（SES）基本方面的各种制度——职业地位、受教育水平、家庭收入数量等，又适用于政治参与的各种指数——从参加投票到更广泛的形式。”[②] 美国政治学者维巴和尼解释了富人为什么比穷人更为积极地参与政治，原因有两个，一是社会经济地位比较高的人有较强的政治责任感和政治功效感；二是因为他们有较为健全的知识和技

① 〔美〕安东尼·奥罗姆：《政治社会学——主体政治的社会剖析》，上海人民出版社，1989，第 290～291 页。

② 〔美〕安东尼·奥罗姆：《政治社会学——主体政治的社会剖析》，上海人民出版社，1989，第 331 页。

巧。他们还根据人的经济地位的高低与政治参与的关系建立了一个模型。其模型显示，经济地位高的社会群体比经济地位低的社会群体参与政治的比率要高得多。[①] 美国政治学家罗伯特·A·达尔提出一个机会成本的理论来解释富人比穷人更积极地参与政治，因为富人参政的代价较穷人参政的代价低，也就是富人参与政治的机会成本比穷人参与政治的机会成本小。由此可见，较高的社会经济地位使私营企业主具备更多更好的政治参与条件，比如参与需要的时间和精力、充分的信息、良好的社会关系和社会支持等；较高的社会经济地位有利于提高其政治参与的技能，如社交能力、分析能力、调研能力、撰写报告和提案、组织能力等；此外，私营企业主社会地位相对较高，有更多的机会和条件接受政治信息和传播，参加较多的社会交往活动，因而会获得更多的政治刺激。而所受的刺激越多、越强烈，政治参与的可能性就越大，参与的层次就越高。相反，对于经济地位较低的人群来说，他们面对的首要问题是解决紧迫生存的问题，而不是政治参与，他们也缺乏参与所需要的客观条件，如充裕的时间、广泛的社会关系、充分的信息和政治运作的知识。

联系到现阶段福建省私营企业主阶层发展的现状，在财富、教育、职业、权力和权威等方面均处于较高层次的私营企业主，他们一般都具有较强的政治兴趣、政治意识和政治敏锐性，随着其事业稳定上升和参政能力、技巧的不断提高，这些企业主渴望通过参政议政报效祖国、回报社会。福建省私营经济的发展是私营企业主阶层政治参与的原动力，福建省私营企业主阶层经济地位的提高为他们广泛地参与政治提供了直接的经济支持。

二　政治条件

政治参与不仅需要具备一定的经济基础，而且还需要有法律和政治上的保障。现阶段我国的私营企业主阶层之所以能够参与政治，其中一个重要的原因是改革开放以来随着我国民主政治的发展为其政治参与提供了制度上、政策上和法律上的保障。

---

① 陶东明、陈明明：《当代中国政治参与》，浙江人民出版社，1998，第147~148页。

（一）宏观上，我国的政治体制改革和民主政治建设的发展，为我国公民的政治参与提供了制度保障和实现机制

1. 制度条件

从党的十一届三中全会至今，是我国政治体制改革稳步推进，民主政治建设快速发展并不断完善的时期。我们在维护基本政治稳定的前提下，积极地探索和改革，稳步推进，从而使政治体制改革和民主政治建设取得了很大进展。我国公民的政治参与制度是伴随着政治体制改革的深入发展而确立的。我国公民政治参与制度的建立和完善为私营企业主阶层的政治参与提供了重要的制度保障和实现机制。

在我国，自从中国共产党执政以来，已经初步形成了以民主集中制为基本原则的政治参与制度。改革开放以后，不仅原有的政治参与制度得到恢复和发展，而且新的公民政治参与制度也相继出现并且迅猛发展。目前我国公民政治参与制度主要包括人民代表大会制度、政治协商制度、基层自治制度、社团制度、政务公开制度、社会舆论监督制度等根本制度、基本制度和一系列具体的参与制度。

（1）人民代表大会制度

人民代表大会制度是我国的根本政治制度，通过它实行的政治参与具有最高权威性、最高效力和广泛性。我国宪法规定，国家的一切权力属于人民，人民行使国家权力的机关是全国人民代表大会和地方各级人民代表大会。全国各族人民按照人民代表大会制度，按照民主集中制原则，定期选举产生各级人民代表大会作为国家权力机关，并由人民代表大会产生其他国家机构，实现人民管理国家的目的。这种选举方式主要有直接选举和间接选举两种。县和县级以下的人大代表由选民直接选举，县级以上如设区的市和省两级人大代表主要实行间接选举，即由下一级人民代表大会选举。间接选举一定程度上解决了我国人口多、组织政治参与难的问题。在选举期间，公民可以通过投票的方式行使自己的权利。人民代表大会制度要求人大代表要和原选区选民和人民群众保持密切联系，通过接待群众来访、视察、考察、召开座谈会等方式，听取人民群众的意见和要求，并按照相关的规定，将这些意见和要求向上反映。人大代表还要受原选区选民和单位的监督。多年的实践表明，人民代表大会制度是符合我国国情、行之有效的制度，它充分体现了人民当家做主的权利，保证人民广泛参与政

治，是我国公民进行政治参与的主渠道。

（2）政治协商制度

政治协商制度（简称“政协制度”），是中国的一项基本政治制度。它是指在中国共产党领导下，有各民主党派、无党派人士、人民团体、少数民族人士和各界爱国人士参加的，由全体社会主义劳动者、社会主义事业建设者、拥护社会主义的爱国者和拥护祖国统一的爱国者组成的，包括香港特别行政区同胞、澳门特别行政区同胞、台湾同胞和海外侨胞在内的代表，以中国人民政治协商会议为组织形式，经常就国家的大政方针进行民主协商的一种制度。根据我国宪法，全国和地方各级人民政治协商会议是最广泛的爱国统一战线组织。“统一战线”被认为是中国共产党取得革命最后胜利的最重要经验之一，作为一项革命传统，在 1949 年以后又被转化为中国共产党执政的重要政治资源。其主要原则是广泛吸纳社会各阶层的精英人物，通过政治协商、民主监督和参政议政等形式表达社会各方面的利益或要求，从而对政治决策起到协调作用。政治协商是对国家和地方的大政方针以及政治、经济、文化和社会生活中的重要问题在决策之前进行协商和就决策执行过程中的重要问题进行协商；民主监督是对国家宪法、法律和法规的实施，重大方针政策的贯彻执行，国家机关及其工作人员的工作，通过建议和批评进行监督；参政议政是对政治、经济、文化和社会生活中的重要问题以及人民群众普遍关心的问题，开展调查研究，反映社情民意，进行协商讨论。通过调研报告、提案、建议案或其他形式，向中国共产党和国家机关提出意见和建议。[①] 虽然政治协商会议不是国家权力机关，不行使统治职能，但是在重大事务上常常构成中国政治决策过程的一个必要组成部分。它具有广泛的组织代表性、政治包容性、党派合作性和民主协商性。从公民政治参与的角度看，它为社会精英参与政治提供了机会，有利于发扬社会主义民主，充分调动全国各族人民参政议政、建设社会主义事业的积极性。因此，人民政协的存在和发展是当代中国政治制度的一大特色。

（3）信访制度

信访制度是我们党创造的一种特殊的具有中国特色的政治参与制度和权利救济制度。根据国务院 2005 年颁布的《信访条例》，信访是指公民、法人或者其他组织采用书信、电子邮件、传真、电话、走访等形式，向各

① 赵海月：《中国政治分析：视界与维度》（第二版），吉林大学出版社，2008，第 189 页。

级人民政府、县级以上人民政府工作部门反映情况，提出建议、意见或者投诉请求，依法由有关行政机关处理的活动。[①] 作为一种社会活动，信访是我国公民政治参与的重要渠道，是党和国家机关同人民群众联系的重要途径。信访事项主要包括：对行政机关及其工作人员，对法律、法规授权的具有管理公共事务职能的组织及其工作人员，对提供公共服务的企业、事业单位及其工作人员，对社会团体或者其他企业、事业单位中由国家行政机关任命、派出的人员，对村民委员会、居民委员会及其成员等的职务行为反映情况，提出建议、意见，或者不服他们的职务行为，[②] 可以向有关行政机关提出信访事项。

我国信访制度开始于20世纪50年代初，最初由刚成立的中央办公厅秘书室专门负责处理群众写给中央领导人的大量信件，接待来中央机关诉说的群众。1951年6月7日，政务院颁布了《关于处理人民来信和接见人民工作的决定》，这一般被视为信访制度正式确立的起点。1954年至1957年，根据毛泽东的指示和政务院的决定，中央一些部门和大多数县级以上的党政机关都设立了信访机构。以后，党中央和国务院多次向各级党政机关发布强化信访机构及其工作的文件，制定和修订信访条例，使信访制度成为公民权利救济、缓解社会矛盾的重要途径。1971年，《红旗》杂志发表的《必须重视人民来信来访》一文，提到“进一步贯彻毛主席关于信访工作的指示”，在公开发表的文章中第一次使用了“信访工作”一词。1972年12月22日，中共中央在转发《关于加强信访工作和维护首都社会治安的报告》的批语中，第一次在中央文件上使用了“信访工作”一词。从此以后，“信访工作”就成了一个专用名词。[③] “文化大革命”期间，信访基本处于瘫痪状态。“文化大革命”结束后，国家机关逐渐恢复了信访机构，并制定了相关工作规程，如1980年6月20日发布的《最高人民法院信访处接待来访工作细则》，1982年4月中共中央办公厅、国务院办公厅印发《党政机关信访工作暂行条例（草案）》，1986年12月10日发布《最高人民检察院控告申诉检察工作细则》。1995年10月，国务院颁布我

① 《信访条例》，第一章第二条，国家信访局网站，2005年1月18日，http://www.gjxfj.gov.cn/2005-01/18/content_3583093.htm。

② 《信访条例》，第三章第十四条，国家信访局网站，2005年1月18日，http://www.gjxfj.gov.cn/2005-01/18/content_3583093.htm。

③ 参考陈建彬《信访制度研究》，硕士学位论文，华东政法学院，2006，第13页。

国第一部信访工作行政法规——《信访条例》，标志着信访工作正式迈入法制化、规范化轨道。随后中央各政府部门、全国很多省市政府也陆续发布了条例、信访工作办法、暂行规定、守则等。2005 年 1 月 10 日国务院第 431 号令颁布新修订的《信访条例》，并于同年 5 月 1 日正式施行。新的信访条例调整了信访工作原则，强调了畅通信访渠道，强化了对信访人合法权益的尊重和保护，加强了对违法信访行为的处理，建立了信访绩效考核体系。2007 年 3 月，中共中央、国务院颁发《关于进一步加强新时期信访工作的意见》，实现了在更高层面对信访工作的指导，是今后一个时期信访工作的重要指导性文件。2008 年 7 月，中央纪委下发《关于违反信访工作纪律适用〈中国共产党纪律处分条例〉若干问题的解释》。监察部、人力资源和社会保障部、国家信访局联合下发《关于违反信访工作纪律处分暂行规定》，从制度层面强化了信访工作责任。①

目前我国已经建立了信访事项的提出机制、受理机制、处理机制和终结机制，进一步加强了信访制度的制度化、规范化和法制化建设。我国信访制度的社会功能突出体现在 3 个方面：第一，群众参与，即群众参与社会民主生活。人民群众向国家机关提出意见和要求，实质就是人民意志的表达，是一种政治参与。第二，民主监督，指人民群众通过给国家有关机关写信或走访反映社情民意，同时对国家机关和工作人员提出批评和建议，对国家机关进行一种民主监督。第三，权利救济，人民群众通过信访不仅仅是表达民意，更具有需要保障和维护公民权利和自由，实现救济的要求。同时，我国的信访制度在某种程度上阻止或缓和了民众用更激烈的手段和非制度化的方式对抗国家权力和社会秩序的发生，为深化政权合法性、缓解社会矛盾和维护社会稳定起到了重要作用。2009 年的《政府工作报告》当中明确提出，“坚持领导干部特别是主要领导干部处理群众来信和接待群众来访制度，服务群众，化解矛盾”。②最近几年我国年信访量已突破 1000 万人次，信访制度已成为人民代表大会之外人民群众表达意愿、参政议政、实施民主监督的一种最直接、最常用、制度性、群众性的利益表达渠道。

---

① 吴超：《信访制度 60 年发展历程的回顾与展望》，《社会科学管理与评论》2011 年第 3 期，第 75 页。

② 《2009 年政府工作报告》（全文），中国网，2009 年 3 月 14 日，http：//www. china. com. cn/policy/txt/2009 - 03/14/content_ 17444081. htm。

（4）社团制度

社会团体是当代中国政治生活的重要组成部分。以社会团体形式参与政治，是我国政治参与方式的新特点。20 世纪 50 年代初，党和政府开始建立社会团体登记制度，主要目标是建立中国共产党领导下的统一战线，使社会团体成为“党和政府联结人民群众的纽带”。70 年代末开始，随着中国社会转型的展开，民间组织出现迅猛发展势头，甚至进入某种程度的失控状态。1989 年 10 月，国务院出台新的社团制度，颁布了《社会团体登记管理条例》，对社会团体进行严厉的清理和管制。90 年代中期开始，以第四届世界妇女大会在中国的召开为契机，民间组织再次出现活跃的局面。为了加强引导和管理，1998 年 10 月国务院颁布新的《社会团体登记管理条例》，同时公布《民办非企业单位登记管理暂行条例》，延续至今。[①] 当前，随着我国社会主义市场经济的迅猛发展，我国社会利益主体日益多元化，各种社会团体迅速发展。除工会、共青团、妇联等传统社会团体外，各种行业协会、社会团体、基金会等民间组织遍布我国城乡，涉及社会生活各个领域。截至 2008 年年底，登记注册的社会组织总量接近 40 万个，其中社会团体 22.0 万个，民办非企业单位 17.8 万个，基金会 1390 个。[②] 这些团体分别代表不同社会成员的利益，又同时与政府合作，是我国参加国家事务管理的重要组织形式。特别是一些经济发达地区的企业家协会、行业协会，它们在影响当地政府决策方面已有相当能量。这种团体形式的政治参与，提高了公民政治参与的积极性和政治参与的影响力，促进了政治参与的有序进行，在我国民主政治建设中发挥着越来越重要的作用。

（5）社会监督制度

监督制度是一种权力制约机制，是现代民主政治的重要支柱。社会监督制度是公民政治参与的重要条件，其健全与否，直接影响到公民政治参与的程度和水平。社会监督是指权力系统外部的广大人民群众和社会团体、组织，对国家机关及其工作人员自下而上的非国家性质的监督，又称

---

① 参考李春《网络政治参与在我国的兴起：条件、形态与前景》，博士学位论文，复旦大学，2004，第 12 页。

② 《民政部：我国登记注册社会组织总量接近 40 万个》，中国新闻网，2009 年 2 月 4 日，http：//www.chinanews.com/gn/news/2009/02－04/1549496.shtml。

群众监督、公众监督。[①] 在我国，人民是监督权力的主体。人民运用广泛的民主权利，通过国家宪法和法律所赋予的选举、听证、举报、批评、建议、申诉、控告、检举、信访、陪审以及公民对立法的参与等多种权利和政治参与的形式，以实现对国家机关及其工作人员的监督。社会监督通过各种各样的具体形式表现出来，其中的一种重要形式，就是新闻媒体的监督，它的实质是一种社会舆论监督。

新中国成立后的相当长时间，在持续的意识形态和政治斗争所形成的革命环境中，新闻传媒只剩下阶级斗争工具的功能，为政党和政治权力服务成为新闻传媒唯一的使命，没有表达民意的空间。20 世纪 70 年代末以后，随着“文化大革命”的结束，政治气氛逐渐宽松，党和国家把大众传播系统引入市场因素，在市场推动下，我国新闻传媒进入从纯粹的政治权力领域到具有政治功能的公共领域的变迁过程。[②] 伴随着广播、电视、报纸、网络等大众传媒的迅猛发展，党和国家鼓励新闻工作者和人民群众实行依法、有序、科学的“舆论监督”。人民运用大众传媒可以直接表达政治要求和根本利益，对关乎国家、政府和人民利益的社会公共事务实施有效监督，揭露和抨击与人民利益相违背的阴暗面，促使政府行为更民主，更合理。社会舆论监督可以提高和增强公民的政治热情和参与意识，是人民民主权利的具体体现，也是我国反腐倡廉、防止权力滥用的可靠保证。伴随着新闻媒体功能的日益强大，在表达民意和社会监督方面发挥了重要作用，社会舆论监督日益成为整个社会发展链条中的重要一环。

特别值得一提的是，20 世纪末以来中国的网络平台在表达社情民意、反对腐败等社会舆论监督方面所做的重大贡献。首先，很多社会问题都是通过网络曝光，引起有关方面重视并推进问题的解决的。其次，老百姓对逍遥法外的腐败分子深恶痛绝，民间成立了许多由普通人创办的“反腐网站”。只要举报者将腐败现象投书民间反腐网站，这些网站把举报人手中的证据、资料等一一呈现，就会迅速获得广大网民的同情和支持，甚至吸引传统媒体的跟进报道，进而直接推动一批腐败案件的查处。无数事实已

---

① 陆亚娜：《我国社会监督存在的问题及其原因分析》，《江苏社会科学》2007 年第 2 期，第 129 页。

② 参考李春《网络政治参与在我国的兴起：条件、形态与前景》，博士学位论文，复旦大学，2004，第 14 页。

经证明，人民群众是反腐败斗争的力量源泉。网络对于人民群众践行知情权、表达权、参与权和监督权，推动我国民主政治的发展起着重要的推手作用。在2006年记者招待会上温家宝总理明确表态，“中国政府支持互联网的发展和广泛的应用。作为人民的政府，应该接受群众的民主监督，也包括在网上广泛听取意见”①。显而易见，普通民众在网络时代参政议政，正是中国民主政治形式不断丰富的最新表现，其发展壮大必将对中国政治文明进程产生深远影响。

（6）基层群众自治制度

基层群众自治制度，是中国的基层民主制度，是中国的一项基本政治制度。它是指城乡居民群众以相关法律法规政策为依据，在城乡基层党组织领导下，在居住地范围内，依托基层群众自治组织，直接行使民主选举、民主决策、民主管理和民主监督等权利，实行自我管理、自我服务、自我教育、自我监督的制度与实践。基层群众自治是人民当家做主最有效、最广泛的途径，是公民直接行使民主权利、直接参与政治的重要渠道。我国的基层群众自治目前主要包括农村的村民自治、城市的居民自治和企事业单位的职工代表大会制度，组织形式分别为村民委员会、居民委员会和企事业单位的职工代表大会。这些制度都是广大人民参与国家和社会事务管理政治权利的重要体现。

我国的基层群众自治制度，是在新中国成立后的民主实践中逐步形成发展起来的，并首先发育于城市。新中国成立初期，为了巩固新生政权，在城市建立了具有政治组织性质的居民委员会。这是基层群众自治制度在中国社会全面确立的根基之所在。1954年12月，一届全国人大常委会四次会议根据1954年宪法精神，制定并通过了《城市居民委员会组织条例》，第一次以法律形式宣布居民委员会是“群众自治性的居民组织”。改革开放后，我国基层民主重新获得发展。1980年1月19日，国家重新颁布了1954年通过的《城市居民委员会组织条例》，从而使城市基层群众自治制度开始得以恢复和发展。1982年新颁布的宪法，将城市基层群众自治制度推广到农村，规定农村也成立类似城市居民委员会的基层群众自治组织，即村民委员会。1987年，全国人大常委会通过《中华人民共和国村民

① 《2006年温家宝总理记者招待会实录》，http：//news.163.com/08/0116/16/42BG34R20001124J.html。

委员会组织法（试行）》。1989年12月26日，在原来的《城市居民委员会组织条例》基础上形成的《中华人民共和国城市居民委员会组织法》也在全国人大常委会获得通过。1998年11月4日，九届全国人大常委会五次会议通过村民委员会组织法。至此，基层群众自治制度的法律基础基本奠定。此后，我国基层群众自治组织呈现出强大的生命力，在实践中不断发展壮大。

现在全国90多万个行政村，已有74万个村实行了村民委员会制度；有10万多个居民委员会组织开展居民自治活动。自《村民委员会组织法》和《城市居民委员会组织法》实施以来，全国绝大多数农村和城市已进行了6次以上的村（居）民委员会换届选举。85%的农村建立了实施民主决策的村民大会或村民代表大会，90%以上的农村建立了保障民主监督的村民理财小组、村务公开监督小组等组织，村务公开、民主评议等活动普遍开展。89%的城市社区建立了居民（成员）代表大会，64%的社区建立了协商议事委员会，22%的社区建立了业主委员会，居民评议会、社区听证会等城市基层民主形式普遍推行，收到了很好效果。①

新中国成立后，企事业单位就普遍实行了职工代表大会制度。改革开放后，国家又重新制定颁发了《职工代表大会暂行条例》、《工业企业法》等法规，对职工代表大会的职权、性质和工作方式做了进一步的规定，使我国公有制企业的基层民主管理走向成熟。

在党和政府的领导下，经过长期的发展，我国的基层群众自治在村民自治和居民自治的建设中逐渐形成一套民主选举、民主决策、民主管理、民主监督的系统化管理模式，使民主观念深入人心。基层群众自治成为训练群众民主素质与能力的有效场所，它既提高了广大群众的民主意识、权利义务观念、法制观念以及参政议政能力，培养了具有公民意识和政治参与意识的现代公民，又造就了一大批政治觉悟高、业务能力强的基层干部。基层群众自治对于促进地方政府廉政建设，化解农村和城市社会发展中的矛盾和问题，维护社会的稳定，带动社会的整体性进步等方面都发挥了重要作用。城乡基层群众自治在社会主义民主政治建设中发挥着越来越大的作用，成为推动社会进步的巨大力量。

① 李学举：《我国基层群众自治制度地位的重大提升》，人民网，2008年2月2日，http：//theory. people. com. cn/GB/49150/49152/6855981. html。

（7）政务公开制度

政务公开制度是保障公民享有对政府有关信息的知情权，对公共权力运行进行制约与监督的一项重要制度。政务公开制度是公民各项政治参与得以顺利进行的前提。政务公开，按照传统的理解，主要是指除国家规定需要保密的事项以外，其他事项诸如党务、行政事务、社会公共事务等都要向社会公众公开。政务公开有广义和狭义两种理解。广义的政务公开，不仅包括了政府事务，而且还包括立法、司法、监督，还有其他的社会团体事务，也就是说，只要涉及公共事务，都要向公众公开。狭义的政务公开，就是指政府事务向社会公开。①

20 世纪 80 年代初，在反思党和国家历史经验和教训的基础上，邓小平提出党和国家领导制度的改革，要求从制度上保证党和国家政治生活的民主化，1987 年中共十三大报告中明确提出“重大事情让人民知道，重大问题经人民讨论”。1988 年，中共中央书记处要求各级领导机关做到办事制度和办事程序公开、办事结果公开、接受群众监督。1997 年中共十五大报告明确提出深化政治体制改革、健全民主制度、完善民主监督、推行政务公开，从此政务公开原则在中央和地方政府部门全面推行。20 世纪末以来，一批规范行政行为的法规陆续颁布，涉及行政处罚、行政复议、行政诉讼、行政许可、政府采购、听证等方面，使得政务公开开始有了法律依据。政务公开进程中，干部人事制度改革尤为引人注目，国家人事部和中共中央组织部制定的《2001 至 2010 年深化干部人事制度改革纲要》提出，要推行党政领导干部公开选拔制度和任前公示制度，从而“使政务公开扩大到执政党权力行使的范围”。② 全国政务公开领导小组高度重视制度建设，在认真总结各地实践经验的基础上，组织起草多份重要文件加强对全国政务公开工作的指导。2000 年 12 月，中共中央办公厅、国务院办公厅印发《关于在全国乡镇政权机关全面推行政务公开制度的通知》，对乡（镇）政务公开作出部署，对县（市）级以上政务公开提出了要求。2004 年 3 月，国务院印发《全面推进依法行政实施纲要》，把行政决策、行政管理

① 魏彦超：《论我国政府政务公开制度的推进》，《华北水利水电学院学报》（社科版）2010 年第 2 期，第 20 页。

② 参考李春《网络政治参与在我国的兴起：条件、形态与前景》，博士学位论文，复旦大学，2004，第 12 页。

和政府信息的公开作为推进依法行政的重要内容。2005 年 3 月中共中央办公厅、国务院办公厅印发《关于进一步推行政务公开的意见》，对各级政府政务公开的重点和形式提出了要求。2008 年 5 月 1 日起施行的《中华人民共和国政府信息公开条例》是我国第一部专门的有关政务公开的法律规范。依照《信息公开条例》，全国 31 个省、自治区、直辖市政府均已建立不同形式、程度的政务公开制度，包括政府公示机制、政府回应机制、公众表意机制与公众监督机制，使制度的执行落到实处，使我国的政务公开迈上了一个新的台阶，政务公开走上法制化轨道。2010 年 6 月，全国人大常委会修订《中华人民共和国行政监察法》，以法律形式授权监察机关组织协调、检查指导政务公开工作。2011 年 6 月，中共中央办公厅、国务院办公厅印发《关于深化政务公开加强政务服务的意见》，对政务公开工作创新发展的内容加以肯定、规范和指导。各地区各部门也大力加强制度建设，据不完全统计，60 多个中央国家机关先后制定了 400 多项推行政务公开的制度规定，16 个省（区、市）公布了地方性法规或规章，明确了政务公开的内容、形式、程序、标准和考核、评价、责任追究等具体要求，形成了相对完整的制度体系，保证了政务公开工作的开展。①

政务公开制度的完善极大地促进了我国公民政治参与和民主政治的发展。第一，可以解决过去群众与政府掌握信息不对等、脱节的状况，保障群众的知情权。全国各地区各部门充分发挥政府网站功能，加强对网站的改版升级，扩充网站容量，主动公开、集中发布大量政府信息。据不完全统计②，2010 年，上海、黑龙江等 8 省（区、市）主动公开政府信息 290 多万条，工信部、公安部等 13 个部门主动公开政府信息 77462 条，发挥了政府信息对人民群众生产生活的服务作用。第二，增强透明度，便于民众监督政府行为，防治腐败。各地区各部门结合工作实际，进一步完善了公众参与、专家论证和政府决策相结合的工作机制，决策过程更加科学、公开、规范；进一步清理审核行政权力，编制职权目录，积极推进廉政风险防控管理，公开行政权力运行流程，加强对权力的监督制约。福建省 9 个

① 参考《让人民知晓 请人民参与——全国政务公开工作情况综述》，《中国监察》2011 年第 17 期，第 20 页。

② 参考《让人民知晓 请人民参与——全国政务公开工作情况综述》，《中国监察》2011 年第 17 期，第 22 页。

设区市依法确认行政权力 50923 项，绘制行政权力运行流程图 16702 项；县级依法确认行政权力 201742 项，绘制行政权力运行流程图 42505 项。[①] 此外，像北京市东城区成立了“人民政府举报站”，深圳市创办了“直通车”栏目，都通过不同的方式让公民参与到了政务公开中来，不仅拓宽了监督渠道，而且增强了监督合力。第三，便于群众政治参与，使决策民主化，推动民主进程。20 世纪 90 年代中后期，一些地区特别是经济比较发达的地区创建了政务（行政）服务中心，对审批事项实行集中办理，提升政务服务质量，便于群众参与。目前我国各地政府网站、服务热线、电子政务、电子监察发展态势良好，在线办事和服务功能不断完善，实体和虚拟大厅相互促进。据统计[②]，2010 年 31 个省（区、市）共设立政务（行政）服务中心 2842 个，全国 24849 个乡镇（街道）建立了便民服务中心，占总数的 57.5%。政务公开是人民群众当家做主的最重要标志，已经日益成为公民积极参政议政的有效手段之一。

与此同时，我国建立和完善了公民政治参与的具体制度，如投票制度、选举制度、听证制度、批评制度、建议制度、申诉制度、控告制度、检举制度、陪审制度、测评制度、公示制度、信息公开制度、民意调查制度，等等。这些制度的完善和健全，都为广大的私营企业主包括福建私营企业主在内营造了政治参与的良好的制度环境，为他们的政治参与创造条件、清除障碍。

2. 政策条件

党和政府的政策支持是私营企业主阶层政治参与得以实现的最直接的政治条件。我国私营经济的发展受政策影响的成分非常重，随着对私营经济政策的“一松一紧”，私营经济发展“一张一弛”。党和政府制定的关于私营经济性质和地位、私营经济发展的政策，是党制定和实施有关私营经济其他方面政策的基础和前提。私营企业主的政治参与正是如此。私营企业主政治参与的产生和发展，既得益于党和政府对私营经济发展的宏观政策的支持，又得益于党和政府对私营企业主政治参与的具体政策的支持。

---

① 参考《让人民知晓 请人民参与——全国政务公开工作情况综述》，《中国监察》2011 年第 17 期，第 21 页。

② 参考《让人民知晓 请人民参与——全国政务公开工作情况综述》，《中国监察》2011 年第 17 期，第 21 页。

与党和国家对私营经济政策调整的历程相同，私营企业主阶层的政治参与的政策也受到党和国家政策调整的巨大影响，经历了一个从无到有、从有到逐渐宽松的过程。

（1）私营企业主政治参与政策的缺失阶段

1979 年到 1986 年，是私营企业的起步阶段。这个阶段，国家默认私营经济的存在，对私营企业主本身没有明确的身份和待遇的政策，缺乏私营企业主政治参与的政策环境，私营企业主政治参与意识淡漠，政治参与行为少见。

这个时期党和政府对私营经济最主要的政策是：

1980 年 8 月 17 日，中共中央在《关于转发全国劳动就业会议文件的通知》中明确提出，要鼓励和扶持城镇个体经济的发展。

1981 年 6 月 27 日，国务院批转了《工商行政管理局向国务院的汇报提纲》，提出“城镇集体和个体经济是我国多种经济成分的组成部分，恢复和发展个体经济，是搞活经济的一项重大措施，是社会的需要，是一项长期的经济政策，也是安排城市就业的一个途径”。

1981 年 7 月 7 日，国务院发布了《关于城镇非农业个体经济若干政策性规定》，允许“请一、两个帮手，带三、五个学徒”。在实际上造成了雇工七个人以上的个体“大户”在全国各地出现，这个规定允许了事实上的雇工经营的存在。

1981 年 10 月，中共中央、国务院发出了《关于广开门路，搞活经济，解决城镇就业问题的若干规定》，把解决城镇就业问题和发展多种经济成分联系到了一起。

1982 年 9 月党的十二大报告明确了个体经济的地位。

1982 年 12 月五届全国人大五次会议通过的《中华人民共和国宪法修正案》第十条规定：在法律规定范围内的城乡劳动者个体经济是社会主义公有制经济的补充。国家保护个体经济的合法权益和利益。

十二大的召开及 1982 年宪法中对于个体经济的规定标志着国家关于发展个体经济的方针基本形成。由于我国现阶段的私营经济是以个体经济的恢复和发展为经济基础的，因此，个体经济地位的确定，就在事实上为私营经济的萌芽和发展创造了良好的环境。

虽然在一系列政策和方针的指引下个体经济得到迅猛发展，但是在“谈私色变”的年代，很多人对私营经济还心存疑虑，宁愿做一个个体户，也不愿做私营企业主。请帮工严格限制人数，在扩大企业规模上束手束脚。

1984年，邓小平针对国内议论较多的私营企业的雇工问题发表谈话，提出“放两年再看”。到1985年和1986年，国家没有出台新的政策，对私营企业仍然是“看一看”，没有对它的存在给予肯定和承认，只是要求有关部门进行调查研究，引导私营企业向合作经济方向发展。当时在干部中虽然有反对雇工经营的，但是中央有文件规定“不要急于取缔”，所以就听之任之，默认其存在和发展。

总体上看，从1978年十一届三中全会到1987年党的十三大召开之前，中国共产党对私营经济的认识尚处于初级阶段，对私营经济在一定程度上还存有戒备心理，对私营经济的基本精神是“等一等，看一看”，采取默认、观望的态度，任其自由发展。在这个阶段中，还没有成文的私营经济政策法规出台，工商行政管理部门对超过规定标准的私营企业仍按个体工商户登记，统计部门对私营企业也没有统一的统计。由于受到当时的政策环境限制，很多私营企业主成天提心吊胆，心理状况比较复杂。他们最担心的是国家的政策会变，怕冒政治风险，怕被打入“另册”永世不得翻身。这个时候的私营企业主的整体素质并不太高，虽然社会已经接受了他们提供的服务和方便，但总体上讲，他们当中还没有萌发政治参与的意识，他们对政治参与还比较冷漠。由于当时自身条件和社会条件都不具备，站稳脚跟是首要考虑，参政议政尚在思维之外。

（2）私营企业主政治参与政策的制定阶段

1987年到1991年，是私营企业快速发展时期。这个时期中国共产党的私营经济政策由默许私营经济存在转到了承认私营经济合法。私营企业主政治参与的政策环境初步形成，私营企业主政治参与开始出现并呈现无序发展的特点，国家对私营企业主的身份和地位没有明确的认可和定位。

这个时期党和政府对私营经济最主要的政策是：

1987年1月，中共中央在发布的《关于把农村改革引向深入的决定》中指出，在社会主义初级阶段，在商品经济的发展中，对私营企业要“允许存在，加强管理，兴利除弊，逐步引导”。这里的“逐步引导”不再是引导私营企业向合作经济发展，而是引导私营企业自身健康发展。这是自1956年以来党中央第一次重新提出允许私营企业存在的文件，提出的方针也比“看一看，等一等”的方针有了进一步的发展。

1987年11月党的十三大报告明确鼓励私营经济发展，指出“目前全民所有制以外的其他经济成分，不是发展太多了，而是还很不够。对城乡个体经济和私营经济，都要鼓励它们发展”。“个体、私营经济和涉外三资企业等非公有制经济成分在社会主义社会很长的一个时期内，都将是中国社会主义经济的必要的和有益的补充。”在这里首次使用了“私营经济”的概念，第一次对私营经济的性质、地位和作用进行了阐述，也表明了我们党对私营经济发展的态度，标志着我们党的私营经济政策进入了一个新的阶段。而且，十三大报告还把制定有关私营经济的法律提到议事日程，指出：“必须尽快制定有关私营经济的政策和法律，保护它们的合法权益，加强对它的引导、监督和管理。”这标志着私营经济作为一种非公有制经济正式登上了中国的经济舞台，是中国共产党关于私营经济政策的划时代的改变。

在中共中央的建议下，1988 年 4 月 12 日，七届全国人大一次会议通过的《中华人民共和国宪法修正案》中规定：“国家允许私营经济在法律规定的范围内存在和发展。私营经济是社会主义公有制经济的补充。国家保护私营经济的合法权益和利益，对私营经济实行引导、监督和管理。”至此，国家在根本大法中肯定了私营企业的合法地位和权益，从而使私营经济进入合法发展阶段。以宪法为依据，1988 年 6 月 25 日，国务院颁布《中华人民共和国私营企业经营暂行条例》、《中华人民共和国私营企业所得税暂行条例》和《国务院关于征收私营企业投资者个人所得税暂行条例》三项法规，明确界定了私营经济的合法权利和利益以及相应的义务。国家允许私营经济在法律规定的范围内存在和发展，私营企业开始走上规范化的发展轨道，私营企业的发展和管理被纳入了法制的轨道，私营经济开始快速发展。

1989 年春季之后，由于我国宏观经济运行中出现一些问题，以及政治风波的影响，有些地方对私营经济的看法出现动摇，私营企业主的心理负担和思想顾虑开始加重，私营经济发展比较低迷。党中央注意到这种现象，及时采取措施，对十三大确定的党的私营经济政策不断重申。

1989 年 8 月 30 日，国务院在《关于大力加强工商户和私营企业税收征管工作的决定》中指出：“以公有制为主体的前提下，发展个体经济、私营经济，是党和国家在社会主义初级阶段的一项长期指导方针，必须始终贯彻执行。”

1989 年 11 月 9 日，党的十三届五中全会通过的《关于进一步治理整顿和深化改革的决定》指出："我国个体经济、私营经济是对社会主义有益的、必要的补充。应当运用经济的、行政的和法律的手段，加强管理和引导，鼓励它们在国家允许的范围内继续发展，发挥它们在发展生产，方便人民生活和扩大劳动就业等方面的积极作用。"1991 年 3 月颁布的《中共中央关于制定国民经济和社会发展十年规划和"八五"计划的建议》概括地提出了坚定不移地走建设中国特色社会主义道路应该遵循的十二条主要原则，其中第五条规定："坚持社会主义公有制为主体的多种经济成分并存的所有制结构，发挥个体经济、私营经济和其他经济成分对公有制的补充作用。"

总体上看，这个时期党以党的代表大会和国家大法的形式确定了私营经济的"补充"地位，并且颁布了一系列的政策法规对其加以管理和规范。这个阶段的党的私营经济的政策本来是积极肯定的，但是由于五年一贯制，没有新的提法，加上政治风波的冲击，使私营经济的发展出现曲折、徘徊的现象。

与私营经济的发展相伴随的是这个阶段私营企业主政治参与开始出现并且呈现无序化的发展态势。

1988 年宪法修正案和三个法律法规的出台是私营企业主政治参与从无到有的标志。法律的出台不仅使私营经济在较短的时间里得到了飞速的发展，而且私营企业主的队伍构成发生了重要变化，城市里的一些工人、销售人员、技术人员、管理人员以及国家机关干部和大专院校的教师、科研院所的科技人员也都纷纷下海经商办厂。私营企业主的总体素质得到提高。随着私营经济实力的不断增强，私营企业主队伍数量的不断扩大和素质的不断提升，他们开始初涉政坛。"但由于没有专门的党政机构做他们的思想政治工作，又没有特定的渠道和场所对他们的愿望和要求进行疏导和容纳，因此他们极易在社会上发泄自己的过激情绪，甚至在动乱这样的特定场合发表一些不合适和错误的言论。"① 私营企业主政治参与表现为"散兵游勇"状态和无序状态。随着私营经济的发展，私营企业主已经形成了一个群体，社会上重新兴起了关于私营企业主是不是新兴资产阶级的争论。社会舆论不利于他们的参政议政，党和国家对于私营企业主社会属

① 张厚义、明立志主编《中国私营企业发展报告》（1978～1998），社会科学文献出版社，1999，第 104 页。

性和地位没有明确的定位，甚至在1989年政治风波的影响下，私营企业主被认为是具有资本主义性质的剥削资本家，因此对他们的入党问题进行了限制。中共中央在1989年《关于加强党的建设的通知》中曾经明确规定："私营企业主同工人之间存在着剥削和被剥削的关系，不能吸收私营企业主入党。"在这样的政策氛围下，私营企业主的政治参与只是刚刚起步，没有专门的制度设计，缺乏相应的法律、法规的指导，参与活动只是少数私营企业主的随机行为，这种政治参与带有萌芽阶段的零星的、无序的特征。

（3）私营企业主政治参与政策的引导阶段

1992年到1996年，是党和国家确定私营经济是公有制经济的补充，并与其他经济成分共同发展的政策的阶段，也是党和国家开始对私营企业主的政治参与进行政策引导，私营企业主的政治参与进入有序的阶段。

由于1989年政治风波和东欧剧变的影响，私营经济的发展出现了停止和徘徊。在这关键时刻，邓小平发表了著名的南方讲话，驱散了人们心里的疑团，开启了新一轮的改革开放。根据讲话精神，党于1992年10月召开了十四大，提出要把社会主义市场经济体制作为经济体制改革的目标，并且首次提出了以公有制为主体，个体经济、私营经济、外资经济为补充，多种经济成分长期共同发展。这是党对私营经济认识的又一次飞跃，标志着党对私营经济政策进入了确定私营经济是公有制的补充，并与其他经济成分共同发展的阶段。1993年11月，中共十四届三中全会通过的《中共中央关于建立社会主义市场经济体制若干问题的决定》中指出：私营经济是社会主义市场经济的组成部分；整个国民经济要以公有制经济为主体，内部的地区和产业也可以以非公有制经济为主体等等，为私营经济的发展开拓了新的发展空间。1996年9月，江泽民在中共十四届五中全会上进一步重申"以公有制为主体，多种经济成分共同发展，是我们必须长期坚持的方针"，"允许和鼓励个体、私营、外资等非公有制经济的发展，并争取引导，加强监督，依法管理，使它们成为社会主义经济的必要补充。"再次肯定了私营经济与其他经济成分共同发展的地位。在随后通过的《国民经济和社会发展"九五"计划和2010年远景目标》中，把鼓励和引导非公有制经济的发展写进了"主要奋斗目标和指导方针"，更加肯定了私营经济发展的政策。

这一阶段党和国家的私营经济政策更多地强调发展，出台了一系列不带歧视的政策法规，极大地推动了私营经济的发展。这个阶段是我国私营经济发展的“黄金时期”，私营经济以超常规、跳跃式的速度向前发展。与私营经济的发展相适应的是这个时期党和国家对私营企业主的社会属性开始进行界定，对私营企业主的政治参与开始进行引导。1991 年 7 月 6 日，中共中央 15 号文件在对工商联若干问题的指示中提出：“对现在的私营企业主不应和过去的工商业者简单地类比和等同，更不是像 30 年代那样对他们进行社会主义改造。”[①] 同时要求工商联配合好党和政府的工作，对非公有制经济代表人士进行团结、帮助、引导、教育，在他们中逐步培养一支坚决拥护党的领导的积极分子队伍。这就终止了新中国成立以来我们党对私营企业主实行的“利用、限制、改造”的政策，而采取了“团结、帮助、引导、教育”的政策，初步明确了私营企业主的归属。

为了加强对私营企业主政治参与的引导，将其纳入现有政治体制框架中运转，中共中央 15 号文件中指出：“在我国，非公有制经济成分作为公有制经济的有益补充，将在相当长的历史时期内存在和发展。”“做好非公有制经济人士的思想政治工作，对巩固和发展爱国统一战线具有重要意义。”“我党通过工商联在非公有制经济代表人士中进行工作，逐步培养起一支新的、坚决拥护党的领导、与党团结合作的积极分子队伍，以带动他们的同行为社会稳定、改革开放、四化建设和祖国统一服务。”“工商联作为党领导下的以统战性为主，兼有经济性、民间性的人民团体，政府管理非公有制经济的助手，能够配合党和政府承担对非公有制经济代表人士进行思想政治工作的任务，成为党和政府联系非公有制经济代表人士的一个桥梁。”[②]中共中央 15 号文件下发后，统战部门和工商联按照 15 号文件的精神，及时把非公有制经济人士纳入统一战线范围，在他们中建立起一支代表人士队伍，一方面加强对代表人士的思想政治工作，不断提高他们的自身素质；另一方面又对他们做出适当的政治安排，使他们能够进入人大、政协和工商联参政议政，促使这个群体在政治参与方面走向有序的轨道。[③] 15 号文件为私营企业主参与政治生活扫清了思想障碍，提出了指导

---

① 《人民日报》1991 年 7 月 19 日，第 3 版。

② 《人民日报》1991 年 7 月 19 日，第 3 版。

③ 张厚义、明立志主编《中国私营企业发展报告》（1978 ~ 1998），社会科学文献出版社，1999，第 105 页。

性方针。各地方政府也开始正视私营企业主的作用，采取一定措施吸纳私营企业主参与到政府决策中来。1993 年 3 月，我国有 20 多位私营企业主首次成为全国政协委员。1994 年 9 月，工商联开始筹办民办商业银行“民生银行”，为民营企业提供贷款。以中共中央 15 号文件为标志，我国私营企业主从此开始在统一战线大团结的旗帜下由不规范走向规范、由少到多、由零星到小有气候地逐步发展起来。

（4）私营企业主政治参与政策的发展阶段

1997 年至今是党和国家把私营经济纳入社会主义初级阶段基本经济制度内的阶段，也是党和国家出台正式确认私营企业主的政治待遇和政治地位的政策，推动私营企业主政治参与蓬勃发展的阶段。

伴随着私营经济的迅猛发展和私营企业主政治参与的不断深入，制约私营经济发展的深层次问题不少，社会上对私营经济和私营企业主的疑虑也很多。面对种种疑虑，中共中央做出了新的回答。1997 年十五大把私营经济等非公有制经济放在与公有制经济共同发展的地位，并上升为我国的基本经济制度的层面，提出了“非公有制经济是我国社会主义市场经济的重要组成部分”的著名论断。同时十五大还进一步放宽了私营经济的发展环境，拓宽了私营经济的发展空间。十五大的召开标志着我国的私营经济成为我国社会主义市场经济的重要组成部分，意味着我国发展私营经济的方向将不会改变，十五大开辟了党的私营经济政策发展的新阶段。

1999 年 3 月 9 日宪法修正案第十一条以根本大法的形式进一步明确了个体经济、私营经济等非公有制经济在我国社会主义市场经济中的地位和作用，从制度和法律的层面上给它确定了“名分”。

2000 年 1 月 1 日起生效的《中华人民共和国个人独资企业法》，取消了对个人独资企业的雇工人数、注册资金设最低限制，将个体私营经济的管理纳入法制化轨道，标志着中国个体私营经济的发展环境从此将更为公平、宽松。

2002 年 11 月党的十六大报告中再次肯定了十五大对私营经济的定位，指出“必须毫不动摇地巩固和发展公有制经济”，“必须毫不动摇地鼓励、支持和引导非公有制经济发展”，进一步提高了非公有制经济的地位。

2003 年 10 月，《中共中央关于完善社会主义市场经济体制的若干问题的决定》扩大了非公有制经济经营的领域，使非公有制经济已经可以涉足很多之前不能涉足的行业。

2005 年 2 月 22 日，国务院发布《关于鼓励支持和引导个体私营等非公有制经济发展的若干意见》（简称“非公 36 条”），提出了促进非公有制经济发展的主要政策措施和要求，为非公有制经济的持续健康发展创造良好的政策环境，使非公有制经济获得更大发展空间。

2007 年，国务院又下发了《关于加快发展服务业的若干意见》，放宽了私营企业的市场准入。

同年，党的十七大提出要“健全劳动、资本、技术、管理等生产要素按贡献参与分配的制度”，这是在党的十五大提出“允许和鼓励资本、技术等生产要素参与收益分配”和十六大提出“确立劳动、资本、技术和管理等生产要素按贡献参与分配的原则”的基础上的进一步深化。

2010 年 5 月 13 日国务院公布的《关于鼓励和引导民间投资健康发展的若干意见》，被称为“非公经济新 36 条”，进一步拓宽了民间投资的领域和范围。允许民间资本兴办金融机构，鼓励和引导民间资本进入基础产业和基础设施领域，支持和引导民间资本投资建设经济适用住房、公共租赁住房等政策性住房。

这段时期国家对于私营经济和私营企业主的政策不断完善和宽松，我国私营经济总体上步入稳定和快速发展阶段，私营经济在国民经济中的地位与作用日益突出。与此同时，党和政府也出台了一系列明确私营企业主的政治地位和政治待遇等的文件，推动了私营企业主政治参与的发展。

促使私营企业主政治参与蓬勃发展的政策诱因是 2001 年 7 月 1 日江泽民在庆祝中国共产党成立八十周年大会上的讲话即“七一”讲话。江泽民就如何对待私营企业主这个新的社会阶层进行了阐述。指出“私营企业主是中国特色社会主义事业的建设者。我们应该把承认党的章程和纲领、自觉为党的纲领而奋斗、经过长期考验、符合党员条件的社会其他方面的优秀分子吸收到党内来，从而不断增强我们党在全社会的影响力和凝聚力。我们不能简单地把有没有财产、有多少财产当作判断人们政治上先进与落后的标准，而主要应该看他们的思想政治状况和现实表现，看他们的财产是怎么得来的以及对财产怎样支配和使用，看他们以自己的劳动对建设有中国特色社会主义事业所作的贡献。”[①]

2002 年 11 月党的十六大以代表大会的形式肯定了私营企业主同其他各阶层一样都属于我国新时期人民群众的范畴，肯定了私营企业主的中国特色社会主义事业的建设者的社会属性。十六大指出：对祖国富强贡献力量的社会各阶层人们都要团结，对他们的创业精神都要鼓励，对他们的合法权益都要保护，对他们中的优秀分子都要表彰，努力形成全体人民各尽所能、各得其所而又和谐相处的局面。要形成与社会主义初级阶段基本经济制度相适应的思想观念和创业机制，营造鼓励人们干事业、支持人们干成事业的社会氛围，放手让一切劳动、知识、技术、管理和资本的活力竞相迸发，让一切创造社会财富的源泉充分涌流，以造福于人民。

十六大修改的党章中允许“其他社会阶层的先进分子”加入中国共产党，这实际上提出了非公有制经济人士中的优秀分子可以入党的问题的规定，改变了我们党长期以来杜绝私营企业主入党的状况，使私营企业主获得了加入中国共产党组织的“合法资格”，实质上也等于是获得了更大程度地参与国家政治生活的“政治资格”，明确了对私营企业主的政治待遇，提高了他们的政治地位。这必将促进私营企业主加入中国共产党组织的积极性，并为私营企业主未来的政治参与拓展更为深广的空间。

2004 年 3 月，十届全国人大二次会议通过的宪法修正案确立了新社会阶层的社会主义建设者的地位，完善了合法私有财产保护制度，解决了对合法私有财产保护范畴不明确和保护力度较弱等问题。《宪法》以国家基本法的形式，规定“公民的合法的私有财产不受侵犯”，“国家依照法律规定保护公民的私有财产和继承权”等等，更加突出了对私有产权的保护。2007 年十届全国人大五次会议通过《中华人民共和国物权法》，更是进一步从法律的高度保护合法的私有财产不受侵犯。这些其实都为私营企业主阶层的合法权益提供了保障，解除了他们的后顾之忧。

“七一”讲话和党的十六大召开之后，私营企业主阶层被定位为“中国特色社会主义事业的建设者”，允许私营企业主入党，并且出台法律保护私营企业主的私有财产等等，解决了长久以来存在的私营企业主的政治地位、政治待遇和思想顾虑等问题，赋予了私营企业主明确的政治地位，肯定了他们在中国特色社会主义事业中所发挥的重要作用，表明了党对其

① 《江泽民文选》第 3 卷，人民出版社，2006，第 539 页。

政治参与的重视，并试图把私营企业主的政治参与纳入体制轨道中来。各地的党政部门在“七一”讲话和“十六大”之后，都加大了安排私营企业主进入到人大、政协和工商联的力度，私营企业主的政治参与进入了一个高涨时期，开始朝着制度化、规范化的方向向纵深方面蓬勃发展。

3. 法律条件

私营企业主阶层的政治参与不仅具备重要的制度条件和政策条件，而且具备重要的法律条件。这种法律条件主要体现在以下几个方面：

（1）保障民主的法律体系的建立和完善是我国私营企业主政治参与的重要法律基础

鉴于在过去的历史时期忽视公民的权利和自由，直至到“文化大革命”中背弃宪法，使公民的基本权利和自由遭到破坏和践踏的沉痛历史教训，党的十一届三中全会以来，党和国家始终把发展社会主义民主、加强社会主义法制放在重要位置。邓小平指出：“社会主义民主和社会主义法制是不可分的。”① 社会主义民主必须制度化和法律化，这是党的十一届三中全会以来我们党在发展民主问题上一个非常重要的原则。人民取得的民主权利，如果不上升为制度和法律，并使这种制度和法律具有稳定性、连续性和权威性，人民的民主权利就没有真正的保证，就是纸上谈兵，毫无意义。为了建设一个法制化程度更高的国家，我们党在十五大时提出了依法治国的方略。实行依法治国，就是广大人民群众在党的领导下，依照宪法和法律规定，通过各种途径和形式，管理国家事务，管理经济和文化事业，管理社会事务，保证国家各项工作都依法进行，逐步实现社会主义民主的制度化、法律化。公民政治参与就是管理国家事务和管理经济和文化事业、社会事务的最重要的途径。改革开放三十多年来，随着我国社会主义民主政治建设的推进，社会主义法制建设有了极大的发展。在政治参与的法律建设方面也取得了一定的成效，法治化的公共政治参与体制已经初步形成。我国在法律上逐步明确公民政治参与的主体地位、参与方式和参与权利，使我国公民的政治参与具备了重要的法律保障。我国现阶段的私营企业主不仅是中华人民共和国的公民，还是中国特色社会主义事业的建设者。因此，他们与其他各阶层的群众一样，在履行宪法和法律规定的义

---

① 《邓小平文选》第 2 卷，人民出版社，1994，第 359 页。

务的同时，应该享有宪法和法律所规定的包括政治参与在内的各项政治权利。

①我国宪法为私营企业主的政治参与提供了最基本的法律依据

十一届三中全会以后修订颁布的1982年新宪法条款中，恢复了1954年宪法关于公民在法律面前一律平等的规定，指出人民当家做主是社会主义民主政治的内在属性和根本要求，并规定了公民有序的政治参与的一些具体内容。

第一，在政治权利方面，宪法规定了普遍和平等的选举权和被选举权。即宪法第三十四条规定："除依法被剥夺政治权利者外，凡中华人民共和国年满十八周岁的公民，不分民族、种族、性别、职业、家庭出身、宗教信仰、教育程度、财产状况、居住期限，都有选举权和被选举权。"选举权和被选举权是公民参与管理国家的最基本的权利。私营企业主阶层是改革开放中形成的新的社会阶层，他们当然是我国公民，按照宪法规定的"公民在法律面前一律平等"的原则，理应享有其他公民享有的选举权和被选举权。

第二，宪法保证公民有结社自由。宪法第三十五条规定："中华人民共和国公民有言论、出版、集会、结社、游行、示威的自由；公民有宗教信仰的自由，等等。"我国公民有结社自由，私营企业主可以加入工商联、青联、妇联或组建或加入私营企业协会、各类行业协会来参与政治。

第三，宪法保证公民享有申诉、控告和检举权。宪法第四十一条规定："中华人民共和国公民对于任何国家机关和国家工作人员，有提出批评和建议的权利；对于任何国家机关和国家工作人员的违法失职行为，有向有关国家机关提出申诉、控告或者检举的权利；由于国家机关的工作人员侵犯公民权利而受到损失的人，有依法取得赔偿的权利。"这里指出了信访、举报、投诉等形式也是公民政治参与的重要形式。

第四，宪法保护公民合法的财产权。在财产权方面，《宪法》第十三条修改为："公民的合法的私有财产不受侵犯。""国家保护公民合法的收入、储蓄、房屋和其他合法财产的所有权。""国家依照法律规定保护公民的私有财产和继承权。""国家为了公共利益的需要，可以依照法律规定对公民的私有财产实行征收或者征用并给予补偿。"这一突破性的规定载入《宪法修正案》，使私有财产权上升为宪法权利。国家重视保护私营经济的合法权利和利益。《宪法》第十一条第二款修改为："国家保护个体经济、私营经济等非公有制经济的合法的权利和利益。国家鼓励、支持和引导非公有制经济的发展，并对非公有制经济依法实行监督和管理。”宪法对公民和私营企业主的财产权的保护、对私营经济的合法权利和利益的保护，客观上推动了私营经济的稳定发展，为包括私营企业主在内的公民的政治参与提供了重要的经济基础和前提。

②我国比较完整的保障民主的法律体系框架已经形成

到 2010 年年底，我国已制定现行有效法律 236 件、行政法规 690 多件、地方性法规 8600 多件。法律部门齐全，各法律部门中基本的、主要的法律已经制定，相应的行政法规和地方性法规比较完备，法律体系内部总体做到科学和谐统一。一个立足中国国情和实际、适应改革开放和社会主义现代化建设需要、集中体现党和人民意志的，以宪法为统帅，以宪法相关法、民法商法等多个法律部门的法律为主干，由法律、行政法规、地方性法规等多个层次的法律规范构成的中国特色社会主义法律体系已经形成，国家经济建设、政治建设、文化建设、社会建设以及生态文明建设的各个方面实现有法可依。①

我国颁布了许多公民在参政议政方面的实体法，如选举法、代表法、工会法、集会游行示威法、特别行政区基本法、民族区域自治法、居民委员会组织法、村民委员会组织法、公益事业捐赠法、物权法等一系列重要法律，规定了公民参政议政的实体权利，为公民参政议政提供了法律依据，也是公民有序的政治参与的权利依据。在程序法方面，如立法法，全国人大议事规则，全国人大常委会议事规则，政协全国委员会关于政治协商、民主监督、参政议政的规定等等，都有效地保证了人民在国家中的主人翁地位和政治权利的行使。在依法行政方面，行政处罚法的出台，明确了行政机关必须依法行政的方针。国务院制定了 600 多件行政法规，包括行政监察法、行政诉讼法、行政复议法、国家赔偿法、监督法等，国务院各部门、各省级和较大的市级人民政府制定了 20000 多件规章，使得行政法制建设取得明显成效，同时行政执法体制改革稳步推进，对行政权力的监督不断加强。依法行政规范了行政管理部门的管理行为，监督行政机关依法行使行政职权，保护了公民的合法权益。中国政府继 1997 年 10 月签

---

① 吴邦国：《在形成中国特色社会主义法律体系座谈会上的讲话》（2011 年 1 月 24 日），《中国人大》2011 年 1 月 25 日。

署《经济、社会、文化权利国际公约》之后，又于1998年10月签署了《公民权利和政治权利国际公约》。随着“国家尊重和保障人权”被载入宪法成为宪法原则，实现了对公民权利的尊重和保护的法治化，我国的人权法律保障制度不断完善，公民民主权利实现的程度日益提高。

在法规层面，主要有《社会团体登记管理条例》、《国家公务员暂行条例》和《私营企业暂行条例》。《社会团体登记管理条例》保证了公民的结社自由，如组建或加入私营企业协会、各类行业协会等。《国家公务员暂行条例》规定了公务员公开考试录用制度，打破了身份的限制，从形式上保证了各阶层的人员能够进入到政府机构中去。《私营企业暂行条例》规定，私营企业可以成立私营企业协会。综上可见，我国依据宪法先后制定并颁布的以上这些法律法规，用以切实保障公民对国家机关及其工作人员的批评权、建议权、罢免权、申诉权、控告权、检举权以及保障公民的民主四权即知情权、参与权、表达权和监督权等。这些具体的法律的制定和颁布，说明中国公民民主权利已经具备了比较完整的法律体系，为公民民主权利的实现奠定了良好的法律保障，也为私营企业主的政治参与奠定了重要的法律基础。

（2）司法制度和司法机构日趋完善，进一步保障了私营企业主政治参与的权利和自由

“文化大革命”期间，司法机关和司法队伍遭到严重破坏，为了加强社会主义法制，“文化大革命”结束后国家开始着手重建司法机构。1978年5月，检察机关开始重建。法院和公安机关开始整顿、充实和加强，健全组织机构。1979年7月，五届全国人大二次会议通过了《中华人民共和国人民法院组织法》、《中华人民共和国人民检察院组织法》。这两个法律对于法院、检察院的组织机构、职权和审判、检察人员等作了规定，公检法机构得以全面恢复和加强。同时，大力加强司法队伍的法制建设。1995年2月，八届全国人大常委会十二次会议通过《中华人民共和国法官法》和《中华人民共和国检察官法》，对我国现行的法官、检察官制度作了重大改革。这两部法律通过后，最高人民法院、最高人民检察院立即做出部署，组织落实两个法律中的各项规定，制定各项配套实施办法，进行考试等。与此同时通过的《中华人民共和国人民警察法》，在原来人民警察条例的基础上，对警察的职权、义务、组织、管理、警务保障和执法监督等都作了相应的规定。这些法律的制定颁布，标志着我国司法队伍建设走向

法制化的轨道。

经过几十年的建设，我国改变了过去司法制度和机构很不健全的状况，建立了人民法院、人民检察院、公安机关、国家安全机关和司法行政机关等部门齐全的司法机构，形成了审判制度、检查制度、侦查制度、执行制度等相互配合、相互制约的司法制度。建立了人民代表大会、行政监察、审计监督、审判监督、检查监督、社会监督等法律监督体系。初步形成了确保有法可依，维护司法公正的司法保障运行机制。[①] 2007年9月，中央司法体制改革领导小组办公室（简称“中央司改办”）撰文认为，党的十六大以来司法体制机改革取得明显成效，主要体现在以下几个方面。

①加强了对司法权的监督制约，一些影响司法公正的突出问题得到有效解决

通过进一步完善审判公开、检务公开、警务公开、狱（所）务公开等司法公开制度，人民群众的参与权、知情权、诉讼权有了更好的保障。法律监督机制逐步健全，司法机关接受监督的自觉性进一步提高。检察机关进一步规范了执法行为，涉及检察人员办案不文明、不规范的投诉明显减少。加强职务犯罪侦查工作，司法腐败犯罪得到遏制。人民监督员试点工作平稳推进，人民陪审员制度进一步完善。

②通过改革完善刑事司法制度，在尊重和保障人权上取得了新的进展

包括改革死刑核准制度、落实宽严相济的刑事政策、完善未成年人司法制度、规范刑罚执行的法律监督、实行监狱体制改革试点、依法维护在押犯人的合法权益、加强和改进劳动教养审批工作等。

③通过改革和完善工作机制，进一步提高了司法效率

目前，法院适用简易程序审理刑事案件已达 38.87%，适用简易程序审理民商事案件达到 71.26%。全国绝大多数人民法庭实现了直接立案，设置了 11220 个固定巡回审判点，方便了当事人尤其是偏远地区当事人的诉讼。建立健全人民调解、行政调解、司法调解的多元化矛盾纠纷解决机制，2006 年，全国各类人民调解组织共调解民间纠纷 400 多万件，95% 以上的矛盾纠纷得到及时化解。大力开展信息化建设，以科技

① 刘中元：《和谐社会的构建与中国民主政治建设》，硕士学位论文，山西大学，2006，第18页。

促效率。

④进一步加大司法救助和法律援助力度，有效缓解了打官司难、执行难问题

2007 年 4 月施行的《诉讼费用交纳办法》平均降低诉讼费用 60%，全国每年约减收诉讼费 80 亿元。2006 年 12 月施行的《律师服务收费管理办法》，严格收费程序，严惩违法违规收费行为。中央政法机关发布了刑事、民事诉讼法律援助工作规定，进一步扩大了法律援助和司法救助的范围，各地通过改革和完善执行体制，开展清理执行积案专项活动，下大力气解决执行难问题。

⑤改革和完善干部管理体制，政法队伍的政治素质进一步提高

中共中央印发了《关于进一步加强和改进党对政法工作领导的意见》、《关于进一步加强和改进公安工作的决定》、《关于进一步加强人民法院、人民检察院工作的决定》，对加强和改进新形势下党对政法工作的领导，加强政法队伍建设提出明确要求。中共中央组织部印发了《地方公安机关领导干部任职条件》，把政治上强、熟悉业务、作风务实、实绩突出的干部及时提拔到各级政法领导岗位。《关于缓解西部及贫困地区基层人民法院、人民检察院法官、检察官短缺问题的意见》，对初任法官、检察官选拔任用作出具体规定。最高人民法院、最高人民检察院进一步完善了司法行政工作与审判、检察业务相分离的管理制度。颁布实施的《公安机关组织管理条例》，对公安机关工作人员实行科学的分类管理。中央政法部门相继制定并完善了公开招考、竞争上岗、干部交流等制度，制定并实施了干部教育培训规划，切实加强党风廉政建设，严肃查处违法违纪案件，确保政法队伍清正廉洁。

⑥改革和完善司法保障机制，为政法机关履行职责提供了更多保障

司法机关所需经费由县级以上财政保证，公安派出所、人民法庭、司法所经费列入县级财政预算。为了更好地保障县级特别是中西部地区县级政法机关的正常运行，财政部与中央政法部门联合下发通知，要求制定县级政法经费基本保障标准，凡地方财政达不到保障标准的，由省级和中央财政予以补助。中央财政进一步完善了专项转移支付方式，并制定了相应的管理办法。近年来，国家和地方财政对政法机关的投入大幅度增加，为政法机关履行职责提供了更多的物质保障。中央和地方编制部门为各级政法机关增加了编制，有效缓解了警力不足的状况，使政

法工作进一步适应了经济社会发展的要求。①

加强司法机关建设，改革和完善司法制度，进一步保障了公民的政治参与权利和自由，也保障了私营企业主阶层政治参与合法有序的发展。

(3）法律服务业的长足发展为私营企业主的政治参与提供重要支撑

法律服务即是获得国家认可的资格或得到国家允许的法律工作者应服务接受者的要求所做的以法律为主要内容的工作或所尽的义务。②

我国法律服务业是在民主法制建设中恢复，在改革开放中崛起，伴随着社会主义市场经济的发展而发展起来的。

新中国成立初期，我国为了建立和完善人民司法行政制度，曾积极推行律师、公证制度。1957 年下半年开始，我国由于“左”的思潮的泛滥和影响，导致政治上的极“左”和法制上的虚无主义，到 1959 年，各地的律师机构全部撤销，律师制度被彻底破坏，期间我国出现了 20 多年没有律师的空白时期。

党的十一届三中全会后，随着我国社会主义民主法制建设的加强，律师和公证制度得到恢复重建。1980 年和 1982 年，《中华人民共和国律师暂行条例》和《中华人民共和国公证暂行条例》先后颁布，我国律师、公证工作开始走上法制化、规范化的发展轨道。这个时期的律师、公证业务发展较快，为法律服务业打下了重要基础。

党的十四大和十四届三中全会先后提出建立社会主义市场经济体制的目标任务和发展战略。我国改革开放的深入和市场经济的发展，有力地推动了律师、公证制度向适应市场经济和服务市场经济方向的改革，基层法律服务所、社会法律咨询机构以及企事业单位法律顾问室，也随之异军突起，我国开始形成法律服务行业和法律服务市场。尤其是《中共中央、国务院关于加快发展第三产业的决定》和《国民经济和社会发展“九五”计划和 2010 年远景目标纲要》的制定，从根本上确立了法律服务业中介组织的经济属性，将法律服务业推向了产业经济的发展方向。在第九个五年计划期间国民经济和社会发展取得巨大成就的同时，

① 中央司法体制改革领导小组办公室：《坚持和完善中国特色社会主义司法制度的成功实践》，《经济日报》2007 年 9 月 22 日。

② 于丹：《WTO 框架下的中国法律服务业研究》，硕士学位论文，哈尔滨工程大学，2005，第 5 页。

我国法律服务业在体制上、机制上、规模上发生变化，开始朝着新兴产业的目标迈进。[①]

经过几十年的努力，我国已经建立了律师、公证、仲裁、法律援助、基层法律服务等一套现代法律服务体系。我国的律师队伍日益壮大、公证行业成就显著、仲裁机构迅速增加、基层法律服务业稳步发展、法律援助事业深入推进，我国的法律服务业得到了长足的发展，公民的法制观念普遍增强。

①我国法律服务业的法治基础夯实，现代法律服务业的内涵和外延得到进一步拓展

随着《律师法》、《公证法》、《法律援助条例》、《人民调解法》、《关于乡镇法律服务所的暂行规定》、《乡镇法律服务收费管理办法》、《基层法律服务所管理办法》、《基层法律服务工作者管理办法》等一系列法律法规规章制度的颁布，现代法律服务业发展的法治基础不断得以夯实。经济的转型和社会主义市场经济迅猛发展提出了新的法律服务需求，进一步丰富、拓展了现代法律服务业的内涵和外延：在服务主体上，现代法律服务业可分为律师业、公证业、基层法律服务业、司法鉴定、法律援助、人民调解和仲裁等；在服务客体上，可分为经济发展法律服务、政府行政法律服务、社会管理法律服务、科技创新法律服务、生态建设法律服务、社会个体法律服务等；在服务功能上，可将法律服务分为事前、事中和事后的法律服务，体现为法律服务、法律保护、法律帮助、法律调整等。可以预计，随着经济转型的加速推进，现代法律服务业将在推动我国政治、经济、文化、社会、生态以及人民生产生活的和谐发展中发挥越来越重要的作用。[②]

②我国法律服务业的从业人员队伍不断壮大

我国法律服务业从业人员的数量随着法律服务市场的壮大而不断增长，迄今为止，我国各类法律服务机构的从业人员30多万人，其中执业律师人数约14.3万人，超过社会法律服务人员总数的1/3，公证员人数约1.3万人，约占社会法律服务人员总数的1/30。另外，至2009年年底，全

① 参考刘伟民《试论我国法律服务业的产业化、市场化和社会化》，《新东方》2001年第12期，第22~23页。

② 缪蒂生：《加快建设现代法律服务业》，《群众》2010年第12期，第41页。

国基层法律服务工作者总数预计为 12.2 万 ~19 万人[①]。

③我国法律服务业的从业机构持续增加

据统计，迄今为止，我国的法律服务业从业机构主要由律师事务所、公证处、专利代理事务所、商标代理事务所、版权代理事务所、基层法律服务以及一些社会法律咨询机构，总量为 5 万家左右。截至 2009 年年底，全国共有 1.5 万多家律师事务所，其中约有 13258 家合伙所和合作所，约有 1742 家国资所。据不完全统计，全国每年义务法律咨询 260 万多件，办理法律援助案件 10.3 万多件。[②] 到 2001 年年底全国有公证处 3186 家，涌现出了上海市公证处、北京市公证处等一批上规模、上档次，管理服务规范化、现代化的公证处。到 1998 年年底，全国已建立基层法律服务所 35872 个（2000 年以后至今数量降到 2 万多个）。

④我国法律服务业的业务内容不断推陈出新

在原来以诉讼为主的法律服务的基础上，出现了房地产法律业务、证券法律业务、资产重组法律业务、期货市场法律业务等一批非诉讼法律服务。近几年，随着全球经济一体化和信息技术革命的潮流，又先后出现了国际融资、跨国投资、兼并收购、IT、网络产业、电子商务和生物工程等方面的专门法律服务项目。同时，随着我国成功入世和法律服务市场的如期开放及跨国投资业务的增多，涉外法律服务日益成为国际法律服务市场的竞争焦点。[③]

我国现代法律服务业的发展，不仅促进了立法质量的提高、司法行为的规范、依法执政和依法行政，也向公民进行了法制宣传，增强了公民的法制观念，加强了公民知法守法的自觉性。法律服务业在保障公民依法提出利益诉求，有效引导公民依法规范有序地解决各种矛盾和冲突，依法维护公民的各项政治权利和其他利益方面起着重要的依托作用。

我国日益健全的法律服务业为保障私营企业的合法经营和合法经济权利，以及维护私营企业主的各项政治权利和自由，特别是维护私营企业主有序的政治参与方面提供了十分重要的法律支撑。

---

① 《2009 年底我国执业律师人数已达 16.6 万》，首都法律网，2010 年 2 月 22 日，http://bj.9ask.cn/news/lvjiedongtai/201002/239121.html。

② 《全国 1 万 2 千多家律师事务所组建党支部》，央视网，2010 年 2 月 9 日，http://news.cctv.com/china/20100209/111923.shtml。

③ 参考于丹《WTO 框架下的中国法律服务业研究》，硕士学位论文，哈尔滨工程大学，2005，第 33 ~34 页。

（4）普法教育工作成效显著，推动私营企业主的有序政治参与

改革开放以来，我国法制建设的一个重要方面就是大力开展宣传教育，提高公民的法制观念和法律意识。1985 年 11 月 22 日，六届全国人大十三次会议做出了《关于在公民中基本普及法律常识的决议》。决议强调，必须将法律交给广大人民群众掌握，使广大人民知法、守法，树立法制观念，学会运用法律武器，同一切违反宪法法律的行为作斗争，保障公民合法的权利和利益，维护宪法和法律的实施。由此开始了在亿万人民群众中普及法律常识，开展法制宣传教育的宏伟工程。

1986 年开始实施普及法律常识第一个五年规划。1986 ~ 1990 年为"一五"规划，重点是对"十法一条例"，即宪法、民族区域自治法、兵役法、刑法、刑事诉讼法、民法通则、民事诉讼法（试行）、婚姻法、继承法、经济合同法和治安管理处罚条例的普及教育。1991 ~ 1995 年为"二五"规划，一方面继续深入普及宪法和有关法律常识，巩固"一五"普法的成果，另一方面重点在于依法治理。1996 ~ 2000 年为"三五"规划，重点在全体公民中深入开展社会主义市场经济法律知识内容的宣传教育。2001 ~ 2005 年为"四五"规划，工作目标是"两个转变和两个提高"，即"努力实现由提高全民法律意识向提高全民法律素质的转变，全面提高全体公民特别是各级领导干部的法律素质；实现由注重依靠行政手段管理向注重依靠法律手段管理的转变，不断提高全社会法制化管理水平"。使我国的普法宣传教育工作从学法型向用法型转变，国家各项事业逐渐步入法制化轨道。同时以我国宪法的实施日——12 月 4 日，确定了第一个"全国法制宣传日"。2006 ~ 2010 年为"五五"规划，主要内容是深入学习和宣传宪法，与经济社会发展的相关法律法规，与群众生产生活密切相关的法律法规，整顿和规范市场经济秩序的法律法规，维护社会和谐稳定、促进社会公平正义的相关法律法规，坚持普法与法治实践相结合，大力开展依法治理，组织开展法制宣传教育主题活动即"法律六进"："法律进机关"、"法律进乡村"、"法律进社区"、"法律进学校"、"法律进企业"、"法律进单位"，从而进一步提高全民法律意识和法律素质，提高公务员依法行政能力和水平，提高各级政府和社会组织依法治理的自觉性和服务社会的水平。①

---

① 本段根据刘颖丽的《我国现阶段普法教育研究》，硕士学位论文，首都师范大学，2007，第 12 ~ 13 页整理。

从“一五”到“五五”，通过实施这几个普法规划，普法教育取得了显著成效。普法机构层层建立，宣传方式形式多样，普法对象既有广泛性又有针对性。经过学习宪法和法律，人们的法律意识出现了可喜的变化。公民履行法定义务的自觉性有所提高，遵纪守法观念逐步确立。公民依法维护自身合法权益的意识有所增强，信法、靠法解决问题的观念开始形成。各级领导干部学法用法的自觉性有所增强，依法管理国家事务、经济事务、文化事务和社会事务的水平有所提高。

在法制宣传的基础上，依法治理工作初步开展。一个以基层依法治理为基础，行业依法治理为支柱，多层次依法治理纵横交错的全国性依法治理网络已初步形成。

普法教育也推动了公民有序的政治参与的发展。通过普法教育，加强了公民守法观念的培养，通过开展基层民主自治观念的宣传教育，可以增强公民依法参与管理社会事务的能力。通过加强依法维权、依法信访宣传教育，引导公民依法表达自己的利益诉求，依法解决各种矛盾和纠纷。通过加强法律权威和司法公正教育，促进社会公平正义。总之，普法教育通过培养公民的法律意识和宣传党的政治路线、方针、政策，促进了公民的有序政治参与，推动了社会主义民主政治的进程。

2002 年 7 月，在“四五”普法规划中，司法部联合国家工商管理总局、中国个体劳动者协会制定了《关于加强个体和私营企业经营者法制教育的通知》的文件，对私营企业主的普法教育工作起到了专门指导的作用，客观上加快了我国私营企业主法律知识的普及速度，增强了私营企业主的法制观念和法律意识，提高了私营企业主的法律素质。

（二）中观上，福建省各级地方政府遵照中央精神因地制宜出台了一系列相应政策和举措，落实并促进了福建私营企业主阶层的政治参与

1. 积极出台扶持私营经济发展的政策和措施

党和国家对私营企业主阶层政治参与的政策是推动福建省私营企业主阶层政治参与发展的大环境，同时福建省本省在改革开放以来对于福建省私营经济发展的政策支持和对于福建省私营企业主政治参与的政策支持是福建省私营企业主政治参与的小环境。两者的结合更好更快地促进了福建私营企业主阶层政治参与的有序健康发展。

福建省各级政府努力推动福建私营企业主参政议政的有效开展。各级

政府在拓宽私营企业主参政议政的渠道，增加私营企业主安排性政治参与的人数，畅通私营企业主利益诉求的孔道等方面做出了一定的努力。在私营企业主积极参政议政的推动下，福建省各级政府出台了多项政策和措施以促进福建私营企业发展环境的改善。

近年来，福建省委、省政府、省人大及其常委会等部门出台的扶持福建私营经济发展的主要政策、条例和措施有13件，见表3－4。

表3－4　福建省颁布的扶持私营经济发展的主要政策、条例和措施

颁布日期	颁布部门	颁布的政策、条例、措施名称
1998年10月7日	中共福建省委、福建省政府	《关于加快我省非公有制经济发展的若干意见》
2001年1月11日	福建省第九届人大常委会第二十三次会议通过	《福建省个体工商户和私营企业权益保护条例》
2002年1月31日	福建省人民政府批转福建省计委	《关于进一步促进和引导民间投资的若干意见》
2002年6月11日	福建省政府	《关于进一步推进中小企业发展的指导意见》
2005年11月21日	中共福建省委、福建省政府	《关于全面提升民营经济发展水平的若干意见》
2008年8月30日	福建省政府	《关于扶持中小企业经营发展的若干意见》
2008年11月19日	福建省经贸委、中国人民银行福州中心支行、福建银监局发布	《关于进一步促进中小企业信用担保行业发展的意见》
2008年12月2日	福建省第十一届人大常委会第六次会议通过	《福建省企业和企业经营管理者权益保护条例》
2009年1月14日	福建省政府	《关于进一步减轻企业负担促进经济发展的若干意见》
2009年5月31日	福建省政府	《关于进一步鼓励和扩大民间投资的若干意见（试行）》
2010年8月16日	福建省政府	《关于营造优良环境提供优质服务支持民营企业加快发展的若干意见》
2011年10月16日	福建省政府	《关于支持小型和微型企业发展的十二条金融财税措施》
2012年4月24日	福建省政府	《关于进一步落实扶持小型微型企业发展政策措施的意见》

注：根据作者在福建省工商联调研的内部资料整理而成。

在党和政府的政策、措施的鼓励、支持和引导下，优化了福建私营企业的发展环境，推动了福建省私营经济的健康、顺利发展，提高了私营企业主的经济地位和社会地位，保障了私营企业主与社会其他阶层一样维护自身的合法权益、积极地参政议政。

2. 努力培养和提高利于私营企业主政治参与的思想政治文化素质

福建省各级政府、各级部门重视对私营企业主的思想政治文化素质的培养和提高工作。

2006 年 1 月，福建省工商联教育培训专业委员会成立，旨在加强非公有制经济人士和各级工商联干部的学习教育工作。该委员会采取自办、联办、合办、协办等方式开展培训，每年举办各类培训班、讲座和论坛，培训范围涉及政策法规、业务知识、文化素养和技能培训等，并坚持选送代表人士参加中央统战部和全国工商联的学习培训，使私营企业主的各方面素质不断得到提升。

福建省工商联教育培训专业委员会最集中的培训是从 2007 年下半年到 2011 年下半年共举办了 8 期非公有制经济人士（主要成员是私营企业主，简称"非公人士"）思想政治工作类培训班，培训了 384 人。以下是福建省举办的 8 期培训班班次：

（1）2007 年 11 月举办中共福建省委统战部、福建省工商联、福建省光彩会 2007 年度非公代表人士暨经济处（科）长培训班，培训 69 名学员；

（2）2008 年 7 月举办福建省非公有制经济人士暨统战部经济处、工商联干部培训班，培训 50 名学员；

（3）2008 年 11 月举办第 2 期福建省非公有制经济人士思想政治工作及中国特色社会主义主题教育培训班，培训 43 名学员；

（4）2009 年 6 月举办福建省非公有制经济代表人士培训班，培训 40 名学员；

（5）2010 年 7 月举办福建省非公有制经济组织党建工作暨代表人士思想政治工作研讨培训班，培训 35 名学员；

（6）2010 年 11 月举办福建省非公有制经济代表人士培训班，培训 54 名学员；

（7）2011 年 5 月举办学习贯彻《中共中央国务院关于加强和改进新形

势下工商联工作的意见》（中发〔2010〕16号文件）精神培训班，培训52名学员；

（8）2011年11月底，省工商联与省委统战部联合举办“2011年全省非公有制经济代表人士培训班”，培训41名学员。

另外，2011年12月初，福建省工商联选送了11位私营企业主参加福建省委组织部在福建省委党校举办的“全省第一期大中型企业负责人进修班”，这是福建省私营企业主首次被纳入省委组织部的培训范围，也表明了福建省委对私营企业的健康发展更加重视。

福建省不仅自己组织各种学习班和培训班培养私营企业主的思想政治素质，而且积极委派他们参加国家组织的相关政治培训。如2011年中央统战部组织“非公人士”培训班，福建省有9名非公有制经济人士参加。[①]

福建省各级政府、各级部门通过各种形式加强对私营企业主的业务知识、专业技术、法律法规、党的大政方针政策、文化素养以及政治素质的培养和提高工作，客观上促使私营企业主增加了从事更高层次政治参与的政治知识资本，推动了福建私营企业主政治参与主体素质的完善和政治参与水平的提高。

三 文化条件

（一）宏观上，中国特色社会主义政治文化的建设，为福建私营企业主阶层的政治参与提供了重要的思想文化条件

政治文化（Political Culture）又称公民文化（The Civil Culture），作为一个明确的概念被提出并成为政治学研究的一个独立的对象是从20世纪五六十年代开始的。美国著名政治学者加布里埃尔·A·阿尔蒙德于1956年在《政治学季刊》上发表《比较政治体系》一文时首先创用，后被各国学者广泛采用。“政治文化”这一概念有广义和狭义之分，广义的政治文化是指在一定文化环境下形成的民族、国家、阶级和集团所建构的政治规范、政治制度和体系，以及人们关于政治现象的态度、感情、心理、习惯、价值信念和学说理论的复合体。而狭义的政治文化则主要指由政治心

① 以上数据来自于作者在2011年12月对福建省工商联调研的内部资料。

理、政治意识、政治态度、政治价值观等层面所组成的观念形态体系，也就是阿尔蒙德在《比较政治学：体系、过程和政策》第二版中，将政治文化定义为“一个民族特定时期流行的一套政治态度、信仰和情感”。[①] 本文所探讨的政治文化主要是从狭义的角度进行分析和研究。

阿尔蒙德在《公民文化：五国的政治态度和民主》一书中，将所有政治文化划分为三大类：即地域（地区）型政治文化，依附型政治文化及参与型政治文化。[②] 我国传统的政治文化就属于依附型政治文化，即这个文化中的人们知道他们是公民，也关注政治，他们只与政治体系的输出[③]有密切的关联，他们关于政治能力和政治功效的感觉是低层次的。

在漫长的封建社会的历史长河中，中国传统政治文化抑制了人们的主体意识，对公民的政治参与起着束缚作用。这种政治文化在深层次上成为封建政治伦理纲常。它在中国民众心里积淀成以“权威崇拜”、“清官思想”、“与世无争”等复杂的小农意识为主体的政治意识和政治思想。

权威崇拜，作为一种政治文化现象，表现在人们独立个性和政治自由意识很差，造就了专制政治文化基础。封建统治者垄断国家政治资源，对平民百姓实行愚民政策。引发的政治效应必然是人民缺乏主体意识，崇拜权威。我国学者指出：“在我国政治发展中，虽然没有成套的西方社会那样的精英政治理论，但由于崇尚家长，崇尚皇权，崇尚权威的封建专制主义影响极为严重，因而实际上精英政治理论有着极为广阔的社会基础，精英政治意识深重地影响着人们的政治观念和政治行为。”[④] 显而易见，这种权威崇拜，只能铸成附庸意识，形成卑微心理，人们在政治上必然表现为普遍的非参与倾向。

清官思想，是中国传统政治文化在国民心理积淀的反映，平民百姓面对着强大的封建传统机器，他们感到无法进入政治体系，不能影响政治过程，因而他们只好幻想、企望能有代表和表达他们的利益的“清官”为其做主，以维护和实现自己应有的利益。这样，他们把个人的物质利益和政

① 〔美〕加布里埃尔·A·阿尔蒙德等：《比较政治学：体系、过程和政策》，曹沛霖等译，上海译文出版社，1987，第29页。

② 吴志华主编《政治学导论》，上海教育出版社，2003，第319页。

③ “政治体系的输出”是政治系统理论中的概念，它指的是政治系统中公共政策的贯彻和实施。

④ 包心鉴：《论现代政治发展中的主体意识》，《求索》1989年第2期，第33页。

治命题寄托在少数包公式的清明统治者身上，在一个社会里，“人们对清官越是向往和依赖，人们政治自主意识和独立人格就越发萎缩，其权威人格就愈牢固，最终作了君主政治的驯服人民。”①

与世无争或无为而治，作为一种政治文化现象，它要求人们安分守己，和为贵，忍为高，相信“生死由命，富贵在天”，他们最惧怕战乱，“宁作太平犬，不为乱世人”。这样的政治理想是“无为而治”，“小国寡民”。当然撇开其“无为而无不为”、“以其不争，故天下莫能与之争”的政治谋略，这种政治哲学渗透民众心理的结果，必然造成人们的政治冷漠感，扼杀了政治责任和历史使命感，最终遏制了人们主体意识的生成。

社会主义政权建立之后，我国逐步形成了以马克思列宁主义、毛泽东思想为主导的社会主义政治文化。新中国成立之初，党和政府通过进行三大经济改造建立了以生产资料公有制为基础的社会主义经济制度，为社会主义主流政治文化的创立奠定了良好的经济基础。与此同时，党和政府着手进行民主改革，创立人民民主的政权机构及各项政治制度和政治参与的机制和制度；领导“三反”、“五反”运动，严惩腐败现象，树立人民政权的廉洁形象，坚定人民群众对我国社会主义政治文化的认同；带领人民群众开展一系列社会改造工作，力图消灭顽疾很深的旧风俗、旧道德、旧意识，倡导社会主义的新风尚、新道德及新的生活方式，推动全社会形成健康向上的文化心态、宽松和谐的工作环境、友爱互助的精神风貌，以形成良好的社会主义精神文化状态，培育公民的政治责任感、政治认同感，激发起他们参与国家政治的愿望和要求。新中国成立后不久我国就初步形成了以“党和政府全心全意为人民服务”、“人民拥护党和政府”、“人民当家做主”为特征，以马克思列宁主义、毛泽东思想为主导的社会主义政治文化，激发了人民政治参与的热情。但是由于长期“左”的思想的影响，多次的政治运动使人们产生远离政治的心理，“莫谈国事”再次成了中国人明哲保身的一个“护身符”，人们对参政议政越来越淡漠。

1978 年十一届三中全会以后，伴随着改革开放和社会主义市场经济的迅猛发展，依法治国方略的实施，社会主义政治体制改革的深入，极大地推动了我国民主政治的发展，推动了中国特色社会主义政治文化的建设。从中国政治文化的总体建设情况来看，以培养有理想、有道德、有文化、

① 葛奎：《权威崇拜与政治参与意识》，《学术研究》1989 年第 2 期，第 27 页。

有纪律的新型公民为目标的社会主义精神文明建设，为公民政治参与的发展培育了新的健康的积极向上的公民政治文化。表现在思想道德建设方面，人们能在政治上、道义上、精神上团结一致为共同理想而奋斗，保证了公民政治参与目的的合理性、崇高性；以为人民服务为核心，以集体主义为原则，以爱祖国、爱人民、爱劳动、爱科学、爱社会主义为基本要求，开展的社会公德、职业道德、家庭美德教育，在全社会初步形成了团结互助、平等友爱、共同前进的良好氛围，为政治参与的发展塑造了新的公民主体和营造了和谐的环境；纪律建设的加强，保证了人们生产、生活的正常秩序，在一定程度上也保证了公民政治参与的有序性。表现在科学文化建设方面，随着科学技术的发展，科学精神的弘扬，公民政治参与的科学化程度进一步得到增强；同时，文学艺术、广播影视、新闻出版以及网络通讯等系统工程的发展，为公民获取各种足够有用的公共信息，从而进行有效的政治参与，提供了广阔的舞台，丰富了公民政治参与的渠道和方式。中国特色社会主义政治文化是中国主导的政治文化。它是涵盖社会主义意识形态的马克思主义政治文化，它是以马克思主义、共产主义、社会主义、爱国主义、集体主义等思想意识和价值观念为基本因素，以民族性、科学性、大众性、民主性为基本特征，外化为强大的政治意识形态，通过各种政治社会化媒介，向全社会进行灌输和教育，在政治文化的系统过程和政策等各个方面确立了全社会对重大政治问题的价值选择和心理。①

中国特色社会主义政治文化正逐步形成参与型政治文化。参与型政治文化是指社会成员对政治体系作为整体以及体系的输入方面②和输出方面都有强烈而明确的认知、情感和价值取向，“人们知道他们是国家的公民，对政治非常关心，对国家的政治体制拥有自豪感，相信自己可以在某种程度上影响政治。他们显示出较高层次的政治能力和政治功效”③。一般来讲，参与型政治文化和民主政治制度是一致的。经过改革开放三十多年的发展，我国参与型的中国特色社会主义政治文化得到快速发展，取得了一定的发展成就，为公民政治参与的健康发展提供了重要的条件和环境。主

---

① 刘学军：《中国的政治文化及其影响》，《胜利油田党校学报》2003 年第 1 期。

② “政治体系的输入方面”与“政治体系的输出方面”相对，指的是从社会向政治体系流动的要求以及这些要求向官方政策的转化。

③ 吴志华主编《政治学导论》，上海教育出版社，2003，第 319 页。

要表现在以下几个方面。

1. 我国公民政治参与的主体意识明显增强

当前我国正处在从传统的计划经济体制向社会主义市场经济体制转型时期。社会主义市场经济的发展为我国公民政治参与主体意识的增强提供了重要的基础与动力。首先，市场经济的优势决定了建立市场经济体制的国家和参与市场活动的人，应具有不同于计划经济运行形式的特征和素质。就一般意义而言，市场经济条件下的人应该具备自主性、平等性、竞争性、合法性、开放性等素质和特征，这些素质要求促使那些不适应市场经济的旧观念，诸如附庸意识、臣属意识、恩赐意识、依附心理等被摒弃，适应市场经济的新观念诸如市场观念、竞争观念、公平观念、平等观念、法制观念、时间观念、信息观念、效益观念、风险观念、人才观念、开发观念、服务观念以及公民意识、民主意识、权利意识、自主意识、参与意识、选择意识、进取意识、创新意识等独立的主体意识形成，这些意识反映到政治上，就成为要求政治平等，并且在政治生活中逐步形成新型政治文化。这些必将促进公民政治参与实践的发展。其次，随着社会主义市场经济的不断完善和发展，我国原有的利益一元化结构发生了重大变化，公民的利益呈多元化的发展，每个公民都能成为独立的利益主体。在这种利益分化和多元化的时势下，在个人自主意识不断强化和利益驱动机制不断完备的背景下，越来越多的人关心时政，越来越多的人积极参与政治，并且希望表达自己的政治观点和愿望，维护自身的利益。这正是公民政治参与的主体意识得到明显增强的直接体现，为政治文化创新提供了有利条件。我国公民的政治人格也开始从依附型政治文化主导的依附型人格逐步向参与型政治文化主导下的独立型人格转变。

2. 我国公民的政治认知水平有所提高

政治认知是人们对政治体系进行判断以及选择行为方式的基础。政治认知是“政治主体对于政治生活中各种人物、事件、活动及其规律等方面的认识、判断和评价，即对各种政治现象的认识和理解”①。在政治认知过程中，一方面人们会获得各种各样的政治知识，另一方面也会形成一定的政治认同意识。这些政治知识是社会成员从事政治活动、选择

① 王浦劬主编《政治学基础》（第二版），北京大学出版社，2006，第253页。

政治行为的必要认识基础；而明确的政治认同意识是社会成员形成某种政治归属感的认识前提。改革开放以来，我国公民的政治认知水平有了较大幅度的提高，主要表现在公民政治知识的增加和政治认同感的提高两个方面。

（1）我国公民的政治知识在逐步增加

政治知识主要包括政治制度的知识、政治过程的知识、公民权利和义务的知识以及时事政治背景知识等。改革开放以来，党和政府十分重视公民政治知识的学习和提升，党和政府一方面高度重视国民教育，大力发展各类教育，实施“科教兴国战略”和“人才强国战略”，从整体上提高了我国公民的文化水平和政治素质，为公民获得更多的政治知识进行有序政治参与提供了教育的基础条件；另一方面，党和政府在社会中通过各种媒体、各种途径广泛地宣传作为党的指导思想的马克思列宁主义、毛泽东思想、邓小平理论、“三个代表”重要思想以及科学发展观，广泛地、持续地进行公民的普法教育，从各个层面定期地、有组织地开展各类政治学习和讨论，使公民了解和把握当前国内外形势和我国的方针对策，使公民的政治知识得到较大程度的提高。与此相适应，我国公民的政治参与的知识在逐步增加。我国公民对政府各部门的职责、政府政策的制定过程有了相当的了解；对自己拥有宪法和法律赋予的政治民主权利、应当履行的义务、在国家政治生活中的地位和作用有了比较清晰的认识；对我国的国家制度、政治制度、基层民主政治、社会主义民主的实质、内涵、规则、程序以及政治参与的形式、渠道、机制和程序、技能等有了更深层次的把握；公民政治参与知识越来越丰富，政治素质越来越高，政治参与能力越来越强，为进一步的政治参与打下了良好的基础。

（2）我国公民的政治认同感显著提高

随着人民代表大会制度的根本政治制度及中国共产党领导的多党合作和政治协商制度的基本政治制度，选举制度、基层民主自治制度、信访制度、社团制度、监督制度等具体政治制度的不断健全、完善，随着依法治国方略的实施，随着政治体制改革和民主政治建设的逐渐推进，随着党的先进性教育和反腐败斗争的深入开展，随着政府机构改革和职能的转变，党和政府在人们心目中的形象得到了极大的改善。以马克思主义指导思想、中国特色社会主义共同理想以及以爱国主义为核心的民族精神和以改革创新为核心的时代精神、社会主义荣辱观等四个方面为主要内容的社会主义核心价值体系以及建设社会主义和谐社会的社会理想，已经成为全体人民共同的政治价值追求；不断完善的社会主义政治制度、经济制度、法律制度和文化制度等，得到绝大多数人民群众的认同；我国改革开放三十多年所取得的经济和政治绩效，如政府治理绩效、经济发展绩效、科技文化发展绩效、社会管理绩效、政府自律绩效、军事与国防安全绩效、外交发展绩效、环境保护与可持续发展绩效等得到绝大多数人民群众的肯定和认可。由此，中国公民对党和政府所制定的政治价值追求目标、政治制度范式和带领人民建设所取得的政治绩效等的政治认同感显著提高，中国共产党作为执政党的执政合法性基础得到巩固。

随着我国公民政治知识的丰富和政治认同感的提高，我国公民对于各种政治事件和政治现象的认识和理解也逐渐地趋向理性、客观和全面，这些都为公民政治参与的有序良性发展奠定了重要的思想基础。

3. 我国公民的政治情感逐渐趋向积极和理性

（1）表现为我国公民比较关心政治，政治参与的热情较高

改革开放以来，随着社会主义市场经济体制的培育和成熟，社会利益格局多元化的逐渐形成，政治体制改革的深入推进，让不同阶层的人们都能感觉到，通过自己的政治活动，自己或本阶层的利益是能够得到维护的。因此，越来越多的人开始关心政治生活，主要表现在：关心国家大事、关心各项改革、政治责任感增强、爱国意识浓厚等方面；[①] 绝大多数人对“物价上涨”、“看病难、看病贵”、“收入差距过大”、“就业失业”、“住房价格过高”、“贪污腐败”、“养老保障”、“环境污染”、“教育收费”和“社会治安”等给予极大关注；多数城乡居民都能主动向大众传媒反映社会问题，与有关部门接触，进行投诉，表现出一定的主人翁意识。

近年来我国公民在政治生活中表现出较高的政治参与热情。如 2008 年 5 月 12 日的汶川地震中，“一方有难八方支援”，13 亿中国人民爆发出巨大的爱国热情和高昂的民族精神，全国各地涌现出捐款捐物、赴灾区担当志愿者的热潮，人民群众在民间、在各种媒体中自发组织起来呼吁共克国

① 郝丽：《改革开放以来中国公民政治心理的演进》，《探索与争鸣》2010 年第 6 期，第 36 页。

难等，万众一心，中国以最快的速度进行灾后重建工作，中国人民在抗震救灾中表现出的举国参与的精神与力量，将使它在前进的道路上坚不可摧。再如2008年北京奥运会以及2010年上海世博会、广州亚运会的成功举办，神州大地彻夜不眠，中国各族人民为了祖国和民族的荣誉，他们甘愿奉献一切。这种强烈的主人翁责任感，为中国公民的政治参与扩大化奠定了深厚的民族心理基础。

（2）当前我国公民政治参与态度趋向理性

新中国成立以来多次的政治运动特别是“文化大革命”，狂热的无序政治参与导致了破坏性的后果，不但不能解决任何问题，反而引发了社会的混乱，法律如同虚设，社会秩序荡然无存，产生了极大的负面影响，这些促使参与者进行反思，他们开始意识到社会秩序是社会发展的保障。但是由于“文化大革命”的惯性，改革开放之初人们对于政治问题的思考和政治生活的参与也是比较情绪化的。随着改革开放的不断发展，社会主义市场经济体制的制度化安排以及人们在其运行中对规则、准则的认同，强化了人们对遵守社会秩序、对有序政治参与的必要性和合理性的客观认知，人们开始学会更多地用理性的思考来分析看待中国各种政治问题和各种政治现象，公民的政治评价逐渐向理性和现实转变。这主要是因为我国已经实现了马克思主义中国化的第二次飞跃，找到了“中国特色社会主义”这面伟大的旗帜；已经在全国牢固确立了马列主义、毛泽东思想、邓小平理论和“三个代表”重要思想和科学发展观的指导地位，因此，人们逐渐地用“扬弃”的观点学习西方文明，全盘西化的政治情绪已经没有市场；“稳定压倒一切”是社会主义改革和建设过程中带有战略性的根本问题，成为全民共识；在政治生活中，人们不再盲目绝对服从；公众对政府和官员的评价更具现实性，更看重政府和领导人的实际作为。目前理性化的观念和态度已经成为我国社会政治生活的主流，是我国公民政治参与走向成熟的标志，是我国参与型民主建设的重要条件。

4. 我国社会和公民的政治价值观发生深刻变化

政治价值观“一般指的是社会成员对政治世界的看法，包括社会成员看待、评价某种政治系统及其政治活动的标准，以及由此形成的政治主体的价值观念和行为模式的选择标准。在某种政治文化影响下，社会成员在总体上都存在一种基本一致的政治价值观念，它直接影响着政治行为主体的政治信念、信仰和态度”①。改革开放以来，我国整个社会的和公民个人的政治价值观发生了深刻变化。

（1）我国社会的政治价值观发生了深刻变化

党的十一届三中全会以来，我国社会发展的重心从“以阶级斗争为纲”向“以经济建设为中心”转变，与此相适应，我国社会的政治价值观开始实现由“政治挂帅”向“政治为经济服务”的历史性转变。在政治意识方面，以马克思列宁主义、毛泽东思想、邓小平理论以及“三个代表”重要思想和科学发展观为指导思想的主流政治文化得到确立和发展，并且逐渐成为中国人民的精神支柱和政治信仰目标；“建设有中国特色的社会主义，到本世纪中叶基本实现社会主义现代化”的党的政治理想已成为全国各族人民在现阶段的共同理想；“全面建设小康社会，构建社会主义和谐社会”已成为党和政府以及全国人民的共同追求；以“八荣八耻”为主要内容的社会主义核心价值体系已开始建构起来。

（2）我国公民个人的政治价值观从集体本位向个人本位发展

在中国政治文化传统中，国家、民族、集体至上观念一直占主流，个人根本没有应有的地位，新中国成立后确立的计划经济体制与“一大二公”的人民公社体制下，群体是最高的存在，个体只是群体中的一个角色，而且不是一个独立的存在，从而忽视了个人某些最基本的、不可让渡的权利，集体吞噬了个人，压抑了个人政治参与的主动性，窒息了个人首创精神。改革开放以来，社会主义市场经济得到深入发展。市场经济的本性是以个人为本位的，在市场经济条件下，自我的主体地位被确立，自我价值得到了空前的弘扬。人们在自我与社会、个人本位与社会本位的关系上，明显地向自我和以个人为本位的方向偏移。人们的社会存在决定社会意识，从这个意义上讲，这种政治价值观的变化又是有利于社会经济发展的，是积极的。因为在现实生活中，我们看到，越尊重个人价值，人们在经济社会与政治领域会获得越多的自由，从而也越来越有能动性与创造力从事经济建设和政治参与，我们的社会发展更具生机和活力。

---

① 王惠岩主编《政治学原理》，高等教育出版社，1999，第240页。

（二）中观上，闽文化和闽商文化直接影响了福建私营企业主阶层的政治参与

福建自古物华天宝，人杰地灵。福建在人类历史上创造过众多溢彩流光的古代文化，也涌现出无数彪炳史册的历史文化名人，因此曾被人称誉为“海滨邹鲁”。受特定的自然地理条件（北面环山比较封闭，南面沿海比较开放）的影响，闽文化具有多元性、包容性、稳定性和海外辐射性的特点，具有海洋性文化的特征。在历史上，福建人主要由原土著居民、入闽汉人以及以阿拉伯人为主的海外其他族群等三个不同族群的人融合而成，因此，在长期的历史发展过程中，福建文化一方面对中华民族传统文化进行了继承、延续和发扬；另一方面，形成和发展了由土著文化、汉文化、外族文化三个部分构成的具有鲜明地域性特点的地方文化和区域文化。《国务院关于支持福建省加快建设海峡西岸经济区的若干意见》明确指出，（福建是）“我国重要的自然和文化旅游中心”，“整合文化资源，打造一批地域特色明显，展现海峡西岸风貌、在国内外具有影响力的文化品牌，重点保护发展闽南文化、客家文化、妈祖文化、红土地文化、船政文化、畲族文化、朱子文化等特色文化”。除了以上重点打造的7个闽文化品牌外，宗教文化、戏曲文化、建筑文化、陶瓷文化、茶文化等也是闽文化的重要组成部分。在长期底蕴深厚的文化积淀中，福建人形成了“爱国爱乡、海纳百川、乐善好施、敢拼会赢”的福建精神。福建私营企业主作为福建的商人，他们的气质性格、道德心理、思想观念、价值观念等不仅深受闽文化的熏陶，还直接受闽商文化的影响。闽商，是福建籍商人的泛称，是对从事产品生产、商品交换、对外贸易、金融业务等活动的福建籍商人的统称。[①] 其中包括国内的福建籍商人和旅居国外从事各类商业活动的福建籍华人华侨。福建私营企业主作为福建的商人，自然是闽商的一员。在中国历史上，传统的闽商缘于汉朝末年，是中国十大商帮之一，与晋商、徽商、粤商、宁波商等商帮齐名。由于福建人多地少，依靠农业生存艰难，而福建沿海具有独特的航运优势与对外贸易优势，因此，为了生存，福建各地尤其是沿海地区自古就有依靠海上贸易谋生的传统，这种海上贸易在国内主

① 苏振芳：《发挥闽商优势 推动海峡西岸经济区发展》，人民网，2004年5月11日，http：//tw.people.com.cn/GB/14810/14860/2490149.html。

要以沿海城市为中心开展，在国外，海路由泉州出发，北上日本、琉球，南下则绵延到南洋各国，形成著名的海上丝绸之路。这些海外贸易在宋元时期达到鼎盛。随着商业贸易的日益繁荣，福建商人群体也在长期的商业活动中，经过数百年的演变发展，汇集中华五千年优秀传统文化，糅合中西方现代管理经验之精华，逐渐形成了内容丰富、形式多样、特色鲜明的闽商文化。闽商文化在物质层面包含各种闽商活动中特有的行为、风俗、习惯、人物、事件、物品等；在精神层面则体现为闽商精神。[①] 2004 年 5 月在第一届世界闽商大会上，“闽商精神”被概括为“善观时变、顺势有为，敢冒风险、爱拼会赢，合群团结、豪侠仗义，恋祖爱乡、回馈桑梓”[②]。闽商精神是传统闽商群体的共同基因，是对所有闽商文化现象的高度抽象化。闽商精神构成了闽商文化的核心与基础。闽文化及其背景下的闽商文化、福建精神及其背景下的闽商精神所表现出来的思想文化特质都对福建私营企业主阶层的政治参与产生了极为重要的影响。主要体现在以下几个方面。

1. 重商实干

福建省是个有着悠久的经商历史并且经商意识比较浓厚的省份，这与福建省恶劣的自然地理条件有直接关系。福建素有“八山一水一分田”的说法。福建境内山岭耸峙，90% 以上的土地都被大山占去，平地稻田极少，人稠地狭，穷山恶水，即使辛勤劳作，也食不果腹。恶劣的生存环境不仅锻造了闽人务实苦干的品性，也促使闽人寻找生存之道，即读书、移民或经商。闽人的价值体系更重物质利益和改善生存条件，因此，许多人选择了海上经商谋生。历史上的泉州是世界著名的港口，阿拉伯商人、欧洲意大利人、犹太人以及南印度商人等许多以经商闻名的商人汇聚泉州等地，与福建人杂居相处，甚至通婚繁衍。据福建省统计，明清时期仅漳、泉二地就有海外移民 540 万人，相当于本地人口的 55% 。[③] 福建人受海外移民的经商意识的濡染，一代又一代地传承下来，重商逐利不仅被他们所崇尚，而且成为他们生存发展的传统，“商能致富”、“以商为荣”是民间

① 张幼松、林龙：《论传统闽商精神与新闽商企业文化建设》，《厦门理工学院学报》2010 年第 2 期，第 11 页。

② 《〈闽商宣言〉全文弘扬闽商精神》，东南网，2010 年 4 月 27 日，http://www.fjsen.com/zhuanti/2010-04/27/content_3136373.htm。

③ 廖伏树：《地理环境对闽商文化的影响》，《发展研究》2009 年第 5 期，第 78 页。

普遍的价值观，经过长期的摔打和演变，形成了闽商特有的商业天性和经商品质。重商实干是现代闽商从历史上传承下来的宝贵品质。这种品质使私营企业主重视企业规模的扩大和发展，从而为其政治参与提供了极为重要的经济基础。

2. 重学重义

福建人有重视学习、重视教育的传统和基础，因为在贫乏的资源环境下，刻苦读书是福建人寻求的有限的生存出路之一。早在南北宋时期，福建的科举教育就极为发达，学术文化相当兴盛，并诞生了著名的闽学流派。尽管福建人占全国总人口比例不是很高，但在封建社会里，福建人考中的进士占全国1/10左右，状元也占全国1/10。中国历史上的状元，最多的是江苏、浙江、河南，福建排第4位。[①] 现在的两院院士中，闽籍科学家也占1/10左右。福建文化名人辈出，如朱熹、郑樵、李光地、林嗣环、严复、林纾、冰心等，皆名闻天下，福建省以“人才省”遐迩闻名。福建是朱熹理学的故乡，朱熹在福建还创办了影响深远的理学学派——闽学。即使在清朝理学式微时期，福建仍然拥有雄厚的理论基础和大量坚定的学者，福建朱子文化渗透到福建文化各个方面，成为福建文化的核心，在福建文化史上有突出地位，而且在中国文化史上也占有极其重要的地位。福建朱子理学解读儒家经典，不重训诂，而重义理，从明清以来宋明理学精神逐步走向庶民化，从而加快了在民间的传播，更加巩固了宗法制度、宗族观念，由此衍生的秩序、诚信、守信、无欺、不变的基本理念，渐渐成为闽商的经营信条，形成闽商的诚信伦理。在朱子理学的熏陶下，闽商信奉脚踏实地做事，信奉诚实守信、重义尚利，并把它作为从商和做人的根本。

福建重学的传统促使包括福建私营企业主在内的现代闽商一方面深受福建文化的熏陶，不断学习各方面知识，不断提高自身的人文素质；另一方面，闽商积极为家乡捐资创办各类大、中、小学校，资助贫困学生，形成浓厚的捐资助学传统，代代继承和发扬。福建重义的传统使私营企业主深受浓郁的伦理道德的影响，对于私营企业主增强商务道德，形成以诚信为本的商业理念，树立守契约、讲诚信的商务观、价值观，培养良好的商

① 郭招金：《机遇难得面临挑战 闽商精神需要现代转型》，中国新闻网，2006年2月17日，http：//www.chinanews.com/news/2006/2006-02-17/8/691465.shtml。

务道德精神，起着重要的作用。这些都有利于私营企业主政治参与优秀主体素质的形成。

3. 爱国爱闽

爱国爱闽是闽文化和闽商文化的主旋律。福建自古以来出现了许多忠肝义胆、名垂青史的英雄人物。从李纲、李贽、戚继光、郑成功到林则徐、林觉民等无不如此。在闽文化中，福州马尾的船政文化体现了“民族自强、立志进取、崇尚科学、忠心报国”的传统文化神韵。以闽西、闽北、闽东、闽中、闽南等革命老区为主体的红土地文化彰显了“崇高理想、坚定信念、艰苦奋斗、不怕牺牲”的思想内容。闽商自古有反哺桑梓的传统，历代的闽商在取得事业成功后，并不贪图物质的享受，而总是以回馈家乡、报效祖国为荣，在闽商的价值观念中，爱国爱乡被视为高于商道的崇高情怀。许多侨居海外的闽籍乡亲，对家乡和祖国的教育事业和慈善事业都倾注了一片深情。其中最有代表性的就是著名的爱国华侨领袖陈嘉庚，一生具有强烈的爱国情怀，为辛亥革命、民族教育、抗日战争、解放战争、新中国的建设做出了卓越的贡献。在家乡创办了厦门大学、集美中学、翔安一中、集美学村、翔安同民医院等。在他的倡导下，许多华侨捐资兴学蔚然成风，影响深远，他生前曾被毛泽东称誉为“华侨旗帜、民族光辉”。[①] 在闽居住的闽商爱乡爱国，关心祖国和家乡的建设与发展。他们用自己的行动担起更多的社会责任，在社会各界赢得了良好的口碑。如在2007年出炉的胡润慈善榜上，10家闽企中共有11位闽商代表人物入选百强，11位上榜的慈善家4年累积的慈善捐赠金额达到10亿元。[②] 2008年“5·12”四川大地震后，泉州市累计捐赠灾区资金2.79亿元、物资价值1.01亿元，居全国地级市前列。2011年4月出炉的胡润慈善榜上，闽曹德旺家族以45.8亿元的捐赠额成为“中国最慷慨的慈善家”。[③] 现代闽商已将“报效桑梓”提高到儒家思想中“穷则独善其身，达则兼济天下”的境界，不仅体现为闽商秉持大义、报国助人的爱国爱闽情怀，也体现了企业家自身的人文素养和价值理念。总之，爱国爱闽是闽文化和闽商文化

① 《陈嘉庚》，中央政府门户网站，2008年12月15日，http：//www.gov.cn/gjjg/2008－12/15/content_1178605.htm。

② 《2007年胡润慈善榜》，新浪财经网站，http：//finance.sina.com.cn/focus/hrcs2007/。

③ 《2011胡润慈善榜：曹德旺家族一年多捐45亿》，财经网，2011年4月20日，http：//www.caijing.com.cn/2011－04－20/110697263.html。

的核心价值，热心慈善和公益事业、回报社会是福建私营企业主爱国爱闽的价值追求，从另一个角度来看，也是他们参与政治的一种重要形式。

4. 开放包容

由于福建省濒临辽阔的海洋，海上的双向贸易历史悠久、往来比较频繁。在福建各地各国商人云集，闽沿海地区成为移民活跃之地的同时，闽商也大量涌向东南亚、欧美等世界各地经商。福建成为了中国传统文化与外域文化的结合之地，促进了文化的对外交流，形成了以中华民族传统文化为主体，以儒学为核心的带有浓厚海洋性和地域特征的文化系统。而且这种双向贸易、双向移民的结果，造就了闽文化的国际化和兼容开放的特点，客观上也成就了闽商拥有较强的全球适应性，不仅推动了闽商在商业、商运和实业方面的迅猛发展，而且具有了全球视野和全球平台，即闽商可以在全世界范围内大力引进资金、技术和智力资源，站在全球的角度充分利用社会各项资源来加强国际交流沟通、经济合作、团结协作，形成闽商团队，不断扩展闽商实力，不断提升闽商形象，不断发展闽商事业，从而加快“海西”建设，实现全面繁荣。

5. 拼搏进取

敢拼、会赢、进取既是福建精神的体现，也是闽商精神的反映。《爱拼才会赢》最能体现闽商的拼搏进取的性格。闽商信奉“三分天注定，七分靠打拼，爱拼才会赢”，推崇“三分本事七分胆”。在神秘、动荡、危险的海上寻找生存出路是闽商铤而走险的无奈之举，但是充满风险的海上贸易所带来的巨大财富又使闽商逐渐形成险中求富贵的观念与习惯。这样无形中成就了闽商的冒险拼搏进取的精神。这是闽商区别于其他商帮的最明显之处。在闽商身上，敢于冒险、善于抓住时机、竭力开拓生存空间的勇气和信心，敢为天下先的性格使之在从商的心理品质上具有特殊的优势，为他们在风云变幻的商业竞争中占尽先机奠定了重要基础。闽商正是凭着这种极具海洋文化气息的商业精神和商业文化，驰骋海内外商界，创造了领先于其他商业群体的巨大物质财富，推动着现代闽商群体走在中国商人的前头。

重商实干、重学重义、爱国爱闽、开放包容、拼搏进取等思想文化特质既是推动福建私营企业主阶层政治参与的思想文化条件，也是福建私营企业主阶层重要的思想文化素质，是福建私营企业主阶层政治参与的重要主体条件。

四　内在素质条件

福建私营企业主阶层的政治参与，不仅具备了良好的经济、政治、文化等客观条件，同时也具备了比较充分的主观条件。

（一）福建私营企业主阶层现状分析

1. 从年龄与性别结构看，年龄呈年轻化的态势，以男性为主，女性的比例有所提高

在此次调查的577家私营企业中（其中福州地区92家，厦、漳、泉地区351家，南平地区54家，龙岩地区80家），企业成立于20世纪80年代、90年代以及2000年以后的都有，以2000年以后的最多，有349家，90年代以后成立的有157家。私营企业主的年龄跨越了6个年代，其中以20世纪60年代出生的居多，占37.8%，其次是70年代出生的，占26.7%，80年代出生的占19.2%，90年代出生的占3.6%，如表3－5所示。调查显示，福建私营企业主的年龄普遍年轻，80年代和90年代出生的私营企业主已经崛起，这部分企业主有的是自己创业，有的是“二代私营企业主”，他们成为福建私营企业主的重要组成部分。

表3－5　福建私营企业主的年龄结构

出生年代（20世纪）	40	50	60	70	80	90	合　计
人　　数（人）	1	72	218	154	111	21	577
所占百分比（%）	0.2	12.5	37.8	26.7	19.2	3.6	100

所调查的577位私营企业主中，男性463位，占80.2%；女性114位，占19.8%。男女性的比例是4.1∶1。从性别上看，男性企业主大幅度超过女性，但是和2007年的全国私营企业主的男女比例（84.1%∶15.9%）看，福建女性企业主的比例增长了近4个百分点。[①] 随着创业空间的发展，

① （2005～2007年）《中国私营企业研究》课题组：《2008年第八次全国私营企业主抽样调查数据分析综合报告》，载中华全国工商业联合会、中国民（私）营经济研究会主编《中国私营经济年鉴（2006年6月～2008年6月）》，中华工商联合出版社，2009，第32页。

女性获得创业机会的可能性在增大，女性企业主将会越来越多。

2. 福建私营企业主的文化程度和业务素质明显提高

从福建私营企业主的文化程度来看（见表 3-6），只有小学文化的 31 人，占 5.4%；初中学历 100 人，占 17.3%；高中或中专学历 160 人，占 27.7%；大专学历 162 人，占 28.1%；本科学历 109 人，占 18.9%；研究生学历 15 人，占 2.6%。具有大学文化的私营企业主所占的比例达到 49.6%，明显高于该项数值在普通人群中的比例。特别是福建省最高层次的 9 位私营企业主的文化程度状况，他们中大学文化程度的占 66.6%（大专占 22.2%，本科占 11.1%，研究生占 33.3%），高中或中专学历占 33.3%，初中仅占 0.1%。以上说明，福建私营企业主的文化素质较高，接受过高等教育的私营企业主越来越多。虽然一部分文化程度高的私营企业主可能是在企业做大以后通过各种方式获得高学历的，但仍不能排除这样一种可能性，即较高的文化程度能够帮助私营企业主把企业做大。文化程度将会成为未来私营企业主创业和竞争的一个重要条件。

福建省私营企业主阶层不仅文化程度在不断提高，他们的业务素质和专业技能也在不断地提高。除了体现在私营企业主自身为了提高业务素质进行的各种继续教育和再学习外，也体现在福建省工商联出台种种举措以协助企业培育人才。2005 年至今福建省工商联举办了非公有制企业专业技术职务人员岗前培训班 20 期，参加培训人员共 2217 人。截至 2010 年 11 月，经全省各级工商联评审并经当地人事部门批准确认，获得职称的非公有制企业专业技术人员共 34848 人，其中高级职称 2238 人，中级职称 19908 人，初级职称 12702 人。这些技术人员成为福建私营企业的骨干分子，为私营企业的发展做出了重要贡献。

福建私营企业主的文化程度、业务素质以及专业技术水平都在不断地提高，使得私营企业主阶层政治参与的意识显著增强，参政议政的能力及程度显著提升。

表 3-6　福建私营企业主的学历结构

学　历	小　学	初　中	高中或中专	大　专	本　科	研究生	合　计
人　数（人）	31	100	160	162	109	15	577
所占百分比（%）	5.4	17.3	27.7	28.1	18.9	2.6	100

3. 从福建私营企业的规模来看，以中小企业为主，大而强的企业比例偏小

在福建私营企业的规模方面，调查反映，私营企业员工最多的有10000多人，最少的有8人。私营企业的现有资产规模分为4个档次：资产规模在1000万元以下的有376户，占65.2%；资产规模在1000万~5000万元之间的有109户，占18.8%；资产规模在5000万~1亿元的有46户，占8.0%；资产规模超过1亿元的企业主有46户，占8.0%（见表3-7）。私营企业的资产规模状况说明，绝大多数的企业主资产在1000万元以下，真正做大做强的私营企业主只是极少数。很多企业主反映，当资产还比较小时，资产能够迅速扩张，有时一年可以翻两三倍；而当资产达到1000万元时，相当多的企业主在此时徘徊不前，似乎1000万元是私营企业经营的一个节点。但是，总体上看，私营企业的规模有逐年扩大的趋势。

表3-7　福建私营企业现有资产规模

资产规模	1000万元以下	1000万~5000万元	5000万~1亿元	1亿元以上	合　计
企　业　数（家）	376	109	46	46	577
所占百分比（%）	65.2	18.8	8.0	8.0	100

福建私营企业主在创业时的资本规模总体上算是中等规模。调查反映，创业时的资本100万元以上和50万~100万元之间的占56.3%的比例（具体见表3-8）。创业资本来源广泛，主要是自己的劳动、经营积累，有45.8%的企业主认可了这个选项；其次是向亲戚朋友借款的占企业主的32.1%；另有向银行贷款的占企业主的31.0%；11.8%的企业主是继承家业；通过赚取股票和房地产收益作为创业资本的只有18位，占3.1%；靠海外投资的有15位，占企业主的2.6%（见表3-9）。福建私营企业主的资产规模是他们参与政治的经济基础，资产规模的大小与他们政治参与的程度基本是成正比例的关系。

表3-8　福建私营企业主创业时的资本规模

资本规模	10万元	10万~50万元	50万~100万元	100万元以上	合　计
企　业　数（家）	79	173	91	234	577
所占百分比（%）	13.7	30.0	15.8	40.5	100

表 3－9 福建私营企业主创业资本来源（可多选）

创业资本来源	企业数（家）	所占百分比（%）
自己的劳动、经营积累	264	45.8
向亲戚朋友借款	185	32.1
银行贷款	179	31.0
继承家业	68	11.8
股票、房地产收益	18	3.1
海外投资	15	2.6

4. 从创业动机看，实现人生价值是福建私营企业主创办企业的第一位原因

在问到私营企业主创办企业的最主要原因时，有 210 位企业主选择“实现自己的人生价值”，占 36.4%；120 位选择“受亲戚朋友创业成功的激励启发”，占 20.8%；86 位选择“原工作岗位挣钱太少”，占 14.9%；68 位选择“没有稳定的工作”，占 11.8%；另有 8.3% 的企业主是“在原单位无法发挥专长”；3.3% 的企业主是“政府推动”；2.4% 的企业主是“原单位人际关系难处理”；2.1% 的企业主是想“实业报国”而创办企业（见表 3－10）。从创业原因来看，实现自己的人生价值是企业主创业的第一位原因，这说明了福建私营企业主作为闽商的重商意识和特有的价值观即经商可以体现和证明他们的生存价值。

表 3－10 福建私营企业主创办企业的原因

创办企业的原因	人 数（人）	所占百分比（%）
实现自己的人生价值	210	36.4
受亲戚朋友创业成功的激励启发	120	20.8
原工作岗位挣钱太少	86	14.9
没有稳定的工作	68	11.8
在原单位无法发挥专长	48	8.3
政府推动	19	3.3
原单位人际关系难处理	14	2.4
实业报国	12	2.1
合 计	577	100

5. 福建私营企业主阶层的社会经历丰富，精英化特征明显

福建私营企业主在开办企业前通常都有着比较丰富的经历。统计表明，在本次调查中，有 152 人在党政机关和事业单位工作过，占被访企业主的 26.3%，其中机关事业单位负责人 34 人，占 5.8%，一般干部 51 人，占 8.9%，县处级干部 6 人，占 1.0%，村干部 24 人，占 4.2%，办事人员 37 人，占 6.4%。有 49 人在办企业前做过企业的负责人，占 8.5%；在企业做过工人的有 66 人，占 11.4%。在商业、服务业工作的员工以及供销人员有 46 人，占 8.0%。有 94 人在开办企业前做过专业技术人员，占 16.2%。农民 32 人，占 5.6%。在开办企业前，有 80 人做过个体户，占 13.8%，有 15 人参过军，占 2.6%，无业和未参加工作的人员有 43 人，占 7.6%，见表 3－11。

表 3－11　福建私营企业主在开办私营企业前的最后职业

福建私营企业主在开办私营企业前的最后职业	人　数（人）	所占百分比（%）
专业技术人员	94	16.2
机关、事业单位负责人	34	5.8
企业负责人	49	8.5
一般干部	51	8.9
县、处级干部	6	1.0
村（大队）干部	24	4.2
办事人员	37	6.4
普通工人	66	11.4
商业、服务业员工	30	5.3
供销人员	16	2.7
务农农民	32	5.6
个体户	80	13.8
军人	15	2.6
无职业	36	6.3
未参加工作（直接创业）	7	1.3
合　　计	577	100

我们以权力和技术资源作为评价标准，对被访企业主开办企业前的职业地位进行整理。分析结果表明，在577位提供了相关信息的企业主中，开办企业前地位最高的职业中，国家各级干部（含党政机关各级干部和技术干部）、各类企业负责人、农村干部合计占34.8%，各类专业技术人员占16.2%，各类企业供销人员占2.7%，商业、服务业员工占5.3%，个体户占13.8%，各类企业的普通工人占11.4%，纯粹的农民占5.6%，军人占2.6%，无职业和未参加工作的人员占7.6%。这表明，在开办企业前不掌握任何权力资源、技术资源和经济资源的被访企业主（包括商业服务业员工、普通工人、农民以及无业、失业人员）合计所占比重不超过30%。可见，福建私营企业主阶层精英化特征比较明显。精英化的私营企业主阶层所具有的各种社会资源更利于他们政治参与水平的提高和政治参与效能感的提升。

（二）福建私营企业主阶层对政治评价比较客观

由于当前福建私营企业主阶层的社会来源已经不像改革开放之初私营企业主刚刚萌芽时那样，不少人“走投无路，生活无着了，支起摊子，敲敲打打干个体”，他们当中有超过1/4的人当过干部，有近1/5的人是专业技术人员，他们的队伍已经出现精英化的态势，因此，他们的政治素质和业务素质也大大超过20世纪80年代私营企业主的素质。他们对我国改革开放中涌现的各种社会问题和政治问题的思考比较理智，对于各种问题的认识也比较客观，较少情绪化的表现和过于偏激的言行。应该说，他们是中国社会当中对政治的评价和认知比较客观的一个群体。如在问卷调查中，对于“较之改革前现阶段我国的民主状况认可度”的回答中，认为“有很大进步”的企业主占8.5%，认为“有较大进步”的企业主占35.5%，认为“有一定进步但进步不大”的企业主占37.1%；而认为“差不多”的占5.0%，认为“不如从前”的占10.6%，回答“不知道的”占3.3%。可见，福建私营企业主阶层对我国民主政治发展的评价持积极态度的占81.1%的比例（见表3-12），这与其他阶层对该问题的看法基本一致。

（三）福建私营企业主阶层的政治关注度高

越来越多的福建私营企业主发现，企业要想发展壮大，离开政治是不

表 3－12　较改革前福建私营企业主对现阶段我国民主状况认可度

对于“和改革前比您感觉现阶段我国的民主状况如何”的看法	人　数（人）	所占百分比（%）
有很大进步	49	8.5
有较大进步	205	35.5
有一定进步但进步不大	214	37.1
差不多	29	5.0
不如从前	61	10.6
不知道	19	3.3
合　　计	577	100

行的。为了确切了解他们对政治生活的关注度，我们对这个问题进行了专门的调查。在回答问卷的 577 位私营企业主中，有近九成的人对政治生活中的大事表现出较高的关注度，其中表示“非常关注”的占 25.6%，表示“关注”的占 61.7%，二者合计占 87.3%；认为政治生活中的大事“与我无关”的有 10.4%，只有 13 位企业主对政治生活中的大事表示“厌倦”，占 2.3%，见表 3－13。

表 3－13　福建私营企业主对政治生活中大事的关注度

关注程度	非常关注	关　注	与我无关	厌　倦	合　计
人　　数（人）	148	356	60	13	577
所占百分比（%）	25.6	61.7	10.4	2.3	100

在最关心的社会议题中，最受关注的是“政府政策的透明度”，占被访企业主的 41.8%，40.0% 的被访企业主对“国家政策的连续性”表示关注，34.1% 和 31.9% 的被访企业主分别对“社会稳定”和“贷款政策的落实”表示关注，仅有 8.1% 的被访企业主对“不同群体的政治利益”表示关注，见表 3－14。可见，私营企业主关注的往往都是与他们的企业发展直接相关的社会问题。

在问及关心政治的目的时，认为会“影响企业的发展决策”的企业最多，占 53.7%；其次是“与自己的切身利益有关”，占 33.8%；认为关心政治的目的是“社会责任感”的比例为 24.1%；认为这是“作为公民的义务”的企业主占 18.4%，见表 3－15。其中值得注意的是，资产规模在 5000

表 3－14　福建私营企业主最关心的社会议题（可多选）

最关心的社会议题	贷款政策的落实	政府政策的透明度	国家政策的连续性	社会稳定	不同群体的政治利益
人　　数（人）	184	241	230	197	47
所占百分比（%）	31.9	41.8	40.0	34.1	8.1

万元以上的企业主的 80% 以上认可关心政治的目的是“社会责任感”和“作为公民的义务”，这说明私营企业的发展和我国的政治信息高度相关，也说明了中小规模私营企业的私营企业主关心政治的主要目的还是为了

表 3－15　福建私营企业主关心政治的目的（可多选）

关心政治的目的	影响企业的发展决策	与自己的切身利益有关	社会责任感	作为公民的义务
人　　数（人）	310	195	139	106
所占百分比（%）	53.7	33.8	24.1	18.4

自身与自己企业的发展，而作为大型或特大型规模私营企业的私营企业主关心政治的目的主要是出于对社会的责任和作为公民的义务，可见，福建私营企业主关心政治的目的具有明显的层次性特点，与其所在企业的规模有直接的关系，也表明我国民主政治建设的环境尚需完善。

（四）福建私营企业主阶层的政治态度比较理性

1. 福建私营企业主在处理有关涉及企业自身与外部关系的问题时比较理性

绝大多数的私营企业主能够通过正式的渠道采取理性的方式解决问题，对非正式的解决渠道和过激的处理方式不太认同。问卷通过对“在企业遇到不公正待遇时首选的解决途径是什么”中，结果表明，有 25.3% 的企业主选择“通过法律途径”，25.1% 的企业主选择“找党政领导”，13.0% 的企业主选择“找工商联、私协”，10.4% 的企业主选择“找人大代表反映”，5.2% 的企业主选择“找政协委员反映”，这些都是比较理性和正式的解决问题的途径，总体上占被访企业主的 79% 的比例，也就是说大多数人会选择比较理性的解决问题的方式。只有 12.3% 的企业主选择

“找民营企业投诉中心”，6.8%的企业主选择“忍气吞声”，1.9%的企业主选择“组织员工上访”等非理性的方式或者比较激进的方式，仅占被访企业主的21%的比例，见表3－16。从调查的总体情况看，私营企业主采取理性的途径是解决企业遇到不公正问题的最主要的方式。调查中也发现，绝大多数的企业主往往都愿意先采取理性的方式解决问题，当理性的方式解决不了时，才会考虑非理性的方式。

表3－16　福建私营企业主在企业遇到不公正待遇时首选的解决途径

解决途径	通过法律途径	找党政领导	找工商联、私协	找民营企业投诉中心	找人大代表反映	忍气吞声	找政协委员反映	组织员工上访	合　计
人　　数（人）	146	145	75	71	60	39	30	11	577
所占百分比（%）	25.3	25.1	13.0	12.3	10.4	6.8	5.2	1.9	100

2. 福建私营企业主阶层选择政治参与的方式也比较理智和冷静，对过激的政治参与方式不太认同

本课题组通过问卷对于福建私营企业主对“集体上访或游行”发表看法进行测量，结果表明，有47.7%的私营企业主认为“最好不要采取这种形式”，17.3%的私营企业主认为“任何时候都不要采取这种形式”；只有25.1%的私营企业主认为“必要时可以采取这种形式”；还有9.9%的私营企业主对“是否采取这种形式无法判断”。把前两项持否定意见的企业主比例相加，累计为65%，即将近七成的企业主不赞成“采用集体上访或游行”这种过激的政治参与方式，见表3－17。这说明福建私营企业主渴望社会稳定，不希望社会出现大的动荡，他们是维护社会稳定的积极力量。这与本次问卷调查的另一个题目即“你对于保持稳定比推行民主更重要的观点的看法”的回答相一致。在被访的577位企业主中，有12.8%的企业主表示“很同意”该观点，有57.1%的企业主表示“同意”该观点；只有24.6%的企业主表示“不同意”该观点，5.5%的企业主表示“很不同意”该观点，见表3－18。总的看来，表示“很同意”和“同意”的占69.9%的比例，也就是说，近七成的企业主认为“保持稳定比推行民主更重要”。这充分地说明了邓小平提出的“稳定压倒一切”的政治论断在福建私营企业主阶层中得到了广泛的认同，同时也表明理性化的观念和态度

已经成为福建私营企业主阶层政治生活的主流，标志着福建私营企业主阶层的政治参与开始走向成熟。

表 3－17　福建私营企业主对集体上访或游行的态度

对集体上访或游行的态度	人　数（人）	所占百分比（%）
任何时候都不要采取这种形式	100	17.3
最好不要采取这种形式	275	47.7
必要时可以采取这种形式	145	25.1
是否采取这种形式无法判断	57	9.9
合　计	577	100

表 3－18　福建私营企业主对于"保持稳定比推行民主更重要"的观点的看法

对于"保持稳定比推行民主更重要"的观点的看法	人　数（人）	所占百分比（%）
很同意	74	12.8
同　意	329	57.1
不同意	142	24.6
很不同意	32	5.5
合　计	577	100

（五）福建私营企业主阶层的政治知识比较丰富

1. 福建私营企业主获取国家政治领域内信息的渠道比较多，政治知识面广泛

在我们调查的 577 位私营企业主中，电视、报纸和互联网是他们获取信息的主要渠道，分别占被访私营企业主总数的 59.6%、55.3% 和 52.0%。通过广播获取政治信息的占 14.4%，通过"听课"和"闲聊"获取信息的各占 5.2% 和 13.5%，其他方式的占 1.4%，见表 3－19。调查中了解到，一些私营企业主很愿意花时间学习时事文件和国家的重大决策，并邀请专家学者到企业去讲课，自己也找机会参加各种论坛或学术沙龙。私营企业主把学习充电称作是"与时俱进"。

表 3－19　福建私营企业主获取国家政治领域内信息的渠道（可多选）

信息渠道	电视	报纸	互联网	广播	闲聊	听课	其他
人　　数（人）	344	319	300	83	78	30	8
所占百分比（%）	59.6	55.3	52.0	14.4	13.5	5.2	1.4

2. 福建私营企业主通过各种途径提高政治知识水平

福建私营企业主除了积极参加由福建省工商联教育培训专业委员会举办的各类培训班、讲座和论坛外，还积极参加中央统战部和全国工商联的学习培训，使私营企业主的各方面素质不断得到提升。与此同时，他们还会自己主动组织或者参加成功的知名企业家现场授课、知名学者专家现场授课、实地考察或国外考察、学员交流研讨、党政领导干部现场授课等学习形式，希望在企业经营管理的最新知识、国家法律法规、科学发展观和党的方针政策、宏观经济形势和宏观调控政策、国际投资和贸易方面的知识以及参与政治和社会事务方面的知识等方面都有所提高，力图使自己在政策法规、政治知识、业务知识、文化素养和技能水平等方面的素质得到不断的提升。

通过各种渠道的培训、深造、学习和讨论，福建私营企业主对于我国政治制度、政治过程、公民权利和义务的知识以及时事政治等方面的知识都得到很大程度的提高。与此相适应，他们的政治参与知识也在逐步增加。这些都为他们参加政治参与的实践奠定了十分重要的理论基础和思想文化条件。

福建省私营企业发展迅猛，私营企业主群体的经济地位很高，不仅国家，而且福建省也为保障他们的政治和经济的良性发展出台了许多地方性的扶持政策。作为闽商，他们总体上也具备了良好的思想文化素质，他们所受的教育、具备的各种社会资源，以及他们自身的政治素养都说明了福建省私营企业主阶层政治参与的主客观条件都已成熟。虽然，目前在主客观方面都具备政治参与条件的福建私营企业主的比例尚待提高，但这代表了福建私营企业主阶层整体的一个发展趋势。今后，随着主客观条件的进一步成熟，福建私营企业主群体的政治参与也必将随之得到更进一步的发展。

第四章　福建私营企业主阶层政治参与的动机

动机是推动人从事某种活动，并朝一个方向前进的内部动力，是为了实现一定目的而行动的原因。私营企业主政治参与的动机是指私营企业主为了达到一定的政治目的而参与政治活动，影响或者试图影响政治体系的内在驱动力，它解决的是私营企业主为什么要参与政治的问题。本调查组进行的问卷调查显示，在被访的577位福建私营企业主中，对于政治参与目的的回答中，选择“提高政治与社会地位的”占被访企业主的35.2%，所占比例最高；选择“整合资源促进企业发展的”占被访企业主的26.6%，所占比例处于第二位；选择“保护企业不受刁难的”占被访企业主的21.5%，所占比例处于第三位；而选择“作为公民的社会责任而参政议政的”占被访企业主的16.3%，所占比例处于第四位，选择“其他目的的”占被访企业主的0.4%，人数最少，见表4－1。这种调查结果与对福建省高层次私营企业主（笔者认为拥有的私营企业固定资产在1亿元以上、雇工在500人以上，在全国人大、政协或者福建省人大、政协担任委员或者担任一定职务的，或在福建省、地区工商联担任一定职务的私营企业主可以称为高层次私营企业主）的调研结果不太一致。笔者在对福建省9位最高层次的私营企业主的调研中发现，对于政治参与目的的回答中，选择“作为公民的社会责任而参政议政的”占被访企业主的55.6%，所占比例最高，选择“保护企业不受刁难的”占被访企业主的22.2%，所占比例处于第二位；选择“提高政治与社会地位的”和“整合资源促进企业的发展的”，各占被访企业主的11.1%，所占比例处于第三位，选择“其他目的的”为0人，见表4－2。也就是说，对于政治参与的目的，福建高层次私营企业主与一般的私营企业主的第一位原因是不同的，高层次企业主取得政治身份，进行政治参与的第一位原因是为了履行作为公民的社会责任，而一般的私营企业主取得政治身份，进行政治参与的第一位原因是为了“提高政治与社会地位”。尽管如此，通过调查我们看到，福建省私营企业主阶层政治参与的主要动机总体上都是一致的，即可以概括为提高社会地位、推动企业发展、谋求政治保护、履行社会责任等四个方面。

表4－1　福建省私营企业主阶层政治参与的目的

政治参与的目的	提高政治与社会地位	整合资源发展企业	保护企业不受刁难	作为公民的责任而参政议政	其他目的	合　计
人　　数（人）	203	154	124	94	2	577
所占百分比（%）	35.2	26.7	21.5	16.3	0.3	100

表4－2　福建省私营企业主阶层政治参与的目的（高层次私营企业主）

政治参与的目的	作为公民的责任而参政议政	保护企业不受刁难	提高政治与社会地位	整合资源发展企业	其他目的	合　计
人　　数（人）	5	2	1	1	0	9
所占百分比（%）	55.6	22.2	11.1	11.1	0	100

一　提高社会地位

当前我国私营企业主阶层政治参与最主要的动机是经济利益动机即政治参与是为了获得更大的经济利益，是为了促进企业的发展。而福建私营企业主阶层政治参与最主要的动机则是为了提高私营企业主阶层的政治与社会地位。笔者认为，福建私营企业主阶层之所以把“提高社会地位”作为政治参与第一位的动机，主要是由于以下几个方面原因造成的。

（一）福建省私营企业主阶层对于自身的政治和社会地位满意度低（见表4－3）

福建省私营企业主阶层依照对自身的政治和社会地位的自我评价（见表4－4），认为与他们日益提升的经济地位相比，目前他们所处的政治和社会地位并不高，他们对自己所处的政治和社会地位的满意度低。

表 4-3　福建私营企业主阶层对其社会地位的满意度

单位：%

类　别	很满意	还算满意	不太满意	很不满意	合　计
经济地位	10.1	71.4	14.9	3.6	100
社会声望	7.7	68.7	19.1	4.5	100
政治地位	8.3	59.2	25.1	7.4	100

表 4-4　福建私营企业主阶层对其社会地位的自我评价

单位：%

类　别	上　层	中上层	中　层	中下层	下　层	合　计
经济地位	5.9	33.8	42.2	14.9	3.2	100
社会声望	5.0	27.8	46.1	16.0	5.1	100
政治地位	2.5	25.1	40.9	23.5	8.0	100

从表 4-3 和表 4-4 看到，虽然福建私营企业主的总体社会地位处在社会的中上层，但是从经济地位、社会声望和政治地位三个方面来进行深入分析的话，我们就会发现，三者的地位依次降低，其中以政治地位最不理想。福建私营企业主对于他们的政治地位的不满意度是最高的，占 31.5% 的比例；而对于社会声望的不满意的比例达到被访企业主总数的 23.6%，对于经济地位的不满意度达到被访企业主的 18.5%。一般而言，财富、声望和权力三者是彼此高度相关的，但是福建私营企业主阶层至今仍然没有凭借其日益上升的经济实力争取较高的社会声望和政治地位。对于这个方面的原因，笔者认为，主要是由于：第一，与福建私营企业主坎坷的成长历程相关。福建私营企业主的成长如同董明在《政治格局中的私营企业主阶层》中所描述的那样：他们经历了在猜忌中萌芽、在夹缝中生长、在春风中勃发的曲折发展过程，在相当大程度上，他们是在骂声中长大，在围剿中成长，是在“三只眼睛”（即“左”眼——带着“左”的思想看待私营经济，白眼——主要指社会对他们总体认识和评价上的鄙视和不屑，红眼——社会其他阶层对他们所拥有财富的羡慕乃至非分的觊觎）的不同目光注视下发展起来。简言之，是在与偏见的艰难抗争中获得的。[①] 可见，福建私营企业主阶层的成长过程

① 参见董明《政治格局中的私营企业主阶层》，中国经济出版社，2002，第 10 页。

本身就充满了争议，其他的社会阶层对他们的评价从一开始就是褒贬不一，要想获得其他阶层的认可需要时间。再加上，中国传统社会中“重官轻商”思想仍然有一定的市场，虽然现在总体的社会环境有利于私营企业和私营企业主的发展，但是由于以往的社会舆论惯性的存在，不利于福建私营企业主阶层社会地位和政治地位提高的社会舆论环境还是存在的，歧视私营企业以及私营企业主的现象仍然存在。这是福建私营企业主阶层政治和社会地位与经济地位不相称的原因之一。第二，福建私营企业主阶层的经济地位提升太快，政治上的安排以及政治地位的提升相对较为困难。近年来，福建私营企业的发展十分迅猛，私营经济发展速度很快，因此，福建私营企业主的经济地位提升也很快。与此相适应，福建省级以及地方的人大、政协以及工商联等部门对参政热情较高的比较有代表性的福建私营企业主做出了一定的政治安排，但是毕竟容纳的空间有限，只能满足很小部分的私营企业主政治方面的需求，大部分私营企业主参政议政的需求仍然不能完全满足。因此，福建私营企业主阶层政治地位提升的速度远远赶不上他们经济地位提升的速度，这就造成了他们在经济地位的发展与社会地位、政治地位的发展事实上的不对等性。第三，极个别的福建私营企业主素质低下，影响了整个私营企业主阶层的社会形象，降低了他们的社会声望，也影响了他们政治地位的提升。从总体上看，福建私营企业主阶层文化科学素质较高、经营管理水平较高，他们勤俭、务实、低调，爱国守法，他们具有正确的人生观、价值观和政治观，他们在心理上和情感上拥护共产党的领导，拥护改革开放政策，思想上行动上能和党中央保持一致，他们重利尚义，积极参加光彩事业，有良好的社会责任感，是中国特色社会主义事业合格的建设者，为我国的社会主义现代化建设做出了重要贡献，大多数能够得到社会其他阶层的普遍认同。但是，也有极少部分的私营企业主，在社会经济政治生活中，他们有的过度追求自我利益和奢华享受，挥霍浪费，私生活不检点，道德败坏；有的藏污纳垢，结交网罗匪类，横行乡里，为非作歹；有的唯利是图、缺乏诚信；有的集体观念不强，法制观念较弱，出现违法经营、偷税漏税、过度盘剥员工、贿赂政府官员等现象。虽然这些人的数量很少，但其社会影响极为恶劣。他们败坏了社会风气，破坏了正常的社会经济政治秩序，也在一定程度上损坏了私营企业主阶层的整体形象，导致社会群体对私营企业主阶层的整体社会评价不高。

（二）闽商的价值观和心理文化特质决定了福建私营企业主阶层注重自身社会地位的提升

在闽商的价值观中，重视自我价值的实现和个人奋斗，他们推崇“少年不打拼，老来无名声”、“输人不输阵，输阵番薯面”、“争气不争财”。他们渴望奋斗后的衣锦还乡、光宗耀祖，渴望出人头地。在闽商文化辐射的区域内，“面子心理”渗透到社会经济政治生活等几乎所有领域。所以，当福建私营企业主阶层经过打拼在社会上拥有越来越高的经济地位时，他们也渴望拥有与之相称的政治地位与社会地位。

其实，闽商的这种追求政治地位和社会地位的“面子心理”，其实质就是希望在社会上能够获得他人的尊重和认可，满足他们受社会尊重的需要。美国社会心理学家和人格理论家亚伯拉罕·马斯洛提出了著名的需要层次理论。他指出，人的基本需要按照由较低层次到较高层次排列的顺序，大致分为生理需要、安全需要、社交需要（归属与爱的需要）、尊重需要和自我实现的需要五个层次。每个人都潜藏着这五种不同层次的需要，但在不同的时期所表现出来的各种需要的迫切程度是不同的。低层次的需要基本得到满足以后，它的激励作用就会降低，其优势地位将不再保持下去，高层次的需要会取代它成为推动行为的主要原因。相比低层次的需要，高层次的需要具有更大的价值。相比其他社会群体，处在较高经济地位的私营企业主基本上已经实现了生理、安全和社交的需要，他们当中大多数人追求的是对尊重和自我实现的需要。目前大多数的福建私营企业主对尊重的需要最为迫切。尊重的需要又可分为内部尊重和外部尊重。内部尊重就是人的自尊。私营企业主的尊重需要主要指外部尊重，即私营企业主希望自己有地位、有威信，受到别人的尊重、信赖和高度评价。私营企业主希望能够得到社会对他们的尊重和认可，也希望自己能够做一个对社会、对他人有帮助的人，不希望自己被看成是一心向“钱”看的商人。因此，部分福建私营企业主政治参与要求的经济目标降到次要的位置，而将社会声望、政治地位等非经济目标摆到政治参与最突出紧迫的位置，力图通过政治地位和社会公众形象的突破，改变自身经济政治地位一高一低的不对称局面。

本文所调查的 9 位高层次私营企业主，他们的企业资产都在 1 亿元以上，雇工在 500 人以上，有的雇工为 10000 多人，他们的企业在福建省甚至在中国都有一定的实力和影响力，他们都有了一定的政治安排，有2人为全国人大代表，有5人为全国政协委员，有3人为全国政协常委，9人全部是福建省工商联副主席。他们具有双重身份，一方面是企业的老总，另一方面又积极参政，他们在社会上已经有相当的影响力和社会地位，他们比一般的私营企业主更受人尊重，因此，他们政治参与的目的已经不仅仅满足于尊重的需要，而是追求最高层次的需要——自我实现，即私营企业主期望通过政治参与实现个人理想、抱负，最大限度地发挥个人的能力，完成与自己的能力相称的事情，使自己越来越成为自己所期望的人物，从而达到自我实现的境界。这也是福建省高层次的私营企业主与一般的私营企业主政治参与的第一位动机不同的原因所在。

为了提高自己的社会地位，有38.7%的福建省私营企业主选择通过“尽量把企业办大”的方式，他们认为，企业规模发展壮大了，就会引起政府的重视，社会地位也就跟着提高了。其次，有16.5%的企业主认为“多支持社会公益事业”能够提高自己的社会地位；有9.1%的企业主认为“当上人大代表尤其是全国人大代表”，能提升自己的社会地位；有8.5%的企业主选择“在日常生活中注意树立良好的形象”的方式提高社会地位；有7.3%的企业主选择“与政府领导人保持联系”的方式提高社会地位；有6.6%的企业主选择“争取当政协委员”的方式；有5.3%的企业主选择“担任政府职务”的方式；还有5.0%的企业主认为“在报刊、电视中多宣传自己的事业”可以提高自己的社会地位；有3.0%的企业主认为“加入中国共产党”可以提高自己的社会地位，见表4-5。

表4-5　福建省私营企业主认为提高自身社会地位比较有效的办法

提高社会地位的方式	人　数（人）	所占百分比（%）
尽量把企业办大	223	38.7
多支持社会公益事业	95	16.5
争取当人大代表	53	9.1
在日常生活中注意树立良好形象	49	8.5
与政府领导人保持联系	42	7.3
争取当政协委员	38	6.6
担任政府职务	31	5.3

续表

提高社会地位的方式	人　数（人）	所占百分比（%）
在报刊、电视中多宣传自己的事业	29	5.0
入党	17	3.0
合　计	577	100

二　推动企业发展

从表4－1中我们看到，选择政治参与是为了“整合资源促进企业发展的”私营企业主占被访企业主的26.7%。也就是说，在福建私营企业主中有26.7%的人政治参与的目的是获取政治资源，推动企业的发展。这是私营企业主阶层政治参与的最原始动机。

（一）福建私营企业主阶层通过政治参与可以影响政府的政策和决策，为私营企业的发展服务

福建私营企业主阶层区别于其他社会阶层的最大特点就在于拥有较多的私有财产，具有比较强的经济实力。正是凭借这些财富和实力才确立起私营企业主阶层的身份和经济与社会地位。他们被称为中国社会的“企业精英”或者“经济精英”。他们希望通过努力发展经济，不断巩固和壮大自己的经济实力，以维持和提高他们现有的社会与经济地位，因此，福建私营企业主阶层政治参与的目标更具务实性，同时具有明显的利益性，他们希望通过政治参与占有较多的政治资源，获得企业的更大发展空间，以争取更大经济利益。“政治是经济的集中表现”，政治参与不过是用来实现经济利益的手段。追求经济利益最大化是私营企业主从事各种活动的出发点。

福建私营企业主阶层政治参与最主要的目标是试图影响政府的政策及决策。私营企业从诞生的那天起就决定了它们对国家以及地方政府的政策依存度极大。国家以及地方政府制定的对于私营企业或者私营企业主的政策决定了它们的生存和发展的命运。因此，私营企业主在政治参与中总是试图在政府决策和政策中反映他们的诉求，代表他们的利益，从而维护他们的权益，最终有利于私营企业的健康发展。所以，福建私营企业主最关

心的社会议题是“政府政策的透明度”和“国家政策的连续性”，分别占被访企业主的41.8%和40.0%。福建私营企业主阶层关心政治最主要的目的是“影响企业的发展决策”和“与自己的切身利益有关”，分别占被访企业主的53.7%和33.8%。近年来，福建省省委、省政府、省人大等部门出台的扶持福建民营经济发展的主要政策、条例和措施，如《关于加快我省非公有制经济发展的若干意见》、《福建省个体工商户和私营企业权益保护条例》、《关于进一步促进和引导民间投资的若干意见》、《关于进一步推进中小企业发展的指导意见》、《关于全面提升民营经济发展水平的若干意见》、《关于扶持中小企业经营发展的若干意见》、《福建省企业和企业经营管理者权益保护条例》、《关于进一步促进中小企业信用担保行业发展的意见》、《关于进一步减轻企业负担促进经济发展的若干意见》、《关于进一步鼓励和扩大民间投资的若干意见（试行）》、《关于营造优良环境提供优质服务支持民营企业加快发展的若干意见》、《关于支持小型和微型企业发展的十二条金融财税措施》等，这些政策的出台和实施都离不开福建省私营企业主阶层的积极参与和推动。这些政策和措施的出台，优化了福建私营企业的发展环境，保护了福建私营企业的利益，促进了福建私营企业的迅猛发展。

福建省私营企业主阶层参与政治的影响力往往是通过提出各级政协会议的提案议案等方式，推动制定有利于福建私营企业发展的政策和建议。如2010～2012年期间，福建省非公有制经济人士在省政协十届三次、十届四次以及十届五次会议提出的提案中涉及相关私营企业的主要内容有：关于引导提高民营企业创新能力的建议；关于加强龙头企业供应链招商工作，做大做强全省产业集群的建议；关于将民营经济统计纳入全省统计制度的建议；关于创新民营企业帮扶模式，推进新农村建设的建议；关于加强民营中小企业科技创新的建议；关于重视发挥工商联在构建和谐劳动关系中重要作用的建议；关于鼓励支持福建省外向型企业调结构转战国内市场的建议；关于每年省“两会”期间省委、省政府召开非公经济代表人士座谈会的建议；关于落实就业和培训惠企政策的建议；关于建筑安装、农副产品加工等特殊行业企业不强制实行计时工资制的建议；关于鼓励民间资本参与城市基础设施建设的若干建议；关于建立健全民营企业人才机制的建议；关于进一步贯彻落实《中共中央、国务院关于加强和改进新形势下工商联工作的意见》精神的若干建议；关于进一步拓展福建省民营经济投资经营领域的建议；关于落实“民间投资36条”精神助推民营企业转型升级的建议；关于进一步提升福建省县域经济发展水平的几点建议；关于贯彻落实支持小型微型企业有关政策措施的建议；关于促进福建省中小微型企业又好又快发展的建议；关于高等院校在民营企业中建立实习基地的建议；关于健全和完善我省非公有制经济统计体系和发布制度的建议；关于促进民营文化产业发展的几点建议；关于进一步推动福建省农超对接工作的若干建议，等等。这三次会议共提出44个个人提案和集体提案，其中涉及与私营企业相关的经济方面的提案有30个，这些提案涉及私营企业发展的方方面面，也涉及非公有制经济人士自身素质提高等方面的内容。我们从提案可以十分清楚地看到，福建私营企业主阶层政治参与主要代表的是本阶层的利益，这个利益主要表现为经济利益，他们政治参与的目的就是通过推动有利于福建私营企业发展的政策的制定和完善，为福建省私营企业提供一个良好的发展环境，从而进一步把私营企业做稳、做大、做强。

在现实生活中，福建私营企业主阶层将自己最主要的关注点放在企业的经营和发展等经济层面上，“把私营企业办好”是私营企业主最为关注的事情。在被问及在经济、政治和社会生活中的具体打算时，高达42.5%的福建私营企业主认为当前最迫切的事情是“在商言商，把企业办好”。私营企业主在社会生活中，注重社会舆论和社会评价，有14.6%的私营企业主“在各种媒体上多宣传自己的事业”，有22.5%的私营业主认为努力“在日常生活中树立良好的个人和企业形象，做一名社会贤达”，这都可以说是坚持“在商言商，把企业办好”理念的一种延续。

（二）福建私营企业主阶层通过政治参与可以获取政治资源，提高政治资本，从而获得经济利益

福建私营企业主阶层是政治资源比较缺乏的阶层。虽然他们拥有较强的经济实力和一定的社会地位，但是，他们只是“企业精英”而非“政治精英”，他们仍然处在我国的“体制外”，他们往往会觉得自己只是一个“纳税人”的边缘角色。事实上，由于中国转型社会的复杂性和变化发展的快速性、市场结构的不完善性，加上中国行政力量在干预经济活动上意愿和能力依然强大，政府在社会上资源汲取和利益分配的作用十分巨大。[①] 因

① 参考毛明斌《中国私营企业主阶层政治参与研究》，硕士学位论文，苏州大学，2005，第14页。

此，福建私营企业主阶层在实际的企业经营过程中深切体会到政治权力对经济活动的巨大影响力。他们通过政治参与，力图与一些政府部门及官员建立各种关系，拓宽他们的社会关系网，从而获取大量有价值的信息，摄取稀缺资源，捕捉市场机会，与地方政府和工商税务所在感情上建立信任关系，使企业在融资贷款、征地减税等方面得到优先照顾，以提高企业的竞争力、抗风险能力和长远发展的潜力，从而在市场竞争中处于有利地位。他们通过政治参与，力图增加政治资本，取得一定的政治地位，政治地位的提高有利于提高私营企业主的知名度，增加私营企业主的信誉度，树立企业及产品的形象，扩大企业的社会影响，从而扩大销售量，在经济活动中处于更有利的地位，进一步维护私营企业的利益。即使一部分私营企业主并不太想参与到政治中去，但他们为了在社会上立足、为了给企业创造一个发展的良好环境和保护自身利益不受侵害，也会积极参与到政治生活当中。

通过与政治领导人合影以及获得政治荣誉等方式，是福建私营企业主阶层获取政治资本和政治资源，提高社会地位，推动私营企业发展的重要形式和途径。私营企业主阶层参与政治活动并非每次都能够影响政府决策，即使完全不能影响政府的决策，他们也会表现出比较积极主动的参与态度，因为私营企业主政治参与的形式与实质同样十分重要，都会为私营企业的发展带来实际的利益。比如，私营企业主与政府或党的高层领导人见面、交谈或者合影等等，这类活动本身就是一种政治荣誉、一种政治资本。比如，在众多的私营企业，特别是知名的私营企业均会陈列着企业家与各级各类领导人的合影，有的企业中还挂有领导人的题词等等，不仅向社会昭示着企业与众不同的政治背景及政治上的实力，而且也表明了企业主所拥有的政治资源。这种形式不仅仅带给私营企业主个人社会地位提升的佐证与个人满足感，更重要的是会给私营企业带来实实在在的政治经济功效。

近些年来，福建省私营企业主阶层在国内外获得了许多重要荣誉，如“安永全球企业家大奖”、“全国优秀中国特色社会主义事业建设者”、“全国劳动模范”、“全国优秀企业家”、“中华全国工商业联合会科技进步奖”、“全国道德模范提名奖”、“中华慈善奖”、“全国光彩事业突出贡献奖”、“中国光彩事业奖章”、“光彩事业国土绿化贡献奖”、“福建省优秀企业家”、“福建省优秀女民营企业家”、“福建省突出贡献企业家”、“福建省光彩事业先进个人”等称号。大多数的福建私营企业主都十分看重政治荣誉，也愿意通过努力获得各种政治荣誉。这些政治荣誉既是对私营企业主个人努力和社会价值的认可，更是对自身私营企业的认可，也是私营企业主所获得政治资源的衍生物。私营企业主获得政治荣誉，特别是高级别的政治荣誉，意味着在一定的范围内获得了社会较高的政治认同，会为进入更高层次的政治活动圈创造条件。这样就为私营企业的可持续发展创造了更好的外部环境。

三　谋求政治保护

本课题组的抽样问卷调查显示，有 124 位即占 21.5% 的被访私营企业主政治参与的动机是“保护企业不受刁难”。通过调研我们发现，这种自我保护型的政治参与动机来自于私营企业主内心深处的“不安全感”。客观地说，福建省绝大多数的私营企业主都存在着或多或少的“不安全感”，而且这种“不安全感”从私营企业诞生伊始就存在，在较长的时间内都会持续。根源在于，一方面这是新中国在早期的发展中多次政治运动留下的“后遗症”，另一方面也是中国几千年来历代相传的“重官轻商”传统理念所造成的负面影响。所以，在私营企业主政治参与动机的发展趋势中，自我保护型的功利性政治参与将会存在较长的时间。因此，为了减轻或降低“不安全感”、谋求政治保护是福建私营企业主阶层政治参与的最原始动机之一。

福建省私营企业主之所以存在“不安全感”、在政治参与中谋求政治保护，主要是由以下几个方面原因造成。

（一）政策因素

福建私营企业主阶层对我国有关私营经济的政策存在“不安全感”。私营企业主的这种“不安全感”一方面来自于新中国成立以来对私营经济政策的善变。私营企业主阶层在历史上曾被作为剥削阶级，是“阶级异己分子”，在多次政治运动中往往首当其冲受到批斗。这段历史对今天的私营企业主而言，想起来还心有余悸。在时隔不到 20 年左右的时间内又重新发展私营经济，他们心存疑虑，而且，在重新发展私营经济的过程中，他们又一直面临着来自方方面面的阻力和干扰。如在改革开放初期，他们整天在担惊受怕中过日子，害怕政策变，害怕自己被打成“另类”。“1989 年政治风波”后又深受姓“资”姓“社”争论的干扰，这对他们造成很大的心理压力。在这期间，党和政府对私营经济、私营企业主的政策经过了几次大的调整和变化，而且每次的调整变化都很大程度地左右着私营经济的发展，导致了私营经济的发展对国家政策产生极大的依赖性。因此，尽管私营企业主在经济上比较富裕，但是如果在政治上没有相应的地位，没有可靠的政策保障，他们就会担心说不定哪天被打入“另册”，不仅自己有祸害，还牵连子孙。

这种“不安全感”另一方面还体现在私营企业主对国家的私营经济政策性歧视的无奈。在社会主义市场经济条件下私营企业仍然有剥削行为，在实际运作中私营企业也暴露出不少弊端。历史的影响和现实的因素使其他社会群体对私营企业主阶层总体评价不高，使私营企业主群体的心理产生失落感。尽管私营企业主群体的经济地位较高，但是私营企业主仍然在某种程度上处于被歧视的地位，目前私营企业在市场准入、信用贷款、土地出让、招标投标、产品进出口权等关系到企业发展的很多方面，还未能享有与国有企业或外资企业同等的权利和国民待遇。在调查中，大多数私营企业主认为政府对不同企业的支持力度不一样，在征地、水、电、气、热及交通等方面存在着政策性歧视。

我们在调查中发现，福建私营企业主阶层非常关注党和国家有关改革开放和私营经济发展的政策的制定和落实，非常希望党和国家的有关改革开放和私营经济发展的政策保持稳定性和连续性。在本课题组进行的对577位福建私营企业主的抽样问卷调查中，关于福建私营企业主最关心的社会议题中，政府政策的透明度、国家政策的连续性和贷款政策的落实是他们最关心的三个议题，分别占被访企业主的41.8%、40.0%和31.9%，这三个议题都是与私营经济的发展有密切关系的国家政策方面的议题。

正因为这样“不安全感”的存在，福建私营企业主阶层在政治参与中总是积极推动政府制定有利于私营经济发展的政策和决策，力图维护本阶层的利益，保障私营企业的生存和发展的权益。

（二）环境因素

“安全是长期的自由。它是一种信心，即相信自由在未来不会遭受侵害。”[①] 在中国经营私营企业是一项风险极大的事业，私营企业的平均寿命

① 〔德〕柯武刚、史漫飞：《制度经济学》，韩朝华译，商务印书馆，2002，第96页。

很短，小企业的生命周期只有几年，相对安全稳定的经营环境对于企业至关重要。在调查中我们发现，福建私营企业主阶层对福建私营经济的发展环境存在一定程度的“不安全感”。

1. 福建私营企业主对福建省私营经济发展环境评价不高

福建私营企业主阶层认为，近年来我国和福建省对私营企业发展的相关环境总体上还是有改善的，但是改善状况还是不够令人满意，改善程度还需进一步提高。如有67.4%的企业主认为在“落实保护私有财产的相关法律法规”方面有改善，有60.8%的企业主认为在“社会治安与私营企业主人身安全”方面有改善，有59.8%的企业主认为在“放宽经营领域，降低市场准入门槛”方面有改善，有56.5%的企业主认为在“简化政府部门审批过程”方面有改善，有55.5%的企业主认为在“建立私营企业信用制度”方面有完善，有52.2%的企业主认为在“投融资环境”方面有改善，有52.2%的企业主认为在提高“私营企业主的社会政治地位”方面有改善，有47.3%的企业主认为在“‘三乱’问题（乱收费、乱摊派、乱集资）”方面有改善，有44.5%的企业主认为在“管理执法部门的工作作风”方面有改善，见表4－6。在此表中，“三乱”问题和“管理执法部门的工作作风”的改善程度的认可度最低，不到被访企业主一半的比例。

表4－6 福建私营企业主对福建私营企业发展相关环境改善程度的认知（可多选）

福建私营企业发展环境改善的内容	人　数（人）	所占百分比（%）
落实保护私有财产的相关法律法规	389	67.4
社会治安与私营企业主人身安全	351	60.8
放宽经营领域，降低市场准入门槛	345	59.8
简化政府部门审批过程	326	56.5
建立私营企业信用制度	320	55.5
投融资环境	301	52.2
私营企业主的社会政治地位	301	52.2
“三乱”问题（乱收费、乱摊派、乱集资）	273	47.3
管理执法部门的工作作风	257	44.5

在问卷中，对于私营企业主的私营企业“所在地的私营经济发展环境”的回答中，认为“较好”的占被访企业主的31.7%，认为“一般”

的占被访企业主的56.5%，认为“较差”的占被访企业主的6.8%，“未回答”的占被访企业主的5.0%，见表4-7。在问卷中，对于私营企业主的私营企业“所在福建省的私营经济发展环境”的回答中，认为“较好”的占被访企业主的21.7%，认为“一般”的占被访企业主的50.9%，认为“较差”的占被访企业主的12.8%，认为“不清楚”的占被访企业主的8.5%，“未回答”的占被访企业主的6.1%，见表4-8。在问卷中，对于“您认为哪个地方的私营经济发展环境最好”的回答中，有29.5%的被访企业主选择浙江省，有26.3%的被访企业主选择广东省，有20.5%的被访企业主选择江苏省，有14.0%的被访企业主选择福建省，也有4.5%的被访企业主选择其他省份，有5.2%的被访企业主没有填写，见表4-9。

表4-7　福建私营企业主对企业所在地的私营经济发展环境的评价

私营企业所在地发展环境评价	一　般	较　好	较　差	未回答	合　计
人　　数（人）	326	183	39	29	577
所占百分比（%）	56.5	31.7	6.8	5.0	100

表4-8　福建私营企业主对本省私营经济发展环境的评价

福建省私营经济发展环境的评价	一　般	较　好	较　差	不清楚	未回答	合　计
人　　数（人）	294	125	74	49	35	577
所占百分比（%）	50.9	21.7	12.8	8.5	6.1	100

表4-9　福建私营企业主对中国私营经济发展环境最好的地方的调查

发展环境最好的地方的回答	浙　江	广　东	江　苏	福　建	其他省份	未填写	合　计
人　　数（人）	170	152	118	81	26	30	577
所占百分比（%）	29.5	26.3	20.5	14.0	4.5	5.2	100

从上面的调查结果可以看到，福建私营企业主阶层认为福建省私营经济的发展环境比较一般，不如浙江、广东和江苏等地。

2. 福建部分私营企业会受到一些部门的“刁难”，是私营企业主产生“不安全感”进而谋求政治保护的重要原因之一

在调查中笔者发现，福建省一些私营企业，尤其是中小企业会不同程度地遭遇地方政府管理部门的“刁难”。在问卷中，私营企业主认为福建省“管理执法部门的工作作风”和“‘三乱’问题（乱收费、乱摊派、乱集资）”的改善程度最低（见表4－6）。在问到“私营企业经常遇见纠纷是什么”的回答中，有160人、占27.7%的被访企业主认为是“与供货单位”，有113人、占19.6%的被访企业主认为是“与买方”，有96人、占16.6%的被访企业主认为是“与当地政府有关管理部门”，有79人、占13.7%的被访企业主认为是“与消费者”，有59人、占10.2%的被访企业主认为是“与本企业人员”，有43人、占7.5%的被访企业主认为是“与当地居民或其他单位”，也有27人、占4.7%的被访企业主选择了“其他”，见表4－10。

表4－10 福建私营企业主认为自己的企业最经常遇到的纠纷的调查

企业最经常遇到的纠纷	人　数（人）	所占百分比（%）
与供货单位	160	27.7
与买方	113	19.6
与当地政府有关管理部门	96	16.6
与消费者	79	13.7
与本企业人员	59	10.2
与当地居民或其他单位	43	7.5
其他	27	4.7
合　　计	577	100

在私营企业经常发生的纠纷中，577位被访企业主中有96位企业主选择“与当地政府有关管理部门”的纠纷，在所有的纠纷中占第三位。而且我们看到，前两位纠纷都是与私营企业的经济运营有直接关系的经济纠纷，这在经济活动中属于正常现象，而第三位纠纷是与私营企业的经济运营有间接关系的，排在了私营企业“与消费者”等的纠纷的前面，可以想到，私营企业在与地方政府管理部门打交道中耗费了许多的精力，牵扯了许多的事情。这样的纠纷无疑会增加私营企业运作的障碍和阻力。在调查“您认为哪个部门最难以沟通（可多选）”中，占26.5%的被访企业主选

择公安、消防部门，占 24.1% 的被访企业主选择地方政府，占 22.7% 的被访企业主选择税务部门，占 14.0% 的被访企业主选择环保部门，占 11.3% 的被访企业主选择质量监督部门，占 9.9% 的被访企业主选择工商行政部门，占 6.1% 的被访企业主选择物价部门，占 6.1% 的被访企业主选择卫生管理部门，占 4.7% 的被访企业主选择海关，占 2.1% 的被访企业主选择计量管理部门，见表 4－11。

表 4－11　在福建私营企业发展中最难以沟通的政府部门的调查（可多选）

最难以沟通的部门	人　数（人）	所占百分比（%）
公安、消防部门	153	26.5
地方政府	139	24.1
税务部门	131	22.7
环保部门	81	14.0
质量监督部门	65	11.3
工商行政部门	57	9.9
物价部门	35	6.1
卫生管理部门	35	6.1
海关	27	4.7
计量管理部门	12	2.1

表 4－11 显示，有 423 人次（总数 577 人）的被访私营企业主认为公安、消防部门、地方政府以及税务部门是最难以沟通的部门，这与表 4－10 的调查结果其实是一致的。因为这些部门难以沟通，所以容易产生纠纷。私营企业主私下告诉笔者，有的私营企业在发展的过程中确实受过地方政府管理部门的“刁难”，如有的管理执法部门工作作风差，办事拖沓，无效率；乱摊派、乱收费、乱罚款等始终是令私营企业主们头疼的事情。如个别党政官员行为腐败、风气不正，到私营企业吃、拿、卡、要、报销各种费用的现象时有发生。如有的公务人员在工作中，滥用行政处罚权、自由裁量权，搞“议价罚款”，以权谋私，徇私枉法等。有的地方政府管理部门的上述做法不仅损害了党和政府形象，败坏了社会风气，还给私营企业的正常工作造成了很大的困扰和不便，对私营企业的发展造成一定的障碍。为了减少和避免发展过程中的种种障碍和“被刁难”，为了使自己的合法利益不受侵犯，私营企业主下定决心拿出时间和精力参政，如与所

在地的工商、税务、公安、卫生防疫等部门建立良好的互动关系，为企业建立一张保护网，一定程度上消解私营企业主的“不安全感”，有利于私营企业的经营和发展。

（三）政府因素

1. 部分福建私营企业主及其家属存在安全问题

在本课题组的抽样问卷调查中，对于“您本人和家属安全是否存在问题”的回答中，回答“很有问题”的占被访企业主的2.9%，回答“有问题”的占被访企业主的12.9%，回答“无困难”的占被访企业主的67.4%，“未回答”的占被访企业主的16.8%，见表4－12。表4－12的数据显示，总体上福建私营企业主阶层本人及家属的安全不存在问题，但是，也有91位、占被访企业主15.8%的私营企业主认为他们本人及家属存在一定程度的安全问题。

表4－12　福建私营企业主及其家属安全问题的调查

您本人和家属安全是否存在问题	人　数（人）	所占百分比（%）
很有问题	17	2.9
有 问 题	74	12.9
无 困 难	389	67.4
未 回 答	97	16.8
合　　计	577	100

2. 福建省私营企业和福建省政府之间的关系需要改善

在本课题组的抽样问卷调查中，对于“如何形容私营企业和政府之间的关系”的回答中，有115人、占19.9%的被访企业主认为“政府对企业的扶持很大”，有331人、占57.4%的被访企业主认为“政府对企业扶持不够，应加大”，也有87人、占15.1%的被访企业主认为“政府干涉企业太多，影响企业发展”，有33人、占5.7%的被访企业主认为“政府和企业发展关系不大，无所谓”，有11人、占1.9%的被访企业主选择“其他关系”，见表4－13。可见。只有占1/5的少数私营企业主认为省政府对私营企业的扶持很大，占1/2多的私营企业主认为福建省政府对福建私营企业的扶持不够，有的企业主甚至还认为政府影响了私营企业的发展，也就是说政府对于私营企业的发展起了反作用。这是一个值得我们深思和反省的重要问题。

表 4-13　福建省政府与私营企业之间关系的调查

福建省私营企业与福建政府之间的关系	人　数（人）	所占百分比（%）
政府对企业的扶持很大	115	19.9
政府对企业扶持不够，应加大	331	57.4
政府干涉企业太多，影响企业发展	87	15.1
政府和企业发展关系不大，无所谓	33	5.7
其他关系	11	1.9
合　计	577	100

3. 福建省地方政府对当地私营企业发展的推动作用需要加强

在抽样问卷调查问到“当地政府对您私营企业的发展，主要是起到推动作用，还是阻碍作用”的时候，有 267 人、占 46.3% 的被访企业主选择“推动”，有 51 人、占 8.8% 的被访企业主选择“阻碍”，有 147 人、占 25.5% 的被访企业主选择“推动与阻碍相当”，也有 112 人、占 19.4% 的被访企业主选择“不好说”，见表 4-14。选择地方政府对私营企业的发展起推动作用的不到被访企业主的 1/2，而选择“阻碍”和“推动与阻碍相当”的私营企业主高达被访企业主的 34.3% 的比例。可见，私营企业主对于当地政府对私营经济的良性影响和作用的认同度不高，说明地方政府在推动私营企业的发展方面需要加强。

表 4-14　福建当地政府对私营企业发展作用的调查

当地政府对私营企业发展的作用	人　数（人）	所占百分比（%）
推动	267	46.3
阻碍	51	8.8
推动/阻碍相当	147	25.5
不好说	112	19.4
合　计	577	100

4. 私营企业所在地政府工作的规范性仍需提高

在问卷问到“您和当地政府打交道时，他们是否规范”时，回答“很规范”的占被访企业主的18.0%，有104人；回答“过得去”的占被访企业主的62.6%，有361人；回答“不太规范”的占被访企业主的15.4%，有89人；回答“很不规范”的占被访企业主的4.0%，有23人，见表4－15。总体上，绝大多数的私营企业主还是认可地方政府的工作规范性的，占被访企业主的80.6%，但是，也有占被访企业主的19.4%的企业主认为地方政府“不太规范”或者“很不规范”，这说明地方政府工作的规范性仍需提高。

表4－15　对福建省当地政府工作的规范性调查

和当地政府打交道，他们是否规范	人　数（人）	所占百分比（%）
很规范	104	18.0
过得去	361	62.6
不太规范	89	15.4
很不规范	23	4.0
合　计	577	100

综上所述，福建私营企业主及其家人的人身安全保障，政府与私营企业的关系，政府对私营企业的作用，政府部门工作的规范性以及政府执法部门的公正性，福建省投资软、硬环境的改善，等等，是福建省私营企业主迫切期待改进的重要制度性问题。这些问题的解决均依赖于政府对私营经济的扶持和保护的力度。尤其是我国当前正处于社会经济转型期，私营经济发展的政策依赖性极强，政策变化带来的不确定性依然存在，政府部门工作的不透明性和不规范性带来的不确定性也不同程度地存在着，这些不确定性会给私营企业经营带来不可预见的风险。所以，与国有企业和集体企业相比，福建私营企业把与政府的关系放在更加重要的位置，同时也在建立关系上投入更多的资源，以期得到政府以及法律和正式制度的支持和保护，从而为企业营造优越的运营环境。因此，对于福建私营企业主而言，寻求生存和发展的政治保护与安全是其政治参与的一个重要动机。

四　履行社会责任

本调查组在对福建私营企业主关心政治的目的的问卷调查中，选择“出于社会责任感而关心政治”的占被访企业主的24.1%，所占比例排在第三位；在对福建私营企业主政治参与目的的问卷调查中，选择“作为公民的社会责任而参政议政”的占被访企业主的16.3%，所占比例排在第四位。从调研结果看，虽然总体上选择为了履行社会责任而关心政治和参与政治的私营企业主所占的比例不高，但是有进一步发展的趋势，构成了未来私营企业主阶层政治参与的前景。履行社会责任也是福建私营企业主阶层政治参与的主要动机之一。

（一）中国经济政治的发展是私营企业主为履行社会责任而参政的大环境

随着改革开放的深入，中国共产党在政治体制中不断引入人民民主新概念，加强了对民主的宣传和实际运作，经济上大胆地进行了民主化改革，这些都强化了私营企业主对民主的感性认识及认同，使他们逐渐认识到关心时局、提出建议是公民应有的权利，用自己的观念影响政治过程，以自己的实际行动介入政治过程是一种责任。[①] 所以说，中国经济政治的发展催生了私营企业主的政治自觉，哺育了他们的民主意识，他们逐渐地把政治参与当做一种社会责任。

（二）追求自我实现的需要是私营企业主把履行社会责任作为参政动机的内在根源

在马斯洛的需要层次理论中，自我实现的需要是人类最高层次的需求。尽管大多数的私营企业主的政治参与还是处在为满足生理需要、安全需要、社会需要和尊重需要的层次，他们在功利心态的利益驱使下把追求个人和企业的利益作为参政的最主要动机，但这不是绝对的。有一部分的私营企业主，随着他们的文化素质、思想境界和道德水平的不断提升，政治参与能力的不断提高，政治理论素养的不断完善，他们不仅

① 王晓燕：《私营企业主的政治参与》，社会科学文献出版社，2007，第45页。

扮演着经济角色，还更多的是在承担社会责任，承担相应的社会义务。他们参与政治的目的，已经不仅仅局限于个人利益和企业利益的追求，而是上升到更高的层次即关注私营企业发展以外的重大社会问题，致力于为更广泛的社会利益说话。如在2010~2012年期间，福建省私营企业主在省政协十届三次、十届四次以及十届五次会议提出的提案中，涉及社会问题的主要内容有：关于理顺和建立信访工作科学管理体系的建议，关于构建台湾法研究与咨询平台的建议，关于进一步做好我省数字电视转换工作的建议，关于在全省公务员中开展“尊重纳税人”、“更好为纳税人服务”宣传教育活动的建议，关于进一步加强市区公共交通驾驶员管理的建议，关于重视发挥工商联在构建和谐劳动关系中重要作用的建议，关于进一步注重培养学生良好学习姿势、促进学生身心健康的建议，关于出台“福建省公共场所禁烟条例”的建议，关于进一步加强福州市区道路交通管理的建议，关于高度关注新生代进城务工人员发展问题的建议，关于缓解“血荒”现象的几点建议，关于加强社区管理和建设的几点建议，关于破解幼儿“入园难”问题的建议，等等。这样类型的私营企业主，其政治参与的心态已经由功利性转变为公益性了。公益性的政治心态是指“私营企业主参与社会、政治生活的主要目的，是为了保障和维护公众和社会的整体利益，而非一己的私利”①。一般而言，具有这种政治参与动机的私营企业主，其经济实力都比较雄厚，在当地乃至全国都有一定的影响力，并且有较强的民主和政治责任意识，有较强的社会历史责任感。他们意识到自己的价值、尊严、地位和荣誉，是同他们对社会的贡献成正比的。只有把自己的前途和命运与社会的需要和广大人民群众的利益以及祖国的未来紧密联系在一起，才能成就事业，实现人生价值。成就百年事业，实现人生价值，这是私营企业主政治参与目标的最高境界，也是私营企业主政治参与的最高追求。

（三）社会主义社会的利益观促使福建私营企业主形成为履行社会责任而参政的目的

社会主义社会是追求社会公益的社会。社会主义社会的发展是为最

① 董明：《政治格局中的私营企业主阶层》，中国经济出版社，2002，第311页。

广大人民的利益服务的。社会主义社会的利益观促使私营企业主阶层参与政治时必须顾及广大人民群众的根本利益。现在的私营企业主阶层既不同于一般资本主义国家的私人资本家，也不同于中国历史上的民族工商业者，而是中国特色社会主义事业的建设者，是社会主义现代化建设不可或缺的一支重要力量，他们与其他公民一样承担着社会责任和社会义务。从另一方面来看，私营企业主承担社会责任，是对邓小平“共同富裕”理论的新的解读。邓小平的共同富裕思想充分体现了新时期社会主义的利益观。邓小平在改革开放初期曾经说过：“我们的政策是让一部分人、一部分地区先富起来，以带动和帮助落后地区，先进地区帮助落后地区是一种义务。我们坚持走社会主义道路，根本目标是实现共同富裕，然而平均发展是不可能的。过去搞平均主义，吃‘大锅饭’，实际上是共同落后，共同贫穷，我们就是吃了这个亏。”① 邓小平的这段话告诉我们，发展社会主义市场经济的最终目的不是要扩大贫富差距，而是要消除两极分化，最终实现共同富裕。私营企业主作为先富起来的一部分人，应当帮助和带动周围的群众致富，把个人富裕和全体人民的共同富裕结合起来，最终实现共同富裕。实现共同富裕，不仅有利于私营企业的进一步发展，而且有利于社会的稳定。因此，私营企业主作为社会主义事业的建设者，他们有责任也有义务履行社会责任，带动人民共同富裕。社会主义国家独有的利益观促使私营企业主阶层参与政治时不仅考虑到自身利益，还要在社会主义社会利益观的指引下自觉地顾及其他社会阶层以及社会的整体公益。

2009 年，福建省刘用辉、李顺堤、陈爱钦、曹德旺等四位私营企业主荣获了以“爱国、敬业、诚信、守法、贡献”为核心精神的“优秀中国特色社会主义事业建设者”的荣誉称号。从 2004 年至今，包括许连捷、李新炎、傅光明、吴惠天、陈成秀、林欧文等在内，有 10 位福建私营企业主获此殊荣，他们是善于把个人利益、企业利益与国家利益和社会利益紧密联系，做大事业、实现人生价值和贡献社会的典型。

例如：福建省工商联副主席、顺盛集团股份有限公司董事长李顺堤深感自己身上所担负的责任和使命的重大。他谈到，目前正在筹备建设的世界闽商大厦，对于弘扬新时期的闽商精神，做大做强世界闽商品牌，团结

---

① 《邓小平文选》第 3 卷，人民出版社，1993，第 155 页。

海内外闽商融入“海峡西岸经济区”建设都具有划时代的意义。作为世界闽商大厦的发起人，他将以“建设者”的新面貌，全身心地投入到世界闽商大厦的建设工作当中去。

例如：福建省工商联副主席、福耀玻璃工业集团股份有限公司董事长曹德旺于1987年创建了福耀玻璃，作为第一个进入汽车玻璃行业的中国企业，彻底改变了中国汽车玻璃市场由国外品牌垄断的历史。目前，福耀已成为国内第一、世界第四大汽车玻璃厂商，集团总资产由1987年注册时的627万元增长至目前的90多亿元。由于他的杰出成就，于2009年5月30日，曹德旺获得有企业奥斯卡之称的“安永全球企业家大奖”，为首位华人获得者。此奖是为了表扬拥有卓识、领导才能及成就并能启发他人的企业家所做出的贡献。历年来只有全球最成功及最富创新精神的杰出企业家才能获此殊荣。目前曹德旺家族累计社会公益捐赠已达50亿元，蝉联“中国最慷慨的慈善家”等荣誉称号。

例如：2008年金融危机发生后，盛辉物流向全体员工做出了“保就业，不裁员，不减薪”的承诺。福建省工商联常委、盛辉物流集团有限公司董事长刘用辉表示：“这次颁奖大会上，全国政协主席贾庆林、国务院副总理张德江等中央领导亲自接见我们，规格很高，作为一家物流企业这次能获得这么高的荣誉，我在高兴之余，也深感责任重大。今后，我们将以荣誉鞭策自己，继续带领广大职工努力为社会多做一些回报，为建设和谐社会、为海西建设做出更大的贡献。”

例如：福建省工商联常委、厦门永同昌集团有限公司副董事长、总经理陈爱钦带领永同昌人积极参与教育、医疗、养老、助贫、救灾等各项公益事业。她认为，一个优秀的建设者最起码要“做一个好人”，作为一个企业家，做任何一件事都应当“合情合理合法”，要考虑到各阶层各方面的利益，“获此荣誉将激励我去努力做一个对社会、对身边的人有用的好人”。①

以上这些私营企业主在做大做强企业的同时，通过进行公益捐助、承担社会福利、创造就业机会等形式回报社会，履行社会责任。

---

① 以上材料参考福建工商联网站，http：//www.fjgsl.org.cn/NewsView.aspx? NewsID =3518。

（四）闽商文化中的公益精神塑造了福建私营企业主履行社会责任的政治参与心态

闽商文化中“重利尚义，回馈桑梓”的公益精神对闽商影响深刻。闽商的义利观深受朱熹理学的影响。朱熹理学强调的社会伦理，是人要克服欲望去达到的最高境界。人欲是利己，天理是利他，经商是主观利己客观利他，公益则是主观客观都利他，商业的理、商人的最高境界就是服务社会和造福于社会。这是闽商对千百年来义利之辨的实践。闽商发达后，比的不是谁的房子盖得大，而是谁为家乡好事做得多，他们将回报社会视为企业发展的动力。2007 年 5 月召开的第二届世界闽商大会通过的《闽商宣言》中有“闽商之观念，最重是故园。家门为圆心，理想为半径，驰骋万里，收获大千。然人在羁旅，心系乡关。天涯黄金屋，故土篱笆墙，两相不弃，万里同春。出则兼济天下，归则反哺梓桑。城市建设，戮力相帮；农村发展，道义同担。铺路搭桥，有前贤垂范；兴教办学，效侨领嘉庚。好雨知时，润物无声。乡情如醪，和谐长安”。[①] 这一段文字生动地表明了闽商“回馈桑梓”的价值理念，“爱自己，爱家人，爱故乡，爱民族，爱国家”，这是闽商“泱泱商道的起点”。闽商致富不忘家乡和国家，他们乐善好施，在救灾、兴学、扶贫、改善医疗环境、基础设施建设、发展文化、体育事业等慈善事业方面的捐款额居全国第二，他们为社区、社会的发展出谋划策，贡献自己的应有力量，这是他们公益型政治参与心态的具体外显。不少企业家因自己的善举而得到了社会的肯定和人们的赞扬。孔子认为“博施于民，而能济众”，是一种令人仰止的圣人境界，部分闽商超越“小我”，追求“大我”，积极担当社会大义、承担社会责任，力图成为这样的人。

履行社会责任是福建私营企业主阶层政治参与的最高层次动机，也成为他们参与政治的社会责任和民主义务，虽然这样的情形在目前福建私营企业主群体的政治参与中还不具有普遍意义，但它却代表了一种强劲的发展趋势。

总之，目前福建私营企业主阶层政治参与的动机是多元化的，既有个人层面的提高个人社会地位和谋求政治保护的动机，也有企业层面的发展

---

① 《〈闽商宣言〉全文弘扬闽商精神》，《福建日报》2007 年 5 月 22 日。。

企业的动机，还有社会层面的履行社会责任的动机。这些动机在私营企业主政治参与当中都会交叉出现。对于产生这些动机的原因和条件的了解和把握，是规范私营企业主政治参与行为的基础。目前福建私营企业主的政治参与总体上是基于资源获取导向和个人、企业导向，社会奉献型政治参与还较少。社会各界应该采用有效的措施加以引导和完善，激发和增强私营企业主更多地基于社会责任参与政治活动，不断提高私营企业主群体的政治觉悟，使其真正成为促进社会经济、政治等发展的重要力量，为建设和谐社会做出更大的贡献。

第五章　福建私营企业主阶层政治参与的途径

途径，亦可以理解为路径，本文指解决问题或实现目标的方式、方法或手段。私营企业主政治参与的途径是指私营企业主为了表达自己的政治主张、达到自己的政治目的所采用的各种形式、方法、手段的统称。它解决的是私营企业主怎样参与政治的问题。当前我国私营企业主阶层政治参与的途径是多层面的，既有制度性政治参与，又有非制度性政治参与。福建省私营企业主阶层政治参与的途径包括：参选各级人大代表和政协委员，申请加入共产党等党派组织，参加工商联等商会组织，参与光彩事业，与有关政府官员进行政治接触，参与农村基层自治等形式。

一　参选各级人大代表和政协委员

参选各级人大代表和政协委员是福建私营企业主阶层最直接、最重要的政治参与途径。人民代表大会制度和政治协商制度是我国根本政治制度和基本政治制度，二者都是我国公民最基本的政治参与制度，是我国公民参政议政最根本，最有效的方式。作为中华人民共和国公民中的一分子，私营企业主也不例外。当选为全国或者地方各级人大代表、全国或者地方各级政协委员是福建私营企业主阶层政治参与的最主要形式之一。

各级人民代表大会是地方行使国家权力的各级机关，各级人大代表的产生是通过群众选举产生的。而政治协商会议是中国各主要政治力量的代表会议，是一个各界人士参政议政的论坛。政协委员的产生，主要是以社会各界别的推荐为主，重视当选为政协委员的各个界别的代表性。由于历史传统思想的影响，大多数私营企业主都选择参选政协委员，希冀通过政协会议以实现自身阶层的利益。所以，私营企业主在政协中的人数超过在人大中的人数。现在的私营企业主阶层已经成为政协的基础力量。本文重点从福建私营企业主参加政协的角度来分析他们的政治参与。

（一）在政协中担任委员或常委的私营企业主具有鲜明的群体特征

从福建省政协第十届696名政协委员的组成来看，除各民主党派的代表以外，还包括工商联、工会、共青团、妇联、侨联、台联、青联、科技界、教育界、医药卫生界、文艺界、体育界、新闻出版界、经济界、农业界、社会福利与社会保障界、社会科学界、科学技术协会、宗教界、少数民族界、无党派人士、中国共产党福建省委员会、特邀人士（一）界、特邀人士（二）界等共计24个界别的代表。而私营企业主的界别代表就相对比较集中，主要分布在工商联、农业、侨联、科技、经济、医药卫生、少数民族等界别。其中，工商联代表共有32位，有28位是私营企业主代表。也就是说，在福建省政协的活动中，私营企业主阶层可以视为工商联的代表，因此他们的意见在很大程度上代表了整个工商业界的共同呼声。身兼福建省政协委员的主要私营企业主名单如下：

工商联

丁水波：晋江市慈善总会常务理事，泉州市鞋业商会副会长特步（中国）有限公司总裁，泉州市三兴体育用品有限公司董事长。

丁响亮：福建宏玮鞋塑有限公司董事长。

王炎平：福建省政协常委，福建省总商会副会长，福建国航远洋运输（集团）股份有限公司董事长。

陈发树：新华都实业集团董事长。

王荣平：全国工商联石材业商会常务副会长、磊鑫（泉州）石材有限公司董事长。

卢元健：福建元力活性炭股份有限公司法人代表、负责人。

许明金：福建省政协常委，广东省福建商会理事长，深圳市福建商会理事长，福建省总商会副会长，深圳香缤投资集团有限公司董事长。

杨孝梁：福建纵横投资实业集团董事长。

连锋：福建省工商联副主席，福建省立丰印染股份有限公司董事长。

吴汉杰：泉州市人大代表，泉州鸿星尔克体育用品有限公司董事长。

张宗真：厦门永同昌集团有限公司董事长、总裁。

张就延：福建永延集团董事长。

陈庆元：福建省政协常委，福建省总商会副会长，泉州市名流实业股份有限公司董事长。

林和平：富贵鸟集团公司董事长。

林金来：鑫和集团董事长。

林定强：融侨集团股份有限公司副董事长兼总裁。

林建平：莆田市武夷房地产有限公司董事长。

胡钢：福建省工商联副主席，新大陆集团董事长兼总裁。

柯遵昶：福建恒达集团有限公司董事长。

高德平：漳州市华艺房地产开发有限公司董事长。

郭东泽：仁建集团董事长。

赖桂勇：第十届全国人大代表，福建省总商会副会长，厦门市高新技术发展协会理事长，厦门涌泉集团有限公司董事长。

刘用辉：福建省盛辉物流集团有限公司董事长兼总裁。

吴华春：福建省工商联（总商会）常委，晋江市慈善总会副会长，中国皮革工业协会副理事长，晋江兴业皮革制品有限公司董事长。

陈银清：冬雨国际集团董事长。

林院冰：福州光明桥家具商行董事长。

洪清凉：中国拉链协会副会长，福建省拉链协会名誉会长，晋江市政协委员，福兴集团董事长。

郑锦安：福建海景集团董事长。

医药卫生界

林欧文：全国工商联常委，福建三爱药业有限公司董事长。

经济界

邱景河：福建春驰水泥集团董事长。

科学技术界

曹德旺：福建省工商联副主席，福耀玻璃工业集团股份有限公司董事局主席。

王子龙：莆田市政协常委，莆田市秀屿区人大常委，莆田市驻京商会副会长，莆田市木材行业协会常务副会长，福建省中通恒基投资有限公司董事长，中宏房地产开发有限公司董事长，福建省莆田恒信担保有限公司董事长。

农业界

陈继煌：福清市沙埔镇赤礁村党委书记、福清市太子屿水产养殖有限公司董事长。

少数民族界

丁思强：美克国际控股有限公司总裁。

此外，还有驻闽全国政协委员

吴惠天：第九、十、十一届全国政协委员，历任全国工商联常委，福建省总商会副会长，漳州市政协副主席，漳州市工商联名誉会长，原万利达集团有限公司董事长。2012 年 5 月 15 日病逝，享年 69 岁。

许连捷：全国政协委员，全国工商联常委，全国工商联副主席，福建省工商联副主席，福建省工商联副会长，泉州市工商联会长，福建恒安集团有限公司董事局副主席、首席执行官。

李顺堤：第九届全国人大代表，第十一届全国政协委员，福建省工商联副主席，民建福建省委常委，世界闽商集团、顺盛集团董事局主席。

还有傅光明：福建省第七、八、九届政协委员，第十一届福建省人大代表，福建省工商联副主席，福建圣农实业有限公司董事长。

在这份主要的名单中几乎囊括福建省各地著名的私营企业主，最为顶尖的私营企业主被列入了全国政协委员和全国人大代表名单，人大代表人数比起政协委员中的私营企业主人数要少一些。

通过以上资料和本课题组的调查，从中我们发现，成为各级人大代表或政协委员的私营企业主综合素质高，一般具有以下一些群体特征：第一，所在的企业往往是具有一定规模的国家或地方的名牌企业，或者是本行业的龙头企业，具有做大做强和稳固发展的特点。可以看到，私营企业在某一地区范围的经济影响力与私营企业主参政议政的可能性存在着密切联系，并且，随着私营企业主参政议政级别的提高，对其企业在这方面的要求也相应增加。比如，一个县级规模私营企业的企业主更有可能成为县级人大代表或政协委员，一个省级规模私营企业的企业主更有可能成为省的人大代表或政协委员，一个在国家拥有相当影响力和规模企业的私营企业主更有可能成为全国的人大代表或政协委员。第二，私营企业主本人比较懂政治、讲政治，他们在就业、纳税、光彩事业等方面对地方和国家有所贡献，具有社会典型示范意义或者有代表价值。第三，私营企业主有一定的社会知名度和良好的社会影响力，在遵纪守法、重诚守信、重视社会责任、没有欠薪问题等方面往往能够起到带头和模范作用。

福建省私营企业主参选人大代表和政协委员的积极性比较高，要求也比较迫切。在本课题组对577名福建私营企业主所进行的抽样问卷调查中，有占被调查总数6.9%的企业主即40人是人大代表。其中3人是全国人大代表，2人是福建省人大代表，6人是地市人大代表，29人是区、县人大代表。在40名人大代表中，有3人（占7.5%）担任主任职务，8人（占20%）担任副主任职务，9人（占22.5%）担任常委。在577名福建私营企业主中，有占被调查总数17.5%的企业主即101人是政协委员。其中，有7人（占6.9%）是全国政协委员，有22人（占21.8%）是福建省政协委员，23人（占22.8%）是地市政协委员，49人（占48.5%）是区、县政协委员。在101名政协委员中，有11人（占10.9%）担任主席职务，16人（占15.8%）担任副主席职务，有44人（占43.6%）担任常委。据不完全统计①，截至2008年12月底，全省各设区市共有1067名非公经济人士，分别被推选为全国、省、市级人大代表和政协委员。其中全国人大代表8人、全国政协委员27人，省人大代表80人、省政协委员114人，市人大代表378人、市政协委员460人。全省9个设区市工商联主席有3人担任所在设区市的政协副主席。85个县级工商联中有4155位非公经济人士入选县级工商联领导机构任常、执委，1087位非公经济人士被选入县级工商联领导班子任主席、副主席。而且，福建私营企业主阶层在人大、政协中政治参与的积极性也越来越高。在本课题组对“您目前的打算”的调查中，有占11.4%的被访企业主即有66人认为“争取当选人大代表、政协委员”最为迫切。

（二）私营企业主在人大和政协中的活动

福建省人大代表或政协委员平时固定的活动大致可分为三类：①会议活动，包括每年福建人大和政协召开的全体代表和委员的会议、针对相关议题的讨论会等；②委组活动（小组活动），代表和委员们以小组的形式开展形式多样的活动，比如到各地进行调研、视察、督促提案落实情况、进行主题实践等活动、召开座谈会、专题学习、读书班活动等；③政协活动日及议题答复。

福建私营企业主中的人大代表和政协委员珍视自己的政治身份，认真

① 数据来自福建省工商业联合会《福建民营经济发展报告》（2008）蓝皮书，2009，第59页。

履行自己作为代表和委员的责任。他们在人大会和政协中，以上述的三类活动为平台，主要在以下方面表达自己的政治要求，达到自己的政治目的。

1. 提出私营经济发展要求

各级人大和政协为福建私营企业主阶层提供了一个反映本阶层利益与要求的舞台。作为私营企业主个人，他们无论是全国人大代表、政协委员还是地方各级人大代表、政协委员，都十分重视这种参政议政的正式渠道，重视人大代表和政协委员这一政治身份，他们通过积极参加人大会议、政协会议及其活动，直接表达本阶层、本群体的利益与要求，希望创造更好的政治政策环境，为福建私营经济的发展提供更好的条件。例如，福建省第十一届人大代表，福建省第七、八、九届政协委员，福建省工商联副会长，南平市工商联会长，福建圣农发展股份有限公司董事长傅光明在日常工作过程当中，经常深入到一线当中，从基层工作人员那里收集第一手的资料，细心留意并仔细分析那些影响企业良性发展的诸多不利因素，从中总结出具体的实践经验教训，为撰写提案做好理论准备。傅光明认为，“作为企业家政协委员，就是要为全省人民和各个政府部门起沟通和桥梁的作用。你在哪个行业，你就有义务多提哪个行业所出现的问题”。他认为，及时提出问题，积极同政府部门沟通，为相关部门的决策提供参考，是政协委员工作的重中之重。

在各级政协会议中，当选为各级政协委员的私营企业主通过个人和团体提案议案等方式积极为福建经济和私营经济的发展向政府提出各种建议，集中表达本阶层的政治意愿，为福建私营经济的发展创造制度性条件。这些提案包括：关于引导提高民营企业创新能力的建议；关于落实差别化信贷政策，合理采取房地产调控措施的建议；关于适当考虑放宽我省垄断性行业民营资本准入的建议；关于引导民间商会组织发展的建议；关于进一步为物流业减负，促进物流业发展的建议；关于促进福建民营经济发展的建议；关于加强外来务工人员引入，解决企业“用工荒”难题的建议；关于进一步加大对我省中小微企业培育和扶持力度的建议；关于促进我省中小微型企业又好又快发展的建议；关于促进企业产品开拓国内外市场的建议；关于加强质量服务与监管促进我省海西经济建设的建议；关于加强龙头企业供应链招商工作，做大做强我省产业集群的建议；关于将民营经济统计纳入全省统计制度的建议；关于创新民营企业帮扶模式，推进新农村建设的建议；关于加强民营中小企业科技创新的建议；关于鼓励支持我省外向型企业调结构转战国内市场的建议；关于每年省“两会”期间省委、省政府召开非公经济代表人士座谈会的建议；关于建筑安装、农副产品加工等特殊行业企业不强制实行计时工资制的建议；关于鼓励民间资本参与城市基础设施建设的若干建议；关于建立健全民营企业人才机制的建议；关于加强和促进我省企业家队伍建设的建议；关于加强物流职业教育的建议；关于进一步贯彻落实《中共中央、国务院关于加强和改进新形势下工商联工作的意见》精神的若干建议；关于进一步拓展我省民营经济投资经营领域的建议；关于落实“民间投资 36 条”精神助推民营企业转型升级的建议；关于进一步提升我省县域经济发展水平的几点建议；关于高等院校在民营企业中建立实习基地的建议；关于健全和完善我省非公有制经济统计体系和发布制度的建议；关于促进民营文化产业发展的几点建议，等等。这些提案的初衷，就如福建省第九届政协委员，福州市第十一、十二、十三届人大代表，福建通利有限公司董事长，致公党员孙惠玉所认为的，企业家委员们能够把私营企业发展过程中遇到的问题提出来，并得到政府的重视是他们的最大心愿。而且事实也证明，这些提案推动了福建私营企业发展的政策的制定和完善，力图为福建省私营企业提供一个良好的发展环境。如 2012 年初，福建省工商联在全省“两会”上提交了《关于贯彻落实支持小型微型企业有关政策措施的建议》、《关于进一步加强小型微型企业财税金融服务的建议》等团体提案，得到了省委、省政府及相关部门的高度重视和采纳吸收。2012 年 4 月 25 日，福建省政府办公厅下发了《关于进一步落实扶持小型微型企业发展政策措施的意见》，通过企业服务、金融支持、税收优惠等九个方面扶持小微企业发展，该扶持政策采纳了工商联有关小微企业系列调研形成的政协提案以及呈阅件中提出的相关对策建议。

我们可以看到，随着经济实力的增强和社会地位的提高，一些私营企业主实现了政治参与的愿望，而政治参与反过来又强化其经济实力，两者形成密切的互动关系。

2. 表达选民和群众意愿

人大、政协中的福建私营企业主代表在办企业前绝大多数来自于穷苦的农民，他们在人大会、政协中的政治表现，充分反映了这种出自民间的草根性。在近年的福建省人大会和政协中，私营企业主的提案、意见、发言集中反映了人民群众关心的社会热点、焦点问题。私营企业主除了维护自身的利益外，更多的是承担起社会责任和社会义务，致力于为更广泛的社会利益说话。

(1) 绝大部分的私营企业主政协委员是普通农民出身，当他们有一定的发言权时，就自动地为农民的利益说话，关注农民的利益

如全国政协委员、闽商集团李顺堤提出“要建立健全农业保险法，调动各方兴办农业保险的积极性，进一步保障农民群众的利益”。代表工商界人士的工商联的团体提案中专门提出“关于高度关注新生代进城务工人员发展问题的建议”。美克国际控股有限公司总裁丁思强提出了“关于加强福建省农村食品安全工作的建议”。福建省政协常委、福建省总商会副会长，香缤集团董事长许明金十分关心福建的“三农”问题，提出了“关于加强村镇私宅总体规划建设的建议”、“关于加快农村住宅统一规划、统一部署、统一排污的建议”等提案。福建纵横集团董事长杨孝梁提出“当前农村住房建设中施工人员的安全问题需引起重视”的提案。福建春驰水泥集团董事长邱景河提出“关于认真解决农民看病难问题的建议”和“关于加强和帮扶乡镇卫生院建设的建议”等提案。这些都表明，能够当选政协委员的私营企业主在政治上是相当成熟的，他们不局限于仅仅表达本阶层的利益诉求，也会考虑与代表不同阶层的社会公共利益。

(2) 私营企业主通过政协的平台表达了他们回报社会、服务大众、关注本地区发展的政治态度

如第九、十、十一届全国政协委员，福建省总商会副会长吴惠天 1995 年当选南靖县政协副主席后积极参政议政。通过调查，吴惠天向县委县政府提出县城新区开发的建议，由此做出了县城跨江东扩的决策。受县委委托，吴惠天被任命为新区开发总指挥。在繁忙的企业经营中，吴惠天毫无怨言地承担起本应是县政府领导承担的新区开发和建设的工作。1996 年县政府为民办“十件实事”的其中三件——南靖大酒店、干部解困房、新区开发建设都是吴惠天亲力亲为而成。如今的南靖县城，东西城连为一体，面积扩大了一倍；而荆江东区，布局科学、功能合理，很适合人民生活和经济发展的需要……

1996 年，吴惠天被选为漳州市政协副主席。他不仅努力发展自己的企业，而且积极履行政协职能，为政府建言献策；发挥优势，主动招商引

资；团结业界同仁，真诚帮助处于困境中的企业，如为闽星、科华等几十家企业提供过资助和贷款担保……促进了漳州市工业兴市、科技兴市的步伐。吴惠天提出：企业功能不只是盈利；企业的社会责任也不仅是创造就业机会、上缴税利、扶贫救灾等回报；企业立足家乡保持发展，竭诚奉献是尽责的最佳表现。①

2012 年 3 月，全国工商联副主席、全国政协委员、福建省工商联副主席、泉州市工商联主席许连捷等向全国政协会议提交提案，建议国家在泉州设立“民营经济发展综合配套改革试验区”，让泉州在民间投资行业准入等方面先行先试。提案分析了目前我国私营企业面临的融资难、投资难、创新难、盈利难等问题，充分阐述了泉州发展私营企业的经验与成就，提案希望国家发改委支持在泉州设立“民营经济发展综合配套改革试验区”，在民间投资行业准入、健全中小企业融资服务体系、调整民营企业财税政策、鼓励民营企业科技创新、泉州与台湾经贸金融合作、完善政府公共服务等方面先行先试，充分调动民营企业家创业创新热情，进一步提升泉州民营经济发展水平，加快推进经济发展方式转变，并为福建省乃至全国的民营经济转型升级提供经验。②

在福建省政协中，私营企业主的提案还包括“关于请求支持龙岩市创建省级高新技术产业开发区的建议”、“关于规划建设惠安东部环湾快速通道的建议”、“关于支持泰宁建设‘海峡旅游（三明泰宁）产业园’的建议”、“关于调整池潭水库功能定位促进泰宁旅游经济发展的建议”、“关于泉港石化基地更大规模化的建议”、“关于进一步加快莆田秀屿国家级木材贸易加工示范区建设的建议”、“关于建设海西现代种子种苗产业园区的建议”、“关于推进福州经济技术开发区跨越式发展的建议”等等，都表明了他们关心地区和福建省发展的政治目标指向。

（3）私营企业主阶层为更广泛的社会利益说话，表现出较强的使命感和责任意识

近年来，私营企业主的提案议案呈现出一个质的升华，即已经从初始

① 《万利达集团创始人董事长吴惠天先生昨晚逝世》，厦门热线网，2012 年 5 月 17 日，http：//xmwww.com/xm/24377.html。

② 《许连捷建议在泉设民企发展改革试验区》，人民网，2012 年 3 月 6 日，http：//fujian.people.com.cn/n/2012/0306/c234860－16813719－1.html。

的关注私企质变为关注民生，再发展到关注更为广泛的社会问题。在很大程度上走出了政治参与仅为私营企业谋利的一己之私，更多考虑的是保障和维护公众和社会的整体利益，在更为广阔的社会政治舞台上施展自己的才华和能力。如私营企业主把许多老百姓关心的社会问题列在提案与议案中，以期能够着手解决，包括：关于规范泉州城市公共交通的建议；关于制定《中华人民共和国殡葬法》的建议；关于申请主办 2017 年第十三届"全运会"或第七届"东亚运动会"等大型赛事的建议；关于大力发展低碳经济促进我省经济向高效能、低能耗、低排放转型的建议；关于加快规划和建设停车场，解决停车难问题的建议；大力发展养老产业，提高福建省养老服务水平的建议；关于在政务大厅实行错时上班的建议；关于加快改造福州东大门步伐，提升福建省会城市形象的建议；关于发展福建文化产业的建议；对构建符合福建省省情"幸福指数"的建议；关于下拨灾后重建小区管理工作经费的建议；关于加大力度打击生产、销售伪劣食品违法犯罪的建议；关于健全和改革福建省劳动保障制度的建议；关于尽快实施"汽车限购令"和"公车限制令"的建议等；关于打破福州北峰山区道路交通瓶颈的建议；关于守住社会道德底线应从少儿抓起的建议；关于深化构建福建省产学研联盟体系的建议；关于加快社区矫正地方立法工作的建议；关于提高政府行政效率的建议；关于在海西设立证券交易所的建议；关于加大对泰宁世界自然遗产保护资金支持的建议；关于全社会都来关注残疾老人、孤寡老人的生存状态的建议；关于解决福州市仓山区南台新苑桂花园居民产权证问题的建议；吸引更多外省人来福建省创业或工作的建议；关于福州火车北站亟待管理的建议；关于加强城市公交管理的几点建议，等等，体现了这些当选为各级人大代表、政协委员的私营企业主的政治参与成熟性。如上文所述的孙惠玉不仅关注私营企业的发展，还十分关注下一代的教育问题。她和一些政协委员及人大代表走访了福州市区的一些普通中学，针对各个学校的生源情况、收费情况、家长意见、师资结构等问题，做了大量的调研工作。最后，在 2007 年的省市"两会"上，孙惠玉领衔四五个代表提出了有关改善福建省教育不均衡状况的问题。提案提出后，福州市有关部门相当重视，计划拨款 4 个亿给这些普通中学，为它们增添教学仪器设备，优化生源结构，为教师分配住房等。她认为，"作为政协委员，我们的责任不只体现在对民营企业上，还要关注老百姓生活的方方面面"，"老百姓把我们看成企业界的骄傲，觉得我们能够替他们说话，所以他们信任我们，选我们当政协委员。那么，我们就更应当回馈社会，为他们做更多的事。”①

（三）积累参政议政经验

各级人民代表大会和政治协商会议是一个有中国特色的政治舞台，福建私营企业主阶层作为迅速崛起的一个阶层，在这个舞台上进行参政议政实践的过程中，他们既代表和反映选民的利益，同时也代表和反映私营经济主体的利益，把本阶层的利益放到更高的政治层面上去综合协调。在协调过程中，在与其他阶层人士的交流与沟通中，私营企业主所反映的信息被政治系统所接受，他们也逐渐领悟到社会的共同利益与本阶层的特殊利益之间的辩证关系，促进了这一阶层对现有政治权威的认同。私营企业主本人在政治参与过程中，获得政治上的锻炼和洗礼，提高了实际参政的能力与水平，积累了富有成效的参政经验。

而且，随着参政经验的丰富，他们越来越意识到自己肩上担子的重量。在接触这些担任政协委员的私营企业主的过程当中，我们发现，“责任”和“职责”这两个词语是他们反复提及的。近年来福建省政协对于积极履职的委员进行了表彰，表彰的依据是委员参加集中学习或培训，视察、调研或考察，提交提案，反映社情民意或提交大会发言，按规定出席大会等情况。由于履职表现优秀，私营企业主中吴远康、黄如论、陈发树、王荣平、刘用辉、连锋、陈庆元等人被评为2009~2010年度或2010~2011年度省政协优秀委员，福建省工商业联合会被评为2009~2010年度和2010~2011年度省政协先进界别。福建私营企业主阶层政治上的责任感和使命感，使他们逐步成为我国政治系统中的多元化的因变量之一，有力地推动福建省乃至我国民主进程的发展。

二　加入中国共产党等政党组织

加入中国共产党是福建私营企业主阶层政治参与的重要途径。政党是现代政治生活中最为活跃、最具影响力的政治行为主体。参与政党活动既

① 根据《民营企业家参政议政新视野》整理，http://blog.sina.com.cn/s/blog_510bab6a01008npl.html，2008年3月12日。

是公民实现政治参与的重要手段，也是公民与政府之间沟通的重要桥梁和渠道。而且，参与政党活动不仅可以增加公民政治参与的机会，还可以提高公民政治参与的能力。我国实行的是中国共产党领导的多党合作的政党制度。私营企业主通过加入中国共产党或民主党派可以更好地表达自己的政治意愿、政治观点和政治态度，在一定程度上实现自己的政治抱负。

私营企业主能否加入中国共产党的问题，在执政党内讨论了十余年，从 1989 年 8 月 28 日中共中央发出的《关于加强党的建设的通知》（9 号文件）不能吸收私营企业主入党，到 2000 年江泽民“七一讲话”及党的十六大，全党基本形成了共识。2002 年 11 月 14 日中国共产党第十六次代表大会通过《中国共产党章程》的部分修改，其规定“年满十八岁的中国工人、农民、军人、知识分子和其他社会阶层的先进分子，承认党的纲领和章程，愿意参加党的一个组织并在其中积极工作、执行党的决议和按期交纳党费的，可以申请加入中国共产党”①。“能否自觉地为实现党的路线和纲领而奋斗，是否符合党员条件，是吸收新党员的主要标准。来自工人、农民、知识分子、军人、干部的党员是党的队伍最基本的组成部分和骨干力量，同时也应该把承认党的纲领和章程、自觉为党的路线和纲领而奋斗、经过长期考验、符合党员条件的社会其他方面的优秀分子吸收到党内来，并通过党这个大熔炉不断提高广大党员的思想政治觉悟，从而不断增强我们党在全社会的影响力和凝聚力。”②“七一”讲话和党章的修改使作为新阶层的私营企业主入党合法化。

中国共产党是中国特色社会主义事业的领导核心，受到全国各族人民的拥戴，中国共产党的先进性及广大党员的先锋模范作用，深深激励着许多私营企业主直接要求加入中国共产党。目前，绝大多数的私营企业建立了党组织。中共福建省委对福建私营企业主阶层的政党参与工作一贯高度重视。福建私营企业主的政党参与表现出比较活跃的态势。

（一）私营企业主个人通过加入中国共产党实现政治参与

1. 福建私营企业主加入中国共产党的积极性比较高

在政党组织中，私营企业主加入最多的是中国共产党。本课题组对

① 《中国共产党章程》（中国共产党第十六次全国代表大会部分修改，2002 年 11 月 14 日通过）。

② 江泽民：《在庆祝中国共产党成立八十周年大会上的讲话》，载《江泽民文选》第 3 卷，人民出版社，2006，第 286 页。

577 位福建私营企业主的抽样问卷调查显示，占 29.3% 的被调查企业主即 169 位私营企业主是共产党员，其中，有 51 位党员是在企业注册后入党的。在“您目前的打算”的回答中，有占 7.8% 的被调查企业主即 45 人，回答“争取加入中国共产党”。尽管不是所有非党员企业主提出申请加入共产党，也不是所有申请加入共产党的企业主都能入党，但这种势头还是比较踊跃的。

2. 私营企业主的入党动机比较复杂，但是最基本的动机是实现与执政党的政治认同，自觉地置身于领导之下，政治上追求进步

在本课题组的抽样问卷调查中，对于私营企业主入党动机的回答中，有占被访总数（169 位党员企业主和 45 位想入党的企业主，共计 214 人）65.0% 的企业主即有 139 位“希望自己成为共产党的健康力量”，有占 23.8% 即 51 位企业主入党的动机是“为了接受党的教育”，有占 11.2% 即 24 位企业主的入党目的是“受别人入党的影响”。持上述观点的私营企业主有的是出于对共产党和政府的信任，以及对共产党富民政策的感激，自愿接受共产党组织的领导和监督；有的是看到了共产党在人们心目中的威信，觉得自己加入中国共产党组织，可以对企业的员工起到带头和凝聚的作用；有的是看到本企业的党员员工，其素质和能力要比普通员工高，自己加入共产党组织可以提高素质，便于更好地领导员工发挥积极作用，等等。总体上看，他们主要是被党的先进性和党员的先锋模范带头作用所感召选择入党，希望成为其中的一员。

有占被访企业主 11.2% 即 24 位企业主是“为了信仰”入党。这一小部分私营企业主是因为强烈的政治信仰驱使他们迫切要求加入中国共产党，从而使自己的信仰有一个附着的主体，找到信仰的归属。私营企业主经济上追求成功、追求利润的意愿比较强烈，同时他们也是政治人，有自己独特的价值观和信仰。当他们认为自己的信仰与共产党一致时，他们就自愿地、积极主动地要求加入共产党。

3. 一部分私营企业主申请加入中国共产党的功利性目的突出

在本课题组的问卷调查中，有占 47.7% 即 102 位被访企业主选择“为了企业的发展”入党，有占 19.2% 即 41 位被访企业主选择为了“在政治上得到承认”入党，有占 14.5% 即 31 位被访企业主选择为了“提高社会地位”入党，有占 8.9% 即 19 位被访企业主选择“便于为私营企业的发展

说话”入党，有占6.1%即13位被访企业主选择为了“保护自己的财产安全”入党（见表5－1）。这部分私营企业主加入共产党的目的，主要是要借助共产党的权威地位，直接提高个人的政治声望和价值，获得直接的社会政治资本，掌握较多的政治及社会资源，提高政治地位和社会地位，增大政治上的安全系数。他们有的人担任基层组织的书记，表面上没报酬，或者他们也不要报酬，但在基层自治组织有较大的发言权，与工商、税务等政府部门的关系也密切一些，他们通过党员的身份与政府官员接触更多一些，办公事私事均容易一些，这样可以为企业和个人发展构筑良好的社会网络。

表5－1　福建私营企业主入党的动机（可多选）

入党动机	人　数（人）	所占比例（%）
希望自己成为共产党的健康力量	139	65.0
为了企业的发展	102	47.7
接受教育	51	23.8
在政治上得到承认	41	19.2
提高社会地位	31	14.5
受别人入党的影响	24	11.2
为了信仰	24	11.2
便于为私营企业的发展说话	19	8.9
保护自己的财产安全	13	6.1

由此我们可以看到，通过加入共产党组织，参与党内的各项活动，一方面私营企业主感觉有一种组织的归属；另一方面，私营企业主认为成为执政党党员可以借助党在民众中的威信提高自身的社会地位，甚至可以运用党组织的网络，在一定程度上实现私营企业主自身及企业发展的目的。

由于共产党是工人阶级的先锋队，加入中国共产党的程序和条件是严格的，因此目前真正提出并加入共产党的私营企业主还是少数人。但是由于政党参与已经从形式上开辟了一条私营企业主参与、影响中国政治的途径，使他们更为主动地活动在社会的政治、经济生活之中。因此，一些私营企业主主要通过加入民主党派来实现政治参与。本课题组对577位私营企业主的抽样问卷调查结果显示，有占2.8%即16位被访企业主加入了民主党派。他们主要是通过加入以工商业界代表为主的中国民主建国会，以及致公党等民主党派，建立起与共产党及政府部门的联系通道，由此可以获得人大代表或政协委员的身份（目前我们的政治体制下，人大、政协的主体大部分还是党派的成员），进而有更多机会和可能与高层领导人接触，甚至可能获选成为业界代表而进入现时政治结构之中。有了政治地位后，他们会以这些政治身份为资格，转而扩展与官员交往的私人关系网，来寻求自己参与政治目的的实现。这也是私营企业主通过加入政党来实现政治参与的重要方式。

（二）私营企业通过组建党组织实现政治参与

福建私营企业主阶层通过执政党实现政治参与，不仅仅体现在企业主个人加入党的组织，同时也体现在私营企业中共产党组织的建设方面。福建省委对非公有制经济党建工作一贯高度重视并持续推进，省委书记孙春兰在履新福建后召开的第一次省委全会上就强调“要加大在非公有制经济组织和新社会组织中建立党组织的力度，要重视在非公有制经济组织、新社会组织中发展党员工作”①。在中共福建省委的全力推动下，据福建省非公有制经济组织创先争优活动指导小组办公室提供的数据显示，截至2012年9月，在全省范围内共建立非公有制企业党组织1.5万个，管理党员9万多名。其中：规模以上企业②全部建立党组织，应建已建率达100%；在有3名以上党员或仅有个别党员的规模以下企业中，党组织应建已建率达92.2%。③ 私营企业主同意在自己的企业中成立共产党的基层组织，本身就是一种政治参与的姿态。

---

① 在国有、集体、联合经济等公有制经济之外的多种经济成分中建立中国共产党组织——包括个体经济、私营经济、港澳台经济和外资经济，被称为“非公有制经济组织中党的建设工作”，简称“非公党建”。

② 这是一个统计术语。一般以年产量作为企业规模的标准，国家对不同行业的企业都制订了一个规模要求，达到规模要求的企业就称为规模以上企业。规模以上工业企业在2010年之前是指年主营业务收入在500万元及以上的法人工业企业；2011年是指年主营业务收入在2000万元及以上的法人工业企业。规模以上商业企业是指年商品销售额在2000万元及以上的批发业企业（单位）和年商品销售额在500万元及以上的零售业企业（单位）。

③ 数据来源：《福建省非公有制经济组织争先创优活动总结表彰暨贯彻全省基层党建工作机制建设推进会精神大会在榕召开》，福建省工商联网站，2012年10月19日。福建省的“非公党建”的主体是私营企业。因此，通过福建“非公党建”可以看到福建私营企业党建的发展状态。

私营企业中共产党的基层组织是从无到有，目前处于一个不断的发展时期。虽然在20世纪80年代初就开始发展私营企业等非公有制经济，但其在法律和政治上的地位并没有得到及时确认，所以私营企业中的党建工作没有引起足够重视。在基层党组织遍及社会任何一个角落的政治生态中，非公有制经济组织的党建工作成为了罕见的死角。直到1997年中共十五大明确提出，公有制为主体、多种所有制经济共同发展，是我国社会主义初级阶段的一项基本经济制度，私营企业党建工作才逐渐提上日程。2000年江泽民在江苏、浙江、上海考察时发表谈话："各级党委特别是主要领导同志的思想认识要跟上客观形势的发展，抓紧在非公有制经济组织中开展党的工作，加强党的建设。这是我们党确立和巩固社会主义初级阶段基本经济制度，引导非公有制经济健康发展的需要，也是加强党在非公有制企业劳动的广大职工群众的联系，巩固党在新形势下执政的群众基础的需要。"[①] 随后，2000年9月中共中央组织部下发《关于在个体和私营等非公有制经济组织中加强党的建设工作的意见（试行)》（中组发〔2000〕14号)，提出"凡是有正式党员3名以上的非公有制经济组织，都应当建立党的基层组织。党员人数在3名以上、50名以下的，应建立党支部，党员人数不足3名的，可就近与其他组织中的党员建立联合党支部；党员人数超过或接近50名、100名的，可分别建立党的总支部委员会、党的基层委员会"[②]。《意见》这样写道："非公有制经济组织是党的建设工作的一个重要领域。在非公有制经济组织中建立党的组织，开展党的工作，加强党的建设，充分发挥党的思想政治优势、组织优势和密切联系群众的优势，是坚持和完善社会主义初级阶段的基本经济制度，保证监督党和国家的方针政策、法律法规贯彻实施，引导非公有制经济健康发展的需要；是加强党同非公有制企业广大职工的联系，巩固和扩大党的群众基础的需要；从根本上说，是保证我们党始终代表中国先进社会生产力的发展要求、中国先进文化的前进方向、中国最广大人民的根本利益的需要。"[③]《意见》在工作落实上还对地方各级党委特别是县（市、区）党委进行了

① 《全面加强党的建设的伟大纲领》，人民出版社，2000，第17~18页。

② 摘自2000年中共中央组织部下发《关于在个体和私营等非公有制经济组织中加强党的建设工作的意见（试行)》(中组发〔2000〕14号)。

③ 摘自2000年中共中央组织部下发《关于在个体和私营等非公有制经济组织中加强党的建设工作的意见（试行)》(中组发〔2000〕14号)。

严肃的政治督促：要从巩固党的执政地位、保证党的基本路线全面贯彻执行的战略高度，充分认识加强非公有制经济组织党建工作的重要性和紧迫性，增强政治责任感，采取得力措施，切实加强非公有制经济组织党建工作。

由此可见，私营企业党建工作是在中共中央与有关党务部门的大力推动下开展起来的，其目标和指导思想是“私营企业发展到哪里，党的工作就开展到哪里”，将党组织的影响覆盖到私营企业这一新兴经济组织中，增强党组织的影响力和控制力。在体制内，各级党委为了完成上级要求并体现工作业绩，也有推行私营企业党建的动力所在。从党组织的角度来说，为了加强其执政的阶级基础、群众基础和经济基础，在私营企业推行党建工作显然是种理性选择，但是在其推进过程的初始阶段，并不是一帆风顺的。

1. 福建私营企业主对于企业建立党组织存在顾虑

目前来看，尽管党和政府认为“非公党建”工作十分重要，但是私营企业主对于私营企业建立党组织仍然充满了顾虑。

私营企业党组织的主要任务是：执行党章规定的党的基层组织的基本任务，在广大职工中发挥政治核心作用。其具体职责是：(1) 宣传贯彻党和国家的路线方针政策，引导和监督企业遵守国家的法律、法规，依法经营，照章纳税。(2) 关心企业生产经营的重大问题，提出意见和建议，支持和促进企业发展。(3) 加强党员的教育管理，做好发展党员工作，发挥党员的先锋模范作用。(4) 做好职工思想政治工作，团结和依靠职工群众，关心和维护职工的合法权益。(5) 加强社会主义精神文明建设，建设有理想、有道德、有文化、有纪律的职工队伍。(6) 协调企业内部各方面的关系，坚持原则，化解矛盾，维护企业和社会的稳定。(7) 领导工会、共青团等群众组织，支持他们依照法律和各自章程独立自主地开展工作。(8) 完成上级党组织交办的任务。①

对此，本课题组通过抽样问卷调查结果表明，福建私营企业主对私企党建存在诸多顾虑（见表 5 -2）。包括占 26.0% 的私营企业主担心难以找到合适的党建工作负责人，占 15.6% 的私营企业主担心党建工作要付出额外的企业成本，占 13.9% 的私营企业主担心建立的党组织可能会干涉企业管理，占 10.9% 的私营企业主担心党政部门通过企业党组织实施对企业的

① 摘自 2000 年中共中央组织部下发《关于在个体和私营等非公有制经济组织中加强党的建设工作的意见（试行）》（中组发〔2000〕14 号）。

控制，占4.8%的私营企业主存在其他方面的顾虑。然而，一些私营企业主对私企党建工作也并非一味抵触，有的甚至主动配合，成为私企党建的模范典型。这种现象在本研究的调查中表现明显，表5－2的数据中可以看到几乎高达30%的私营企业主声称对私企党建不存在明显顾虑。

表5－2　福建私营企业主对私营企业建立党组织的顾虑

选择项	人　数（人）	所占百分比（%）
无明显顾虑	166	28.8
无合适的党建工作负责人	150	26.0
付出额外企业成本	90	15.6
党组织干涉企业管理	80	13.9
企业受党政部门控制	63	10.9
其他顾虑	28	4.8
合　计	577	100

2. 私营企业党组织对私营企业政治参与的推动作用

许多企业主主动配合企业党建，或者并不反对党务部门对企业党建的推行，最主要的因素在于，私营企业党建对企业产生了经济效益，满足了私营企业主政治参与的功利性目的。

如本课题组的问卷调查中（见表5－3）所显示的，私营企业主对于将要建立的企业党组织，其期望主要集中在为企业谋求实际利益。其中，最多的是期望企业党组织能有利于树立、宣传企业形象，占到了被访企业主的64.5%；其次，占44.4%的私营企业主选择能够有利于企业内部管理；占43.5%的私营企业主期望借私营企业党建之际与党政部门加强联系。

表5－3　福建私营企业主对将建立的党组织所发挥作用的期望（可多选）

选择项	人　数（人）	所占百分比（%）
树立、宣传企业形象	372	64.5
利于企业内部管理	256	44.4
与党政部门加强联系	251	43.5
发挥党的领导、监督职能	157	27.2
没什么作用	54	9.4
其他作用	4	0.7

事实上，已经建立了党组织的私营企业发挥的作用情况如何呢？是否能够达到私营企业主的预期呢？如表5－4所示，党组织发挥的作用与私营企业主的预期基本一致，也就是说，建立党组织能给私营企业带来切实的经济利益。从表中可以看到，占76.6%的企业主认为党组织发挥了“利于企业内部管理”的作用；占71.9%的企业主认为党组织起到了“与党政部门加强联系”的作用；占69.2%的企业主认为党组织起到了“树立、宣传企业形象”的作用，占50.4%的企业主认为党组织“发挥了党的领导、监督职能”。应当说，尽管说在预期中，树立、宣传企业的形象排在第一位，而实际作用的发挥中，排在了第三位，但是总体上看，党组织实际发挥的作用完全达到甚至超过了预期的设想。

表5－4 福建私营企业主对已建立党组织所发挥作用的认知（可多选）

选择项	人 数（人）	所占百分比（%）
利于企业内部管理	442	76.6
与党政部门加强联系	415	71.9
树立、宣传企业形象	399	69.2
发挥党的领导、监督职能	291	50.4
没什么作用	108	18.7
其他作用	16	2.8

从以上可以看到，私营企业建立党组织在三个方面发挥了重要作用。

（1）私营企业建立党组织有利于企业内部管理

福建私营企业各级党组织从实际出发，积极探索新形势下私营企业党建工作的有效载体，紧紧围绕生产经营活动开展党建工作，以党的活动带动企业的整体发展。

泉州市在私营企业党建方面已经成为全省的表率。如泉州市以“组织亮旗帜、党员亮身份、企业主亮态度，班子建设双进入、党务干部双选聘、党员队伍双培养、党群活动双联动、党建经费双保障”的“三亮五双”机制为载体，提高了企业党建工作科学化水平。

泉州九牧王公司党组织坚持把党建寓于企业生产、经营和管理的各个环节，致力打造九牧王“魅力家园”，为企业发展注入源源不断的动力。

泉州晋江的福建恒安集团创建于1985年，是国内最大的妇女卫生巾和婴儿纸尿裤生产企业，经营领域涉及妇幼卫生用品和生活用纸，总资产40

多亿元，员工15000人，在全国14个省、市拥有30余家独立法人公司，销售和分销网络覆盖全国。早在1986年，恒安集团就率先成立第一个新经济组织党支部，2004年7月成立党委。在党组织成立之初，提出的口号就与企业内部管理联系紧密："抓党建、促变革、强管理、增效益"。因为效果显著，企业党组织也多次受到上级党委的表彰，是晋江市1993、1994、2001、2002年度先进基层党组织，1999年度新经济组织先进党支部，泉州市1995~1996年度农村百佳党支部。

据恒安集团创始人许连捷自己介绍，党组织是他自己主动建立起来的，初衷是为了给企业管理把把关，减少纰漏，当时在晋江市是第一家，整个泉州第二家。恒安集团的企业党建在企业管理方面确实发挥了一定作用。为了协助公司实施名牌战略，党组织建议集团贯彻执行ISO9000质量标准，率先在同行业中取得国家双认证证书。对公司管理不断提出新要求，党支部及时配合制定了一系列的管理制度。针对集团营销网络遍布全国的特点，强化法制意识，规范合同管理，尽力做好公司内部各种法律事务、经济合同的规范管理。对各部门、省内外各生产公司和各销售片区进行法律指导和咨询服务，配合政府部门和司法机关进行打假维权活动，维护了公司和消费者权益。党组织还重视提升企业文化，从各个方面关心员工生活，维护员工权益。党组织在围绕维护企业各方合法权益，协调好、维护好政府、企业、职工的整体利益方面发挥了重要作用。

漳州万利达集团有限公司是国家高新技术企业，现有员工1万多名，拥有数码影音、移动通信、汽车电子等六大产业，跻身中国民企500强、中国品牌500强、中外家电品牌影响力排行50强之列。公司于1998年成立党支部，2000年成立党总支，2002年9月成立党委。现有10个基层党支部，174名党员。公司党委2006年荣获"全国先进基层党组织"称号。万利达集团有限公司党委以开展"四创"活动，即：发挥政治优势，核心作用创强；发挥先锋优势，党员素质创高；发挥智力优势，科技产品创新；发挥导向优势，企业文明创优，充分发挥党组织的政治核心作用和党员先锋模范作用，有力地促进了企业的生产经营。万利达集团党委通过开展"为企业建言献策""岗位能手竞赛""人才传帮带"等活动，营造党员人人争当技术创新能手的氛围。集团副总经理、党总支原书记王少成带领党员和技术人员克难攻关，10多年来研发上百项新产品，许多新产品获得省部级奖励或填补了国内空白。malata牌激光视盘机荣获"中国名牌产品”称号，为集团公司发展壮大起到强有力的推动作用。[①]

福建私营企业党建与企业文化融合发展，在促进企业内部管理方面更具特色化和实效性。如晋江市委组织部在总结加强私营企业党建工作的经验时，强调了从内部管理上有利于企业发展。如强调私营企业党建是企业各主体关系的调节者，可以实现企业主、员工、党员的共生共赢。并强调私企党建是企业文化建设的重要载体，能够引领企业文化的前进方向。要求私企党建在宏观层面，要把企业文化建设纳入精神文明建设的范畴，加强企业文化建设的宣传引导、宏观指引，保证私营企业文化建设的正确发展方向。在微观层面，把文化建设作为开展工作、发挥作用的有效途径，把工会、共青团组织营造成企业文化建设的重要载体，把党的文化先进性落实到企业文化建设中来。[②]

党工团组织的凝聚力和核心作用，成为私营企业落实先进文化，坚持科学发展，构建和谐企业的有力保障，有效地保证和促进了私营企业文化建设健康发展。党团组织通过在企业建立各种协商、监督机制，有效地参与企业的内部管理，党工团组织的意见建议在企业决策中得到体现，党员、团员和工会积极分子的模范带头作用得到充分发挥，企业文化建设的各项内容，也更快更好地融合于企业员工实际行动中。近年来，漳州闽星集团以“当三员、解三难”为载体（当好参议员，千方百计解发展难题；当好技术员，想方设法解技术难点；当好联络员，尽心尽责解员工难处），有效地激发了职工的工作热情，职工积极出谋献策，提出合理化建议 312 条，被采纳 285 条，为集团公司节省投资和增加经济收入 2132 万元，使企业的规模和效益年年都上一个新台阶。三棵树公司立足企业实际，以“五比三争当”为载体（即：比学习、比创新、比管理、比服务、比贡献；争当学习型员工、标兵型员工、创新型员工），促进了企业扩大生产、转型升级、跨越发展，实现 7 年销售产值翻番的目标，取得了企业党建与企业效益双赢。

值得一提的是，随着私营企业党建工作的推进，也催生了私营企业内刊作为企业文化载体建设的日趋多样化，逐渐发展成为私营企业和私营企

① 材料来自福建省工商联网站资料，2008 年 12 月 24 日。

② 根据高贤峰《我国民营企业家政治行为分析——以 S 市调查为例》，博士学位论文，北京大学，2007，第 63 页整理。

业主政治参与的载体。企业内刊是企业内部的宣传材料。企业内刊几乎是和私营企业一同成长起来的，但凡有一定影响的私营企业都有自己的内刊。私营企业通过自己的内刊说出自己的声音，已经成为一种独特的文化现象和社会现象。在企业的重视推动下，企业内刊百花齐放，不仅琳琅满目，而且质量有大的提升。《恒安工作通讯》、《福耀人》、《三盛会》等正是这些私营企业内刊的代表，它们的编发从不定期到定期，从简装到精装，员工投稿的积极性更加高涨，内容更加丰富多彩，成为员工提供思想交流的阵地，传播企业文化建设成果的有效途径。此外，许多企业还根据需要，编发专项工作特刊，促进单项工作深入开展。

如今企业内刊的职能在发生微妙的变化。原来主要是向员工灌输企业的政策、理念，进行文化制度宣传，通报企业内部各方面的情况。现在，私营企业主除了在杂志上宣传自己的领导意图外，还可以就社会问题、国家相关政策发表观点、表明立场、参与时事讨论，或通过适宜的方式针砭时弊。企业内刊是企业人观察社会、经济人体会政策、社会人书写企业，是政治经济社会的高度浓缩的版本，真实可信，在商界内部信誉良好，影响也越来越大，它正成为私营企业主参与政治的一个崭新渠道。

（2）私营企业建立党组织有利于加强与党政部门的联系

与党政部门加强联系并不是私营企业党建的最终目的，而是通过这种政治联系得到政府对企业具体的支持。通过开展企业党建工作，使企业更能得到各级党委、政府在政策上的指导和资金、技术、项目、信息等方面的帮助，是获得各种政治资源的有效途径。

目前，许多有远见的福建私营企业主已经看到了建立党组织是私营企业发展的宝贵资源。他们认为，第一，共产党是执政党，决定着社会主义事业的建设方向，只有紧跟着党和政府的规划部署，企业生存发展才能拥有安全感，才能明晰企业不断发展的目标和方向。第二，私营企业要想做大就需要党和政府的支持，如果没有党和政府的支持就做不起来。党掌握着企业生存发展的政策和大量的宣传资源，对企业生存发展和知名度的提高十分重要。第三，企业主懂得只要善于利用政治资源，使企业与党和政府良性互动，则将有益于企业主个人提升和自己的企业发展。所以，现在很多大型私营企业开始重视企业党建工作，对党建的认识程度比前两年有所提高。晋江市在总结民营企业党建的经验时，提出要“观念先行”，强调指出，“私营企业党建是一笔宝贵的政治资源，能够实现党委、政府和企业的良性互动”。

而且，企业开展党建工作可以更多、更全面地了解党内信息，了解政治与经济政策，以便及时调整企业经营坐标，减少企业决策失误。

综上所述，私营企业主之所以希望通过党建进而加强与党政部门联系、整合政治资源，其原因大概可归结为三条：一是希望用人大代表等这些政治头衔来维护自己的权利，并以此制约政府某些部门滥用权力，企业和本人的财产由此得到更好的保护，不易受到侵犯。二是这些职务身份可以使他们参政议政，有直接反映自己与行业的利益的渠道。三是有可能向各级政府及有关部门争取到对当地公共事业建设的支持，进而树立自己的威望。企业的这些行为，田志龙称之为“公司政治行为”。①

（3）私营企业建立党组织有利于树立、宣传企业形象

开展党建工作能给企业带来信誉资源。党员企业主和企业党务工作者都认为，企业建立党组织是企业正规化的一种表现，建立党组织的企业让人觉得该企业能遵纪守法，更可信任。比如，有些企业树立“共产党员示范工程”，明确规定：凡公司承担的重点工程必须选择党员相对集中的项目部，甚至选派党委委员担任负责人，并挂上“共产党员示范工程”的牌子。“共产党员示范工程”，在施工质量和文明施工等方面，都优于其他工程，成了建设单位的放心工程，也为公司带来了良好的经济效益和潜在收益。

安踏（中国）有限公司 1991 年创建于福建省泉州市晋江陈埭镇，旗下有香港安大国际投资有限公司、安踏（福建）鞋业有限公司、北京安踏东方体育用品有限公司等。10 多年来，安踏公司秉承“安心创业、踏实做人、创百年品牌”的经营理念，经过不懈努力，已发展成为国内最大的集生产制造与营销导向于一体的综合性体育用品企业之一。拥有员工 5000 多人，2002 年荣获中国体育用品界运动鞋类民营企业第一个“中国驰名商标”。目前集“中国驰名商标”、“中国名牌产品”、“中国品牌 500 强”等荣誉于一身。安踏品牌在世界品牌价值实验室（World Brand Value Lab）编制的 2010 年度《中国品牌 500 强》排行榜中排名第 84 位，品牌价值已达 73.68 亿元。安踏公司的党建，其重要的推动力之一就是树立产品的品

---

① 高贤峰：《我国民营企业家政治行为分析——以 S 市调查为例》，博士学位论文，北京大学，2007，第 61 页。

牌，晋江市委宣传部的一位领导谈到，“党建对外就是做品牌，实际上就是品牌战略的一部分，是通过政府资源来做品牌。安踏为什么现在开始搞党建？它搞党建，而且成了典型，就有各方面来参观，各级领导来看你的企业文化，看你的党建怎样。这样安踏品牌对外面的影响就扩大了。领导不只是来参观安踏的文化和管理，也看党建。品牌搞好了，对党建也是一种需要，这是对外部的影响，包括它要做一些对政府的沟通，怎么利用政府的资源。在晋江市这一次评的60家党建先进企业，在政策、税收、贷款上都有一定倾斜。实际上这些都是很重要的经济资助。有的企业党支部开展得好，有的不好，但很多都开始重视了。”①

事实也是如此。不管是私营企业主还是政府官员、学者等身份的人到一些企业去座谈党建，实际上所涉及的内容远不仅局限于党建，一旦话题触及党建内容之外，企业负责人则将以更多的热情介绍企业的产品。这实际上是在为宣传企业的经营策略多了个渠道，从另一个角度树立企业的形象，推动企业的良性发展。

遗憾的是，尽管私营企业建立党组织会给企业带来切实的利益，但是目前在私营企业中发展得比较好的党建组织还是少数。在实际生活中，还存在着一些私营企业主重经济发展、轻党的建设的思想认识不到位的现象；有的私营企业的党建组织流于形式，作用发挥不明显；有的私营企业的党组织组织关系管理不顺等等，这些都影响了党组织在私营企业中应有作用的发挥，也影响了私营企业通过党组织进行政治参与的效度和力度。因此，如何更好地发挥私营企业党组织作为联系企业和上级党组织桥梁的作用，如何更好地发挥私营企业党支部在企业内部的影响力，如何端正私营企业主对建立党组织的态度等类似问题仍处于不断探索之中。

三　加入工商联等商会组织

加入工商联等各级各类商会是福建私营企业主阶层政治参与的重要平台，各级各类商会是福建私营企业主阶层政治参与的正式组织形式。中华

① 高贤峰：《我国民营企业家政治行为分析——以S市调查为例》，博士学位论文，北京大学，2007，第62页。

全国工商业联合会是具有中国特色的、影响力最大、组织最完善的体制内商会。2010 年 9 月 16 日出台的《中共中央、国务院关于加强和改进新形势下工商联工作的意见》（中发〔2010〕16 号文件，简称《意见》）中明确指出了当前工商联的性质和特征：工商联是中国共产党领导的以非公有制企业和非公有制经济人士为主体的人民团体和商会组织，是党和政府联系非公有制经济人士的桥梁纽带，是政府管理和服务非公有制经济的助手，在我国经济、政治、文化、社会生活中有着重要影响，在促进非公有制经济健康发展、引导非公有制经济人士健康成长中具有不可替代的作用。统战性、经济性、民间性有机统一，是工商联的基本特征。①

以福建省工商业联合会为代表的福建省各级各类商会组织在提供公共服务，助力私营企业转型升级；协调劳动关系，推进和谐私营企业建设；坚持正确方向，引导私营企业有序政治参与；及时反映诉求，发挥商会在政府与私营企业间的桥梁纽带作用；组织参与社会公益事业，推动私营企业主承担社会责任；加强行业管理，维护健康有序的市场环境；规范私营企业行为，助推企业协作；加强两岸商会交流，促进“海西”先行先试等方面发挥了重要作用。

福建省私营企业主绝大多数都参加了各级民间商会组织和民间团体，有的还在各级商会中担任领导职务。本课题组对 577 名私营企业主进行的抽样问卷调查结果显示，有占 33.6% 的被访企业主参加了私营企业主协会，有占 20.3% 的被访企业主参加了私营企业家联谊会，有占 15.8% 的被访企业主加入了工商联，有占 11.1% 的被访企业主参加了同业公会，有占 6.8% 的被访企业主加入了共青团，有占 8.7% 的被访企业主参加了其他的民间组织，详情见表 5－5。

表 5－5　福建私营企业主加入的社会组织（可多选）

参加的社会组织	人　数（人）	所占百分比（%）
私营企业主协会	194	33.6
私营企业家联谊会	117	20.3
工商联	91	15.8

① 全哲洙：《全国工商联机关学习贯彻中发［2010］16 号文件大会上的讲话》，2010 年 10 月 8 日，中华全国工商联网站，http：//www.acfic.org.cn/zt/10/yemian/shujijianghua.htm。

续表

参加的社会组织	人　数（人）	所占百分比（%）
中国共产党	67	11.6
同业公会	64	11.1
其他民间组织	50	8.7
共青团	39	6.8
民主党派	16	2.8

近年来由于广大的私营企业主主动参加商会活动，使工商联在社会生活中的作用有所增强。截至 2011 年 6 月 30 日，福建省各级工商联系统共有基层组织 965 个，其中乡镇商（分）会 324 个，街道商（分）会、小组 52 个，各类异地商会 517 个，市场商会 3 个，开发区商会 2 个，联谊会 11 个，其他 56 个。行业商会组织 335 个，其中省工商联直属行业商会 11 个、地市级工商联所属 52 个、县级工商联所属 223 个、乡镇街道所属 49 个，涉及农林牧渔、医药卫生、建筑建材、冶金矿产、水利水电、石油化工、交通运输、信息产业、机械机电、轻工食品、服装纺织、环保绿化、旅游休闲、电子电工、玩具礼品、家居用品、体育用品、包装用品等十几个行业，拥有会员企业超过 10 万家。①

《意见》中指出，工商联的基本任务是：加强思想政治工作，引导非公有制经济人士学习贯彻党的路线方针政策，遵守国家法律法规，培养拥护党的领导、走中国特色社会主义道路的非公有制经济人士队伍；参加政治协商，发挥民主监督作用，积极参政议政；推动经贸交流和协作，促进经济社会发展；加强行业协会商会建设，服务非公有制企业发展；参与协调劳动关系，促进社会和谐稳定；反映非公有制企业和非公有制经济人士利益诉求，维护其合法权益。② 其中有三项直接和政治相关。福建省工商联系统商会组织对私营企业主政治参与的推动，主要体现对私营企业主政治参与素质的培养提高、促进私营企业主群体政治利益的表达和对私营企业权益的维护等三个方面。

① 以上数据来源于作者于 2011 年 12 月对福建省工商联调研的内部资料。

② 全哲洙：《全国工商联机关学习贯彻中发［2010］16 号文件大会上的讲话》，2010 年 10 月 8 日，中华全国工商联网站，http：//www.acfic.org.cn/zt/10/yemian/shujijianghua.htm。

（一）福建工商联系统商会等部门组织私营企业主参加各类培训、学习活动，提高其政治参与的素质和水平

1. 重视私营企业主的思想政治培训，提高其思想政治素质

做好私营企业主的思想政治引导，一贯是福建省工商联系统商会组织的重要工作。通过各种培训和学习活动，团结、引导广大私营企业主拥护中国共产党的领导，自觉践行社会主义核心价值体系，做合格的中国特色社会主义事业建设者，是福建商会组织的核心内容。福建省委组织部、统战部和工商联系统商会组织等部门都十分重视对私营企业主进行思想政治工作类培训，以召开会议、举办培训班、开办讲座、进行研讨等方式和利用商会网站、报刊、电视等宣传媒体方式，及时向私营企业主传达和讲解党和国家、各级政府的各项方针政策、法规和会议精神，以提高他们的政策理论水平和政治素养。

（1）对私营企业主及时地进行政策、会议、文件精神的宣传和解读

福建省工商联系统各级商会认真组织私营企业主和私营企业党组织学习中国特色社会主义理论体系，学习十七大精神、学习胡锦涛总书记在庆祝中国共产党成立 90 周年大会上的讲话精神，学习“十二五”规划，学习全国、全省两会以及《海峡西岸经济区发展规划》等重要会议、文件精神，学习“两个毫不动摇”方针以及促进私营经济健康发展方针和促进私营企业主健康成长的政策措施，深入贯彻落实贾庆林、习近平、李源潮等中央领导同志的重要批示精神，开展向杨善洲等先进人物学习等活动，从而帮助私营企业主熟悉党和国家的大政方针，进一步了解当前经济发展形势，有效提升私营企业主的思想政治水平。如三明安溪商会、三明闽东商会、厦门三明商会利用自办的会刊，与“明商网”配合，在第一时间向会员企业宣传重要的政策信息，主动引导商会会员把握发展良机，主动融入海西建设大局，用活用好政策，在商会会员中牢固树立“顾全大局、团结和谐、共谋发展”的大局意识。[①]

（2）组织私营企业主参加福建省工商联系统商会组织的专门培训班和学习班，着力提升其思想政治素质和政治理论水平

2007 年下半年至 2011 年下半年，福建省工商联系统商会组织共举办

---

① 案例材料来自于作者 2011 年 12 月对福建省工商联调研的内部资料。

了8期非公人士思想政治类培训班，人数共384人。除此之外，2010年，福建省工商联与省委统战部联合在中央社会主义学院举办“福建省非公有制经济代表人士培训班”。2011年12月初选送了11位私营企业主参加省委组织部在省委党校举办的“全省第一期大中型企业负责人进修班”，这是福建省私营企业主首次被纳入省委组织部的培训范围，也表明了省委对私营企业的健康发展更加重视。福建省委统战部、福建省工商联积极委派私营企业主参加国家组织的相关政治培训。如2011年中央统战部组织非公人士培训班，福建省9名非公有制经济人士参加。

2. 对私营企业主开展党性教育培训和各类活动，提高其党性修养

自2010年私营企业党组织实施“争先创优”活动以来，福建省工商联系统商会组织十分重视对私营企业主的党性教育和培训。据不完全统计，到2011年年底已经举办一期“福建省非公经济组织党建工作暨代表人士思想政治工作研讨培训班”，两期“福建省非公有制经济代表人士培训班”，两期“全省个私企业创先争优活动培训班”。2010年8月中旬，全省私营企业参加在泉州召开的“全省非公有制经济组织、社会组织争先创优活动现场经验交流会”，用以会代训的形式提高学习交流的效果。2011年5月举办了“福建省非公有制经济组织创先争优活动培训班”，取得了良好的效果。创先争优活动以来，全省各地商会积极组织私营企业主、企业党组织书记和党建指导员开展各类培训，共培训3063人。①

与此同时，福建省各地还开展了丰富多彩的党性教育活动，大力宣传党的伟大历程、光辉成就和宝贵经验。如福建省个私协会召开了纪念建党90周年座谈会，举办私营企业党建知识培训班。龙岩市新罗区与龙岩电视台联系，联合制作了大型电视专题报道“‘永远跟党走’——庆祝建党九十周年，新罗区民营企业辉煌成就之路”，充分展现了在党的好政策下，新罗区民营企业、个体工商户从无到有、从小变大的历程和取得的辉煌成就。2011年“七一”期间，在中共中央开展的全国先进基层党组织和优秀共产党员、优秀党务工作者的表彰活动中，福建宏远集团公司党委，福建星网锐捷通讯股份有限公司党委书记、常务副总经理林冰分别被授予“全国先进基层党组织”、“全国优秀党务工作者”荣誉称号；在福建省委开展

① 以上数据材料根据作者于2011年12月对福建省工商联调研的内部资料整理而成。

的全省先进基层党组织和优秀共产党员优秀党务工作者的表彰活动中，中共福耀玻璃工业集团股份有限公司委员会等26个非公有制企业党组织，福建圣农集团有限公司党委书记、福建圣农发展股份有限公司董事长、总经理傅光明等13名非公有制企业共产党员，福建恒安集团有限公司党委书记、福建亲亲股份有限公司总裁程勇等11名非公有制企业党务工作者分别被授予“全省先进基层党组织”、“全省优秀共产党员”、“全省优秀党务工作者”荣誉称号。①

以上这些党性培训学习以及党员活动、表彰活动，无疑是深刻的党性修养的教育，对于私营企业主的政治素质的提高起着十分重要的推动和促进作用。

（二）福建省工商联系统商会组织合理反映私营企业主的政治诉求，实现政治利益的表达，开展有序的政治参与

1. 福建省工商联系统各级商会组织积极通过政治协商、民主监督、参政议政等方式反映私营企业主的诉求，为私营企业发展创造良好环境

福建私营企业主通过福建省工商联系统各级商会组织呈交提案和议案，或参与法律法规的制定等，从而反映私营企业主的政治诉求，为私营经济的发展创造一个稳定的政策、政治和经济环境，这是他们进行组织性政治参与的十分重要的渠道。如2008～2012年间，福建省政协十届一次、二次、三次、四次、五次会议期间，工商联界别的委员团体提案68项。提案内容除部分涉及有关法律、规章制度的制定和社会公共利益方面的内容外，绝大多数是涉及福建私营企业发展的提案，特别是关于优化私营企业的外部环境的提案较为集中。福建私营企业主更倾向于通过以工商联商会团体的名义提出提案，这样更容易得到政府和有关部门的重视，更容易促进问题的解决。显然，团体提案产生的效应明显比私营企业主个人提案的效应高，有组织的政治参与的实效性也明显比私营企业主个人的政治参与实效性更强。如2011年省工商联结合私营经济发展中的热点难点问题撰写政协大会发言和提案，提交省政协十届四次会议，所提的团体提案全部立案并得到相关部门的重视和采纳。龙岩市房地产同业商会积极参与龙岩市政府关

① 以上材料根据作者于2011年12月对福建省工商联调研的内部资料整理而成。

于《龙岩市促进中心城市房地产市场平稳健康发展实施方案》及《龙岩中心城市住房建设规划（2010～2012）》两份规范性文件制定，最终以龙政综〔2012〕222号和龙政综〔2012〕245号文件形式下发给新罗区和市直有关单位贯彻执行。

2. 福建省工商联系统各级商会还通过实地调研等形式反映私营企业主的诉求

福建省工商联系统各级商会经常组织开展调查研究，深入了解推动私营经济发展的意见建议，及时将调查成果转化为促进私营经济发展的意见和建议，反映私营企业主的诉求。各级商会组织私营企业参与国家政治生活和社会事务，积极参与行业标准的制定和执行，为私营经济发展创造良好的政策环境。如福建医用设备商会积极协助省药监局做好《福建省医疗器械经营企业资格认可暂行规定》修订工作，下发调查问卷，协同省药监局医疗器械处前往丽声助听器（福州）有限公司等福州地区21家企业进行实地调研，得到了省药监局和广大会员的充分肯定。①

3. 福建省工商联系统各级商会组织私营企业主参与公益事业，承担社会责任，树立良好形象

福建省工商联系统各级商会组织努力引导商会在服务会员企业健康发展的同时，积极履行社会责任，把商会自身的发展与各地经济的发展结合起来，把帮助会员企业主先富起来与引导企业主参与社会公益事业结合起来，把创业与奉献结合起来，塑造了私营企业主良好的社会形象。如福州市工商联以商会为单位，大力发动广大“榕商”参与“春风·春雨·光彩”行动。据统计，仅5年来，全市共有30多个商会参与了“榕商联社”活动，通过公益捐助帮扶、扶贫助学等方式参与社会主义新农村建设，捐赠7.73亿多元，实施帮扶项目900多个，涉及120多个乡镇300多个村，惠及30多万农民。据不完全统计②，2000年至2011年6月，福建省参与公益事业的私营企业主已达8.6万人次左右，为公益慈善事业捐款约56亿元。

---

① 案例材料来自于作者2011年12月对福建省工商联调研的内部资料。

② 曹宛红、董静怡：《关于工商联及其商会组织在社会管理创新中的作用的调查报告》，载福建省工商联《全面推进海峡西岸经济区建设2011年调研论文集》，第12～13页。

（三）福建省工商联系统各级基层商会组织积极维护私营经济合法权益

通过福建省各级基层商会组织维护私营企业的合法权益，是福建省私营经济发展的有力保障。基层商会主要是指县市及乡镇级的商会，代表着私营经济有组织的力量，担当着维护私营经济发展的重大责任。草根性的行业协会，担当着行业自律，协调企业间、行业间、企业与政府间的关系，为企业提供服务，完善企业竞争机制等重任。[①] 福建省工商联系统各级基层商会组织通过各种渠道和形式，维护私营经济合法权益。

1. 主动发挥私营企业主与政府部门之间沟通的桥梁和纽带作用。主要形式大致有两种：第一，商会组织将私营企业发展中的问题和困难及时地直接向政府有关部门反映，促进问题尽快解决。2009 年以来，泉州市鞋业商会举办多场应对国际技术贸易壁垒的研讨会；泉州市石业商会促进厦门海关将墓碑石制品出口退税率由 9% 提高到 13%；泉州市纺织服装商会开创性地搭建 3 个公共服务平台，即泉州市纺织品出口检验服务平台、纺织服装企业质量管理和实验服务平台、ERP 公共服务平台，提高整个行业的科技含量和信息化水平。[②] 第二，由商会组织出面，安排私营企业主与政府领导直接面对面进行沟通。如福建省商会组织每年举办的“3·24”福建省企业家活动日、每年的省领导与企业家的座谈会以及邀请省领导参加的企业家午餐联谊会等等。这样长期坚持下来形成的各级政府领导与私营企业主直接沟通的规范化、制度化模式，对于迅速解决私营企业面临的各种问题和困难发挥了重要作用。如在 2007 年“3·24”福建省企业家活动日期间，福建省工商联与省企联、省经贸委共同举办了省领导与企业家座谈会，时任福建省长的黄小晶同志及时地了解到私营企业主反映的企业发展过程中的困难和问题，会后，有的问题立即得到了妥善解决，有的项目已被列入产业发展规划，有的项目得以生根落地。

2. 构建各地各具特色的维权和调解模式的机构，通过合法的渠道有效保护会员的正当权益。如 2009 年泉州市工商联与泉州市中级人民法院共同挂牌成立“司法服务与指导办公室”，指导泉州市私营企业防范和化解法

---

① 赵丽江：《中国私营企业家的政治参与》，中国经济出版社，2006 年版，第 213 页。

② 刘秀香：《泉州市工商联发展现状及提升对策探讨》，载福建省工商联《全面推进海峡西岸经济区建设 2011 年调研论文集》，第 123 页。

律风险，协调解决私营企业在生产经营活动中发生或可能发生的类型化法律纠纷。如2010年厦门市工商联联合厦门仲裁委成立“维权调解服务中心”，配合厦门市作为全国非公企业仲裁试点，针对企业的需求和困难，积极搭建政企沟通、对口服务平台，提供专业化的服务，取得了明显的成效。福建各地大都根据自身情况，构建各具特色的维权和调解模式的机构，他们都把通过合法的渠道有效保护会员的正当权益作为商会的一项重要工作，而且不仅在本省，这种做法还延伸到全国各地。最典型的是泉籍异地商会组织重视与当地政府部门的沟通，解决私营企业面临的问题。例如，新疆泉州商会副会长吴河龙在和静县投资6000万元建热电厂，运作中遇到种种问题，由商会组织出面，向有关部门反映，同当地有关政府部门协调，并借助媒体监督，促使会员维权问题得到公正解决。[①] 合肥泉州商会为会员单位郑氏肉制品公司维护房屋租赁合同权益，获得经济赔偿10万元。大庆市泉州籍商会会员王万福因案被关押并被起诉，商会得知他的冤情后，主动向有关部门反映，目前案件已得重到审，王万福也无罪释放。[②]

通过商会的集体维权，集体开创事业，取得了一定的成效，使一部分私营企业主寻找到了政治上的归属感，也更热衷于商会的活动。我们相信，随着社会主义市场经济体制的不断完善，福建省商会组织的不断成熟，福建省商会组织在维护私营企业权益、推动私营企业发展方面必将发挥更大的作用。

（四）福建工商联系统各级商会组织通过宣传和表彰活动，扩大私营企业主的知名度，提高他们的社会地位

为了鼓励、引导和支持私营经济的发展，福建商会组织秉承“为企业服务，为政府服务”的双重职能，通过省内外各种媒介，一直致力于对私营企业主的宣传和表彰活动。

在网站方面，福建省工商联等各级商会组织不断丰富、完善网站服务项目，不断提高网站的知名度和影响力。如福建省工商联网站中设有专门的“工商联简讯”、“精神文明简报”、“学习实践科学发展观”、“创先争优活动”、“典型宣传”等栏目，从各个方面宣传私营企业，宣传私营企业

---

① 案例材料来自于作者2011年12月对福建省工商联调研的内部资料。

② 案例材料来自于作者2011年12月对福建省工商联调研的内部资料。

主阶层的先进事迹。闽商网中有专门的“闽商名人馆”、“闽商言论”、“名家专栏”等栏目。东南网中有专门的“闽商风采”、“闽商专访”、“闽商文化”等栏目的宣传。中国新闻网、人民网、新华网、网易、中企联合网、福建新闻网等各大网站也报道了福建私营企业和私营企业主的先进事迹。

在期刊方面，福建商会组织编辑出版一些社会公开期刊和商会内刊，宣传私营企业和私营企业主，如《福建企业与企业家》、《福建雇主工作简报》等，开辟“省优秀企业家”、“八闽精英”等专栏，坚持正确的舆论导向，立足服务，贴近企业和企业家。

在报纸宣传方面，《中国企业报》、《中国工商时报》、《福建日报》、《东南快报》、《海峡都市报》等，都在不间断地宣传福建私营企业与私营企业主。

在电视宣传方面，福建商会以举办的活动为载体，加强与电视电台等有关新闻媒体的联系与合作，采取灵活多样的方式宣传私营企业和私营企业主。如常年坚持的与福建省电视台联合播出的《企业家之路》，精心制作的《闽商》、《雄风依然在，豪气冲云天》等电视宣传栏目，得到社会上越来越多的人的关注，在社会上、在海内外产生了很好的反响。

同时，福建商会组织多年来还致力于表彰在各个方面表现突出的私营企业和私营企业主。如评选“福建省优秀企业家”、“福建省企业管理现代化创新成果”、“福建省最佳信用企业”、“福建省先进基层党组织”、“福建省优秀共产党员”、“福建省优秀党务工作者”、“八闽慈善奖”、“光彩事业积极分子”等荣誉称号。

福建商会组织通过宣传和表彰私营企业与私营企业主的先进事迹，一方面，激发了私营企业主经营和发展企业的工作热情，为他们进一步做好企业工作提供了重要的精神支持；另一方面，通过宣传和表彰活动，为私营企业主打造了良好的社会舆论，很大程度上提高了私营企业主的社会声望、社会名声，提升了私营企业和私营企业主的社会形象。私营企业主的社会声望为其政治参与创造了有利条件。

四　参与光彩事业和社会公益事业

参与光彩事业和社会公益事业是福建省私营企业主阶层间接政治参与

的重要方式。

光彩事业是我国民营企业家所发起并实施的一项以扶贫开发为主题的事业。1994 年 4 月，刘永好等十位民营企业家联名倡议《让我们投身到扶贫的光彩事业中来》，光彩事业由此而发起。

光彩事业是以扩大非公有制经济人士和民营企业家为参与主体，包括港澳台侨工商界人士共同参加，它以自觉自愿、量力而行、互惠互利、义利兼顾为原则，将西部大开发作为重点，面向“老、少、边、穷”地区和中西部地区，以项目投资为中心，开发资源、兴办企业、培训人才、发展贸易，并通过包括捐赠在内的多种方式促进贫困地区的经济发展和教育、卫生、文化等社会事业的进步，共谋利益，共享文明安乐，以先富带未富，促进共同富裕。

2001 年 11 月，全国政协副主席、中央统战部部长、中国光彩事业促进会会长王兆国同志在中国光彩事业二届二次理事会上，将光彩事业及其参与者的精神追求和价值取向概括为 32 字“光彩精神”：致富思源，富而思进；扶危济困，共同富裕；义利兼顾，德行并重；发展企业，回馈社会。截至 2008 年年底，光彩事业已在全国兴办有一定规模的光彩项目 19188 个，到位资金 1864.68 亿元，培训人员 442.29 万人，吸纳就业 540.39 万人，带动 1012.86 万人脱贫，各类公益捐赠总额达到 1383.95 亿元。[①]

光彩事业符合中国国情，它弘扬了中华民族扶危济困、乐善好施的传统美德，是一种高尚的道德行为；它注意按照市场经济规律办事，讲究经济效益，坚持互惠互利，使参与者在帮助别人脱贫致富的过程中实现自己的发展；它替政府分忧，帮他人发展，有助于生活比较困难的人们渡过难关，有助于化解部分群众因贫富差别造成的心理失衡，是很有意义的政治行动。[②]

在福建，“光彩精神”与“善观时变、顺势有为，敢冒风险、爱拼会赢，合群团结、豪侠仗义，恋祖爱乡、回馈社会”的“闽商精神”相融合，构成了福建广大私营企业主推进发展、回馈社会的独有特色，也为福建的光彩事业开展树起了一面旗帜。福建省光彩事业促进会从 1994 年成立

① 《中国光彩事业促进会三届四次理事会在北京召开》，搜狐财经网，2009 年 4 月 21 日，http：//business.sohu.com/20090421/n263518925.shtml。

② 《中国光彩事业促进会简介》，中国江西网，2003 年 10 月 7 日，http：//www.jxcn.cn/34/2003-10-7/30004@46923.htm。

以来，主要采取直接在贫困地区投资、定向扶贫、无偿捐助以及劳务输出等形式开展扶贫工作。截至2007年9月，全省累计实施项目近5851个，投资总额624亿元，并有2.6万名民营企业家为公益慈善事业捐款19.5亿元，为光彩助学捐资7.8亿元。同时有2377位民营企业家，到西部或边远贫困地区投资光彩事业项目，投资项目2410个，投资金额286亿元，涉及的行业包括钢铁冶炼、房地产、轻工、食品、化工、教育、医药、建材、旅游、养殖、农产品加工等。2005年，为解决贫困学生上学难问题，福建省开展“光彩助学”活动，全省私营企业主为“光彩助学”捐赠总金额达7.82亿元，受捐助学生达28.8万多人。修建各类学校617所，设立奖教、奖学基金226个。[①] 2010年，福建省光彩事业促进会团结、引导全体理事、会员和广大非公有制经济人士积极参与抗灾救灾、“海西春雨光彩行动”、就业扶贫、助学扶贫等各类公益事业，累计捐款、捐物3亿多元，提供就业岗位1.3万多个，帮助数万农民脱贫致富。[②] 福建省涌现了一大批参与光彩事业的积极分子、各级优秀企业家和劳动模范。如：许连捷、李新炎、傅光明、吴惠天、陈成秀、林欧文、刘用辉、李顺堤、陈爱钦、曹德旺等10位私营企业主荣获以“爱国、敬业、诚信、守法、贡献”为核心精神的“优秀中国特色社会主义事业建设者”荣誉称号；李新炎、陈成秀、林欧文、曹德旺、傅光明等荣获“中国光彩事业奖章”称号；赖桂勇、吴哲彦、李美和、徐先豪等荣获“国土绿化贡献奖”称号，福建省光彩事业促进会也荣获了“中国光彩事业组织奖”。据不完全统计，在福建光彩事业和“海西春雨光彩行动”中，到2008年年底，福建省有41家企业获得“福建省光彩事业先进集体”荣誉称号，有217人获得“福建省光彩事业先进个人”荣誉称号，每个年度平均有7000名私营企业主在福建省光彩助学活动中被福建省工商联表彰，这些都极大地激发了广大私营企业主阶层参与光彩事业的热情。

值得一提的是，福建恒安集团首席执行官许连捷在2009年4月21日的中国光彩事业促进会三届四次理事会上被授予“光彩事业突出贡献奖”，成为全国35名被授予该荣誉的私营企业主中的一员。

---

① 《福建民营企业家光彩路》，莆田新闻网，2008年12月15日，http://www.ptxw.com/caijin/psfc/200812/15/41896_0.shtml。

② 《福建光彩事业为经济发展添光增彩》，《中华工商时报》2011年1月19日。

从恒安集团了解到，许连捷自2003年担任晋江市慈善总会会长以来，始终站在光彩事业最前沿。多年来，许连捷和他领导的恒安集团累计捐款4亿多元广泛用于社会公益和光彩事业，其中，仅许连捷及其家族捐款便高达2亿元以上。在参与光彩事业的过程中，许连捷10多年来总是在国家最需要的时候挺身而出慷慨乐捐：1998年，国内长江、松花江、嫩江发生特大洪水灾害，恒安员工捐款400余万元，其中许连捷个人捐款100万元；2003年，晋江市成立慈善总会，恒安集团员工捐资460余万元，其中许连捷个人捐款200万元，同年，在“非典”肆虐全国的非常时期，恒安毅然捐赠价值570万元的防“非典”用品；2008年，恒安为南方雪灾捐款500万元，其中许连捷个人捐款100万元，同年，恒安为四川地震灾区捐款1000多万元现金和救灾物资，其中许连捷个人捐款100万元。不仅如此，许连捷和他领导的恒安集团还致力于解决下岗员工和农民工的就业问题。近3年来，恒安集团光吸纳下岗员工就达3000余人，安置农民工2000余人。由于许连捷多年不懈的慈善之举，他先后被中国光彩事业促进会授予“光彩事业奖章”；2005年和2006年，许连捷连续两届被中华慈善总会授予“中华慈善突出贡献奖”，恒安集团亦于2008年被授予“中华慈善奖”。许连捷说：“光彩事业是一项伟大工程。作为民营企业，参与光彩事业、履行社会责任、回报社会，说到底，最终受益的还是企业。这是恒安发展经验的切身体会，更是科学发展观的验证。”① 由此我们可以看到，福建私营企业主阶层在弘扬和实践光彩精神之际，不仅是致富思源，富而思进，而且已经把企业自身的发展与国家经济社会发展更加紧密地结合起来，体现了私营企业主的社会责任感和高尚的道德操行。

除了光彩事业之外，福建私营企业主还通过社会捐赠（捐赠方向主要体现在救灾、教育、扶贫、文体、环保和健康等六大类）、慈善基金会等多种形式从事各类社会公益慈善事业。在本课题组对577位福建私营企业主的调研中发现，有占75.9%（即438人）的被访企业主支持过社会公益事业。“乐善好施”是闽商的重要品质和精神。福建私营企业主捐资慈善成风，现已成为福建慈善捐资的主力军。据了解，截至2008年11月底，

① 《许连捷：爱心和恒心比金钱更重要》，新华网，2010年8月28日，http://news.xinhuanet.com/politics/2010-08/28/c_12493966.htm。

福建省县级以上慈善机构募集善款达22亿多元，其中七成以上捐赠者是私营企业和闽商个人。[①] 全省慈善事业的发展不仅表现在各级慈善组织的建立，不少私营企业也相继建立慈善基金，用于助残、助困和助学等慈善公益事业。另外，有的私营企业主还担任了慈善组织的领导，如：恒安集团董事长许连捷、圣农集团董事长傅光明分别担任了晋江市慈善总会和南平市慈善总会的会长。在2011年福布斯慈善榜上，福建私营企业主2010年捐款14.1亿元，居全国第二。更为重要的是，福建私营企业主的公益集群效应凸显。在2010年，他们不仅积极兴学、扶贫、改善医疗环境，并为当地文化事业等相关领域砸下巨资。上榜的福建达利集团和劲霸集团也都重点关注教育、文化和救灾等传统慈善方向。劲霸集团董事长洪肇明说，"生有涯，慈善无涯"，这句话集中体现了闽商的慈善情怀。在2011年胡润慈善榜中，福建福耀集团的曹德旺家族以最近一年45.8亿元的捐赠额成为"中国最慷慨的慈善家"、中国"首善"。胡润慈善榜显示，曹德旺家族最近一年的主要捐赠包括：2011年4月，曹德旺家族将持有的3亿股福耀玻璃股票捐赠给"河仁慈善基金会"（中国大陆首家以股份运作的慈善基金会），以福耀玻璃4月13日的收盘价计算，这笔捐赠市值达35.5亿元；在救灾领域，2010年5月，曹德旺家族向西南干旱灾区捐款2亿元，并与中国扶贫基金会签订合同，保证在6个月时间内，10万贫困农户，每户都能领到2000元的捐助；2010年4月，曹德旺家族向玉树地震灾区捐款1亿元，通过福建省慈善总会汇往灾区，用于灾区救援及灾后重建的各个项目；之后，曹德旺又向福州市捐赠4亿元用作图书馆的修建；向故乡福清市捐赠近3亿元，其中向福清市高山中学捐款1.9亿元，向福清的寺庙捐款7000万元。据统计，从1983年第一次捐款至今，曹德旺累计捐款50亿元。[②]

不少福建私营企业主因自己的善举而得到了社会的肯定和人们的赞扬，获得了"八闽慈善奖""中华慈善奖""慈善大使""慈善世家""慈善突出贡献奖""慈善先进个人"等荣誉称号。

---

① 《闽商：慈善捐资主力军》，闽商网，2010年4月27日，http://www.fjsen.com/qywh/2010-04/27/content_5243567_2.htm。

② 《福建企业家捐款额全国第二　闽商公益集群效应凸显》，《中华工商时报》2011年8月23日。

人们常用“第三次分配”来形容慈善事业举足轻重的地位。从更大的范围来看，慈善事业分配的不仅仅是财富，还在“分配”着价值观念和社会道德。对于私营企业主来说，慈善事业是他们表现社会责任感的重要风向标。在本课题组对福建私营企业主支持社会公益事业原因的问卷调查中，回答为了“回馈社会”的占被访企业主的68.9%，回答为了“报效父老乡亲”的占被访企业主的34.0%，回答为了“提高自己的社会地位，提高本企业的知名度”的占被访企业主的26.5%，回答为了“答谢党和政府”的占被访企业主的13.9%，而为了“和当地干部群众搞好关系”的占被访企业主的13.5%，“实为被摊派”的占被访企业主的4.1%，详见表5－6。

表5－6　福建私营企业主支持社会公益事业的原因（可多选）

支持公益事业的原因	人　数（人）	所占百分比（%）
回馈社会	302	68.9
报效父老乡亲	149	34.0
提高自己的社会地位，提高本企业的知名度	116	26.5
答谢党和政府	61	13.9
和当地干部群众搞好关系	59	13.5
实为被摊派	18	4.1

注：样本总数量为支持过社会公益事业的438位私营企业主。

从表5－6中可以看到，绝大多数的私营企业主是出于社会责任感如回馈社会、报效父老乡亲、答谢党和政府而从事公益事业，而小部分私营企业主是为了功利的目的如提高地位、和当地干部群众搞好关系而从事公益事业，只有极个别的是并非出于主观自愿的行为。总体上，福建私营企业主从事公益事业的行为并不是出于交换的目的或贪图回报，而是受到一定社会责任感的驱使。社会责任指的是企业在谋求利润最大化之外，应当负有的维护和增进社会利益的义务，包括企业对员工、消费者、投资者、环境资源保护、社会福利慈善等方面的责任。最有代表性的是曹德旺说的一句话：“没有责任感，充其量是富豪”，而有了社会责任感才是真正的企业家。但是，在这种社会责任感驱使下做出的慈善行为，客观上却为私营企业主带来了重要的社会资本、政治资本和经济资本，间接影响了他们的政治参与。首先，福建私营企业主通过参与光彩事业和社会公益慈善事业，客观上扩大了企业的舆论影响，树立了私营企业及私营企业主良好的社会形象，获得了较高的社会声望，这些构成了其社会资本的重要组成部分。我国学者陈光金认为，“社会名声与政治相关度最大，反映出两者在现实生活中互涨的关系：社会名声越大，参与政治生活的可能性越大；反过来，政治参与度越大，社会名声往往也越高。”[①] 其次，私营企业主的慈善活动温暖着社会各个角落，在他们回报社会的过程中，也为企业的良好发展创造了重要的软环境，从而实现了公益事业和企业效益的双赢，带来不菲的经济资本。最后，私营企业主在参与光彩事业和社会各类慈善事业的过程中，获得了党和政府所赋予的政治荣誉，获得党和国家、政府，或者地方政府部门领导人的亲切接见或者关注，使他们拥有更多的与政府领导人接触的机会，使他们具有了比其他私营企业主更多的政治资本。福建私营企业主阶层在参与光彩事业和各类社会慈善事业的过程中积累的社会资本、经济资本和政治资本，客观上都为他们更高层次的政治参与提供了重要的基础。

五　与政府官员的政治接触

政治接触是公民解决个别政治问题，谋求个人或小部分人的利益而接触有关政府官员并影响之的行为。政治接触本身既包括合法行为，又包括非法行为，政治参与意义上的接触仅指合法的政治接触，而不包括行贿或威胁等非法的甚至是犯罪行为。在中国，公民政治接触形式有：在公民接待日与政府官员面谈，以座谈会形式与政府官员沟通，通过信访与政府官员接触，甚至可以直接面见领导人陈述己见，等等。[②] 合法的政治接触也是公民政治参与的一种重要途径。

与政府官员的政治接触是福建私营企业主政治参与的普遍和经常的形式。根本原因在于私营企业主作为一个社会群体，他们的经济资本雄厚而政治资本缺乏，为了争取获得企业发展的政治空间，创造适合企业发展的政治生态，他们需要政治上的后援，因此他们会采取与政府官员的私下接

① 陈光金：《私营企业主的社会来源、阶层意识与政治—社会参与分析》，载张厚义等主编《中国私营企业发展报告》，社会科学文献出版社，2003，第37~38页。

② 王浦劬主编《政治学基础》（第二版），北京大学出版社，2006，第174页。

触获得政治资本。另外，私营企业主之所以愿意采取此种形式，一方面是与其他形式相比，采用这一方式成本低、效率高；另一方面，通过接触各级党政领导，与他们建立长期的社会关系，私营企业主可以在不同程度上占有、分享中央及地方的部分政治资源、经济资源和社会资源，便于私营企业主表达利益诉求，影响政府的政治决策，增进与政府之间的沟通，进而利于企业的长远发展。尤其对一些中小私营企业主而言，政治接触更是一种最直接、最经济的参与方式。

在本课题组对577名福建私营企业主的调研中发现，在回答“提高自己的社会地位比较有效的办法”时，有7.3%的被访企业主即42人选择了“与政府领导人保持联系”；在“私营企业主目前的打算”中，有8.5%的被访企业主即49人选择了“与党政领导人经常联系”。而在“企业遇到不公正待遇时首选的解决途径”中，有25.7%的被访企业主选择“找党政领导”，在备选的8个选项中处于第2位，详见表5-7。

表5-7　福建私营企业遇到不公正待遇时首选的解决途径

解决途径	人　数（人）	所占百分比（%）
通过法律途径	150	26.0
找党政领导	148	25.7
找工商联、私协	75	13.0
找民营企业投诉中心	72	12.4
找人大代表反映	60	10.4
忍气吞声	35	6.1
找政协委员反映	28	4.8
组织员工上访	9	1.6
总　计	577	100

从表5-7可以看到，福建私营企业主遇到不公正待遇时除了选择“通过法律途径”解决外，最主要的解决途径是“找党政领导”，占1/4的被访企业主的比例，远远超过了其他的解决途径如找工商联、私协，找民营企业投诉中心，找人大代表反映，找政协委员反映等，可见“找党政领导”的政治接触形式在福建私营企业主的政治生活中起着十分重要的作用。福建私营企业主的政治接触主要体现在以下几个方面。

（一）吸纳政府官员加盟私营企业，获得政治资源和社会资源

中国社会的精英总体上主要集中在党政部门，他们有着良好的能力、素质和背景，而且，相对于其他社会群体具有较丰厚的政治资源和社会资源，但是他们合法的工资收入却不能满足生活期望，因此，他们又是经济资源比较缺乏的群体。而私营企业主阶层的成员主要来自农村和城镇社会的较低阶层，总体上不受尊重，缺乏社会资源和政治资源，私营企业在经营过程中更是缺乏体制性的政治资源、物质资源，同时在人力资源方面也比较匮乏，但是，他们却拥有比较丰厚的经济资源。因此，在政府官员与私营企业主之间刚好是“此之所短，彼之所长”，彼此拥有的资源能够满足对方的需要。于是，一部分私营企业通过直接吸收政府官员加盟本企业。

吸纳政府官员到私营企业工作，是私营企业主低成本政治参与的方式。他们通过吸收政府官员加盟企业或聘请离职离岗政府官员当顾问，一次性获得这些政府官员们长期积累起来的社会关系、组织协调能力、宏观管理能力等十分重要的资源，可以利用这位官员的关系产生竞争优势，从而使企业获得更快捷的发展，[①] 高效率地实现经济活动空间的最大化和政治风险的最小化。

如 CWZ 拥有经济师职称，原来在晋江的一个邻县做过县经委主任、县委办公室主任等职务，后来换届升任副县长。1992 年，晋江当地的 5 位私营企业主把企业合并，组成“五星集团公司”。为了网罗人才，公司把 CWZ“挖”到公司总部，任副总经理。为了留住他，五星集团不但为 CWZ 在晋江配备套房、汽车，还花 13.7 万元在其福州老家购置新宅。CWZ 如今已经是某集团董事兼酒店总经理，并兼任集团非公企业党总支书记。CWZ 为我们讲述了一个例子，说明他的政府背景为私营企业主带来的好处：

“这家酒店原来的方案是一半工厂，一半酒店。可是酒店和工厂开在一块是怎么回事？而且工厂是做鞋子的，污染很重，市里的规划部门不干，环保部门也不干。后来我就直接找老板，跟他算了一笔账：把鞋厂卖掉，在外面征一块地比较便宜，而且还能增值，在市区不再开鞋厂，每年

① 本段根据王海燕《私营企业主的政治参与》，社会科学文献出版社，2007，第 139～141 页整理。

的环保罚款都省下不少，市里也支持为了环保搬迁工厂。老板同意了，我接着帮他跑搬厂子的事。那个时候我们镇长调到市里做市长，我就去找他，他对这件事很支持。正好市区外面有一个破产的鞋厂，市长建议我们去兼并。我们算了一笔账，感觉很划算。原来我做副县长就是主管工业的，也做过经委主任，这套东西我懂。我给老板算账，他采纳了。这件事皆大欢喜，环保部门也满意，我们这边有厂房了，那边破产企业有着落了；市里面解决了一个后顾之忧，所以很支持；兼并的时候投入很少，手续办理得很快，最后办好了。这件事我为什么能起那么大作用？关键是对政府运作的思路和过程很熟悉啊。”①

而另一位当地政府干部 XC 的情况又代表了另外一种由仕而商的形式。XC 的家族都是在当地做企业的，但他本人在大学毕业后在家里的安排下进了政府机关工作。根据作者自己的理解，是因为 XC 父亲更看好政府机关工作的前途，不愿让 XC 承受做企业的艰辛和风险，所以才为 XC 选择了这条职业道路。但 XC 自己的解释让作者恍然大悟，原来问题的关键不在于此：

“我父亲属于创业比较早一批的，几个兄弟也先后在父亲的企业里做负责人，有的还自己单独闯出自己的品牌。我大学学的是企业管理，也对做企业感兴趣。但毕业的时候父亲认为家族里应该有一个在政府工作的人，建议我到政府部门当公务员，主要考虑为家族的企业在当地有一个政府方面的关系网。虽然我父亲在和政府打交道方面一直不错，而且我能进政府部门也是父亲活动的结果，但毕竟不如自己的亲人方便。我也认同父亲的想法，特别是在政府工作几年后，更体会出父亲考虑得确实周到。”②

可以看出，XC 成为家族与政府进行各种联系的一条纽带，比起通常的政治接触途径，这种形式更加隐蔽和方便。而且 XC 说，这种情况在当地非常普遍，如果家族生意比较大，而且人数较多，一般都会想办法让一个家族成员进入政府部门，特别是那些比较重要的部门。其目的并不是希

① 参考高贤峰博士对福建省晋江市私营企业主的访谈笔记，见高贤峰《我国民营企业家政治行为分析——以 S 市调查为例》，博士学位论文，北京大学，2007，第 83 页。

② 参考高贤峰博士对福建省晋江市私营企业主的访谈笔记，见高贤峰《我国民营企业家政治行为分析——以 S 市调查为例》，博士学位论文，北京大学，2007，第 85 页。。

望孩子在仕途方面要有很远大的成就，也不是为了一份稳定体面的职业，主要是希望他能为家族企业保驾护航、谋求便利考虑的。

对福建省私营企业主的家里人的社会身份和政治身份的调查（详见表5－8和表5－9）中可以看到，福建私营企业主家里人和亲戚普遍具有一定的社会身份和政治身份，这些形成了私营企业主与政府之间进行各种联系的一条纽带，也构成了私营企业主重要的社会资源和政治资源，为私营企业主进行更高层次的政治接触，谋取切实利益提供了重要的渠道和途径。

表5－8　福建私营企业主家里人属于下列机构和组织的人（可多选）

机构和组织	人　　数（人）	所占百分比（%）
村委会或居委会	211	36.6
中国共产党	112	19.4
个体劳动者协会或私营企业主协会	111	19.2
政府部门	54	9.4
行业协会或协会	44	7.6
民主党派	29	5.0
地方人民代表大会	24	4.2

表5－9　福建私营企业主的亲戚中属于下列机构和组织的人（可多选）

机构和组织	人　　数（人）	所占百分比（%）
村委会或居委会	209	36.2
中国共产党	115	19.9
个体劳动者协会或私营企业主协会	105	18.2
政府部门	67	11.6
行业协会或协会	46	8.0
地方人民代表大会	29	5.0
民主党派	23	4.0

（二）保持与国家领导人的接触，获得各种资源，取得切实的利益，积累了更高水平政治参与的资本

梁漱溟先生曾在《中国文化要义》中指出，与西方社会相比较，中国社会既不是个人本位，也不是群体本位，而是一个关系本位的社会。在中国，社会关系网络非常复杂而且非常发达，亲属关系、朋友关系等社会关

系在一个人获得社会资本过程中发挥着重要作用。在我国，市场经济虽然运作了许多年，但是私营企业主想要谋求事业的成功，同政府官员保持良好的关系仍是不可缺少的条件之一。特别是在目前很多领域对私营企业还存在不尽如人意的情况下，为了给企业创造良好的发展环境，私营企业主都非常注重建立与各级党政官员、知名人士的个人联系和人脉关系，寻求政治上的代言人，以获得各种社会资源来减少经营中的风险，为私营企业的发展获得切实的利益。

1. 通过与党政官员的个人接触，福建私营企业主提高了个人社会声望和社会地位，获得了重要的社会资源

比如，一些私营企业主在他们的办公室或者是家中陈列很多领导人到企业参观考察的照片、合影或题词，有的甚至把有代表性的合影放大成广告牌，伫立在企业的大门前。他们对这种荣誉相当珍惜并且为此津津乐道，而且认为，花费大量的时间、精力和金钱保持与领导人的联系，这种投资是值得的。事实上，这种私人政治接触很大程度上确实提高了私营企业主的社会声望、社会名声，提升了私营企业和私营企业主的社会形象，并为其政治参与创造了有利条件。

2. 通过与党政官员的个人接触，福建私营企业主便于表达利益诉求，影响政府决策，获得重要的政治资源

私营企业主无论是加入工商联、私营企业家协会、行业商会还是加入中国共产党、民主党派等政党组织，抑或是担任党代表、人大代表、政协委员等，其目的都是获得一个政治荣誉、政治身份，从而得以与政府部门接触，借此建立与共产党及政府部门的经常性联系，了解党和政府的方针政策，表达其政治意图，实现其政治诉求。有了政治身份和政治地位后，他们更会以这些政治身份为资格和凭借，扩展与党政官员交往的私人关系网，更加注重通过与某些官员的个别接触来为谋求个人的社会资本和更高层次的发展创造有利条件，最终达到政治参与的目的。

3. 通过与党政官员的个人接触，福建私营企业主便于获得切实的经济利益，为更高层次的政治参与奠定基础

上规模的私营企业在广泛的政治接触中更注重实质利益的获得，这种实质利益的获得一般是在私下进行的，属于企业的机密，往往构成企业高速发展的重要因素。少数的私营企业主通过政治接触获得了政治上的承认，获得了更多参政议政的资本，也给企业带来了更多的发展空间和利

益。私营企业主获得丰富的政治资源和经济资源在一定程度上会超过国有企业的政治资源和经济资源。因为在现实经济生活中，在私营企业主面前没有现存的制度可供他们使用。对于每个私营企业，它们的问题、需求均为个案，私营企业要获得体制内的待遇是要通过长期不懈的政治接触、政治沟通来逐步实现的。而这种私下的沟通和接触往往会使私营企业主获得比国有企业更多的特殊利益。同样，政治接触对于各级政府官员而言，也有着不可替代的政治意义。所以，从中央到地方各级政府均以视察、调研、过问私营企业的情况作为一部分领导人的日常工作。广泛的政治接触，影响、验证相关的政治决策，使政治接触有了更高层次的作用。尤其是中国高层领导人对于私营企业的关注，主动与私营企业主进行政治接触，形成一种良性互动的关系，一方面高层领导人了解了私营经济的发展状况及企业主的真实想法，另一方面私营企业主直接表达的意见，使他们的要求及时反映到国家政治的高层。从此意义上理解，其影响力已大大超过了政治接触行为本身。①

当然，这种政治接触往往有一个不易把握的度，稍有不慎就容易演变成为政治权力的寻租，导致私营企业主恶性介入政治。

（三）运用人际关系规避政府制定的法规

一部分私营企业主将大量的时间、精力和金钱花费在与政府官员的交往上，这是社会资本的投资。布迪厄认为社会资本不是其他社会行动的“副产品”，而是个人或团体“有意识的投资策略”的产物。获得了这种“体制化”的关系网络后，他们可以使用它获得其他人享受不到的种种好处，可以规避现存的法规、获得对法规有利的干预。私营企业主相信，在法制尚未健全时期，他们的某些经营活动如果受到政府法律部门的查处，只要运用人际关系就可使问题迎刃而解。

当前我国大部分私营企业还处在初创阶段，为了加快发展，企业或多或少都存在违规现象。地方政府从地方利益考虑，为了鼓励非公有制经济发展，不愿意也不可能完全按照国家法令对私营企业进行监管。所以，一旦私营企业遇到职能部门或多或少的干预时，企业主与政府官员的关系往往可以提供最好的缓冲和保护。因此，中国资本策划研究院院长朱耿洲认

---

① 参考赵丽江《中国私营企业家的政治参与》，中国经济出版社，2006，第188～194页。

为中国私营企业有五大原罪，即行贿（中国私营企业60%左右都或多或少存在这个问题，房地产企业几乎100%。这是一种公开的秘密）、偷税漏税（中国的企业几乎100%都有偷税漏税，差别只是程度不同而已）、虚假注册资本和抽逃资金（60%左右的私营企业都有可能涉及）、非法集资（包括非法吸收公众存款和集资诈骗。30%以上企业也都可能存在）、高利贷（非法经营。60%左右的中小私营企业都有可能涉及这个问题）。①

个体私营企业在创业之初获得的资本积累被称为“第一桶金”，也可称之为中国私人资本的“原始积累”，它为后来更大的资本积累奠定了基础。由于私人经济在最初发展时是处于受限制，甚至是禁止的非合法合规状态，当时私人经济的出现都或多或少存在着一些违反或冲破当时的法律、政策、规章甚至道德的行为。私人企业“第一桶金”的获得是非正规、非规范甚至是非法行为，后来被社会一些人称为个体私营经济的“原罪”。不少人认为，中国的个体私营经济普遍都或多或少存在“原罪”，即在其创业之初，创业过程中都有过或多或少的违规、违矩、违德行为。②

在本课题组对577位福建私营企业主的调研中，对于“对应出台专门政策对‘老板原罪’不予追究的观点的看法”中，回答“很同意”的占被访企业主的8.0%，回答“同意”的占被访企业主的52.5%，回答“不同意”的占被访企业主的34.3%，回答“很不同意”的占被访企业主的5.2%（详见表5－10）。

表5－10　福建私营企业主对应出台专门政策对“老板原罪”不予追究的观点的看法

看　法	人　数（人）	所占百分比（%）
同　意	303	52.5
很同意	46	8.0
不同意	198	34.3
很不同意	30	5.2
总　计	577	100

① 朱耿洲：《中国民营企业始终逃不掉的“五大原罪”》，红网，2010年9月7日，http://hlj.rednet.cn/c/2010/09/07/2059005.htm。

② 全国工商联专家：《私营企业有“原罪”也有“原功”》，《第一财经日报》2007年3月29日。

从表中可以看到，占60.5%的被访私营企业主同意对于私营企业老板的“原罪”行为不予追究，也有占39.5%的被访私营企业主主张追究私营企业老板的“原罪”行为。但无论是何种情况，都足以说明在私营企业运行中出现违法违纪违德的情况曾经是客观存在的，或者现在还部分存在着。由于无法参与政策的制定，也无力与现行政治体制相抗衡，私营企业主表现出与国家较强的同质性，在行为特点上则表现为善于利用现实社会及政治权力中的不完善之处为自己服务。这种特点似乎从私营企业和私营企业主诞生那天就存在直至现在。

（四）实现与地方政府合作互动

私营企业在发展过程中通过政治接触，为自己企业的发展营造适宜的政治生态，同时私营企业主通过经济及政治的参与也在一定程度上承担地方经济发展的责任，与地方政府逐渐形成政治经济的合作互动关系。福建省是私营经济大省，私营经济在推动福建经济发展中起着举足轻重的作用，它们直接参与福建地方各级政府的区域发展计划，私营企业主的经济行为被赋予了政治的意义。最突出的体现就是福建私营经济的发展对于福建海西建设的推动以及对于推动海峡两岸统一所肩负着重要的社会责任和政治使命。

鉴于福建与台湾的特殊关系和肩负着祖国统一大业的特殊责任，2004年，福建省委、省政府作出的“建设海峡西岸经济区”的发展战略上升为中央决策，成为全国区域经济布局的重要组成部分。海峡西岸经济区规定福建提前三年实现全面小康、率先实现现代化。完成这一宏伟而又艰巨的目标，需要团结国内外一切可以团结的力量，调动国内外一切可以调动的积极因素，尤其要依托多种所有制经济的共同发展。福建私营经济是覆盖面最广、适应性最强、分量最重、潜力巨大的增长点和支撑力量。私营经济发展好坏、快慢，是关乎福建经济全局、提高综合省力、实现可持续发展、继续走在全国前列的举足轻重的因素；“建设海峡西岸经济区必须始终把发展、提升私营经济抓住、抓好，这不仅是福建经济建设的重要任务，更是率先建立闽台统一市场，遏制、挫败“台独”图谋，争取台湾民心的有效武器和政治要求。”①

① 林振平：《发挥非公经济在海西建设中的生力军作用》，《福建日报》2007年3月20日。

福建省各级政府为了扶持私营经济的发展，对私营企业主“经济上给实惠，政治上给地位，社会上给荣誉”，在全省范围内为私营经济的发展创造了良好的条件。

福建省政府还十分重视私营企业与海外公司的合作、吸引外资等，全方位推进福建经济的发展。2011 年 9 月 27 日，福建省委、省政府和全国工商联共同举办的福建省民营企业产业项目洽谈会暨签约仪式在福州举行，福建省委书记孙春兰，中央统战部副部长、全国工商联党组书记、第一副主席全哲洙出席会议并讲话。洽谈会共形成对接项目 1334 项，总投资 1.28 万亿元。会上，308 个项目进行现场集体签约，总投资额 6456 亿元。一大批私营企业项目签约，为福建省私营经济发展乃至区域经济发展注入新的动力与活力。

闽台两岸企业间的合作与交流也比较活跃。福建省工商联及商会每年都邀请台湾相关工商社团来闽参加“9·18 厦门国际投资贸易洽谈会”、“11·16 海峡两岸茶业博览会”、“11·18 海峡两岸花卉博览会”等经贸活动，努力吸引台商到闽投资兴业。福建省的纺织服装、石材等行业商会与台湾的相关工商社团广泛开展交流与互访，组织企业赴台考察、参加展销会等经贸活动，积极推动闽私营企业赴台投资。在台湾方面开放大陆资本赴台投资之后，2009 年福建省工商联副主席、新大陆集团总裁胡钢赴台收购了台湾帝普科技公司 58% 的股权，成为大陆首家赴台投资的私营企业；2010 年财贸集团斥资 6000 万美元收购台湾志伟实业 51% 的股权。随着赴台投资的企业数量的增加，2011 年 2 月，台南南安商会在台湾成立，成为两岸经济合作交流的重要桥梁。

由中华海外联谊会、全国工商联、中共福建省委、省人民政府主办的 2004 年 5 月、2007 年 5 月和 2010 年 5 月三届世界闽商大会已经成为福建省凝聚闽商力量，加强海外合作，服务福建发展，建设海西经济区、实现祖国统一的新平台、新品牌。仅在 2010 年 5 月第三届世界闽商大会上，就落实项目 137 个，涉及电子信息、机械制造、生物医药工程、服装鞋帽、食品加工、新能源、基础设施等行业。从中挑选出 51 个投资 1000 万美元或 5000 万元人民币以上、符合产业政策、属于国家鼓励和允许的项目，作为签约项目。其中内资 32 个，投资总额 100.61 亿人民币；外资 19 个，投资总额 6.45 亿美元。从项目行业分别来看：工业类 38 个，基础设施 3 个，第三产业3个，高科技7个。[①] 世界闽商大会，对树立闽商形象、弘扬闽商精神，对利用海内外闽商的经济资源和人脉资源，调动广大闽商关心家乡、回闽创业、建设海西，起到了非常重要的作用和显著的成效。

在福建省各级政府的推动下，在福建私营企业的大力配合下，福建省呈现了政府与私营企业之间双赢的局面。发展与壮大私营经济已经成为福建省各级政府官员与私营企业主共同的目的，动机固然不同，但结果与效能是一样的，私营经济的壮大有力地支持了福建经济的发展和海西建设。福建省政协副主席、省工商联主席李祖可说："实践证明，福建的非公制经济人士队伍，是一支健康成长的队伍，是一支可以信赖的队伍，是海峡西岸经济区建设的重要力量。"福建省各级政府与私营企业之间的合作互动关系，其合法性依赖于给人民带来更高的物质生活水平，给福建经济带来活力。从另一方面也提高了福建省私营企业主的政治地位，满足了私营企业主个人成就的欲求。因此，福建私营企业主阶层与福建省各级政府良好的合作与互动带来的是其经济利益和政治利益的双丰收。

六　参与农村基层自治

参与农村基层自治，也是福建部分私营企业主政治参与的重要形式之一。我国私营企业主最早产生于农民。农村是大多数私营企业主的根基。私营企业主与农村的天然的联系决定了他们可以在这一区域发挥实质性的经济作用和一定的政治作用。基于此，参加农村基层自治选举是私营企业主政治参与的又一条重要渠道。自1988年国家颁布《村民委员会组织法》以来，村民委员会选举就成了私营企业主政治参与的重要舞台。

村民委员会是村民自我管理、自我教育、自我服务的基层群众性自治组织，实行民主选举、民主决策、民主管理、民主监督。在我国农村，现阶段主要的任务是发展生产，改善人民生活水平。农村中的私营企业主往往是农村地方经济发展的带头人，他们所创造的财富大大地高于传统农业的收益，他们在经济上的权威性大大高于传统道德的、革命的权威，在村

① 《世界闽商大会现场签约51个项目　投资总额近140亿》，东南网，2010年5月17日，http：//www.fjsen.com/c/2010－05/17/content_ 3216288.htm。

民中的声望由于经济上的成功而迅速地攀升。他们作为一种新兴经济力量，义无反顾地登上乡村自治的舞台，而村民也乐意让那些有公心、真正为民办事的私营企业主当选。一些私营企业主通过竞选，担任了村民自治组织的村委会主任及村级基层党组织的负责人后，可以参与农村基层建设，实行民主决策、民主管理和民主监督的群众性自治活动，并利用自身的经济实力、敏锐的市场意识和决策能力，带领村民发展生产，走向共同富裕。

在福建省私营企业主参与农村基层自治中，最典型的代表是蔡天守。在蔡天守的名片上有一大堆的头衔："中华爱国之星"荣誉奖牌获得者，全国商务系统劳动模范，中国皮革协会副会长，福建省第十届、第十一届人大代表，福建省"五一"劳动奖章获得者，福建省国际商会副会长，福建省服装服饰行业协会副会长，晋江市东石镇梅塘村党支部书记，天守企业机构总裁。其中，蔡天守最重要的两个身份是"村党支部书记"和"企业总裁"。

1989 年，蔡天守经过艰辛努力，创办了福建天守企业机构并拥有数亿元资产。事业成功后，蔡天守却高兴不起来，因为他发现身边的不少乡亲还过着贫困的生活。于是，他发誓要带领全村百姓一起过上富裕生活。1996 年，蔡天守当选梅塘村党支部书记。当时的梅塘村，经济落后，村容杂乱，村民年收入 1000 多元，村干部 3 年没发工资，村子还负债 8 万多元。上任后，蔡天守首先拿出 8 万多元替村里还清债务，并提出"三年打基础，十年展新颜"的发展战略，列出 13 项改善交通、教育、敬老、环卫、文体、民生等基础设施的建设计划。

为发展村里经济，在蔡天守带领下，几年间梅塘村先后引进和创办企业几十家，其中规模以上企业 9 家，初步形成了以服装、汽配加工、石材加工等 3 大产业为主的产业格局。为改善村容村貌，蔡天守带头捐资 300 万元，并发动海外乡侨、村民及村里企业出资出力，共筹集 1587 万元用于旧村改造和各项基础设施建设，先后拆除旧房危房 98 座，新建了农民公园、入村水泥干道、老人活动中心、村办公大楼、灯光篮球场、菜市场等。为支持村里社会事业发展，几年来蔡天守先后拿出 3000 多万元，支持村里发展各项民生事业和公益事业，其中 500 万元用于梅塘"天守大学助学基金"、梅塘小学和梅塘新农村展览馆建设。①

---

① 《致富不忘乡亲的带头人——记晋江市东石镇梅塘村党总支书记蔡天守》，《泉州晚报》2011 年 5 月 19 日。

蔡天守也曾想过不干了，2003 年、2008 年两次换届，他都“偷跑”到外头，他向村干部们表示，他给村里 200 万元，以后有事也可以找他帮忙，就是别让他当村支书了。村民们写了陈情书，按了手印，到晋江市委组织部，要求还让蔡天守当书记。[①]

蔡天守作为福建省人大代表在人大会上建言献策不离“农”字：关于繁荣农村经济，加快社会主义新农村建设的建议；关于加大强农惠农力度，促进农民增收的建议；关于长期有效抓社会主义新农村建设的建议；关于加大村容村貌整治力度，提高农村精神文明建设水平的建议，等等。农村的环境卫生也是他比较关注的问题。对于农村的发展，他有很多想法。

从蔡天守身上，我们可以看到福建私营企业主参与并主理乡村政治，有以下几个特点：第一，他是一位能人。他有为老百姓办事的强大能力，有灵活的头脑、长远的眼光，更懂得怎样让老百姓富起来。第二，私营企业主治理村政期间，他会担负起办理本村公共事务和公益事业的责任。这种责任，一方面来自村民自治条例的规定，另一方面来自私营企业主竞选时做出的承诺，同时为村民的整体利益争取相应的权利。以蔡天守为代表的私营企业主组织办理村里的公益事业显示出组织与协调能力以及在自主性配置各类资源方面高人一筹的能力，在村治这一现实具体的政治运作中，私营企业主务实的作风得到了充分的发挥。第三，私营企业主通过担任村党支部书记或村委会主任直接参与政治，一方面在一个村庄的范围内，为村里经济的发展创造适宜的政治生态环境，为村里经济的发展提供相应的保障。另一方面他参与村子治理的过程，是他人生的转折，是一种人生政治价值观和政治抱负的实现。第四，国家和省政府给成功治理村政的私营企业主一些荣誉和待遇，这些又成为他重要的政治资源。如国家和福建省对蔡天守的作为给予很高的评价：授予他“中华爱国之星”荣誉奖牌，评选为全国劳模、福建省“五一”劳动奖章获得者、2005 年度福建经济杰出人物以及福建省人大代表等，这些荣誉构成他进一步带领村里群众致富、争取村民利益、谋划村里发展的重要的政治资源。第五，以蔡天守为代表的私营企业主参与村治是中国在实行生产责任制，农业向现代化、市场化方向发展，经济民主向政治民

---

① 陈美秋：《蔡天守追梦》，《人民论坛》2011 年第 6 期。

主发展的产物，向世人昭示了传统的乡村治理模式已不再适用，制度创新成为私营企业主阶层参与村治的必然选择。私营企业主在为乡村为自己创造财富的同时，也在创造乡村政治的新形式。第六，私营企业主在治理村政时获得的政治资源和社会资源，同样也促进了私营企业的良性发展。蔡天守在带领村里群众致富的同时，也实现了村里经济发展和个人企业发展的双赢，实现了“公共”事业和“个人”事业的双重成功。他事业的成功轨迹是清晰的：通过个人努力发展企业并初具规模—积累其原始的政治联系和经济实力—转而投身于新农村建设并兼顾个人企业—利用个人资源使村庄从落后典型到先进典型—急剧扩张个人政治资源—急剧扩张个人企业。[①]

福建部分私营企业主参与乡村自治，总体成效是积极的，有利于带领村民共同致富，建设社会主义新农村，在客观上构成了农村稳定与发展的积极参与和推动力量。不过，在农村基层选举中，拉票、贿选现象也普遍存在，还有某些私营企业主参与选举的动机呈现多样性，这些现象要引起充分的注意。从中国近两百年的社会发展史来看，农村是中国社会政治发展的动力源泉。福建部分私营企业主参与农村治理，能在村民自治中发挥作用，有力地推动了福建省甚至全国社会主义民主制度的健全与完善。

总之，当前福建私营企业主阶层政治参与的途径主要是成为人大代表或政协委员、加入政党组织、加入工商联等商会组织、与政府官员接触、投身公益事业、参与农村基层自治，等等。除此之外，随着我国公民政治参与实践活动的丰富和发展，福建私营企业主阶层的政治参与还存在着其他的形式，如一些私营企业主通过大众传播媒介如电视、网络等方式参与政治，通过行使宪法赋予的批评、建议、申诉、控告或者检举等权利参与政治，等等。依据党的十七大报告提出的积极稳妥地推进政治体制改革，健全民主制度，丰富民主形式，推进社会主义民主的制度化、规范化、程序化的方针，我国公民政治参与的具体形式将不断发展，福建私营企业主阶层政治参与的途径也将呈现日趋多样化的态势。

---

① 高贤峰：《我国民营企业家政治行为分析——以 S 市调查为例》，博士学位论文，北京大学，2007，第 93 页。

第六章　福建私营企业主阶层政治参与的问题及成因

福建私营企业主阶层的政治参与对于推动福建私营经济的发展、海峡两岸关系的良性发展以及民主政治建设、和谐社会建设起到重要的促进作用。但由于主客观种种因素的影响和制约，福建私营企业主阶层的政治参与在蓬勃发展的同时也暴露出一系列问题。

一　政治参与的总体水平不高

政治参与的孔道①、政治参与的广度和深度、政治参与的效度等因素是政治参与水平的重要量度，本书以此为主要标准，考量福建私营企业主阶层的政治参与，由此得出的结论是：福建私营企业主阶层政治参与的总体水平不高。主要表现在以下几个方面。

（一）政治参与的孔道比较狭窄

较高水平的政治参与，意味着多种多样畅通的政治参与渠道的建立和完善。由于私营企业主是我国改革开放政策和社会转型的产物，原有的制度设计中并没有安排适合他们政治参与的渠道和途径。私营企业主的政治参与是在20世纪90年代开始发展起来的，因此，他们政治参与的途径和渠道经历了由较少到较多的过程，福建省私营企业主政治参与途径和孔道的发展与之相一致。在本书第五章的论述中，我们看到，目前福建私营企业主阶层参与政治的途径主要包括当选人大代表或政协委员、加入政党组织、加入工商联等商会组织、与政府官员接触、投身公益事业、参与农村基层自治，等等，还有一些私营企业主通过其他的途径如通过大众传播媒

① 这里政治参与的孔道与政治参与的途径、渠道的意义一致。

介电视、网络等方式参与政治，通过行使宪法赋予的批评、建议、申诉、控告或者检举等权利参与政治，等等。表面看来，似乎政治参与渠道较多，但是在现实政治生活中，真正具有实际效用的政治参与渠道，只属于那些在当地具有典型意义或代表价值的企业主。一般而言，这样的私营企业要具有一定的规模，企业主平时比较配合政府部门的活动，或在行业、就业、纳税等方面具有示范和宣传的意义。但是，具备上述条件的私营企业主在企业主中毕竟只是极少数人，所以，尽管当前福建私营企业主有很高的参政议政的热情，也积极提出了参政议政的要求，然而，由于参与渠道的狭窄，真正得到满足的只是个别私营企业主，大多数私营企业主还是难以如愿，而且，这些个别实力雄厚的私营企业主并不能完全代表数量众多的中小私营企业主的利益，因此表达中小私营企业主利益的渠道和平台很有限。因为福建私营企业主每年的数量在猛增，如 2004 年到 2010 年 7 年间福建私营企业的户数从 11.0185 万户增加到 26.67 万户，增加了 15.6515 万户，自然，企业主的人数也至少增加了 156515 人，年均增长 17.39%，而福建省政府和社会上可供私营企业主政治参与的平台、机会毕竟有限。本课题组对 577 位福建私营企业主的问卷调查结果显示，对于“影响私营企业主政治参与的主要障碍”的回答中，认为“政治参与渠道不畅通”的私营企业主占被访人数的 28.9%，见表 6－1，说明现有的参与孔道存在很多不完善的地方。如工商联等社会组织是私营企业主利益表达的重要途径和渠道，但这类组织的实际运作情况，主要还是政府职能的延伸，缺乏真正意义上的自主性，不能广泛地代言私营企业主的政治愿望和要求。因此，在现实政治生活中，福建私营企业主政治参与的孔道远远不能满足私营企业主政治参与的需要，私营企业主政治参与水平的发挥缺乏适当的政治平台。是以，政治参与孔道的狭窄、不畅通，客观上影响了福建私营企业主政治参与水平的提升。

表 6－1　您认为当前影响私营企业主政治参与的主要障碍是什么？（可多选）

主要障碍	自身素质与知识水平有限	时间与精力有限	渠道不畅通	无人受理和重视
人　　数（人）	210	174	167	67
所占百分比（%）	36.4	30.2	28.9	11.6

（二）政治参与的广度和深度不够

1. 政治参与的广度不够

政治参与的广度是衡量政治参与水平的主要标志之一。广度主要指向公民政治参与的数量问题，它反映的是公民政治参与行为中可以量化或是可视的状态。参与政治的人数是衡量广度的基本要素之一，即从事某种政治参与活动的人的比例，即有多少人参与政治，又有多少人置身于政治之外。福建私营企业主政治参与的广度主要体现在参政的人数和政治参与的组织化程度两个方面。

（1）福建私营企业主阶层参政的人数不多

从参政的人数来看，福建私营企业主参与政治的人数不多。我国宪法和法律规定，在我国凡年满 18 周岁的公民，不分民族、种族、性别、职业、家庭出身、宗教信仰、教育程度、财产状况、居住期限，除依法被剥夺政治权利的极少数人和不列入选民名单的精神病患者外，都具有国家权力机关人民代表大会代表的选举权和被选举权。显然，这其中也包括中国特色社会主义建设者——私营企业主。应当说，我国的法律给予了每位私营企业主充分的政治参与的权利，包括选举权利、投票活动等。但是，在实际的政治生活中，大部分的福建私营企业主重心仍是放在发展生产、创造财富上面，只有少数的企业主对政治参与能够付诸具体的行动。究其原因，有主观和客观两个方面。

客观方面的原因，一方面是政治参与渠道的狭窄，限制了福建私营企业主阶层政治参与的发展。因为制度性参与渠道的缺乏，容纳不了太多企业主参与政治，限制了企业主参政的人数。另一方面，政府和相关部门对福建私营企业主阶层政治参与的重视程度不够，遏制了企业主参政人数的增长，打击了企业主参政的积极性和热情，影响了其参政程度和水平的提升。

主观方面的原因，最主要的是福建私营企业主缺少政治参与的时间和精力。在本课题组对 577 位私营企业主的问卷调查中，对于“影响私营企业主政治参与的主要障碍”的回答中，有占被访企业主总数的 30.2% 即 174 位私营企业主认为“时间与精力有限”影响了其政治参与，此回答在备选答案中处于第二位，见表 6－1。显而易见，这个因素对企业主政治参与的影响很大。特别值得一提的是，福建省私营企业是以中小企业为主，中小企业占福建全省注册私营企业总数的 93.2%。这类企业规模不大，竞争优势不明显，企业长不大、做不强的现象普遍存在。中国私营企业的生命周期很短，平均寿命只有 2.9 年。福建省绝大多数的私营企业主面临着巨大的生存压力和竞争压力，在如何维持企业的生存和发展方面已经殚精竭虑、绞尽脑汁，没有时间和精力再花费在参与政治上。只有个别已经做大做强、稳定发展的企业主才会挪出一些时间和精力参与政治。但这类企业主在福建私营企业主中所占比例很低。因此，在本课题组的调研中，对于“您有过试图影响政府决策的亲身经历吗?”的回答中，选择“没有过参政经历”的占被访企业主的 79.7%，选择“有过参政经历”的占被访企业主的 20.3%。我们看到，有近 80% 的私营企业主没有参政经历。据统计[①]，截至 2011 年 2 月，全省共有 4648 名非公经济人士（其中包括港澳台投资经济的企业主）分别被推选为全国、省、市、县级人大代表和政协委员，相对于庞大的至少 26.67 万的私营企业主总数，各级人大代表和政协委员所占比例不到 1.7%。由此可见，福建私营企业主中有过政治参与的人数所占比例不高，福建私营企业主阶层政治参与人数的广泛性不够。

（2）福建省私营企业主阶层政治参与的组织化程度不高

个别参与与组织参与是政治参与发展过程中的两个不同阶段，个别参与是政治参与的低级阶段，组织参与是政治参与的高级阶段。

改革开放以来，随着我国社会主义市场经济体制的建立，经济体制转轨和政府职能发生了转变，为民间社会组织的发展提供了较为广大的空间。私营经济的高速发展和私营企业主阶层的崛起，客观上需要一种利益聚合和利益表达的组织或机制。“民间组织作为一种群众性组织，能够把分散的社会利益群体组织起来，进行制度化的利益表达，实现政府与民众的双向沟通：一方面它代表社会利益向国家（政府）表达，另一方面它又可以充当国家（政府）代言人的角色，向社会传达国家意志，协调国家与社会的关系，成为沟通国家与社会、政府与民众的重要渠道。”[②] 私营企业协会和各种行业协会、商会等就是这种代表和反映私营企业主阶层利益和

① 数据来自福建省工商联《2010 福建民营经济发展报告》蓝皮书，2011，第 53 页。

② 戴桂斌：《社会转型中的民间组织审视》，《社会主义研究》2003 年第 3 期，第 50 页。

要求的社会团体和组织。

福建省的社会组织比较活跃，其规模在全国居于前列。截至2011年6月30日，福建省各级工商联系统共有基层组织965个，行业商会组织335个。其中，行业商会组织拥有会员企业超过10万家。[①] 福建省大多数私营企业主都参加了私营企业主协会、私营企业家联谊会、同业公会、商会等社会组织，一部分私营企业主参加了工商联、民主党派和其他民间组织。有的私营企业主还同时参加了一个或几个社会组织（详见第五章表5-5）。这些都说明了福建私营企业主依托的社会组织比较多，其政治参与具有一定的社会性。这些社会组织在维护私营企业利益、沟通政府和私营企业信息、规范私营企业行为、促进私营企业间合作、推动私营企业稳定发展方面确实起到了一定的积极作用。

但是，这些社会组织尚不能完全发挥出其利益表达和利益维护的功能。究其原因，主要是福建省社会组织的独立性不强，影响其政治参与功能的发挥。

1989年国务院开始公布实施、1998年9月重新修订的《社会团体登记管理条例》以及1998年10月国务院公布实施的《民办非企业单位管理条例》是目前关于社会团体的最重要的法规。这两个条例明确规定目前中国政府管理民间组织的基本框架是："分级登记、双重管理"，任何民间组织都必须同时接受同级民政部门和主管部门的双重领导。只有政府机构及其授权的组织才有资格成为业务主管单位，因此，这些社会团体都置于政府的直接控制之下，它们不可能具备完整意义上的独立性或自治性。半官半民是现阶段中国社团最本质的特性之一。与私营企业主政治参与相关的那些民间基层商会，自然也包括其中。而那些未经登记却以社团名义展开活动的社会团体，则被定义为非法组织。国家工商行政管理局工商个字〔1993〕第112号文件指出："各级工商行政管理机关要加强对个体劳动者协会、私营企业协会的指导，积极创造条件，切实解决人员、经费、办公场所等问题"。私营企业协会的领导大多都是从原来政府部门退下来的老干部；协会的经费很大部分来自工商管理费的酌量提成；而协会办公室大都在工商局的办公大楼内，协会成员无须为房租、办公设备等支付费用。因此，私

① 以上数据来自作者于2011年12月对福建省工商联调研的内部资料。

营企业协会和各种行业协会在人、财、物与政府部门联系较为密切，独立性不强，在这种情况下，很多的私营企业协会等民间组织并不能够真正发挥参政议政的作用。

对此，近年来，很多私营企业主对私营企业协会和行业协会、商会等民间组织进行改革或者改造的呼声很高，他们认为这些组织本身是政府部门创办的，其编制在政府各部门，是政府的人，官办色彩浓厚，政会不分，并不能完全代表他们的声音。此外，从总体上说，私营企业协会和行业协会、商会等“民间自治组织的运作及其与国家政权的沟通方面还没有达到规范化、制度化的程度，在发挥本阶层公民的意愿表达、政治参与的作用等方面效果还不明显”①，很难起到私营企业主参政渠道的作用。社会组织的独立性不强，在一定程度上限制了它们代表和反映私营企业主共同利益功能的发挥，影响了私营企业主组织政治参与的发展。

2. 政治参与的深度不够

政治参与的深度是衡量政治参与水平的另一个主要标志。深度主要指向公民对政治事务参与到何种程度。它包括对参与事务了解的多少，有没有掌握足够使公民自主作出判断的背景材料以支持公民的行为，公民的权利意识与维权意识，等等。它体现了公民政治参与的质量。

福建私营企业主阶层政治参与的深度不够，主要体现在以下方面。

（1）时间和精力有限以及个人素质的不足

①时间和精力有限影响了私营企业主政治参与的深入发展

从表6－1中，我们可以看到，时间与精力有限是阻碍私营企业主政治参与发展的第二位重要因素。由于大部分私营企业主把主要精力放在生产和创造财富上，所以他们在参政的过程中远远不如其他阶层的投入大，而有深度的政治参与需要人们付出一定的精力才能做到。在实际生活中，我们常常看到，只要政治参与花费的时间和精力多一些，就会有企业主选择退出。他们往往选择耗时少、成本低的参与方式，这就在客观上影响其政治参与的深入发展。事实上大多数的私营企业主，特别是中小私营企业主“在商言商”，把企业经营放在第一位，其他事务次之。

---

① 部会远：《当前我国非制度化政治参与问题探析》，《云南行政学院学报》2005年第2期，第38～39页。

②私营企业主自身素质和知识水平有限影响其政治参与的深度

在本课题组的调查中，对于“影响私营企业主政治参与的障碍”的回答中，有36.4%即210位私营企业主选择了“自身素质与知识水平有限”，在所列的备选项中居于第一位，如表6－1所示。有深度的政治参与需要公民具备良好的政治素质和较高的知识储备。私营企业主参政是近年的事情，私营企业主是在私营企业发展的过程中逐渐地接触政治、参与政治的，对于政治事务有从陌生到比较熟悉再到熟悉的过程。目前来看，一些大企业的私营企业主参与政治较早，参政议政也积累了一定的经验，相对成熟，在参政中提升了政治素质和政治才能，再加上他们的企业发展比较稳定，有更多的时间和精力参与政治，因此，他们的政治参与是有一定的深度的；而广大的中小私营企业主，由于企业规模小，参与政治也较迟，在参政议政方面还是个学习的过程，缺乏政治经验，政治素质较低，再加上他们的企业竞争压力大，有的企业发展尚未稳定，缺乏时间和精力参与政治，因此，他们政治参与的深度还不够。

从福建私营企业主的文化水平看，大专以上文化水平的占被访企业主（总数为577位）的49.6%，而高中或中专学历的占被访企业主的27.7%，初中学历的占被访企业主的17.3%，小学学历的占被访企业主的5.4%，大专以下文化水平的加起来占被访企业主的50.4%。虽然，近年来福建私营企业主的文化水平和整体素质有了明显的提高，但是多数私营企业主所掌握的政治知识，特别是政治参与的知识，尚不能满足其参政议政的需要，这也是福建私营企业主群体的共识。实践证明，公民政治参与知识越丰富，其政治素质就越高，政治参与能力就越强，政治参与的深度就越高。目前，虽然福建私营企业主阶层整体的政治参与获得了一定的发展，但是毕竟作为新兴的正在成长的阶层，政治参与知识不完备，政治经验缺乏，因此，他们在参政议政的过程中往往抓不住真正的重点，绝大多数企业主只是单纯地局限于实现个人的利益或是这个阶层的利益，真正地提出对私营企业发展、国家建设有深远影响的政策和建议的企业主为数不多。因此，福建私营企业主阶层整体的政治知识水平不高，政治素质不高，直接影响了他们政治参与的深入发展。

（2）权利意识不强

在我国，福建私营企业主与其他公民一样，既可以参与选举和管理，又可以参与立法、监督和罢免，拥有的政治权利十分广泛。最主要的权利包括：第一，拥有选举权和被选举权。人民按照民主集中制原则，通过人民代表大会管理国家事务。选举权的实现，县和县级以下通过直接选举的形式，县级以上通过间接选举形式。第二，有言论、出版、集会、结社、游行、示威的自由。这六项自由是公民关心国家大事、表达自己的见解和愿望、参加国家政治生活的民主权利。第三，拥有监督权。根据宪法规定，公民对国家机关及其工作人员的活动依法享有“提出批评、建议、申诉、控告和检举”的权利。第四，拥有政治参与民主四权即知情权、参与权、表达权、监督权以及享有参与基层民主自治的权利，等等。这是公民政治参与最基本也是最重要的权利，是体现社会主义中国人民当家做主的本质内容，是社会主义民主政治发展的重要体现。

福建私营企业主拥有上述政治权利，但是实际行使和运用权利并不充分。如以政治参与中最重要最根本的选举权利为例，根据本课题组对577位福建私营企业主的调查显示，在“您是怎么参与您所在选区举行的人大代表选举的”中，回答“每次都认真参与”的占被访企业主的25.0%，回答“多数时候认真参与”的占被访企业主的23.1%，回答“有时参与，有时不参与”的占被访企业主的20.8%，回答“主要委托他人参与”的占被访企业主的6.4%，回答“很少参与”的占被访企业主的14.2%，回答“有人叫就去”的占被访企业主的5.3%，未回答的占被访企业主的5.2%，见表6－2。从中我们可以看到，真正认真参与选举、充分行使选举权利的福建私营企业主所占比例不高，说明了私营企业主政治参与不热情，积极性和主动性不高，对于自身拥有的选举权利不重视，行使选举权利不到位，没有充分地运用一个公民的选举权利。由此，我们可以看到，福建私营企业主作为党的改革开放政策的受益者，出于对党和政府的感激之情，多数人会对党和政府的政治活动予以支持和响应，但是他们政治参与的初衷更多是对这种久违的政治身份的向往，而不是一定要实现自己的政治权利。他们没有太明确的权利意识，缺乏执著追求，只要是不与自己直接利益相关的事务往往采取“多一事不如少一事”的态度。所以，表面上私营企业主政治参与热热闹闹，实质上效果不佳，深度不够。

表 6－2　您是怎么参与您所在选区举行的人大代表选举的

如何参加人大代表的选举	人　　数（人）	所占百分比（%）
每次都认真参与	144	25.0
多数时候认真参与	133	23.1
有时参与，有时不参与	120	20.8
很少参与	82	14.2
主要委托他人参与	37	6.4
有人叫就去	31	5.3
未回答	30	5.2
总　计	577	100

这种情况还可以从私营企业主如何履行作为人大代表和政协委员的职责中管窥究竟。人大代表和政协委员是私营企业主进行利益诉求和表达，进而影响政府决策的十分重要的渠道和途径。福建省担任各级人大代表和政协委员的私营企业主多数能够履行代表或委员的职责，积极参政议政，在提出私营经济发展要求、为社会各方利益说话、推动福建省域发展等方面建言献策，起到了重要的参与决策的作用。但是，也有一部分私营企业主，在人大和政协的会议或活动中，“走过场”，敷衍了事，不认真行使作为代表或委员的职责，仅仅把担任人大代表和政协委员当做一种社会身份和政治地位的象征，作为获取个人利益的保护伞，并没有真正发挥人大代表或政协委员的参政议政作用。这种政治参与只是参与政治事务的表面，走走形式，没有真正参与到政治事务的深处，这样的参与对于政治事务没有影响力，缺乏深度。

当然，私营企业主权利意识的缺乏，以及不愿履行代表或委员的职责等，有着深层次的原因，直接的影响因素主要是中国传统的臣民政治文化与福建私营企业主的政治参与效能感低。

首先，由于中国封建社会的历史很长，传统的政治文化对中国民众的影响十分深远，中国传统的臣民政治文化在很大范围内强烈影响福建私营企业主的政治参与行为。我国目前处于从传统的依附型臣民政治文化向参与型政治文化的转变当中，依附型政治文化的影响还在，参与型政治文化尚在建设之中。这种传统的臣民政治文化是以专制主义和等级观念为核心内容，领袖崇拜和权力崇拜为突出特点，缺乏个人的主体意识、竞争意识和民主意识。这样的社会公众只属“臣民”一类。即这种臣民心理，使公民满足于“让人民做主”，对参与的后果与质量缺少必要的思量，在实际政治生活中表现出要么盲从，要么漠视，要么非理性，要么无序状态，在政治上往往表现为消极被动、普遍的非参与倾向。这种政治文化之下，公民对于政治能力和政治功效的感觉是低层次的，对自身的政治能力不抱信心，对政治参与权利“无视”。政治参与的深度，很大程度上取决于公民政治参与权利的切实落实，而缺乏民主意识和政治权利意识的公民，其政治参与的深度难以保证。

其次，福建私营企业主的政治参与效能感低。政治效能感是指一个人认为他自己的参与行为影响政治体系和政府决策的能力。一般来说，政治效能感强的人比政治效能感弱的人会更多地参与政治。对于个人来说，政治效能感是影响其政治参与的最主要的因素。可见，企业主对政治参与效能感的评价至关重要。如果私营企业主觉得政治参与能产生较大的影响，就会形成一种积极的体验，他就倾向于更多地参与；相反，如果私营企业主觉得参与和不参与没有任何区别，就会倾向于减少参与。据调查得知（见表6－3），福建私营企业主的政治效能感不高，占被访总数60%多即351位福建私营企业主，认为自己的政治参与对政府的决策影响不大。所以，出现私营企业主参加选举活动时的不积极状态以及在人大和政协中“走过场”的做法也就不足为奇。但是，这种做法确实直接影响了福建私营企业主阶层政治参与的深度，影响了福建私营企业主阶层整体政治参与水平的提升和发展。

（三）政治参与的效度不高

公民政治参与的效度是衡量政治参与水平的重要指标。政治参与的效度主要是指公民政治参与对政府和社会的影响与作用，体现公民对政治系统、政府决策的影响力。福建私营企业主阶层的政治参与，产生了一定的社会效应，对福建省各级政府的决策产生了一定的影响力，但是其对政治系统的影响力尚需进一步提高。

在本课题组对577位福建私营企业主的调查中，对于“您认为您的政治参与影响政府决策的效果如何”的回答中，有占8.8%的被访企业主认为“有决定性影响”，有占30.3%的被访企业主认为“有些影响”，而占41.6%的被访企业主认为“影响很小”，占19.3%的被访企业主认为“没有任何影响”，详见表6－3。可见，占被访总数60%多的福建私营企业主认为自己的政治参与对政府的决策影响不大。

表6－3　福建私营企业主政治参与影响政府决策的效果

福建私营企业主影响政府决策的效果	人　　数（人）	所占百分比（%）
有决定性影响	51	8.8
有些影响	175	30.3
影响很小	240	41.6
没有任何影响	111	19.3
总　计	577	100

在对于“私营企业主阶层对政府决策的影响，和其他阶层相比如何”的回答中，有占6.8%的被访企业主回答“大很多”，有占25.3%的被访企业主回答“大一些”，而占41.4%的被访企业主认为“差不多”，占26.5%的被访企业主认为“比较小”，详见表6－4。可见，有近70%的福建私营企业主认为自己对政府决策的影响力和其他社会阶层相比是差不多，甚至是比较小的。

表6－4　福建私营企业主阶层政治参与对政府决策的影响和其他阶层相比较的情况

福建私营企业主政治参与影响政府决策的影响和其他阶层相比较的结果	人　　数（人）	所占百分比（%）
大很多	39	6.8
大一些	146	25.3
差不多	239	41.4
比较小	153	26.5
总　计	577	100

通过表6－3和表6－4，我们可以得出一个结论：福建私营企业主阶层政治参与的效能感不高，而政治效能感不高来源于福建私营企业主阶层政治参与的效度不高，对政治系统的实际影响力不大。这主要是因为：

第一，福建私营企业主阶层的政治参与是以个人参与为主，组织参与程度很低，其政治参与对政治系统的影响力小。福建私营企业主的政治参与，尽管时有组织化政治参与的行为，也产生了一定的参与效果，但是总体上还停留在个体化政治参与为主体的阶段，尚处于一种分散和单独行动的状态。大多数私营企业主只是以个人地位或身份参政议政，并不能代表本阶层的群体利益，其表达的也是围绕着个人或少数人的利益，很少触及国家社会发展的方向性和战略性决策，多体现于对某地官员和政府及具体问题的处理。这种个体的、分散的、孤立的参政议政，无法真正有效地履行利益表达、影响政治决策的职责。甚至，不同个体提出不同的政治主张加上零星的个别参与，还会使他们抵消彼此应有的能量，使应该产生的社会及政府的回应力大打折扣。他们之间阶层意识、团体意识以及集体认同感的匮乏，使他们还不能形成利益集团，不能通过组织化的行动向政治系统施加压力。再加上大多数私营企业主素质不高，缺乏政治参与的能力和技巧等，使得私营企业主阶层政治参与的有效性不足。由于福建私营企业主以孤立的、分散性的个人参与行为为主，个性化倾向为主，所以，它对政治系统所能产生的效应很微弱，很难真正左右政府决策及行为，实际上对政治系统的实际影响力很小。

第二，有的私营企业主作为人大代表或政协委员，在没当选前积极谋求当选，当选后不认真履行甚至不履行作为私营企业主阶层代表的人大代表或政协委员的职责，不代表整个阶层进行利益的诉求和表达，仅仅把它看作社会身份和政治地位的象征，看作谋求个人政治和经济利益的途径。这种严重的不作为行为，导致了私营企业主阶层政治参与的有效性不足。

第三，福建省工商联商会组织以及私营企业协会等社会组织，虽然名义上是私营企业主利益的代表，但就目前实际情况来看，它们官办性有余、民间性不足，其功能主要是政府职能的延伸，是政府对私营经济和私营企业主进行宏观间接调控和监督管理的中介，难以成为私营企业主阶层的真正利益代言人，政治参与的实际功能有限，政治参与的效果并不明显。

综上所述，在诸多因素的综合作用下，导致福建私营企业主阶层政治参与的有效性不足，效度不高，这一问题亟待解决。

二　政治参与的不平衡性突出

政治参与的不平衡性突出既是福建私营企业主阶层政治参与的特点，也是其政治参与存在的主要问题之一。

（一）政治参与呈现地区差异性

福建省各地区私营经济发展的不平衡性的特点，决定了福建私营企业主政治参与呈现出不同地区发展具有明显的差异性。

福建省私营企业主要集中在闽东南沿海经济发达地区，从2010年的统计数据来看，福州、厦门、泉州和漳州4市登记的私营企业户数占全省私营企业总户数的75.23%，注册资金占全省私营企业注册资金的2/3以上。[①] 福建省私营企业的发展可划分为“三个层面”，第一层面指的是福州、厦门、泉州、漳州四个设区市，其私营企业户数占全省的70%左右；第二层面是宁德、莆田两个设区市，其私营企业户数占全省的10%左右；第三层面是南平、三明、龙岩三个设区市，其私营企业户数占全省的20%左右。近10多年来，这样的态势基本没有改变，福建省沿海与山区、发达地区与落后地区的差距一直较大。一般来说，私营企业的经济实力决定私营企业主社会地位和政治参与机会的获得。由此，无论是理论分析还是实地调研，我们都能看到，福建省福州、厦门、泉州和漳州四个私营经济发达的沿海地区的私营企业主整体政治参与比较活跃，政治回应大，对福建省政治影响力大，而不发达的其他地区私营企业主整体政治参与比较沉闷，政治回应小，对福建省政治影响力小。

笔者通过对福建省政协委员的不完全统计发现，占95%以上担任省政协委员的私营企业主来自福州、厦门、泉州和漳州地区，他们不仅在省内政治活跃，而且在全国的政治舞台上也很活跃，几乎100%的担任全国政协委员或人大代表的私营企业主来自这四个地区。在各地区的地方政治（市、县、乡）中，这四个地区私营企业主政治参与的影响力最大。其他地区大型和特大型私营企业很少，因此，只有极个别的私营企业主在省政协、人大或工商联中有安排，对地方政治有一定的影响力，而其中小企业主对地方政治的影响力一直很小。无论是政治参与的数量（人数），还是政治参与的质量（深度），抑或是政治参与的效度（对福建省政府和地方政府的影响力）和孔道（途径），福建省东南沿海四个私营经济发达地区的私营企业主政治参与的发展水平都远远高于闽西地区、闽北地区和闽东部分私营经济不发达的地区。这种显著的政治参与地区差异性，影响了福

① 数据来自福建省工商联《福建民营经济发展报告》（2010）蓝皮书，2011，第49页。

建省私营企业主群体总体政治参与水平的提升。

（二）政治参与意愿与能力的多层次性

福建私营企业主阶层是一个尚在形成和发展中的比较复杂的社会群体。在客观方面，存在着不同地区私营经济之间和同一地区不同私营企业之间企业发展规模的较大甚至巨大的差异；在主观方面，不同私营企业主之间在出身来源、文化素养、政治和法律素质、价值观念、道德观念以及时间与精力等方面差异也较大。仅以出身来源为例，有人按私营企业主来源，将他们分为农民型、社队干部型、市民型、机关干部型和科技干部型等。[①] 他们层次繁多，社会地位不同，政治素质也参差不齐，参政知识、技术与水平也不一致。上述主客观因素导致了福建私营企业主之间在政治参与意愿和能力方面存在较大差距，呈现出多层次的发展态势。

按照福建私营企业主阶层政治参与意愿与能力的不同，可以分为以下4个不同层次。

1. 政治冷漠层

处于这一层次的私营企业主比例不高，主要分布在微小企业，占被访企业主总数的10.4%。他们主要从事餐饮业、小商品批发业、家庭工厂等行业，个别企业主也从事有较高技术含量的行业。他们的企业处于起步阶段，企业的发展还不稳定，整天忙于生意，根本无暇过问政治，对政治参与没有主动性，游离于政治生活之外。他们抱着政治“与我无关”的态度，认为自己的政治参与无足轻重，政治效能感极低。另外还有占被访企业主总数2.2%的私营企业主甚至对政治问题漠不关心或对政治活动采取消极行为，基本上不参与政治活动。这个层次的私营企业主在经济上是微弱的，在政治上的声音也很微弱，属于无政治的阶层。这个层次的私营企业主不愿意甚至厌倦参与政治，没有政治参与的经验，政治参与的能力很低。

2. 关心政治层

处于这一层次的私营企业主比例最高，占被访企业主总数的69.7%左右。这一层次的私营企业主的企业主要是中小型企业，由于生存竞争激烈，企业的发展还不十分稳定，大多数私营企业主把主要精力放在企业的

---

① 任杰、梁凌：《中国政治与私人经济》，中华工商联合出版社，2000，第357~359页。

经营发展上，无暇顾及政治问题和参与政治活动，只是对关系到私营经济发展命运的政策稳定等问题十分关心，处处留意。他们只是关注政策动向，很少有具体的参与政治的行动，由于他们的企业发展不具有代表性，因此，其政治参与的渠道甚少，所以政治参与的经验也较缺乏，政治参与能力较低。

3. 政治诉求层

处于这一层次的私营企业主比例不高，占被访企业主总数的15.7%左右。处于这一层次私营企业主的企业主要是大中型企业，企业处于相对稳定发展阶段，已基本完成了资本的原始积累，生产经营较为稳定，经济实力也较为雄厚，因此，有一定的精力对社会政治生活产生兴趣。他们中更有一部分较有文化和政治素养的人，会注意将私营企业主共同关心的问题加以集中，并提升为共同的政治要求，寻找渠道加以反映。调研中，我们看到，福建私营企业主在优化全省投资环境、出台金融政策扶持中小企业发展、加大政府支持私营企业的力度、政府有关部门依法行政、健全有关保障私营企业健康发展的法律等方面的利益诉求比较集中。这个层次的私营企业主不仅关注政治，而且也意图积极参与政治活动，他们有一定的政治经验，政治参与水平较高，政治参与能力也较高、较强，在地方政治中有一定影响力。

4. 参与政治层

处于这一层次的私营企业主比例最低，不到被访企业主总数的2%。处于这一层次的私营企业主的企业主要是大型或者特大型企业，具有较大规模和实力，企业发展十分稳定，在福建省地方或全省乃至全国都具有相当的影响力。他们对政治表现出较大的兴趣，积极主动参加各种国内外的经济政治活动，与政府官员接触频繁，有的还兴办本企业的报刊，宣传企业文化，表达企业的政治经济主张；同时政府也为他们提供较多的政治参与渠道，授予他们较多的政治荣誉。这些上规模的私营企业的企业主占有较多的政治资源，基本上都是福建省省级或者市县级政协委员或人大代表。他们往往希望通过参与政治获得宏观层次上的优惠政策，如创造良好的投资环境方面的政策、出台加大对私营企业支持力度的政策、推动福建省私营企业与兄弟省的跨区域合作，等等；有时他们也会提出维护其他社会阶层利益的政策和建议，如对“三农问题”利益的维护、农民工利益的维护，等等；他们还会提出有利于福建省或地方经济社会发展的建议和诉求，如加强福建基础设施建设、加快福建知识经济的发展、福建省政府创造良好的人才引进环境，等等。这个层次的私营企业主不仅有经济的优势和地位，也有一定的政治资源和政治头脑，是政治参与最活跃的层次，而且也积累较多的政治参与经验，是福建私营企业主中政治参与水平最高的一层，也是政治参与能力最高的一层。

现阶段，福建私营企业主阶层的政治参与意愿与政治参与能力，呈现出多层次性的特点，体现了福建私营企业主阶层政治参与水平的多层次性，同时也反映了福建省私营经济内部发展的多层次性，而从另一个侧面也说明了福建私营企业主政治参与水平存在很大的提高空间。

（三）政治参与目标的多层次性

福建私营企业主之间由于经济实力、政治需求以及文化素养等方面的较大差距，使得他们在政治参与的目标方面也存在多层次性的发展态势。这种多层次的特点，主要表现在3个方面。

1. 高层参与

福建省有极个别的特大型或者大型私营企业的企业主的政治参与目标是立足于高层参与。高层参与，是私营企业主通过选举成为全国人大代表或者全国政协委员，依照法定程序，在中国共产党的领导下，直接对国家政策的制定和执行提出批评、建议和意见，参与管理国家事务和社会事务、管理经济和文化事业。

近年来福建私营企业主中的全国人大代表和全国政协委员的提案、议案越来越多，质量越来越好就是典型的表现。通过本课题组的调研发现，在高层参与的私营企业主，他们政治参与的目的主要是“履行社会责任”和“作为公民的义务”，分别占被访的高层次私营企业主总数的66.7%和44.4%，有占33.3%的企业主选择为了“影响企业的发展决策”而参与，没有人选择因为“与自己的切身利益有关”而参政议政。可见，高层次参与的私营企业主其政治参与的目标重点已经不再是仅仅为了本企业的个别私利，他们关注的往往是宏观层次上的整个私营企业和私营企业主阶层的问题，如福建省海西建设中的私营企业的优惠政策、国家对私营企业和私营企业主的相关政策和待遇等，这些宏观层次的要求往往容易进入政治系统，受到政策制定者的关注。他们也跳出了私营企业主的狭隘身份，承担着更多的社会责任，积极投身公益事业，维护社会各阶层的利益，关注自身行业外的其他社会问题，针对宏观政策提出相应的建议和意见、提案和议案。他们是福建私营企业主政治参与的杰出代表。

2. 中层参与

中层参与是福建省一部分中型、大型私营企业的企业主政治参与的目标。中层参与是公民通过各级地方人民代表大会以及直接表达意见的方式，参与地方政治、经济和社会事务的管理。

中层参与的福建私营企业主，通过被选举成为福建省或者福建省各地的人大代表、政协委员等，参与福建省或者地方事务的管理。中层参与是福建省私营企业主政治参与最基本和最重要的层次。

本课题组的调研结果显示，私营企业主中层参与的目的，最主要的是“影响企业的发展决策”，占被访企业主总数的53.7%；“与自己的切身利益有关”的占被访企业主总数的33.8%；只有12.5%的被访企业主选择出于“社会责任感”和“作为公民的义务”而参政议政。可见，中层参与的福建私营企业主目标，主要指向与私营企业发展息息相关的问题，参与的目的主要是推动当地政府制定一系列有利于私营企业发展的方针政策，为私营企业的发展提供优惠待遇，保障私营企业的健康发展和私营企业主的权利。他们与高层参与的大型或特大型私营企业主相比，在政治参与目标上是有很大差别的，他们只是希望有一个相对安定的经营环境，市场、税赋相对公平，在商言商，办好企业。他们是福建省各地区私营企业主的先进代表。

3. 基层参与

基层参与是福建省一部分中小型私营企业的企业主政治参与的目标。基层参与，即公民通过村民委员会或居民委员会实行自治管理，通过职工代表大会、工会等对企事业单位进行民主管理。

基层参与的福建私营企业主主要是通过选举在村民委员会中担任一定的政治职务，如村委会主任、村支书等参与或主导乡村政治。他们进行基层参与的目标，一方面可以通过担任一定的职务获得更多的参与资本（如获取政治荣誉、担任地方人大代表或政协委员实现更高层次的政治参与，以及增加和政府领导人私人接触的机会，等等）；另一方面，可以通过自己开办公司所具备的财力和管理能力等重要资源，为当地村民办一些实事，最主要的就是帮助和扶持所在乡村脱贫致富，通过参与客观上推动地方政治民主的发展，由此履行自己的社会责任，实现自己的政治理想和人生抱负。基层政治参与的目标更加具体和微观，其重点不是为私营企业和企业主本身的发展争取利益，而是更多地考虑当地村民的利益，为村民谋实惠。当然，往往最终的结果是村民和私营企业主之间互利双赢。

当然，福建私营企业主在高层参与、中层参与和基层参与之间不是泾渭分明的，而是相互交叉的。如有的高层参与的企业主本身是从中层参与的基础上提升的，都会积极参与中层参与的有关事宜；有的基层参与的私营企业主同样会积极参与福建省地方政治，在更高层次的参与中为本村争取更多的利益。我们看到，无论是哪个层次的政治参与，只要私营企业主自己积极参政议政，都会快速积累参政议政的经验，提高自己政治参与的能力和水平，从而为更高层次的政治参与奠定良好的基础。福建私营企业主政治参与层次提高的过程也正是私营企业主们逐渐走向政治成熟的过程。

三　政治冷漠现象在一定范围内存在

政治冷漠是消极的政治态度在政治行为上的表现，即不参加政治生活，公民对于政治问题和政治活动冷淡而不关心。[①] 当前部分福建私营企业主在政治参与方面存在一定范围的政治冷漠现象。

（一）部分福建私营企业主政治参与冷漠的表现

政治冷漠外化在当前部分福建私营企业主身上，主要表现在以下几个方面。

1. 在政治参与意识方面

（1）不关心社会政治问题

部分福建私营企业主不喜欢谈论政治或较少谈论政治，他们不关注国家政治生活中的大事。本课题组的调查显示，在对于“您对国家政治生活

① 王浦劬主编《政治学基础》（第二版），北京大学出版社，2006，第175页。

中的大事的关注程度”的回答中，选择“厌倦”的占被访私营企业主总数的2.2%，选择“与我无关”的占被访私营企业主总数的10.4%。“厌倦”和“与我无关”反映的正是私营企业主对于国家政治生活中大事所持的冷淡、不感兴趣和不关心的态度，持这样政治态度的企业主占被访总数（调研总人数577人）的12.6%，即有73位。

（2）不愿接受思想政治教育

有的私营企业主存在“莫问政治”、“远离政治”的偏颇思想，不重视政治理论知识的学习，对于福建各级统战部门、各级工商联系统商会、协会等组织的针对私营企业主的思想政治理论培训、进修存在着厌学情绪；他们不愿意参加政治学习和讨论，认为“浪费时间”；极个别私营企业主对党和政府有关重大决策或政治事件的宣传解释等，习惯性地持怀疑甚至否定的态度；有的对思想政治教育进行主观臆断的错误理解，发表和传播不负责任的言论，造成不良影响。

（3）不愿意参政议政

部分福建私营企业主目前的打算只是“在商言商，把企业办好”，对于其他与政治有关的事宜如入党、当人大代表或政协委员、与党政领导人保持经常联系、在各种媒体上宣传自己的事业、在日常生活中树立良好的个人和企业形象、做一名社会贤达等根本不感兴趣。据本课题组的调查结果显示，“您对于私营企业主应当在商言商，无须参政议政的看法”，选择“完全同意的”占被访企业主总数的7.7%，选择“基本同意的”占被访企业主总数的27.0%。我们看到，持同意观点的私营企业主占被访企业主总数的34.7%，占1/3的比例。我们可以看到，据不完全统计，只想把企业经营好，不愿意参政议政的福建私营企业主约占1/3的比例。

2. *在政治参与活动方面*

目前，福建私营企业主的政治参与活动，主要包括投票与选举、接触活动与公决活动、结社活动、公益活动等。部分福建私营企业主在参与这些活动时，经常表现出被动参与、盲目参与和不参与的状态。

（1）在投票与选举方面比较被动

少数私营企业主对于投票和选举活动兴趣不高，被动参与明显；有的企业主态度冷漠，干脆不参加投票与选举活动。本课题组的调查显示，在“您是怎么参与您所在选区举行的人大代表选举的”中，有6.4%的被访私营企业主回答“主要委托他人参与”，有14.2%的被访私营企业主回答“很少参与”，有5.3%的被访私营企业主选择“有人叫就去”。另外还有20.8%的被访私营企业主选择“有时参与，有时不参与”。可见，有至少占被访私营企业主总数25.9%的企业主在参加选举时是被动参与，其中，有的私营企业主还是不参与。投票与选举活动是每个公民政治参与最基本的权利，也是最基本的活动，个别私营企业主不参与的态度，说明了他们对自己作为公民权利的漠视，同时也表明他们是不喜欢参与政治的人群，是远离政治的人群，甚至是无政治的人群。

（2）参加其他政治活动也不积极

部分私营企业主对于与政府官员的私下接触不热衷，对于当选各级人大代表或政协委员不感兴趣，也不愿意参加各种党派、工商联系统商会组织等结社活动，他们对社会公益活动大都不热心、不主动。如本课题组的调研结果显示，有24.1%的被访企业主没有参加过任何公益活动，如光彩事业、社会其他的公益事业及福利事业，等等。福建部分私营企业主的不参与活动的行为，明显地说明了他们对政治参与活动的消极和冷淡的态度，是政治冷漠的重要体现。

从以上的分析可以看到，部分福建私营企业主已经出现明显的“非政治化”倾向，逐渐远离政治现实，政治参与冷漠趋势明显，应引起关注。

（二）部分福建私营企业主政治参与冷漠现象的原因

政治冷漠分为主动的政治冷漠和被动的政治冷漠。主动的政治冷漠是出于个人自愿选择的冷漠。在社会制度完善的国家，在正常情况下因为政治机构已替其成员解决大部分问题，故有些公民觉得其关心政治与参加政治与否均无所谓，从而不参与政治。被动的政治冷漠是由于客观的社会性因素尤其是体制的问题而造成的冷漠。造成这种冷漠完全是无可奈何的选择。从下面福建私营企业主政治参与冷漠现象产生的原因可以看到，福建私营企业主的政治参与冷漠现象主要属于被动冷漠。

1. 经济根源

如前文所述，从福建省乃至全国现状来看，能当选为各级人大代表、政协委员，参与各类团体政治活动的只是少数私营企业主。政治参与似乎只是大型或特大型私营企业的企业主的“专利”，对于大多数私营企业主来说，政治参与是可望而不可即的，因为参与政治是需要一定条件的，比如，有相当的经济实力，在本地区有较大的影响等，这对于在福建省私营企业中高达93.2%比例的广大中小私营企业主来说，当选人大代表或政协委员、参与政治活动的机会微乎其微。而且，其企业规模较小，实力不够强，当前他们企业发展的主要目标是致力于保证其经济权利，壮大其经济实力。私营企业主没有多少时间、精力，也没有多少兴趣去了解和参与政治，几乎将全部精力投入到企业的具体经营上，从而影响了他们对待政治参与的态度。因此，我们可以说，有限的经济地位就会直接影响部分福建私营企业主政治参与的热情。

福建还有部分大型私营企业的企业主其实已经具备相当的实力，也获得了一定的政治参与机会和渠道，但他们在商言商，对参政议政的兴趣不大，热情不高。即使参与了某些政治活动，也主要是走走形式，有人叫就去，不主动参与，表现为动员参与或被动参与。

另外，福建私营企业的组织形式也会影响私营企业主的政治参与热情。据本课题组的调查显示，在所调查的577家私营企业中，占47.6%即275家的企业为独资企业，占34.8%即201家为合伙企业，占17.6%即101家为股份公司。在股份公司内部，有股东会组织的占47.0%，有董事会组织的占29.6%，有监事会组织的占12.8%。我们发现，独资企业和合伙企业的结构一般不会影响或对私营企业主的政治参与影响不大，但是相互合作的股份制结构的企业对私营企业主的政治参与和社会参与产生了相当大的负面影响。股份制的结构保证了企业决策的民主化，同时也为决策科学和效率带来问题。企业为地方经济发展作出了一定的贡献，获得政治安排的机会，作为公司法人代表的企业主成为首选也在情理之中。但这样难免会出现公司各董事之间原有的平衡格局被打破，如参加光彩事业，如果仅仅作为法人代表的参与政治活动的企业主同意还不够，必须得通过董事会进行集体决策才能通过，如果意见不一致就有可能不通过。这样的话，参与政治活动的私营企业主就会有顾虑，在较大程度上抑制了其政治参与的热情和投入，长此以往也影响了其企业的良性发展。

2. 历史文化根源

从中国历史文化的角度看，政治参与冷漠是有历史渊源的。邓小平指出："旧中国留给我们的，封建专制传统比较多，民主法制传统比较少。"① 所以，在中国民众心里积淀成了"权威崇拜"、"清官思想"、"与世无争"等复杂的小农意识为主体的政治意识和政治思想，并在深层次上成为封建政治伦理纲常，遏制了人们政治主体意识的生成，造成了人们的政治冷漠感，束缚了人们的政治参与，抹杀了政治责任和历史使命感。这种政治参与冷漠的历史传统至今还深刻地影响着人们的政治观念和政治行为。长期受这种政治文化影响的福建私营企业主，也往往认为参与政治是"强出头"，更愿意选择"安分守己，远离政治"，缺乏政治参与的热情和主动精神。

另外，闽商文化对部分福建私营企业主政治参与冷漠现象产生了直接的影响。相对恶劣的福建生存环境在漫长的中国社会发展中，福建省民众一贯选择经商谋生。这种重商的闽商文化传统是与重农轻商为准则的封建社会道德传统背道而驰。在长期的历史发展过程中，福建的重商氛围一直十分浓厚，而传统的"官本位"思想对福建省的影响相对比较小。所以，专注于经商不喜过问政治，是闽商文化传统的积淀，这种文化传承到今天仍对当前私营企业主有着潜移默化的影响，所以，也就不难理解，为什么部分福建私营企业主对政治活动不感兴趣、不愿意参加了。

3. 制度根源

政治体系决定了参与体制，而参与体制是政治参与形成的基本条件，也是影响政治参与的重要因素。参与体制对政治参与影响最大的是两个方面，即政治参与的渠道和政治参与对政治过程的影响。由于我国在漫长的社会发展中实行权力高度集中的政治体制，政治生活高层化，社会主义民主制度的建设健全很难一蹴而就，所以，我国现行的政治参与机制难免存在一些不尽如人意之处。如："公民政治参与途径不多，政治参与形式单一，参政渠道不够畅通，政治参与的规则和程序不够健全。在现实政治生活中设置的一些政治参与渠道、制定的政治参与规则和程序，不少是形同摆设，并未使之制度化、法律化和具体化，不少公民无法真正、有效地参与国家和地方事务，致使许多公民的参政热情受到冷遇和打击，影响了整个社会政治参与水平的提高。"② 部分福建私营企业主政治参与冷漠就是由

① 《邓小平文选》第2卷，人民出版社，1994，第332页。

② 文晓明、王立新：《社会主义民主政治运行机制研究》，人民出版社，2004，第192页。

于“无从参与”和“无效参与”而引起的。

所谓“无从参与”，就是政治参与渠道不畅通。应当说，福建私营企业主政治参与渠道的建立是改革开放到一定阶段的产物，起步较晚，许多方面有待完善。虽然党和政府对他们的政治参与也设置了一定的渠道，如让部分有代表性的私营企业主进入工商联、推荐部分私营企业主参选人大代表或政协委员，等等，但是，设置的渠道很少、不够畅通，能够满足参政愿望的企业主很少。因此，面对日益蓬勃发展的福建私营企业主政治参与的需求，目前福建省政治参与的机制、渠道和途径还不能满足其需要。

所谓“无效参与”，就是政治参与效能感低。福建部分私营企业主政治参与冷漠现象与他们对政治参与效能的认知有直接关系。私营企业主非常重视政治参与的结果。但是，政治参与的结果总是具有不确定性。在调研中我们发现，一些私营企业主在开始时还抱着较高的政治热情参政议政，积极反映社情民意。然而，要么政府对意见的处理没有结果反馈，要么经常达不到预期的效果，久而久之，私营企业主的政治参与行动逐渐变成走过场。而且，如果问题提得过于尖锐，使政府官员难堪，又担忧可能招致企业在以后的经营中遭遇阻力。再比如，福建省工商联系统商会组织是福建私营企业主阶层政治参与的组织平台，在实地调研中我们发现，该组织实际上缺乏独立地位，不能完全代表私营企业主的利益，发挥联系政府的渠道和政治参与的作用有限，以致有的私营企业主即使获得了商会中的一定职务，也难以激起参与热情。相反，私营企业主对建立一个纯属民间的企业家协会有着浓厚的兴趣，这样一来，他们参政议政的热情受到较大挫伤，在一定程度上削弱了私营企业主对政治参与的兴趣与主动性，甚至逐渐变得冷漠。

新中国成立后到十一届三中全会之前，十年“文革”的政治浩劫，使得经历过此浩劫的部分人，特别是曾经在“文革”中受过批斗的私营企业主，不敢涉及政治，避之唯恐不及，导致有的私营企业主对社会政治生活的不信任或对政治目标反感，导致对政治无动于衷。

4. 法律因素

我国私营经济发展的相应的法律制度，是一边发展一边修改。私营经济的发展走在前面，法治完善滞后，特别是涉及私人财产和私人利益的保护方面滞后，所以就出现了不断地要求修改相关法律的情形。“在法律尚未修改之前，有些私营企业主对如何与政府系统沟通无法把握住标准，对自己私人财产权的不放心就表现为对政治系统的不放心，对积极参与没有信心，消极地对待现有的参与机会，表现出一定的政治冷漠。”①

产生部分福建私营企业主政治参与冷漠现象的原因，除了以上的客观因素外，还有私营企业主的个人因素，如有限的时间和精力限制了其政治参与活动广泛深入的开展；不高的文化素质和不成熟的政治素质，使一部分私营企业主的动员型参与多于自觉型参与，主动参政的意识不够，政治冷漠在一定范围内存在，等等。

四　非法政治参与时有发生

福建私营企业主的政治参与以合法的参与为主，即他们在现行法律和政策所许可的范围内通过合法性的渠道进行规范的、有序的政治参与。但是，不可否认的是，在现实政治生活中，有时合法的渠道达不到参政的目的，或者没有机会进行合法参与，或者是合法参与的成本太高时非法参与就会发生。非法参与，指的是超越了既定的政治法律规范的政治参与行为。

（一）部分福建私营企业主非法政治参与的表现

1. 恶性介入地方政治

具体而言，就是私营企业主阶层作为社会财富创造者、占有者，往往利用自己经济上的优势，用金钱运作政治，进行非法政治参与。

在目前的政治体制下，私营企业主不可能直接掌握政治权力，但是他们可以通过各种手段影响政治权力运作的方向，用政治权力为他们的经济发展服务。特别是在地方政权中，少数私营企业主是可以成为一个地方举足轻重的人物的。这种举足轻重的作用在某些地方是积极的，促进了地方经济的良性发展，但是起的负面作用也不少，主要表现为部分私营企业主通过官商勾结来恶性介入地方政治，以寻求和获得经济发展的资源和相应的政治保护。这种负面作用，极大地败坏了地方政风、民风，使地方政府

① 敖带芽：《私营企业主阶层的政治参与》，中山大学出版社，2005，第219页。

威信扫地。1999年厦门赖昌星的“远华特大走私案”和2003年5月福州陈凯的“行贿案”是极为典型的案件，在全国引起了巨大的反响。

（1）赖昌星与“远华特大走私案”

厦门赖昌星的走私集团是从私营企业发展起来的，用金钱支配权力，直接影响当地政府政策的制定与执行，在相当程度上影响了厦门的地方政治。

赖昌星[①]，1958年出生于泉州晋江市青阳镇烧厝村（今泉州晋江市西园街道烧厝社区），只读到小学三年级。改革开放之初靠生产纺织机，办服装厂、雨伞厂、印刷厂等起家，1991年移民香港前，已有几千万资产。到香港后做房地产生意赚了一两个亿，后来成立了一家美好公司，之后成立了远华公司，担任厦门远华（集团）国际有限公司董事长，曾担任福建省第八届政协委员（2001年1月11日被撤销）。设在厦门市的“厦门远华集团有限公司”、“厦门远华电子有限公司”和“厦门远华房地产开发有限公司”，就是远华走私集团的总部。1991年起，赖昌星通过在香港、厦门等地设立公司、建立据点、网罗人员等，形成走私犯罪集团。1995年12月至1999年5月，赖昌星犯罪集团采取伪报品名、假复出口、闯关等手段，走私香烟、汽车、成品油、植物油、化工原料、纺织原料及其他普通货物，案值共计人民币273.95亿元，偷逃应缴税额人民币139.99亿元。[②]

赖昌星何以有如此能耐，走私如此便当？赖昌星极善钻营，腐蚀拉拢干部的手法空前之多。他摸透各类当权者所好，各贿赂所需，把一个又一个掌握一定权力的领导干部，拖入他的关系网中，构建了一个规模庞大、组织严密、手段狡猾的“走私王国”。要想走私得逞，首先要打通“海关”关口。因此，赖昌星不择手段、想方设法先将厦门海关杨前线由副关长扶为正关长。杨前线如愿以偿当上厦门海关关长后，理所当然对赖昌星“感恩戴德”，言听计从。随后，赖昌星实质上也就掌握了厦门海关，成为厦门海关的“地下关长”。因为厦门海关一些重要岗位

---

① 《赖昌星简历》，人民网－法治频道，2012年5月17日，http：//legal. people. com. cn/GB/43027/227534/17913424. html。

② 《赖昌星一审被判无期徒刑　并处没收个人全部财产》，中国新闻网，2012年5月18日，http：//www. chinanews. com/gn/2012/05－18/3897823. shtml。

的干部任免和人事交流，杨前线常要事先征得赖昌星的同意。正因为如此，赖昌星一案案发后，厦门海关党组成员4人，就有3人涉案被法律制裁，厦门海关的不少部门几乎“全军覆没”。“远华特大走私案”结案时，一共牵扯了600多位党政机关、行政执法机关、司法机关、经济管理部门以及金融单位的工作人员，其中省部级干部3人、厅局级领导干部26人、县处级干部86人，有300多人受到刑罚。为实施走私活动和谋取其他不正当利益，赖昌星于1991年至1999年间，直接经手或指使犯罪集团成员先后向64名国家工作人员贿送钱款、房产、汽车等财物，折合人民币共计3912.89万元。[①]

赖昌星的厦门“远华特大走私案”被称为中国的“惊天大案”，极大地败坏了当地的道德风气（如赖昌星为拉拢官员而建筑的“红楼”开了另类腐败的先河），恶化了当地的政风和民风，给厦门市的经济生活、政治生活和社会生活带来了十分恶劣的影响，使厦门市政府的权威几近完全丧失，在后来很长的时间里厦门市才恢复健康向上、民主法治的良好治理风气。

（2）陈凯“行贿案”[②]

陈凯，一度是福州市的风云人物，财富逾亿元人民币，福州首富，曾担任福州市政协委员。陈凯在福州市中心地区投资兴建了20000平方米的“凯旋音乐广场”，投资兴建了该市最高档的楼盘“凯旋花园”。陈凯是从20世纪90年代初经营桑拿和老虎机起家的。他最初的政治靠山和后台来自凯旋集团的副董事长徐力的父亲、原福州市公安局局长徐聪荣。早在1995年福州市开始打击老虎机时，徐聪荣为陈凯的上十处赌场开绿灯，福州市许多地下赌场为了继续经营，不得不把部分股份让给陈凯，陈凯就此垄断了福州市所有的老虎机生意。此后，陈凯用各种手段几乎疏通了福州市娱乐产业链所需的政治、司法和社会资源的方方面面。他既在非法牟取暴利，又在败坏福州市官风、民风。陈凯案发之后，仅福州市鼓楼区法院因多名领导干部涉案，因达不到法定人数，致使该院不能召开审判委员会。据统计，被陈凯“糖衣炮弹”轰下马受法律制裁的官员中，厅级领导

① 《赖昌星一审被判无期徒刑 并处没收个人全部财产》，中国新闻网，2012年5月18日，http://www.chinanews.com/gn/2012/05-18/3897823.shtml。

② 朱文轶等：《福州首富陈凯非物质贿赂》，《生活周刊》2003年第51期，总第269期，2003年12月22日。

6 人，处级领导 17 人，科级干部 12 人。

从目前福建省经济发展的情况来看，私营经济构成县域经济的主要成分，县级及县以下地方基层政权相当一部分财政收入来源于各类的私营企业，特别是来源于规模较大的私营企业，客观上形成了政府与私营企业之间的共生关系。私营企业主需要地方政府公共权力的庇护，地方政府需要私营企业的财力支持。为此，私营企业通过经济及政治的参与也在一定程度上承担地方经济发展的责任，地方政府某些官员也会充当私营企业的保护人，促进地方私营经济的发展。由于共同的利益驱动，私营企业主与政府之间倾向于建立一种互惠的合作关系，这也是私营企业主政治地位变化的一个信号。在地方经济中，如果私营企业主守法经营，不追求超额利润，并不需要恶性介入地方政治，否则，私营企业主为追求超额利润，必然会进行政治寻租，恶性介入地方政治。

2. 拉拢收买党政官员

本课题组的调查结果显示，在“您是如何形容老板与官员之间的关系”的回答中，占 31.2% 的被访企业主认为官员帮助老板是出于职责本分，占 33.4% 的被访企业主认为官员帮助企业是求取政绩，两者加起来为 64.6%。而私营企业主一方，则主要从求取实惠的考虑来接纳官员，选择“老板结纳官员求实惠”这一选项的私营企业主比例达到 11.3%。占 20.1% 的被访企业主认为官员帮助企业是为了求实惠；占 11.6% 的被访企业主认为官员要通过为难企业求取打点，两者加起来为 31.7%。我们看到，官员的职责动机项、政绩动机项的比例之和高于官员的求实惠和要打点的需求动机项之和，但是 31.7% 的需求动机比例也生动地说明了官员通过与私营企业主的接触中会得到个人的经济利益和好处，详见表 6－5。

表 6－5　福建私营企业主对于“老板”和官员之间关系的认知（可多选）

选　项	人　数（人）	所占百分比（%）
官员帮助企业求政绩	193	33.4
官员帮助老板为职责	180	31.2
官员帮助企业求实惠	116	20.1
官员为难企业要打点	67	11.6
老板结纳官员求实惠	65	11.3

如果说私营企业主与政府官员私下接触的直接动机主要是获取经济利益，这不需要任何遮掩，但是，政府官员通过政商资源交流得到个人经济好处，则是中国的政策和法律所不允许的，将以收贿受贿、官商勾结、以权谋私、权力寻租、贪污腐化等罪名加以制裁。

私营企业主在与政府官员接触中给官员好处一般分为两种情况：一种是私营企业被政府行政执法部门为难，或者说确实是有些事情做得不够规范被查罚，私营企业主则花费代价打点，这种代价小到请客吃饭，大到送礼、送钱。这种情况下私营企业主往往是出于无奈的“花钱消灾”的考虑，被动应付的成分比较多，常见于规模较小的私营企业。根据我们的调查得知，这些小企业主认为公安消防部门、地方政府部门、税务部门等是最难沟通的部门，而私营企业遇到的纠纷中，与当地政府有关管理部门的纠纷处在最经常发生纠纷的第三位，排在第一位的是与供货单位，第二位的是与买方。由此，我们看到，私营企业主想要很好地经营下去绝对少不了和政府部门打交道，而且每年或多或少要花费一些人力、物力和财力，保持与政府相关部门官员的良好接触。这种行贿的目的是保护私营企业的发展，可称之为“保护型行贿”。另一种情况，就是私营企业主主动接触政府官员，对其行贿，与其进行权钱交易，获得经济利益。私营企业主与政府官员之间的权钱交易，很少发生在陌生人之间。维系这种“关系网”的，不仅仅是利益交易，还有“信任”。由于缺乏各种监督和竞争，加之政治过程的有限开放，这种“关系网”普遍存在，在私营企业发展过程中发挥了极为重要的作用。地方政府拥有大量的经济资源和政治资源，任何阶层只要影响了政府就能获得较多的利益。因此，与政府的代表即政府官员建立良好的关系至关重要。中国的人际关系，向来有情感和工具两种性能。因此，中国的商业活动特别需要经营人际关系，即使是影响政治系统的活动亦如此。私营企业主对人际关系的投资，沿着寻租的空间在建构，朝着工具化的方向膨胀，他们主要通过拉拢收买党政各级官员，取得不正当的政策优惠和方便，谋求自身利益最大化，这种行贿的目的是促进私营企业的更好发展，可称之为“发展型行贿”。

私营企业主向政府官员行贿、拉拢党政官员、官商勾结，其手段和方式多样、不一而同。基本形式主要有四种[①]，这四种形式赖昌星的远华特

---

① 王和民：《中纪委案件审理室主任谈色诱等官商勾结4途径》，《瞭望新闻周刊》2004年6月。

大走私案都有涉及，我们以它为例进行分析。

第一，渐进型。由于有的政府官员位高权重，相对来说不好接触。因此，私营企业主采取直接给予重金“搞定”方式作案的情况少见，主要是针对官员的喜好，投其所好，逐步侵蚀拉拢。如，赖昌星拉拢腐蚀厦门市海关副关长接培勇的手段就使用这种形式。[①] 接培勇心高气傲，有抱负，有才干，根本看不起赖昌星，说赖昌星是“文盲加流氓”，并且对赖昌星一直保持戒心和距离。不管是赖昌星提出要送他的儿子到国外读书，还是提出要安排他的弟弟到香港发展，他都坚决予以拒绝。接培勇是分管业务的副关长，并且当时还兼调查局局长，对于专营走私的赖昌星来说，他的分量非同寻常，无论如何也得想办法“摆平”。经过调查，赖昌星终于发现接培勇偏爱字画，喜欢书法。赖昌星改变策略，煞费苦心地弄来绝版的《毛泽东评点二十四史》一套（175 册）、一幅由 9 位当今知名画家合作的牡丹图和一些当今名家的书法作品奉上。为了有进一步的交往，赖昌星又请接培勇为他出的远华牌香烟题写牌名，为他巨资控股的远华足球队题写队名。就这样，硬充风雅的赖昌星终于与接培勇搭上了话。为使接培勇最终就范，赖昌星又为其情妇蔡惠娟提供远华公司副总经理的高薪职位，而且花巨资为蔡惠娟购买豪宅，进而通过蔡惠娟把接培勇牢牢地控制在自己手中。据统计，我国 95% 的省部级案件中都或多或少地存在这种渐进式的相互利用、相互勾结的方式。

第二，迂回型。通过打通官员的家属、身边工作人员等环节，从中谋取利益。如私营企业主安排干部家属子女，在自己控制的企业中任职，通过“工资”、“奖金”的名义变相行贿。赖昌星拉拢杨前线使用的形式之一就是此种方式。[②] 1995 年，在杨前线当上关长之后不久，一个名叫周兵的女人在赖昌星的精心安排之下出现在杨前线的生活里。最高人民检察院反贪总局副处长曲璟介绍：“自从有了周兵以后，赖昌星就可以说是全面地开始了进攻。提供房子，提供金钱，给他（杨前线）养女人甚至养儿子，以后周兵还在香港的远华公司每个月领到十几万港币，有时候甚至一领就是一百万、两百万，但是不在那儿上班，算是远华的一个挂名的职员。”赖昌星不但把周兵安排在香港远华公司工作，而且发给周兵大量钱款，有

① 《倒在“红楼”里的贪官们》，《钱江晚报》2006 年 5 月 29 日。

② 《倒在“红楼”里的贪官们》，《钱江晚报》2006 年 5 月 29 日。

据可查的就有1400多万元人民币。赖昌星还送给杨前线凌志轿车一辆，价值人民币63万元，华南虎皮一张，价值人民币77.7万元。此后，杨前线完全成了赖昌星走私的帮凶。1999年4月，中央有关部门接到举报，反映赖昌星与厦门海关的工作人员相互勾结疯狂走私。1999年6月，杨前线得知办案部门要对赖昌星走私行为进行查处，四处打探消息，多次为赖昌星通风报信。杨前线给赖昌星打电话，告诉他中纪委的人要到香港来，提醒赖昌星看香港有什么问题自己收拾收拾，看一下账目有什么问题，该搬走的、该怎么处理尽早处理好。杨前线的提醒，致使赖昌星毁掉了部分走私犯罪的证据，给后来的案件侦破工作设置了层层障碍。2000年11月，杨前线因受贿罪和放纵走私罪被厦门市中级人民法院一审判处死刑。据统计，在我国省部级案件中65.2%的案件中都存在这种作案方式。

第三，色诱型。主要是通过女色引诱获得利益。这其中既有当事者本人通过与官员的不正当两性关系获利的，也有通过提供女色为自己谋利的。赖昌星的“红楼”是专门色诱政府官员的场所，里面布置得功能齐全、富丽堂皇，可谓煞费苦心，一个又一个的政府官员栽在了“红楼”里。如赖昌星通过调查得知分管土地与城建的原厦门市副市长赵克明是一个地地道道的色鬼，于是，1996年年底，赖昌星通过其他人将赵克明约到“红楼”。酒足饭饱之后，风情款款的小姐将赵克明带进了“红楼”里的高级包厢……从此，赵克明一面频繁出入“红楼”，与卖淫女厮混，一面为赖昌星走私犯罪集团开发房地产大开绿灯，成为赖昌星庞大关系网中的重要一员。[①] 据统计，我国省部级案件中14.3%的案件中存在这一问题。

第四，介绍型。主要是通过高级干部、重要人物的介绍，使有关官员助其谋利。原公安部副部长、全国打私领导小组原副组长李纪周被拉下水就是赖昌星通过厦门的领导为中介。

在实际生活中，这4种行贿方式往往被交织使用，特别是第一、第二种方式并用的情况是私营企业主与违纪官员相互勾结的主要方式，占到了总数的60.9%，“杀伤力”很强。

通过赖昌星等案件我们看到，在私营企业主与官员之间的关系上，已经不再是私营企业主单向寻求官员办事，个别私营企业主还开始出钱出力，为官员拉关系，帮助其获取荣誉，晋升职务。私营企业主与官员的相

① 《倒在“红楼”里的贪官们》，《钱江晚报》2006年5月29日。

互利用、钱权联合使私营企业主可以在政府官员中拥有其政治代言人，然后罔视法规，肆行无忌，危害社会，荼毒民生。1988 年，在石狮市公开竞选市长中，有 20 位私营企业主将盖满图章的市长候选人推荐信送到泉州市委组织部，推选能代表他们利益的政界人物参加竞选。他们推举那些能够代表他们利益的政治代言人绝不是为了装门面，而是想让那些真正具有参政议政的人直接参与国家的政治生活，影响政府决策，使政府决策朝有利于他们的方向发展。这种在政府中推选自己的代言人的形式走正常渠道，也是合法的。但是，如果私营企业主为政界人物出钱出力，助其晋升成功，必然会使企业主获得更大的经济利益，这种钱权合谋的结果很难控制在合法的范围内，就会导致官商非法勾结、私营企业主恶性介入地方政治，进而影响地方的民主政治建设和经济的健康发展。另外，我们也发现，有的私营企业主还会贿赂人大代表，他们运用金钱等物质吸引使得各级政治代表违背自身的意愿，成为私营企业主的代言人，在各种议案的提出和表决时，不是代表人民的利益而是严重偏向私营企业主的利益。还有的私营企业主通过自己拥有的经济资源、通过各种途径将自己的子女送入地方政府机关；大多数私营企业主在选择自己的未成年子女将来的职业取向时，为子女做出的选择是进政府当公务员，希望由此努力建立与政府官员之间的“共生关系”，实现经济资本与政治资本之间的交换，这种做法无疑会扩大私营企业主的政治资源，也会为他们与其他政府官员的接触提供更便利的条件，如果一直发展下去是否会出现所谓“金钱政治”的后果，应该引起我们的思考。上述这些情况隐含的内容很多，值得社会各方高度警觉。

3. 贿赂选举

按照全国人大常委会、国务院、民政部印发的《〈中华人民共和国村民委员会组织法〉条文释义》的解释，“贿选”是指以获取选票为目的，用财物或其他利益贿赂选民、选举人或选举工作人员，使其违反自己的意愿参加选举，或者在选举中进行舞弊，并对正常的选举工作产生影响的活动。[①] 构成贿选必须同时具备如下要件：行贿主体是被选举人或其他人；受贿主体是选举人或对选举有影响的其他人；行贿的目的是促成被选举人

① 《中华人民共和国村民委员会组织法》（全文），中国网，2010 年 12 月 29 日，http://www.china.com.cn/policy/txt/2010－10/29/content_ 21226000.htm。

竞选成功；行贿受贿所损害的客体是公平公正的选举制度；行贿受贿的标的是可支配财产；转移财产的行为不属于被选举人竞选成功后的职务行为。部分私营企业主贿赂选举，一般来说，它具有三种具体的表现形式，即通过贿赂选民当选村干部；通过贿赂选民当选人大代表；通过贿赂人大代表当选国家公务员。近些年来，我国私营企业主的贿选案频频发生于我国县、乡人大代表、国家机关领导人的选举尤其是农村村委会的选举中。

福建省的广大农村是新农村建设的基地，同时也是血亲、宗族关系的聚集地，各种利益纷争的博弈点。由于涉及土地管理、资源开发、征地补偿、工程建设和社会管理等众多利益分配，所以福建省农村的基层干部队伍人选十分关键，福建省农村基层组织的历届选举十分重要，正因为利害关系明显，贿选现象也时有发生。民政部基层政权和社区建设司副司长王金华曾指出，中国村委会选举贿选的比例为1% ~3%，比例不高，但影响不好。从目前的情况来看，农村贿选不仅有增加的趋势，而且，起初只是在一些乡镇村换届选举基层官员时露面的贿选，正逐步升级，迅速蔓延到县和地级市这个层面上来，贿选者觊觎的位置也由最初的各级人大代表、村委会主任、乡镇长上升为县长、副市长。贿选的手段也五花八门，包括从非提名的候选人拉票贿选，到组织提名的候选人也拉票贿选；从暗箱操作拉票贿选，到暗箱操作与阳光操作结合拉票贿选；从个体活动拉票贿选，到有组织拉票贿选；从请吃喝、送礼品拉票贿选，到直接送现金拉票贿选；从当场兑现钱物拉票贿选，到当场兑现钱物与“期权”式交易结合拉票贿选。如福建省泉州市晋江市深沪镇科任村的千万富翁、村委会主任、晋江市人大代表吕江波就曾指使村民以贿赂选民、伪造选举文书、聚众造势威胁其他候选人等手段破坏晋江市人大代表选举，致使该选举无效。①

更值得警惕的是，近年来一些私营企业主不仅自己贿选担任基层干部，获取政治资源，而且有的还会向拉票贿选的领导干部提供资金、充当帮手，为自己培植代言人，寻找保护伞。我国基层政权的贿选以及福建部分私营企业主贿选的这种发展状况，一方面反映出当选村干部、人大代表或者公职人员具有极大的吸引力和突出的利益性；另一方面也反映了我国

---

① 案例来自泉州反腐倡廉网，http：//www. qzjw. net/content/2010 - 10/29/content_ 3492697. htm。

的选举制度，面对新形势，在某些方面出现了一些不适应的环节，值得我们高度关注。

（二）部分福建私营企业主非法政治参与的原因

1. 追逐经济和政治利益是部分私营企业主非法政治参与的直接原因

利益驱动是我国私营企业主阶层政治参与最突出的特点，也是福建私营企业主非法政治参与的内在动力。这种利益动因既包括经济利益，也包括政治利益和社会地位、社会价值的考虑。其中最主要的动因是经济利益。因为“私营企业主作为一个新的社会阶层，政治参与大多仍属于功利型的经济性政治参与，他们不是把政治参与看成自己作为公民责无旁贷的职责，也不是首先为了争取政治权利而参与，其真正目的主要在于获取和维护自身的利益，特别是经济利益”①。为了在资金、承揽工程、土地审批、办理证照及批文等某一方面或几个方面享受相关的优惠政策，攫取超额利润，部分私营企业主最直接的做法是用金钱做交易，即权钱交易，他们与一些政府部门及官员建立非正常的关系，从而获得企业发展所需要的政治资源，最终得到超额经济利润。资本的本性决定了其为利润的最大化，甘冒上绞架的风险。与此同时，部分私营企业主通过贿赂官员，官商勾结图谋为企业寻求一把“保护伞”，为企业的长期稳定发展制造特殊的政治和经济环境。另外，部分私营企业主通过贿选争当人大代表，争当公务员和村干部等公职，可以获得政治名誉和政治资本，实现身份从“体制外”到“体制内”的转变，提高自身的政治地位和社会地位，满足有的私营企业主“做梦都想当官”的心理需求，从而直接为企业的发展提供政治资源；还可以排除来自某些政府执法部门的干扰和刁难，保护自己的合法权益免受侵害，同时为企业经营打开方便之门。从以上可见，个人利益的驱动是村民自治中部分私营企业主滋生“贿选”的经济土壤，是私营企业主进行非法政治参与的直接动因和基础，没有私营企业主独立的政治经济利益，就不可能有私营企业主的非法政治参与。但是，利益驱动却不必然产生非法政治参与，它只是提供了可能性，深入研究可以发现，非法政治参与动机转化为行为的根本原因在于我国运行的政治体制和相关制度尚不

---

① 张健：《苏南经济较发达地区私营企业主阶层政治参与特点研究》，《理论与改革》2006年第6期，第47页。

完善。

2. 政治体制改革滞后是部分私营企业主非法政治参与的体制原因

中国的政治体制改革一直滞后于经济体制改革。在经济体制改革中，私营企业主是最大的经济资源受益者，在滞后的政治体制改革中，最初私营企业主处于边缘地位，后来才被纳入政治体系当中考虑，而且一直充满了争议，私营企业主是“体制外”的人，其政治地位远远不如经济地位高。由于政治体制改革的滞后，很多重要的政治问题并没有顺应经济体制改革的步伐同时予以解决，有的直到今天还严重影响经济生活秩序，最突出的表现为：①党政不分。权力依然过分集中在党和政府手里，特别是党的“一把手”手里。为了维护自身的利益，一些私营企业主要花费相当的精力周旋于与地方各级党政领导搞好关系。②政企不分。政府职能转变不到位，过多地干预企业和市场，地方政府的一些具体职能部门对私营企业设置重重阻碍，许多具体的管理方法不规范，办事人员有章不循，私营企业主出于自身企业发展的考虑，就不得不分散精力跟政府官员拉关系、编织人际网络，甚至铤而走险贿赂官员，寻求“保护伞”，以使自己减少损失或者获得更大的利益。

3. 制度缺陷是部分私营企业主非法政治参与的根本原因

（1）选举制度存在缺陷

随着我国民主政治的迅猛发展，我国的《选举法》几经修改和完善，在选举的科学性、民主性和可操作性等方面都有所进步，但是，在实际的政治生活中还存在一些缺陷，主要表现为：候选人的提名制度和介绍方式存在一定缺陷；选举过程的公开性不够，存在形形色色的暗箱操作；差额选举程序形式主义；代表与选民关系相疏离；选举争议解决方式单一；对贿选者责任追究不够严厉以及选民利益不受关注；等等。这些选举制度上的缺陷是造成当前一些私营企业主搞贿选的重要制度根源。选民和代表较普遍地认为人大选举与本人利益没有直接联系；通过选举也无法实现自身的利益。[①]“对于一些选民来说，与其指望不可预见的选举利益还不如接受来自选举过程中贿选者所给予的小恩小惠更为实在。”[②] 据《求是》杂志社

① 蔡定剑：《中国选举状况的报告》，法律出版社，2002，第166～167页。

② 黄宝玖：《贿选频发与治理的制度分析》，《云南行政学院学报》2005年第1期，第17页。

新闻性政经月刊《小康》3 月号报道，厦门东孚镇鼎美村以前换届选举总有人买票贿选，2006 年 8 月村委会换届选举时，村民胡辉煌与胡建标竞选村委会主任。为防止贿选，胡姓宗族安排带两人到关帝庙，发誓绝不贿选。结果，2006 年选举就未再发生贿选事件。但此举却引发了收惯“买票钱”的村民不满，认为与其浪费一张不会产生实质作用的选票，不如遵循“等价有偿”的市场原则出卖这张选票，因为做村长“可以赚很多钱”，应该“吐出来一点钱”。事实上，村民只能在投票选举时有一定的“发言权”，平时他们对村内公共事务并无任何影响力。这样就会导致选民对选举态度冷淡，而这种冷淡的态度又恰好给贿选者以有利条件。另外，搞贿选的人实际受到的惩罚和制裁比较轻微，使私营企业主感到违法贿选的代价不大，成本较低，因此，在大利益与小代价面前，很多人倾向选择贿选。由此种种，我们看到，选举制度的缺陷给部分私营企业主的贿选现象蔓延开了绿灯。

（2）行贿受贿制约机制存在明显缺陷

改革开放以来，随着社会主义民主和法制建设的不断发展，我国已经初步形成了包括执政党的内部监督、人大监督、政府专门机关监督（包括行政监察机关的监督和审计机关的监督）、司法监督、外部监督（包括民主党派和社会团体的监督、公共舆论的监督和人民群众的监督）等五个部分为主体的多层次、全方位的监督机制，从理论上说，对于规范权力运行、惩治和预防腐败发挥了不可替代的重要作用。但在现实生活中，随着我国各项改革进入攻坚阶段，政治体制改革的滞后，反腐倡廉工作面临着新的挑战，在一定程度上制约着我国监督效能的充分发挥。[①] 监督主体受制于监督客体，缺乏必要的独立性和应有的权威性，很难正常发挥自己的功能；各监督系统职能交叉重复，责任不明，相互之间缺乏沟通和协调；机制运行单向化，自上而下的下行监督较为有力，而自下而上的上行监督则相对薄弱；监督内容过于单一，偏重于对被监督者的事后惩戒，忽略了事前预防和事中控制；监督法规尚不完善，由于缺乏明确的监督标准和具体的实施细则，监督弹性很大；人民群众的监督软弱无力，其威力和效能未能得到很好的发挥；等等。一些不法私营企业主行贿和党政官员的受贿

① 周师：《论我国私营企业主非制度性政治参与及其防范》，硕士学位论文，湖南师范大学，2007，第 35 页。

之所以能够成功，其中主要原因之一是制约行贿受贿的监督机制缺乏和严惩不力。这些制度上的缺陷给一些不法私营企业主行贿和党政官员的受贿以及私营企业主的贿选留有余地，抱有侥幸心理，有机可乘。

4. *法律缺失是部分私营企业主非法政治参与的重要原因*

部分福建私营企业主的非法政治参与，不仅体现了我国现行的体制和制度的缺陷、政治参与渠道的狭窄，也说明了我国面临相关法律缺失的困境。以贿赂选举为例，第一，我国法律对于贿选的明确界定是这一两年的事，严重滞后于贿选实际早就存在的时间，给在现实政治生活中对于贿选问题的认定带来很大的阻碍。第二，无论是《村委会组织法》还是《选举法》，缺乏对贿选的条件、程序的明确界定，也没有相关的严厉惩处贿选违法行为的条款。目前除认定当选无效外，贿选者并不需付出更多代价，使得贿选的成本很低，易于造成贿选者有恃无恐的心理：不贿赂不当选，贿赂了最多也只是当选无效，反正没什么损失，结果助长了贿选行为的蔓延。同时，对接受贿选的选民没有相应的处理机制，出于“法不责众”的从众心理，不能从源头上杜绝贿选现象。第三，贿选的调查取证难，行贿人不会承认，而受贿人基于诸如邻里关系、怕打击报复等因素，往往亦不会承认。如果能够将贿选的调查取证、钱物追缴等工作，交给司法部门负责侦查、认定，那么贿选案件就更能引起重视，更能提高办案效率，贿选行为也就会减少。第四，我国的法律制度，尤其是《村民委员会组织法》中缺乏关于村委会选举详尽的程序性的规定，使得选举只能停留在纸面，流于形式，给贿选留下了许多法律的空白和漏洞。第五，目前，村委会选举还没有纳入我国选举诉讼的范围，司法监督的力度明显不足。这种缺乏权利救济的现状使得大量的违规甚至违法的选举行为，以及属于法律空白的选举行为游离于司法救济之外，使得选民的民主权利得不到应有的保护。

除了上述的因素外，客观上，合法政治参与渠道的狭窄、不畅通；主观上，部分私营企业主民主法制意识薄弱、法律素质低下；等等，也是导致一些私营企业主寻求非法手段来表达其政治诉求、实现政治参与目的的重要原因。

当然，除了以上我们所陈述的政治参与的缺陷和不足外，福建私营企业主阶层在网络政治参与、媒体政治参与等方面也存在一些不利情况，这些都是亟待解决的问题。

第七章　福建私营企业主阶层政治参与的社会影响

当前，福建省私营企业主阶层的政治参与，作为福建省民主政治建设的重要组成部分和福建省市民社会发展的一个重要环节，正在深刻影响福建省的政治、经济、文化和社会生活的各个方面。

一　积极影响

（一）福建私营企业主阶层政治参与的经济意义

福建私营经济的发展，为福建私营企业主阶层的政治参与奠定了重要的经济基础和物质保障，反过来，福建私营企业主阶层的政治参与，又促进了私营经济的进一步发展。福建私营企业主阶层的政治参与，已经成为福建私营经济发展的重要推动因素。

1. 通过政治参与，有利于营造福建私营经济发展的政策环境和经济环境

福建私营企业主阶层通过政治参与影响福建省政府的行政决策，他们积极呼吁和建议政府出台有利于私营经济发展的方针政策和法律法规，为福建私营经济的发展营造一个相对宽松的政治政策环境和公平的市场竞争环境。政治和经济环境的改善使福建私营经济得到迅猛发展。如在福建省各级民间商会组织和企业主代表（包括私营企业主代表）的强烈建议和推动下，《福建省企业和企业经营管理者权益保护条例》于2008年12月2日由福建省第十一届人民代表大会常务委员会第六次会议通过。该条例“二审”就表决通过，充分表明福建省委、省人大、省政府对企业和企业家的关爱和支持。《条例》的颁布实施，有效地震慑、制约侵害企业和企业家合法权益的行为，对包括私营企业在内的福建省企业的改革发展和包括私

营企业主在内的企业家队伍的成长起到至关重要的保驾护航作用。

2. 通过政治参与，有利于营造福建私营经济发展的社会环境

通过政治参与，福建私营企业主阶层提高了对当前我国政治体系的认同，增长了政治知识，掌握了参政技能，积累了政治经验，增强了政治责任感，提高了私营企业主阶层整体的政治素质。这就使得他们在参政议政时能跳出本阶层的狭隘本位，加大该阶层与社会其他阶层交流的力度，顾及社会的整体公益，为更多的其他社会阶层的利益说话，进而化解私营企业主阶层与其他阶层之间的矛盾，坦诚相待，和谐相处，共谋发展，从而有利于纠正社会对他们的习惯性偏见和一些不正确的看法，为福建私营经济的发展创造一个良好的社会环境。

3. 通过政治参与，有利于直接为福建私营企业的自身发展服务

私营企业经济实力的大小，与私营企业主参政议政，是一个相互促进的关系。罗英光的硕士论文《民营企业家参政议政与企业绩效》，通过实证研究得出的结论是："私营企业主当选全国人大代表（政协委员）后的当年，企业的主营业务利润率、总资产收益率、每股收益，以及现金收益率均显著比企业主没有参政议政的私营企业高。虽然两者净资产收益率的差异不显著，但总体而言，不管用企业市场价值还是财务绩效去衡量，民营企业家参政议政都给企业带来显著的正的绩效。"[①] 这个结论同样适用于福建私营企业主阶层。本课题组对福建私营企业主的抽样问卷调查结果显示，在对于福建私营企业主政治参与目的的回答中，有26.6%的被访私营企业主选择"整合资源促进企业发展"，有21.5%的被访私营企业主选择"保护企业不受刁难"，显而易见，保护和发展私营企业而参政议政是福建私营企业主政治参与最主要的目的。因为福建私营企业主通过政治参与，可以加强私营企业与政府间的信息交流，可以沟通和协调私营企业与政府之间的关系、私营企业内部各阶层之间的关系，从而在一定程度上解决私营企业发展所面临的外部环境问题和内部管理问题，使私营企业提高生产效率，增加经济效益。同时，还可以宣传他们企业的产品，提高他们企业的形象，扩大他们企业的市场知名度，进而直接促进私营企业的稳定健康发展。

---

① 罗英光：《民营企业家参政议政与企业绩效》，硕士学位论文，汕头大学，2008，第32页。

4. 通过政治参与，有利于为私营企业主经营企业提供动力源

通过政治参与，福建私营企业主阶层逐渐提高了政治地位，得到了社会的尊重，获得了政治满足感，这些都为私营经济的发展提供了动力源，促使他们以积极乐观的心态投入福建省经济建设中来，发挥出最大的主观能动性和创造性，促进私营企业的持续发展，发展地方经济，为社会做出更大的贡献。

另外，国家和福建省政府对福建私营经济贡献的认可，也提高了福建私营企业主阶层发展私营经济与参与政治的积极性和热情。改革开放以来，福建私营经济对福建省经济和社会发展的贡献逐渐获得党和政府以及人民群众的肯定和重视，私营企业主阶层也逐渐被社会各界所接纳，福建省政府在出台多项法规和政策、措施鼓励发展私营经济的同时，也在不断畅通参政议政的渠道，推进私营企业主有序的政治参与，激发私营企业主发展私营企业的热情，为地方经济的发展做出更大的贡献。如在私营企业主代表和其他代表的呼吁下，2004 年十届全国人大二次会议通过的宪法修正案规定："公民的合法的私有财产不受侵犯"，"国家依照法律规定保护公民的私有财产权和继承权"，私营经济产权的明确等都在一定程度上化解了私营企业主致富之后的后顾之忧，充分调动了其发财致富的积极性，减少或预防私有资本外逃，减少私营企业主的短期经济行为，促使私营企业主不断扩大投资规模，推进私营经济进一步发展壮大，从而有利于福建全省经济的健康发展。

5. 通过政治参与，有利于推动福建省总体经济社会发展水平的提升

福建省私营企业主阶层的政治参与，是进一步发展福建省私营经济的深层次要求，不仅有利于福建省私营经济本身的发展，对福建省总体的经济社会发展水平的提升都有重要意义。

福建私营经济拉动了福建经济的增长。我国国民经济以年均 9.5% 的速度增长，而福建省国内生产总值年均增长 13.8%。福建省规模以上私营工业企业达 15558 家，占全省企业数的 78.4%，私营企业对福建经济的贡献率达到 76%。在国有企业改革相对艰难、经济效益相对较低的时期，私营企业对福建省经济发展的拉动作用更加明显。福建私营企业缴纳的税费成为地方财政收入的主要来源。如 2010 年福建全省私营企业缴纳的税收收入占同期税收收入的 60% 以上。福建省私营企业吸收了全省 85% 以上的城

镇就业人员，缓解了社会就业压力，促进了社会稳定。福建省的私营企业和集团提高了福建省企业的品牌影响力和竞争力。福建省在全国中获“名牌产品”、“免检产品”和“驰名商标”的企业中80%以上是私营企业。福建省私营企业主还积极参加福建省社会主义新农村建设、光彩扶贫事业以及社会公益慈善事业，为建设和谐社会做出了重大贡献。

特别值得一提的是，福建私营经济在促进闽台合作，促进海峡两岸交流方面发挥了重要作用。福建省与台湾有着深远的地缘近、血缘亲、文缘深、商缘广、法缘久的特殊的关系。闽台经济合作是福建省对外开放最大的优势和特色。闽台间的经贸往来，不仅有利于扩大双方市场，创造良好的贸易效益，促进未来台湾海峡经济区、中华自由贸易区或中日韩东盟自由贸易区的成立，而且还对促进两岸交流交往有着特殊的作用。特别是在当前新的政治格局和“大力发展海峡西岸经济区建设”的经济环境下，两岸经贸合作更为紧密，对推动福建经济快速、健康发展更为重要。福建省一直在积极打造两岸经济交流合作的平台，已经成功举办多届投资洽谈会和多届海西论坛，以及海交会、商交会、旅博会、林博会、台交会、艺博会等重大经贸活动。私营企业在闽台经济合作中一直起着排头兵的重要作用。把私营企业发展好，闽台合作发展好，不仅是福建经济建设的重要任务，更是争取台湾民心的政治要求。所以，福建私营经济的发展对于推动海峡两岸的统一也肩负着重要的社会责任和政治使命。2010年6月29日签署的《海峡两岸经济合作框架协议》为闽台区域经济整合创造了条件，有利于福建企业加快入台投资步伐。私营新大陆集团成为第一家入台投资的大陆企业，私营财茂集团成为投资台湾规模最大的大陆企业。2012年8月签署的《海峡两岸投资保护和促进协议》更是激发了福建企业的投资热情。福建企业对台投资额同比增长了近五倍，已超过2011年一整年的总量。福建省私营企业已经成为闽台经济合作的主体。

（二）福建私营企业主阶层政治参与的政治意义

福建私营企业主阶层的政治参与，客观上推动了中国特色社会主义的政治民主化进程，巩固了党的执政基础，维护了社会的政治稳定，促使我国加快了政治体制改革、政治参与的制度化建设、相关的法律和政策完善的步伐，总体上推进了我国社会主义政治文明建设。

1. 通过政治参与，有利于扩大政治参与主体的广泛性，壮大民主政治力量

政治参与的广泛性，首先体现在主体的广泛性即参政的各阶层代表人数广泛。我国是社会主义国家，反映在政治上，必然要求全体人民充分享有管理国家事务和管理社会事务的民主权利。因此，从根本上说，人民当家做主是社会主义本质在政治上的体现，是社会主义民主政治的本质要求，是社会主义政治文明的内在要求和价值目标。就我国社会主义民主制度的广度来说，社会主义民主的核心，就是最大范围地实现人民群众当家做主的权利，这一核心也必然要求扩大公民广泛的政治参与。

私营企业主阶层是改革开放以后形成的新的社会阶层，随着他们经济地位的提高，他们提出了相应的政治要求。党和政府把他们定位为中国特色社会主义事业的建设者，并通过法律和制度尽量畅通他们的政治参与渠道，使他们同我国广大的工人、农民、知识分子和其他劳动者一样享有共同的民主，共同参与我国政治生活，充分享有我国宪法和法律所赋予的各种政治权利。这是私营企业主阶层在中国历史上第一次被纳入社会主义民主主体的范畴，大大增加了我国政治参与的广度，扩大了我国政治参与主体的广泛性。因此，积极引导私营企业主阶层参与我国的政治生活，不仅有利于扩大我国政治参与的主体范围，体现政治参与主体的广泛性和社会主义民主的广泛性，体现我国民主政治建设的进步和发展，而且，还为加快我国的民主化进程，为我国的人民群众开辟更大范围的民主、实现更大范围的人民民主专政探索出一条光明大道。

同时，我们看到，随着私营企业主阶层参与政治生活程度的加深，私营企业主整个阶层的思想政治和文化素质不断得到提高，政治参与实践能力不断得到锤炼，政治参与经验不断丰富，其政治参与对政府决策和社会的影响力不断壮大，日益发展成为新时期我国民主政治建设中一支不可忽视的新的力量。

2. 通过政治参与，有利于增强党的执政基础，扩大党的社会政治影响

私营企业主入党或者在私营企业建立党组织，是福建私营企业主阶层政治参与的主要形式之一。福建私营经济不仅在推动福建经济发展、推动海峡西岸经济区建设、推动闽台经济合作中起着至关重要的作用，而且，对于推动海峡两岸的统一也肩负着重要的社会责任和政治使命。因此，在

私营企业中保障党的政治领导、发展党员以及建立党的基层组织工作十分重要。

在中共福建省委的高度重视下，福建省绝大多数私营企业都建立了党组织。据福建省非公有制经济组织创先争优活动指导小组办公室提供的数据显示[①]，截至 2012 年 9 月，在全省范围内共建立非公有制企业党组织 1.5 万个，党员 9 万多名。其中：规模以上企业全部建立党组织，应建已建率达 100%；规模以下企业的应建已建率达 92.2%（详见本书第五章 191 页）。吸收福建私营企业主中的优秀分子加入党组织，使他们直接接受党的政治领导和政治教育，直接参与党内政治生活，可以扩大党的阶级基础和群众基础，加强党执政的合法性，增强党在全社会的凝聚力，扩大党的政治影响力，提高党和政府政治统治效能和社会力量整合能力。重视和支持福建私营企业建立基层党组织，规范党组织生活，使党的基层组织紧紧围绕企业生产生活搞好党建工作，不仅可以提高企业的生产经营效益，促进企业的良性发展，而且，在企业内部引入党的民主参与、民主决策、民主管理和民主监督机制，既加强了党组织的自身建设，又利于福建地方的民主政治建设和民主治理，有力推动了私营企业和私营企业主在海西建设中、在闽台经济合作中为党和人民的事业做出更大的贡献。

3. 通过政治参与，有利于拓宽政治参与渠道，加快政治参与制度化建设和政治体制改革的进程

由于私营企业主是我国改革开放政策和社会转型的产物，所以，私营企业主阶层的政治参与具有先天性制度化的缺失以及政治参与渠道狭窄的局限，因此，他们政治参与的制度化孔道是有限的。福建省同样如此。

随着福建私营经济的快速发展，私营企业主阶层崛起，他们的政治诉求十分迫切，而传统的和安排性的参与渠道满足不了他们的需求，于是，他们自发成立了各种行业协会或商会等民间组织，作为他们利益表达和利

---

① 张锦标：《关于进一步推动我省非公有制经济组织党建工作的思考和建议》，载福建省工商联《全面推进海峡西岸经济区建设 2011 年调研论文集》，第 32 页。福建省的“非公党建”的主体是私营企业。因此，通过福建“非公党建”可以看到福建私营企业党建的发展状态。

益聚合的平台。这些民间组织在既有的政治体制和权力结构还没有松动和实质性改变的情况下，为私营企业主阶层开辟了一条以组织化、团体化的方式参与政治决策的新渠道，将私营企业主群体的政治经济诉求集中反馈到福建省各级政府的决策中。福建省各级政府为了发展私营经济，十分重视私营企业主的政治诉求。二者之间围绕着相关的政策制定进行合作，逐渐成为一种准制度化的行为，从而促进了私营企业主阶层政治参与的制度化建设。同时，私营企业主在政治参与时也充当社会监督者的角色，这也有利于民主政治的建设。另外，为了规范福建私营企业主阶层政治参与，使其更具理性和有序，国家和福建省政府必然要对原有的政治体制进行改革，如政府职能逐步由领导干预型转变为社会服务型，从而从体制方面保障了福建私营企业主阶层的政治参与趋向于制度化、规范化和程序化。

4. 通过政治参与，有利于促进政府决策的科学化与民主化

“由于社会分工的日益发展、专业化的加强、信息日趋分散，使得包括政府在内的任何组织和个人都无法摆脱哈耶克所定义的人类存在的‘构造性无知’。政府的有限理性和信息局限使得政府在做出相关决策时容易出现制度供给和需求的错位想象，将导致极高的管制成本和服从成本以及社会资源的巨大浪费”[①]。福建私营企业主阶层重点关注的是私营经济领域的问题，他们在福建省私营经济领域的信息占有方面相对于福建省政府而言有着不可比拟的优势。私营企业主经过认真的调研和考察，通过个人或团体的提案议案或者个别接触等形式积极向政府建言献策，把有关私营经济的更广泛、更真实的信息反馈给地方各级政府，通过与政府进行良性的沟通互动以尽可能地减少政策的偏差，使政府制定的公共政策具有更强的针对性和可操作性，从而利于实现决策的科学化与民主化。更为重要的是，这种经过了私营企业主的参与而制定出来的政策和措施，使私营企业主增加了自觉遵守的责任感和义务感，从而使政府的决策更容易得到顺利的贯彻实施，增强了政府出台新政策的实效性，提高了政府的办事效率。另外，私营企业主在参与政府决策的同时，还可以通过其代表人士对政府的管理活动直接参与，对政府的行政行为加以监督和规范。这种民主监督促进了政府工作的廉洁、高效和民主运行，促进了福建省政府决策的公开

① 陈剩勇、魏仲庆：《民间商会与私营企业主阶层的政治参与——浙江温州民间商会的个案研究》，《浙江社会科学》2003 年第 5 期，第 24 页。

化、科学化与民主化的进程，推动了福建省地方治理和民主政治的发展。

5. 通过政治参与，有利于推进国家和地方的法制化进程

在我国社会主义政治制度环境下，私营经济具有的异质性特点使得私营经济从诞生那天开始就备受争议，私营经济发展之路充满坎坷。党和政府对私营经济的认识主要经历了“不表态”—“限制和利用”—“社会主义经济的必要补充”—“社会主义市场经济的重要组成部分”的过程，每一次的政策变化对私营经济发展的影响都十分重大，相应地，私营企业主的经济、政治和社会地位也出现变化，直到2001年江泽民的“七一”讲话，首次认可了私营企业主是中国特色社会主义事业的建设者，并且允许他们当中的优秀分子入党，基本上解决了私营企业主的政治地位问题。这时距离他们最初出现在人们视野中的时间已经近20年了。很明显，我国私营经济的发展表现出很强的政策路径依赖性，福建省同样如此。坎坷的发展历程、漫长的政治改革滋长了私营企业主的心理负担和思想顾虑，影响了私营经济的快速发展，他们迫切希望出台专门的具有稳定性、连续性和权威性的法律，以确保他们在社会上的法律地位和政治、经济地位，确保他们的生存与发展的权益。于是，私营企业主们寄希望于借助参政议政的平台，强烈呼吁和积极推动国家和地方政府出台保障私营经济发展、保护私营企业主权益的法律法规，如2004年十届全国人大二次会议通过的宪法修正案、2007年十届全国人大五次会议通过《中华人民共和国物权法》，都从法律的高度保护合法的私有财产不受侵犯。这些保护私营企业主私有财产的法律的出台，都为私营企业主阶层的合法权益提供了保障，赋予了私营企业主明确的政治地位，解除了他们的后顾之忧。在福建私营企业主的推动和参与下，福建省委、省政府、省人大等部门颁布的《关于加快我省非公有制经济发展的若干意见》、《福建省个体工商户和私营企业权益保护条例》、《关于营造优良环境提供优质服务支持民营企业加快发展的若干意见》、《福建省企业和企业经营管理者权益保护条例》等，直接为福建私营经济的发展、私营企业主的权益提供了重要的法律和政策保障。福建私营企业主的政治参与在客观上加快了国家和地方的法制化进程。

6. 通过政治参与，有利于维护我国的政治稳定

邓小平说：“中国的问题，压倒一切的是需要稳定。没有稳定的环境，

什么都搞不成，已经取得的成果也会失掉。”[①] 政治稳定是一个国家政治经济社会发展的必然要求和基本前提，更是我国社会主义现代化建设的基础。我国改革开放的深入发展必然会带来社会利益的重新整合和观念的碰撞，导致观念的冲突和不同社会群体之间的利益摩擦，都会引起社会的政治不稳定甚至是社会动荡。而政治参与是有效的平衡手段，也是解决社会上各种矛盾和冲突的根本途径。因为通过政治参与进行的利益诉求与利益表达，可以有效地缓和个人和地方、国家之间的矛盾，调整各类社会群体之间的关系，使公民增强对政治的信赖感，释放他们的政治需求压力，从而产生对政治的认同感，减少政治上的非理性行为，有益于社会群体的理性、有序的政治参与，有益于对我国政治的稳定、政权的稳定。

福建私营企业主阶层是福建省新的社会阶层中经济实力最强的群体，他们在政治、经济和社会领域提出了独特的利益诉求。福建省委、省政府在政治体系框架内为他们提供了一些制度化政治参与的渠道和途径，使他们拥有了越来越畅通的利益聚合和利益表达的利益代表机制和平台，从而激发了他们政治参与的热情，满足了他们参与政治的愿望与要求，增强了他们的社会责任感。他们注重大力发展私营经济，为拉动福建省地方经济增长做贡献；他们注重容纳更多的下岗人员就业，提高员工福利以缓解国家的就业压力，承担社会责任；他们注重参与各种公益慈善事业，消减其他社会群体的“仇富”心态，缓和与其他社会群体之间的矛盾，优化与其他社会群体的关系，提升自身的社会形象。与此同时，福建私营企业主也在为政府分忧解难，与政府之间建立了良性合作的关系。福建私营企业主阶层比较好地处理了与政府之间、与其他的社会群体之间的关系，有益于维护福建省地方政治的稳定。另外，通过政治参与实践的锤炼，福建私营企业主阶层的政治人格更加完善，政治素养更加深厚，政治参与经验更加丰富，政治参与行为更加成熟，从而造就了私营企业主拥有更加理性的政治头脑，对政治参与往往能持比较理智和冷静的态度，较少产生偏颇和过激行为，他们渴望社会稳定，不希望社会出现大的动荡，他们深知自身企业的命运与国家的命运息息相关，所以，他们的政治参与行为不容易偏离国家法律和政治规范的轨道。因此，他们的政治参与总体上是理性和有序的，日益成为维护福建省以及我国社会政治稳定的重要力量。

---

① 《邓小平文选》第3卷，人民出版社，1993，第284页。

（三）福建私营企业主阶层政治参与的文化意义

福建私营企业主阶层的政治参与，丰富和发展了马克思主义的政治理论，促进了我国参与型政治文化的建设，深化了闽商文化的内涵，培养了具有现代政治参与意识的公民。

1. 通过政治参与，有助于丰富和发展马克思主义的政治理论

福建私营企业主阶层的政治参与理论，有助于丰富和发展马克思主义政治理论。私营企业主阶层的政治参与问题，是经济文化不发达的国家实现社会主义后提出的新问题，因此，马克思、恩格斯的著作中没有这个概念。马克思、恩格斯讲到未来社会的发展问题时，提出了发达的社会主义社会是生产力高度发达的社会，是在生产力充分发展的资本主义制度基础上并推翻了资本主义制度后建立起来的。作为共产主义第一阶段的发达社会主义社会，已经彻底消灭了资本主义私有制度，而作为私营经济人格化代表的私营企业主当然也不会存在。所以，在马恩列斯经典著作中，没有关于社会主义制度下私营企业主政治参与的任何理论阐述。

现实中的社会主义社会都是在经济文化比较落后的国家建立的，这就决定了这些社会主义国家的发展及其面临的问题超出了马克思和恩格斯对未来社会的设想和马克思主义理论指导的范围。中国社会主义初级阶段的实践，使我们看到在社会生产力比较落后的情况下，还不能建立单一的生产资料公有制，在一个相当长的时间里，私营经济的存在和发展还具有一定的合理性和必然性，所以，还要允许私营经济在一定范围内的发展。私营企业主阶层顺应私营经济的发展应运而生，并伴随着私营经济的发展壮大成长为一个独立的社会阶层，他们在提高经济地位的同时必然要求参与政治，实现政治抱负。蓬勃发展的私营企业主阶层的政治参与实践必然要求相应的政治参与理论的指导。然而，在科学社会主义发展史上，关于社会主义条件下私营企业主阶层的政治参与问题是一个崭新的课题，有关私营企业主阶层和福建私营企业主阶层政治参与问题的理论研究还不充分。所以，加强对私营企业主阶层和福建私营企业主阶层政治参与问题的研究将有助于丰富和发展马克思主义的政治理论。

2. 通过政治参与，有助于促进参与型政治文化的建设

在参与型政治文化中，其社会成员关心政治，有较强的公民意识，

政治参与能力较强，他们对于国家政治制度和体制有认同感，相信自己的政治参与会带来一定的政治效能。参与型政治文化体现了一个国家民主政治发展的最高水平，是我国未来政治文化发展的方向。目前我国政治文化处于从依附型政治文化向参与型政治文化转变的过程中，整体政治文化的水平相对较低，政治文化的建设差强人意，社会成员对于政治参与的效能感较低，政治参与的技能也不高，群众性政治参与中非理性的政治参与行为时有发生。所以，我国总体的政治文化建设水平亟须进一步提高。

随着福建私营经济的发展，私营企业主队伍不断地壮大，目前已经呈现年轻化、精英化态势，他们的文化程度、业务素质以及专业技术水平都在不断地提高，他们在经济领域遵守市场经济公平竞争规则，努力发展企业，为地方经济的发展做贡献。在政治领域，他们对政治的关注度高，民主、公平观念强，主动参政的意识强烈，政治评价比较客观，政治态度比较理性，政治知识比较丰富，参政议政的能力及参政效能显著提升。他们拥护国家的经济、政治制度和体制，对于国家的制度有认同感，对社会有责任感。私营企业主阶层积极主动、理智冷静的政治参与可以破除权威崇拜、消极无为等依附型政治文化的消极影响，还可以消除非理性的、狂热的政治参与心理，为整个社会政治生活带来活力，带来正气，为其他社会阶层树立榜样，影响其他社会阶层趋向理性、有序地参与民主政治建设。是以，福建私营企业主阶层理性的政治参与，有助于培养其自身成为具有现代参与意识的公民，提高其政治参与的总体素质，进而从整体上促进提高我国公民的政治素质，促进民主公开、公正科学、法治秩序的社会主义参与型政治文化的建设。

3. 通过政治参与，有助于深化闽商文化的内涵

作为闽商的福建私营企业主阶层的气质性格、道德心理、思想观念、价值观念等都深受闽商文化的影响。重商实干、重学重义、爱国爱闽、开放包容、拼搏进取的闽商文化，以及善观时变、顺势有为，敢冒风险、爱拼会赢，合群团结、豪侠仗义，恋祖爱乡、回馈桑梓的闽商精神，都是闽商群体共同的价值追求。但是，传统闽商（主要指 20 世纪 60 年代以前出生的私营企业主）与新闽商（主要指 20 世纪 60 年代以后出生的私营企业主）还有所不同。表现在：第一，出身不同。传统闽商在经商前的身份排

在前三位的是农民、公有制职工和“下海”干部。农民人数最多，占三成多。新闽商在经商前的身份排在前三位的是专业技术人员、公职机关办事人员、普通工人和个体户；企业负责人和商贸服务人员；农民。农民仅占被调查数的7.5%。[①] 第二，文化程度不同。传统的闽商学历主要是中学学历，新闽商的文化程度都在大专学历以上，新闽商的文化素质水平明显高于传统闽商。第三，从事的行业有变化。传统闽商主要集中在商贸餐饮业，技术含量低。新闽商主要从事制造业以及新兴行业，技术含量高。因此，新闽商有一定的能量积极推动企业向现代企业制度转变，带动了全省私营企业制度改革的步伐。第四，新闽商政治参与热情更高。受闽商文化中重商思想的影响，传统闽商倾向于“在商言商”，不喜过问政治，即使在“重农轻商”思想严重的封建社会，福建人民仍然仰慕经商，传统的“官本位”思想对福建省的影响相对比较小。而新时期的新闽商文化水平高，政治思想素质高，视野开阔，政治思维比较成熟，深感要适应时代潮流，不仅要发展经济，还要参与政治，才能争取权益，提高自身地位，也才能更好地服务社会，担当社会责任，实现人生抱负。因此，新闽商的积极参政，深化了新时期闽商文化的内涵，为新时期闽商文化的发展增添了新的时代内容。

（四）福建私营企业主阶层政治参与的社会意义

福建私营企业主阶层的政治参与壮大了我国社会中间阶层的力量，推动了我国社会组织的发育和成熟，促进了我国社会各阶层之间的和谐相处，对于我国和谐社会的建设具有重要意义。

1. 通过政治参与，有助于壮大我国社会中间阶层的力量，优化社会结构

在中国改革开放和社会转型过程中，社会资源的配置方式与状态发生变化，社会成员之间的利益发生分化，致使原来的社会阶层结构解构，社会群体重新分化，中间阶层悄然崛起。中间阶层是处于社会上层与下层之间的社会群体，他们往往起着社会稳定的“安全阀”和社会矛盾的“缓冲器”的社会作用，因此，中间阶层是现代社会稳定的中间力量。古希腊哲学家亚里士多德曾说：“唯有以中产阶层为基础才能组成最好的政体。中

① 陈悦：《新一代福建私营企业主在“变脸” 学历明显提高》，中国新闻网，2003年11月19日，http://www.chinanews.com/n/2003-11-19/26/370658.html。

产阶层比其他任何阶级都较为稳定。他们既不像穷人那样希图他人的财物，他们的资产也不像富人那么多得足以引起穷人的觊觎。他们既不对别人抱有任何阴谋，也不会自相残害，他们过着无所忧惧的平安生活。”[①] 本文所说的中间阶层的概念如我国社会学家陆学艺所说的：“占有一定的专业资本以及职业声望资本，以从事脑力劳动为主，主要靠工资及薪金谋生，具有谋取一份较高收入、较好工作环境及条件的职业就业能力，对其劳动、工作对象拥有一定的支配权，有一定的社会影响力的社会地位分层群体。”[②] 从当前我国中间阶层的来源看，根据中国社科院社会学研究所“当代中国社会结构变迁研究”课题组的研究成果，按照职业中产、消费中产、主观中产和收入中产等几个标准，中国目前中间阶层的概况是：从职业标准上看，党政官员、企业管理人员、私营企业主、专业技术人员和办事人员构成了职业中产，他们所占的比例大约为15.9%。[③] 亚里士多德说过，中间阶层不发达是政治不稳定的根源，当中间阶层弱小无力并且组织很差时，国家就会分裂为穷人和富人。由于二者是天然的敌人，在政治上往往互相排斥，很难妥协，容易导致社会不稳定。如果一个社会的结构是“橄榄型”（也有称“菱形”），也就是说，富豪与权贵、穷人与弱者都是少数，而中产阶层或中间阶层占据主流，这样社会就会变得稳定、理性、建设和务实。这样的社会结构下，社会资源可以得到合理分配，阶层间的利害冲突减少，有利于社会稳定。当今中国社会发展的方向就是中间粗、两头尖的“橄榄型”结构，而“新中间阶层”正是“橄榄型”社会的中心部分。广大的私营企业主阶层是我国中间阶层的重要组成部分。私营企业主阶层通过政治参与满足了其政治诉求，促进了私营经济的发展，扩大了私营企业主阶层的队伍，调整了与社会其他群体的关系，带动了其他社会阶层走向共同富裕。私营企业主是我国改革开放和市场经济的受益者，他们对既得的物质利益和社会地位相当珍视，对现行的社会秩序和国家制度保持较高的认同感和支持感。他们的政治态度温和而理性，对现实社会拥有期待和信心，他们希望社会保持稳定的态势，应该说，他们是社会上最不希望出现动荡的阶层，他们是社会稳定的重要

① 亚里士多德：《政治学》，吴寿彭译，商务印书馆，1981，第20页。

② 陆学艺主编《当代中国社会流动》，社会科学文献出版社，2004，第270页。

③ 李春玲：《中国当代中产阶层的构成及比例》，《中国人口科学》2003年第6期。

力量，是中间阶层中稳步健康发展的阶层。福建私营企业主阶层与全国各省私营企业主一样，其政治参与推动了私营企业主群体的崛起和蓬勃发展，壮大了我国中间阶层力量，优化了我国的社会结构，促进了我国的社会建设。

2. 通过政治参与，有助于推动我国社会组织的发展，促进市民社会建设

福建私营企业主阶层强烈的政治参与愿望，促动了福建省社会组织的兴起。我国社会主义市场经济深入发展，促使经济体制转轨和政府职能发生转变，为民间社会组织的发展提供了较为广大的空间。福建私营经济的快速发展，使私营企业主群体逐渐成长为一个独立的有较高经济地位的社会阶层，他们表达政治、经济和社会利益诉求的愿望十分迫切和强烈，而制度化的政治参与渠道远远满足不了他们的需求，他们需要一种新的利益聚合和利益表达的组织或机制。1987 年福州就建立了中国第一个私营企业家协会，从 20 世纪 90 年代初期福建省民间开始涌现一大批私营企业协会和各种行业协会、商会等，它们是代表和反映私营企业主阶层利益和要求的社会团体和组织。事实上，这些组织的发展确实大大促进了该阶层的利益组织化程度，助推了私营企业主阶层通过这一新的利益代表机制和平台开始了广泛的政治参与。

福建省商会组织主要在对福建私营企业主政治参与素质的培养提高、私营企业主群体政治利益的表达以及对私营企业权益的维护和宣传、表彰私营企业或私营企业主进而提高其社会地位等方面发挥重要作用。

福建私营企业主通过商会组织的团体参与，畅通和拓宽了政治参与渠道及其制度化建设，提高了政治参与的发展层次，增加了政治参与效度，推进了政治参与的有序性和理性化的态势。但是民间商会组织还存在一些不足之处，也制约了其政治参与职能的进一步发挥，影响了私营企业主政治参与的良性发展。因此，私营企业主阶层对福建省社会组织的发展提出了更高的要求，如希望商会组织的法律体系健全，要求福建省各级政府加大对商会组织工作的支持力度，希望福建省各级政府拓宽社会组织政治参与渠道，要求商会组织自身健全民主治理结构，解决经费和人才问题，等等。这些都在客观上推动了福建省社会组织的改革、发展与完善，从而有利于福建省市民社会的建设，有利于社会主义社会建设目标的实现。

3. 通过政治参与，有助于促进我国社会主义和谐社会建设

中共十六届四中全会指出："社会和谐是中国特色社会主义的本质属性。"作为一种社会发展目标，社会主义和谐社会是一种和睦、融洽并且各阶层齐心协力的社会状态。实现社会阶层之间的和谐是构建社会主义和谐社会的重要任务之一。福建私营企业主阶层的政治参与，促进了社会各阶层之间的和谐共处，为社会主义和谐社会的建设做出了重要贡献。主要表现在：

第一，福建私营企业主阶层十分关注社会就业问题。他们通过政治参与促进了私营经济的发展，在扩大自己企业规模的同时，福建省私营企业为全省85%以上的城镇就业人员提供就业机会，增加他们的经济收入，提高他们的福利待遇，在客观上缩小了贫富差距，减少了社会上对私营企业主的"仇富"心理，有利于各阶层之间和谐相处，促进社会稳定。

第二，福建私营企业主积极参加光彩事业等各类社会公益事业，树立了良好的社会形象，得到其他社会阶层的认同，一定程度上消减了贫困者的"仇富心理"，有利于缓和社会矛盾。据不完全统计，2000年至2011年6月，福建省参与公益事业的私营企业主已达8.6万人次左右，为公益慈善事业捐款约56亿元。[①] 在2011年福布斯慈善榜上，福建私营企业主2010年捐款14.1亿元，居全国第二，凸显了福建私营企业主的公益集群效应，也涌现出了一大批在全国负有盛名的光彩事业积极分子和社会公益事业慈善家，得到了社会的肯定和人们的赞扬。[②]

第三，在参政议政过程中，福建私营企业主除了维护自身的利益外，更多的是承担起社会责任和社会义务，致力于为更广泛的社会利益说话。如福建省政协中绝大部分的私营企业主政协委员是普通农民出身，当他们有一定的发言权时，就自动地为农民的利益说话，关注农民的利益。他们十分关注其他群体的民生问题，积极努力地为他们代言，表现出较强的使命感和责任意识。

---

① 曹宛红、董静怡：《关于工商联及其商会组织在社会管理创新中的作用的调查报告》，载福建省工商联《全面推进海峡西岸经济区建设2011年调研论文集》，第12～13页。

② 《福建企业家捐款额全国第二　闽商公益集群效应凸显》，《中华工商时报》2011年8月23日。

第四，有的私营企业主参与基层自治，通过当选基层干部带动乡邻成员共同致富，减少了不同阶层之间的矛盾和摩擦，有利于社会的和谐与稳定。

第五，私营企业主阶层在参政议政过程中不断地提高自身的政治素养和道德品质，纠正社会上一些不良风气，如缺乏诚信、唯利是图、拜金主义等思想，为塑造良好的社会风气和文明的社会环境发挥积极作用。

二　消极影响

任何事物都有对立统一的两个方面。福建私营企业主阶层政治参与的社会影响从主体和主要方面来看，是积极的、健康的，但是我们也应该看到事情的另一个方面，福建私营企业主中的个别人通过非法参与和其他方式参政的过程中出现的一些问题必然也会产生一定的消极社会影响，这些也是我们当前必须要加以重视的。

（一）小部分福建私营企业主的政治冷漠现象会造成负面影响

小部分福建私营企业主中存在的消极政治冷漠现象尽管不是主流，但是它的负面影响却不容忽视。政治冷漠表明了小部分福建私营企业主另一面的政治态度，这种态度在特定意义上将不利于政府对实际情况的掌握，容易出现决策的专断。而且它是私营企业主对政府失去信心为产生前提的，在一定条件下有可能发展为政治不服从，甚至导致政治反抗。另一方面，由于政治和经济的紧密联系，私营企业主无法真正远离政治生活，他们和政治交往方式的隐蔽性当中可能就会存在一些灰色的交易，这种交易容易腐蚀政治的廉洁性和公正性，对市场经济的大环境构成伤害。因此，部分福建私营企业主政治冷漠的负面影响是不能不予以注意的。

（二）个别福建私营企业主的非法参与会导致诸多负面社会效应

1. 损害党和政府形象

个别私营企业主恶性介入地方政治以及私营企业主向官员行贿、官商勾结，使本来应为中国最广大人民群众谋福利的党和政府官员却异化为单为私营经济服务的工具，甚至出现“黑金政治”的危险，导致干部群众关系紧张。个别私营企业主的非法政治参与不仅将破坏我国正常的政治秩序，影响社会公正和程序正义，同时也会降低私营企业主的社会地位，严重损害党和政府在人们心目中的社会形象和威信。

2. 阻碍民主政治发展

作为一种政治腐败现象，贿选被称为“民主肌体上的毒瘤”，[①] 私营企业主的贿选危害甚大。首先，个别福建私营企业主的贿选行为违反了选举法所设定的规范和程序，显然是对国家治理法治化的一种严重背离，放任其发展，将挑战国家法制秩序，依法治国、国家治理法治化将难以得到实现。其次，个别福建私营企业主凭借经济实力搞贿选毁坏了现代民主政治建设所需要的公平、公正的民主意识，扭曲人们的政治参与意识，助长人们形成一种以钱换权进而以权换钱的政治参与意识；误导了广大公民对国家制度、法律威信的认识，妨碍人们遵纪守法意识的形成和巩固，毒化了社会风气。最后，挫伤广大公民政治参与的激情和热情，致使其对本来神圣的选举参政行为失去信心，甚至会降低我国公民对政府部门的信任度，怀疑基层政权的合法性，削弱对政治参与的效能感，产生信任危机及政治冷漠，从而会阻碍我国社会主义民主与法治的发展进程。更为严重的是，如果任其发展下去，贿选还可能会引起社会动乱，还可能使社会黑恶势力操纵选举并进而控制国家政权，导致国家黑金政治化，危及国家政权稳定。此外，贿选促使腐败加速，贿选者在贿选得手后，将可能加速运用公权谋取私利的步伐以补偿实施贿选所作的投入，这种恶性循环将进一步促使腐败恶化、泛化，最终危及政局稳定。[②]

3. 影响社会稳定

福建个别私营企业主非法参与行为的指向对象，是社会整体的公共利益和社会规范，他们在做出非法参与行为时有主观上的故意，即为了一己私利故意破坏社会政治规则，比如个别私营企业主与个别政府官员之间的权钱交易行为，直接导致了政府的政策倾向于私营企业主的个别利益，这

---

① 盛明富：《贿选：民主进程的毒瘤》，《工人日报》2001 年 8 月 2 日，第 3 版。

② 参考周师《论我国私营企业主非制度性政治参与及其防范》，硕士学位论文，湖南师范大学，2007，第 25 页。

种行为的结果，将是为个别私营企业主谋取特权而损害甚至危及社会上其他阶层人士的利益，还将损害我国长期以来形成的政治平衡。从本书第五章的典型案例来看，福建个别私营企业主凭借着自己经济上的强势地位，通过非法政治参与，实现官商勾结形成“强势联盟”，从而构成对经济上相对弱势人群如农民工、打工者等群体的政治权利的褫夺，既败坏官风民风，又激化了私营企业主与其他阶层的利益矛盾，引发社会政治的局部动荡，影响社会稳定。

4. 助长官员腐败

私营企业作为一个营利性组织，在市场经济运行中的一切行为的最终目的是以最小的投入获得最大的利润。所以，在利润最大化这个经济动力驱使下，任何一个私营企业都存在一种可能即不择手段获得最大的利润。再加上，我国目前也存在着政治参与体制和监督机制的不健全、政治参与渠道不畅通等漏洞，个别政府官员经受不住金钱和美色的诱惑，被拉下水铤而走险，甘当不良私营企业主的权力“保护伞”，使政府公共权力为私营企业主所用。近年来，我国发生的腐败案件大部分都是发生在私营企业与政府部门之间，私营企业主贿赂收买官员而引致的违纪违法等腐败案件比较普遍，并呈现“一高二大”的趋势，即受贿的党政官员级别越来越高，受贿的金额数量越来越大，负面影响极大。福建省赖昌星案以及陈凯案就是典型。所谓腐败，按照国际货币基金组织的定义，即“腐败是滥用公共权力以谋取私人的利益”[①]。个别私营企业主通过拉拢收买、贿赂官员等形式所进行的非法政治参与是政府官员腐败的一个直接引线，它助长了官员权力寻租。如果不加以有效控制，会加剧腐败的蔓延，造成极其不良的后果。这种现象应当引起福建地方党委和政府的高度重视，通过规范健全政治体制，强化必要的监督机制从根本上解决这个问题。

5. 破坏企业间公平竞争

在社会主义市场经济体制下，无论是公有制经济企业，还是非公有制经济企业，都应该是遵循平等竞争原则的市场主体，不允许任何企业通过平等竞争之外的各种方式获取特许经营权、资源配置权以及其他特

---

① 胡鞍钢主编《中国：挑战腐败》，浙江人民出版社，2001，第2页。

殊权力。但是，在现实的政治经济生活中，个别福建私营企业主通过拉拢收买党政官员等非法手段左右公共权力，使公权异变为为私营企业谋福利的“私权”，为其企业或在融资贷款、或在项目招投标、或在工商税务执法等各方面取得优惠，获得比其他企业更多的经济利益，在市场经济竞争中轻易取得优势地位。这种权钱交易的非法行为私化了政府领导的行政特权，破坏了企业间公平的市场竞争原则，扰乱了市场秩序，危及国民经济的健康持续发展，而且也腐蚀了干部队伍，败坏了社会风气，造成极其恶劣的社会影响，甚至萌发群体性对抗事件，动摇社会稳定根基。

6. 恶化社会风气

私营企业主作为社会上经济实力最强的中间阶层，对社会生活的影响力很大。其经济行为不仅影响人们的经济生活，还影响人们的政治生活，甚至影响人们的人生观、世界观、价值观的判断。特别突出的是，私营企业主通过自身的企业文化、企业品牌、企业发展的态势以及参政议政和个人的生活方式会直接影响人们的价值取向。私营企业主的创业观、人才观、财富观、群体观、文化观、道德观等价值观念已经不仅仅是个人的价值观，而是已经成为这个阶层具有代表性的价值观。这种价值观也不仅仅只是个人的观念，它会随时随地地通过他们的产品和品牌、他们的行为而潜移默化地影响着这个时代人们的价值观。①

福建私营企业主阶层总体上生活勤俭、务实，为人低调，爱国守法，有正确的人生观、价值观和政治观，有良好的社会责任感，是中国特色社会主义事业合格的建设者，为我国的社会主义现代化建设做出了重要贡献，大多数能够得到社会其他阶层的普遍认同。但是，也有极少部分的私营企业主，生活挥霍、道德败坏、缺乏诚信、违法经营、偷税漏税、过度盘剥员工、拉拢腐蚀和贿赂政府官员等，其享乐主义的人生观、消费观，唯利是图的道德观和价值观，以及为一己之私而不择手段的法律观和政治观等造成了极为恶劣的社会影响，恶化了社会风气，破坏了正常的社会经济政治生活秩序。

在福建私营企业主阶层的政治参与中还存在着极个别人过度参政的现

① 参考吴永辉《我国社会主义市场经济条件下私营企业主价值观研究》，硕士学位论文，陕西师范大学，2005，第5~6页。

象，以及福建省个别地方政府对私营企业主阶层扶持和政策倾斜形成鲜明对比的另一面，即对劳工阶层利益的忽视等问题，这些都是我们必须要予以重视并着手解决的问题。

综上所述，福建私营企业主阶层的政治参与，其积极意义是主流，占主导地位。但是，确实存在一定的负面影响。只要我们规范健全政治参与体制和营造一个良好的政治参与环境与氛围，积极正确引导福建私营企业主阶层参与政治，就一定会把这些消极影响降到最低限度。

第八章　扩大福建私营企业主阶层有序政治参与的对策与建议

从本书前面的阐述中我们可以看到，福建私营企业主阶层的政治参与已有相当程度的发展，对福建省以及我国的经济、政治、文化和社会事业产生了积极的影响。但是，目前福建私营企业主阶层的政治参与尚处于初级发展阶段，还很不成熟，还存在一些问题，特别是个别私营企业主的非法参与对社会造成了一些负面效应。基于这种状况，我们应该正确对待私营企业主阶层的政治参与。

2000 年党的十五届五中全会通过的《中共中央关于制定国民经济和社会发展第十个五年计划的建议》明确提出了“扩大公民有序的政治参与，引导人民群众依法管理自己的事情”。2002 年江泽民在党的十六大报告中进一步强调：“健全民主制度，丰富民主形式，扩大公民有序的政治参与，保证人民依法实行民主选举、民主决策、民主管理和民主监督。”2004 年党的十六届四中全会通过的《中共中央关于加强党的执政能力建设的决定》再次强调了这一问题。2007 年胡锦涛在党的十七大报告中强调“坚持国家一切权力属于人民，从各个层次、各个领域扩大公民有序的政治参与”。可见“扩大公民有序的政治参与”已经成为推进我国公民政治参与的基本目标，也是解决我国公民政治参与问题的一条重要指针，更是中国共产党加强民主政治建设的重要举措。无疑的，这一原则同样适用于指导私营企业主阶层的政治参与，也适用于指导福建省私营企业主阶层的政治参与。基于此，笔者认为，对于福建私营企业主阶层的政治参与要坚持两条原则，第一，要不断地扩大其政治参与，这里的扩大，是指在完善现有的政治参与方式的基础上，要不断探索出福建私营企业主阶层新的政治参与途径和政治参与形式，既要扩大政治参与的客体，也要增加政治参与的主体。第二，要在扩大的同时还必须实现其政治参与的有序化即福建私营企业主阶层政治参与的增长速度与规模和福建社会发展、国家社会发展的程度要相一致，其底线是不能对现行的政治秩序造成太大的冲击，保持一个合理的“度”。也就是说，福建私营企业主阶层的政治参与要遵循一定的规则，在一定的法律制度范围内，有领导、有步骤、有组织地依法进行。在这里，“扩大”与“有序”是不可分割的关系。“扩大”是一种逐步扩大、稳步扩大，不能急于求成，这就要求“有序”作保证；而“有序”则有利于“扩大”。我国是社会主义民主政治国家，我们在探索扩大福建私营企业主阶层有序政治参与的路径时，要特别注重中国特色社会主义政治方向的理解与把握，要特别注重坚持中国特色社会主义的民主政治原则。

扩大福建私营企业主阶层有序的政治参与是一个巨大的社会系统工程，需要全社会的经济、政治、文化和社会发展的合力推动，需要国家、地方政府和私营企业主三方面的共同努力。本文主要从中观和微观的角度提出一些具体的建议和对策，希望能起到切实的作用。

一　继续出台扶持私营经济发展的经济政策

（一）出台扶持中小私营企业发展的经济政策

从1998年到2012年，福建省委、省政府、省人大等部门已经出台了13件扶持私营经济发展的政策和措施，为福建私营企业的发展创造了良好的经济环境，大大促进了福建私营经济的健康发展，激发了福建私营企业主阶层政治参与的热情，增强了他们服务海西建设的社会责任感、义务感和自豪感。但是，在当前国际金融危机、全球经济不景气的背景下，尽管国家给福建省的海西建设提供了许多有利条件，福建省政府也出台许多应对措施，但福建中小私营企业的发展仍然面临着巨大的生存压力和竞争压力，私营企业主不得不将大量的时间与精力放在企业的管理与发展上，根本无暇顾及政治参与。只有个别已经做大做强、稳定发展的私营企业的企业主才会挪出一些时间和精力参与政治。但这类大企业的企业主在福建私营企业主中所占比例很低，他们参与政治、表达诉求还不能够完全代表中小私营企业主的利益。所以，福建省委、省政府要多出台扶持中小私营企业发展的经济政策和措施，为中小私营企业排忧解难，促进其经营规模的扩大和管理制度的更新，从而使中小私营企业主能有更多的时间和精力投入到政治参与中来，提出自己的政治经济诉求，为广大的中小私营企业主阶层的利益代言，进而维护中小私营企业的利益，促进中小私营企业的发展。这样，一方面可以有利于促进福建省各种规模私营企业的健康发展，形成比较均衡的发展态势；另一方面，可以扩大私营企业主阶层民主参与的主体范围，增加其利益代表的广泛性，从总体上提高福建私营企业主阶层政治参与的广度。

（二）解决福建私营经济的国民待遇问题

福建私营经济在福建省地方经济中的地位举足轻重，贡献巨大。但是，在经济生活中，地方政府仍然存在着对私营企业的待遇与对国有企业、外资企业的待遇不对等或不平等的问题，一定程度上影响了私营企业主发展企业的积极性，客观上减缓了私营企业的发展步伐，当然也影响了私营企业主参政议政的热情。所以，建议福建省各级政府及其相关部门，要消除对私营企业的所有制歧视，使私营经济同公有制经济、外资经济及其他经济形式享受同等的“国民待遇”，进而改善私营经济的生存和经营环境。福建省政府要着眼于改善投资环境，进一步拓宽私营企业的融资渠道，支持和扶持私营企业进行技术改造和管理创新，对私营企业的人才建设提供培训等服务；要鼓励私营企业参与国有企业改革，鼓励大中专毕业生到私营企业就业，提高私营企业人才的政治待遇；要打破垄断，放宽市场准入，使私营企业享有同其他经济形式的企业同等的投资机会；要改革审批限制，使私营企业获得与其他企业相同的政府行政服务；等等。这样，可以极大地激发私营企业主做大做强企业的积极性，促使福建私营企业上规模、上档次，实现规模经营，提升规模效益。私营企业的发展壮大客观上可以增加私营企业主参政议政的资本和条件，增强他们政治参与的意识，推动他们政治参与实践的拓展，从而可以提高私营企业主阶层参政议政的水平。

二　积极推进政治体制改革，改善政治环境

胡锦涛在党的十七大报告中明确指出，“政治体制改革作为我国全面改革的重要组成部分，必须随着经济社会发展而不断深化，与人民政治参

与积极性不断提高相适应。”[①]我国政治体制本身存在着诸如“官僚主义现象，权力过分集中的现象，家长制现象，干部领导职务终身制现象和形形色色的特权现象”[②] 等弊端。经过多年的改革发展，我国政治体制改革已经取得了重大的成果，上述弊端得到了较好的解决，但是一个适应社会主义市场经济发展要求的，以经济调节、市场监管、社会管理和公共服务为主要职能的政府模式还未完全确立，仍需要继续加大政治体制改革的力度，改善包括私营企业主阶层在内的社会各阶层的政治参与环境。福建省政府也面临同样艰巨的任务。为改善福建私营企业主阶层政治参与的政治环境，建设廉洁、高效和务实的政府，需要在以下几个方面做出努力。

（一）转变政府工作职能，由管理型政府向服务型政府转变

在社会主义市场经济条件下，福建省政府要加快政府职能的转变，要减少对市场的过度和不当干预，将部分管理职能交给行业协会、商会和其他社会中介组织，降低行政权力对社会经济的过大影响，通过调整政府职能从源头上减少和消除私营企业主非法参与的动因。福建省政府要增强对私营企业的服务意识，提高对众多中小私营企业的服务质量，树立平等的服务观念，对私营企业实施与国有企业平等的经营和投资审批许可制度。在服务内容上，福建省政府要为私营经济提供政策、技术、法律及市场信息和咨询服务，提供人员培训，对私营企业在生产和生活中遇到的种种困难和问题，各级政府部门应积极采取必要的措施，尽可能帮助它们解决实际问题。

（二）规范政府管理行为，提高依法行政水平

政府应规范自身行为，提高依法行政的水平。一是福建省政府各级主管部门要对私营企业的收费实行公开化，增加透明度。各级主管部门要清理和公布收费项目，取消违反国家规定的各部门自设的收费项目，把各种收费纳入财政预算，实行统一管理。二是要规范对私营企业的税费征收管理，落实“收费明白卡”制度，法定的收费要规范化和公开化，杜绝向私

---

① 胡锦涛：《高举中国特色社会主义伟大旗帜　为夺取全面建设小康社会新胜利而奋斗》（单行本），人民出版社，2007，第28页。

② 《邓小平文选》第2卷，人民出版社，1994，第327页。

营企业乱收费、乱罚款、乱摊派等不合法收费行为，使私营企业主承担的各项费用合理化。三是要完善执法责任制，建立公开的法律约束体系。要把各级政府及其执法部门是否依法行政置于公开的法律监督之下，对于侵犯私营企业合法权益的违法违纪的典型案件要予以曝光。四是要采取有效措施，把支持和鼓励私营经济的有关法规和政策真正落到实处。各级政府部门要在依法加强对私营经济管理和监督的同时，强化对私营投资权益的维护，与司法部门共同打击侵害私营企业合法权益的犯罪行为，为私营经济健康有序地发展保驾护航。[①]

（三）加强党风廉政建设，提高政府工作人员的素质和水平

私营企业主之所以能够从事非法政治参与，进行政商勾结，获得超额经济利润，与拥有资源的某些政府工作人员队伍素质不高、存在不正之风有着直接的关系。为了预防和惩治政商勾结、官员腐败，保障社会主义市场经济的健康发展，应该从以下方面着手。

1. 明确工作职责，不直接参与私营企业的经营活动

福建省政府及其各级党政官员、工作人员应明确自己的工作职责，不能直接参与私营企业的经营活动，而是致力于为私营企业的发展创造良好的经营环境。

政府部门要特别注意加强对党政干部特别是领导干部的监督和管理，杜绝政府官员兼任企业职务的行为，消除不正当的政商关系。在法律和政策上，我国已经出台了《中国共产党纪律处分条例》、《中共中央纪委、监察部关于领导干部利用职权违反规定干预和插手建设工程招标投标、经营性土地使用权出让、房地产开发与经营等市场经济活动，为个人和亲友谋取私利的处理规定》、《关于党政领导干部辞职从事经营活动有关问题的意见》等，起到了一定的预防和惩治作用。福建省各级政府可以根据本地的具体情况因地制宜，出台具体的政策和条例，规范本地党政干部的兼职工作，为私营企业的良性发展创造平等的单纯的经营环境。

2. 重视加强党风廉政建设

除了在政策、法规方面规范政府官员行为职责外，平时重视加强党

---

① 秦颖：《公共选择理论与私营企业主阶层政治参与研究》，硕士学位论文，武汉科技大学，2007，第 35 页。

风廉政建设，提高政府工作人员的思想政治素质，增强拒腐防变能力，应该成为常抓不懈的工作。如要加强对党政干部的“世界观”、“人生观”、“价值观”三观教育、马克思主义政治观教育、共产主义理想信念教育、党风党纪教育；加强并完善对党政干部的权力监督和制约机制；完善并严格执行民主集中制的各项制度规定，建立健全集体领导和个人分工负责相结合的具体制度和方法；要健全和完善公民对党政干部的检举制度、建议制度；等等。通过加强政府工作人员日常的党风廉政建设，一定程度上可以端正党风、政风，有利于在全社会形成健康的政治风气，遏制和减少个别官员腐败行为，限制权钱交易、官商勾结，与此相联系的私营企业主的非法政治参与也就没有了生存的空间；另一方面，通过加强党风廉政建设，也为私营企业的长远发展创造了良好的政治和社会环境。

3. 加强行政执法队伍建设

行政执法队伍代表福建省各级部门直接与私营企业主进行接触，行政执法队伍是否科学执法、民主执法、依法执法，关系到党和政府的形象、政府与私营企业主的关系，以及政府公权与私营企业主私权的关系和政府工作的成效。在调研中，我们看到，福建私营企业主对于个别行政执法人员吃企业、挖企业、压企业等“吃”、“拿”、“卡”、“要”的行为，和以公权侵害私权的腐败作风深恶痛绝又无可奈何，心中存在很多不满情绪。但是为了企业的顺利经营，无奈之下只得私下请客送礼，希冀这些执法人员手下留情、放他一马。这样的执法人员严重损害了党和政府的形象，也恶化了政府和私营企业主之间的关系，对社会风气造成了极其不良的影响。因此，福建省各级政府必须要加强行政执法队伍的建设，如要严格按标准录用人才，严格对行政执法人员的工作进行职务考核，要定期对其进行职业岗位轮训等。同时，加强社会、大众传媒等对行政执法人员的监督，及时、坚决地将一些不合格人员清理出执法监管队伍，以纯洁行政执法人员队伍，进而不断地提高行政执法人员整体的法律政策水平、职业技能素养和职业道德水平。通过建设行政执法人员的队伍，可以给私营企业主营造一个安全放心地干事业的发展环境，从而纯化私营企业主的政治参与动机，引导其走制度化政治参与的正轨，使私营企业主政治参与的正面功效得到应有的发挥。

三　畅通和拓宽政治参与渠道，加强政治参与制度建设

（一）畅通和改善福建私营企业主阶层政治参与的现有渠道，激活现有的政治参与形式

目前，福建省私营企业主阶层政治参与的渠道主要包括：参选各级人大代表和政协委员，申请加入党派组织，参加商会组织，参与光彩事业，政治接触，参与农村基层自治等。由于制度化参与形式的容量有限，能如愿以偿的终为少数，这也是现阶段之所以会出现福建私营企业主们争当人大代表、政协委员现象的原因，因此，必须畅通和改善他们现有的政治参与渠道，最大限度地发挥现有政治参与渠道的作用。建议福建省各级党委、政府要根据本地私营经济的发展程度和水平，适当增加私营经济代表人士在各级人大、政协和其他人民团体中的比例，特别是要争取推荐具有代表性的异地闽商代表人士担任各级政协委员，给在外闽商创造更好地为家乡经济建设建言献策的条件和环境。增加私营企业主在福建省各级商会组织中担任领导职务的比例。中共党组织、各民主党派可适当增加吸收具备入党条件的私营企业主的数量。要重视协调大私营企业主和中小私营企业主之间的利益矛盾，在政治参与体制的具体设计中，充分考虑到中小私营企业主的参政要求，如可以适当推荐和鼓励中小私营企业主参与其企业所在城市或农村的基层干部选举，重视吸收并适当增加中小私营企业主参选各级政协委员和人大代表的名额等，以拓宽中小私营企业主政治参与的渠道，充分调动他们参与国家政事的积极性和主动性，从而完善中小私营企业主的利益代表机制，使拥有不同规模企业的私营企业主都有较为充分的利益表达的平台和通道，满足他们日益增长的政治参与需求。

（二）拓宽和开辟福建私营企业主阶层政治参与的其他渠道，创新其他政治参与形式，促使其制度化

当前的福建私营企业主阶层政治参与的渠道比较狭窄，满足不了其参政的需求，因此，应该在新的时期拓宽和创新其他的政治参与形式。

1. 在我国政治实践中形成的一些新的政治参与形式，只要是合理的就应该尊重并将其纳入制度性范围

如我国社会上出现的诸如选举、社会协商、公共决策的旁听和听证、

重大决策的专家论证、公民陪审、公益诉讼、电子政务与网络参政（包括网上调查、网上征求建议和议案、电子信箱）、民主评议政府与公民决策监督、来访接待日、舆论参与、现场办公会、各级党政主要负责人电话热线等参政形式，都可以使其制度化，以拓宽福建私营企业主政治参与的制度渠道。

2. 福建省各级政府还要根据社会发展的实际需要，不断创设一些新的私营企业主政治参与渠道

例如，建立企业家论坛、网络参与、媒体参与等，甚至还可以大胆借鉴西方发达国家有益的公民参与形式，并积极探索新的符合中国实际的福建私营企业主的政治参与机制。总之，私营企业主制度化政治参与的渠道越多，路径越广，运行越畅通，其政治参与的效度就越高，社会的政治关系就越稳定。

（三）规范和健全福建私营企业主阶层政治参与的机制和制度建设

扩大福建私营企业主阶层有序政治参与的基本保障就是国家和地方政府的机制和制度供给。福建私营企业主阶层政治参与的机制和制度建设应该常抓不懈、与时俱进。

1. 加强对现有政治参与制度的研究与改革

福建省各级政府要加强对人民代表大会制度、政治协商制度、基层群众自治制度、信访制度、社团制度、社会监督制度、政务公开制度等政治参与制度的研究和改革，要规范这些已有的参政制度的各种具体规则，简化和优化政治参与程序，增强这些政治参与制度的可操作性，并能以法律的形式固定下来，使其做到有法可依，实现政治参与的制度化、简易化、程序化，从而减少制度性参政的成本。特别指出的是，福建省各级政府要真正落实和进一步完善选举制度，消除个别福建私营企业主贿选的制度弊端；要特别注意健全权力监督机制，消除个别福建私营企业主拉拢收买党政官员的机制弊病。

2. 探索新的政治参与的制度和机制

福建省各级政府要重视推行领导干部接待群众制度，要健全信访工作责任制，要健全社会舆情汇集和分析机制，要完善矛盾纠纷排查调处工作制度，要建立党和政府主导的维护群众权益机制，等等，这些政治参与的

具体机制和制度，是福建私营企业主阶层政治参与赖以遵循的规则，有了科学合理的政治参与制度与机制，福建私营企业主阶层的政治参与才能在一定的轨道上正常有序地运转，也才能最大效用地保障福建私营企业主阶层政治参与的公平和正义。

此外，建议福建省各级政府等相关部门尽快制定福建私营企业主进出福建省各级人大、政协的机制，以此考核私营企业主中各级人大代表和政协委员的资格，考察私营企业主代表、委员的履职表现，通过外部机制来激发私营企业主参政议政队伍的活力。

通过提高福建私营企业主阶层政治参与的制度化程度，鼓励并不断扩大私营企业主阶层有序的政治参与，就可以逐步减少乃至消弭私营企业主的非制度性政治参与和非法政治参与活动。

四　加快推进政治参与的法治化进程

福建私营企业主阶层政治参与的法治化，是指在尊重宪法和法律赋予私营企业主的政治权利和自由的前提下，建立必要的法律制度，使私营企业主的政治参与行为和政府对私营企业主的管理都依据法治原则，按照法律规定的方式和程序进行，实现私营企业主阶层政治参与的制度化和程序化。正如邓小平所指出的：“为了保障人民民主，必须加强法制，必须使民主制度化、法律化，使这种制度和法律不因领导人的改变而改变，不因领导人的看法和注意力的改变而改变。”① 实现私营企业主阶层政治参与的法治化，一方面可以通过法律的形式保障私营企业主平等的政治参与权利的实现；另一方面，可以用法律规范私营企业主的政治参与行为，减少和预防其非法政治参与，促进其政治参与的有序性，充分发挥其政治参与的正面效应。为此，需要做到以下几点。

（一）加快福建私营企业主阶层政治参与的法制化工作

国家和福建省地方政府都应抓紧落实有关政治参与的立法和其他有利于公民政治参与的立法。如国家可以出台新闻法、出版法、社团法、政府信息公开法、舆论监督法、人大监督法、公民参政法（包括私营企业主参

---

① 《邓小平文选》第2卷，人民出版社，1994，第146页。

政条例等)、公民举报法、信访法、申诉法等。福建省可以根据本省的发展特点尽快出台适合福建省地方省情的《福建省行业协会条例》或《福建省商会条例》等法规，建立保障福建省商会组织（包括行业协会）健康有序发展的法律制度和管理体制。可以制定《福建省私营企业主政治参与条例》等，从法律上明确规定私营企业主政治参与的内容、途径、具体程序等。同时，还要注意法律法规的全面和细化，既要规定作为，即私营企业主应如何进行政治参与；又要规定不作为，即私营企业主的哪些政治参与是违法的，是被禁止的，一旦违反，应当如何处置等。这样做，一方面可以确保私营企业主的政治参与行为有法可依，另一方面让政府执法部门可以依法行政。

（二）加大制裁和惩罚福建私营企业主阶层非法政治参与的力度

福建省个别私营企业主的权钱交易、官商勾结、贿赂选举等非法政治参与行为给福建省地方政治造成了十分恶劣的社会影响，因此，必须加大执法力度，严惩非法政治参与，约束非理性政治参与行为。对于非法政治参与，一定要查清责任，如果是政府官员的责任，就应坚决依据条例和法律对其进行严厉清查和处理。如果是私营企业主的责任，也不应顾虑其在经济上对地方的贡献，必须要严惩不贷。只有这样，才能增加私营企业主和政府官员的违法成本，有利于减少和肃清非法政治参与，建设福建省各级廉洁政府，最终为私营企业主阶层提供安宁的政治参与环境。

（三）完善对福建私营企业主阶层政治参与的监督机制

要想真正肃清福建个别私营企业主的非法政治参与，还必须建立他律的监督机制，即要通过私营企业主的自我监督机构，福建省立法、行政和司法部门全方位监督，以及包括公民监督、媒体监督在内的社会监督等三类监督机制互相配合，互为补充，做好监督工作，切实起到作用，就会使政治参与的结果真正体现民意，就可以促进私营企业主阶层政治参与的良性健康发展。

五　重视优化政治参与的文化环境

福建省地方社会良好的政治文化环境是私营企业主阶层政治参与健康

有序发展的客观外在条件。中国的主导政治文化以及福建省的朱子文化、红色文化、闽商文化的精髓已经为福建私营企业主阶层的政治参与提供了十分重要的政治文化背景。但是，从目前福建私营企业主阶层政治参与的现状看，他们的思想中还有传统依附型的政治文化的烙印，表现为他们还存在依附型和冷漠型的政治参与意识，他们的政治参与还比较被动，对政治能动力缺乏必要的认知，对政治参与的输出目标缺乏必要的了解。所以，当前的主要任务是尽快从传统依附型的政治文化向现代参与型的政治文化转变。福建省各级地方政府要积极营造中国特色社会主义参与型主导政治文化，为此，需要在以下方面做出努力。

1. 加强福建私营企业主现代政治参与意识的培养，促使其形成独立政治人格

福建省政府各级相关部门要重视培养私营企业主的公民意识、民主意识、自主意识、平等意识、参与意识、法制意识等现代政治意识，抛弃附庸意识、臣属意识、恩赐意识、依附心理，增强主体意识，激发权利意识，强化参政意识，形成独立政治人格，争取把置身于政治局面之外的冷漠型和被动参与型的私营企业主改变为积极参与政治型的私营企业主，并通过必要的教育手段，使私营企业主能够自觉地通过自身的政治参与来影响和参与实施对国家政治事务和地方政治事务的管理。

2. 强化私营企业主政治参与知识和技能的教育，提高其政治参与能力

福建省各级政府要加强对私营企业主的现代参与型公民的政治教育和训练。如让他们准确了解自己的基本政治权利和政治义务，掌握应该具备的政治参与知识（包括对基本政治理论的学习和了解，对具体的政府机构和政治参与流程的详细了解和对基本参政技能的掌握）和政治参与技能，提高他们的政治认知能力，增加他们政治参与实践的机会，提高他们政治参与的实际水平。随着私营企业主参与政治实践的广度和深度的拓展，他们就会逐步减少功利性和被动性的政治参与，取而代之的是公益性和主动性的政治参与，这时也就意味着参与型政治文化的真正形成。

六 深入开展多层次的政治参与

福建省政府要针对福建私营企业主阶层政治参与发展不平衡的状况，

重视开展多层次的政治参与。福建省私营企业主阶层的政治参与存在着地区差异性大，参政意愿、参政能力与参政目标层次性多等发展不平衡的特点，这种发展状况影响了其政治参与的良性发展和整体政治参与水平的提升。福建省各级政府部门应该依据这种发展态势，因地因时因人制宜，扩大基层参与、注重中层参与、稳定高层参与，逐步地改善目前不平衡的现状。

1. 大力支持基层政治参与

福建省各级政府要加大对私营企业主阶层基层政治参与的支持力度，鼓励广大的中小私营企业主参与基层地方自治，扩大私营企业主在基层参与中的主体范围。可以通过完善广大的基层群众性自治组织如村委会和居委会，以及其他的社区组织等，发挥他们的主人翁作用，锻炼他们参与本地区的事务自主决策的能力和才干，培育政治参与意识，并逐步引导他们参与对国家和社会事务的管理。

2. 积极鼓励中层政治参与

中层参与的私营企业主一般都具有较高的参政热情和较强的政治参与能力。福建省地方社会团体组织，特别是商会组织是私营企业主中层参与的重要平台，所以，福建省各级政府要支持地方社会团体的发展，完善各级各类社团组织，通过社会组织按照一定规则表达私营企业主的政治诉求，以充分发挥他们的聪明才智，推动政府决策的科学化和民主化，这样既可以发挥政府权力的影响力，又可以避免因政府权力运用不当对私营企业主造成损害。

3. 继续引导高层政治参与

福建省政府要充分发挥高层政治参与中的私营企业主对私营企业主群体参政的示范效用。高层参与的私营企业主是在政治生活实践中涌现出来的被广大私营企业主认可的政治代表人物，他们所在的企业是福建省特大型或者大型私营企业，在全国或在福建省有一定的影响力，其政治参与的目标重点已经不再是仅仅为了本企业的个别私利，他们关注的往往是宏观层次上的整个私营企业和私营企业主阶层的问题，他们也跳出了私营企业主的狭隘身份，承担着更多的社会责任，他们是福建私营企业主政治参与的杰出代表，可以起到典型示范作用。政府要通过完善人民代表大会制度和共产党领导的多党合作和政治协商制度等发展高层次的政治参与。

福建省各级政府通过开展多层次的政治参与，可以更广泛地促进我国私营企业主阶层参与国家和福建省地方事务的管理，逐渐缩小私营企业主阶层之间政治参与水平与能力的差别，从整体上促进私营企业主群体政治参与水平的提升，充分发挥私营企业主积极的社会作用，促进社会和谐稳定，促进经济社会健康发展。

七　切实加强党对福建私营企业主阶层政治参与的教育、引导和领导

（一）加强党对福建私营企业主阶层政治参与的教育

中共福建省委要按照“三个代表”重要思想的要求和“三个有利于”的标准，解放思想，实事求是，将政治参与的大门向私营企业主群体开放，最大限度地把他们团结在党和政府的周围，增加凝聚力，减少离散力。要坚持“团结、帮助、教育、引导”的方针，按照社会主义民主政治建设的要求，通过有组织的各种渠道的学习培训等形式，依托各级工商联等各种社会组织、商会组织，加强对私营企业主的教育工作，力求福建私营企业主阶层在政治认知理性化、政治要求合理化、政治参与有序化和政治行为合法化等方面有所进步。其中重点包括：

1. 提高福建私营企业主阶层的文化素质

福建私营企业主个人文化素质的提高是其政治参与水平提高的重要主观条件。福建省政府各级相关部门要引导福建私营企业主树立终身学习的理念，引导他们主动积极地参加各种培训和学习提高活动，有关政府部门要把提高私营企业主的文化素质和管理水平作为日常工作，为私营企业主的学习提高提供良好的环境和平台。

2. 提高福建私营企业主阶层的政治素质

福建省政府各级相关部门要强调福建私营企业主政治理论的学习，提高他们的政治理论水平。相关部门可以通过座谈会、培训、政治学习等形式对私营企业主进行社会主义核心价值体系的理论教育，向他们宣传党和国家的形势与任务，宣传党和国家，包括地方政府对待私营经济的大政、方针和政策，促使他们增加政治知识，增强自觉维护现行政治制度、政治体制、政党和政府权威的合理性。

福建私营企业主还可以通过座谈会、自己所在的社会组织或团体以及网上论坛或QQ群等途径，开展政治问题的探讨，由此可以增加私营企业主政治实践的机会，逐步提高他们观察问题、分析问题、解决问题的能力，加快他们政治社会化的进程，客观上推动他们树立正确的政治理想，树立正确的社会主义民主政治参与观，提高思想政治理论水平与政治参与水平。

3. 提高福建私营企业主阶层的道德素质

针对个别私营企业主不讲诚信、生活奢侈、腐败堕落等道德低下的现状，必须教育和引导私营企业主发扬艰苦奋斗、致富思源的优良作风，树立正确的人生观、世界观和价值观、财富观，增强社会责任感和义务感，积极参加社会公益事业，提高道德境界。

4. 提高福建私营企业主阶层的法律素质

针对个别私营企业主法制观念淡薄、法律素质低下，存在违法经营、偷税漏税、权钱交易等非法行为，给当地社会造成不良影响的现状，必须加强对私营企业主法律法规知识的教育，使其知法、懂法、严格守法，充分认识非法政治参与对社会的危害性，从而自觉地约束自己的行为，将自身行为限制在现行法律许可的范围内，合法守法地参与到政治生活中来。

（二）加强党对福建私营企业主阶层政治参与的引导

政治引导历来是政治体制的重要功能，并且是衡量政治体制完善与否的重要标准。福建省各级政府要高度重视对私营企业主阶层政治参与的引导，最主要的一个原则就是把握福建私营企业主阶层政治参与的“度”，即在扩大福建私营企业主阶层政治参与渠道的同时，强调其政治参与应该有一定的限度。当前特别要注意提高福建私营企业主阶层政治参与的理性程度、有序程度，约束其非理性的情绪型和无序型政治参与，预防和禁止其非法政治参与。既要引导他们认识自己的政治权利和自由，也要引导他们认识行使权利时应当承担的社会义务和责任；既要引导他们了解社会主义民主政治发展的规律，提高政治参与程度，也要引导他们充分认识我国的国情和国家未来发展的奋斗目标，从而使福建私营企业主阶层的政治参与逐步走向理性和成熟，达到与社会主义政治文明建设的发展方向保持高度一致。

（三）加强党对福建私营企业主阶层政治参与的领导

要加强党对福建私营企业主阶层政治参与的领导，最有效的途径就是加强福建私营企业的党组织建设，使党支部在私营企业发挥“政治核心”作用，通过党组织对福建私营企业主的政治参与行为进行引导和规范。因为党组织是和私营企业主联系最紧密的基层组织，在福建私营企业建立党组织，可以使党及时地了解私营企业主的意见和建议，洞察私营企业主的思想动态和政治方向，起到促进私营企业发展、维护私营企业主自身利益、保证私营企业主政治参与的社会主义方向的作用，从而确保福建私营企业主政治参与的健康、有序、合理发展。为此，福建省私营企业党建工作的重中之重是要抓好以下工作。

1. 提高福建党政干部和私营企业主对搞好私营企业党建工作重要性的思想认识，提高私营企业党组织的组建率

要在指导思想上从“就党建抓党建”转变到“围绕经济抓党建、抓好党建促经济”中来，党组织要摆正位置，按照“参与不干预，支持不拆台，引导不强制，监督不迁就”的工作原则开展党的活动，要重视创新和改进党建工作的方式方法，不断提高党建工作的成效，进一步发挥党组织的政治核心作用。

福建省各级党委要在巩固规模以上私营企业党组织组建工作的基础上，把工作重点和主要精力放在领导规模以下的私营企业创造条件建立党组织，积极开展党的活动，发挥党组织在私营经济中的战斗堡垒作用。同时，私营企业党组织的具体设置形式、活动内容、活动方式和工作方法等等，要根据私营企业的特点来进行，要与生产经营密切结合，采取灵活多样的方法，讲求实效。党组织要宣传贯彻党的路线方针政策，引导和监督企业遵守国家的法律法规。要把他们当中那些承认党的纲领和章程，自觉为党的路线和纲领而奋斗，经过长期考验，符合党员条件的优秀分子吸收到党组织中来，通过党组织这个大熔炉不断提高其思想政治觉悟，使他们在党组织的培养、帮助、教育和引导下，更好地发挥积极性和创造性，更好地团结和带领周围群众为中国特色社会主义事业贡献力量。

2. 理顺组织关系，完善对私营企业党组织和党员的管理体制

根据福建私营企业隶属关系不明的情况，可以尝试根据福建私营企业党员的特点分别采取单位管理、社区管理、行业管理、挂靠管理等模式，建立系统的党员管理网络。组织部门要主动协调有关部门，定期研究本地区的私营企业党建工作，对工作中出现的新情况、新问题，要及时研究制

定措施，创造性地开展工作。[①]

3. *加强私营企业党建工作的制度化建设，推动私营企业党建实现规范化*

为了使党的力量在私营企业中发展壮大，必须加强党建工作的制度化建设。如要强化每年对私营企业党务工作者的专业培训制度、私营企业党组织的沟通例会制度、私营企业党建工作的责任制，以及党外人士与党员的定期联席工作会议制度，等等。党建工作的制度化建设，有利于促使私营企业的党建常态化和规范化，加强党对私营企业的政治领导，也有利于党对私营企业主政治参与的教育和领导。

八 大力营造各阶层平等共同参与的社会环境，促进社会和谐

作为社会主义民主政治国家，我国是以建设公平正义的和谐社会为发展目标的。这种公平正义体现在，我国的政治系统应该能够为社会上不同的阶级和阶层提供平等的政治参与机会，使每一个阶级阶层都能够通过政治参与向政治系统反映和表达自己的利益诉求，从而影响政策制定，直接或间接地在政治系统的权威性利益分配中受益，进而更好地协调社会不同阶级阶层之间的利益关系，实现社会的公平正义。在地方政治中也应该如此。

当前福建私营企业主阶层的政治参与处于稳步发展时期。作为新的社会阶层的代表，私营企业主以其较高的社会经济地位在较短的时间内实现了政治参与。中共福建省委、省政府出于发展地方经济的考虑，也为私营企业主群体，特别是为对福建经济发展做出较大贡献的私营企业主提供了更多的政治参与的机会。从出发点来看，党和政府支持私营企业主拥有同其他社会阶层相同的参政议政的权利，是对全社会政治参与的协调与平衡，是为了保证每一个公民应有的政治权利，更好地实现人民当家做主。但是，从公民权利的角度而言，他们应该与中国其他阶层的公民一样享有平等的政治参与权，不应该有特殊的政治待遇。从现在的情况看，一个私营企业主与一个普通工人相比，仅从个人而言，其政治资源占有量、政治的影响力，企业主会大大高于普通的工人。这样产生的结果就可能是：经

---

① 张锦标：《关于进一步推动我省非公有制经济组织党建工作的思考和建议》，载福建省工商联《全面推进海峡西岸经济区建设 2011 年调研论文集》，第 36 页。

济上强势的私营企业主阶层的政治参与会对经济上弱势的群体的政治参与形成挤压，特别是会对在私营企业工作的农民工和普通工人的挤压。

实际上，早在2003年，有福建“私营企业王国”之称的泉州就出现了“民工荒”的现象，当时的泉州私营企业缺工20万，但是打工者却不敢来。主要原因就是有的私营企业缺乏诚信，用工环境差，侵犯了外来务工人员的合法权益，使劳资矛盾增多，一定程度上挫伤了外来务工人员的劳动积极性，让其深感在泉州打工难，这种现象当时已经给政府和私营企业敲响了警钟。在本课题组对福建省农民工的实地调查中发现，目前在私营企业打工的农民工合法权益受到侵害现象仍时有发生，表现为工资低、工作时间长、待遇低、工作环境缺乏安全保障、生活清苦、工资被拖欠，等等。一方面是农民工的权益被损害，另一方面是农民工缺乏基本的权益维护机制，就连作为基本维权渠道的工会，私营企业中组建得也不多。据本课题组的调查统计，在被调查的577家福建私营企业中，组建工会的私营企业只占被调查总数的28.4%。除此之外，目前在福建省还没有看到有影响力的代表农民工自己利益的社会组织，农民工的维权之路十分艰难。在农民工忍无可忍的情况下，就有可能出现非法的“参与爆炸”，会对当地的政治稳定造成冲击。缺乏维权机制，受雇于私营企业的其他人员同样也面临被侵权的可能。

受雇于私营企业的农民工、外来务工人员，是中国特色社会主义民主政治的阶级基础，是国家的主人，应该享有充分的政治参与的权利维护自身的合法利益，但是，现实的情况却是，在改善私营企业主阶层政治参与状况的时候，却把社会基本阶级的政治参与问题概念化、虚拟化和空洞化了。所以，建议福建省政府要正确处理和协调好私营企业主与其他社会成员之间，特别是与农民工和外来务工人员的关系，不应因为偏爱私营企业主而压抑工人的参政要求。福建省政府在制度设计和实际操作中应该把受雇于福建私营企业的农民工、外来务工人员纳入政治体系当中。具体建议如下。

1. 敦促私营企业严格按照《劳动法》、《合同法》处理劳资关系，监督、督促私营企业主依法办事，规范用工

与此同时，福建省各级政府要敦促私营企业改善职工的工作条件，加强劳动保护，保障工人的各项合法权益。敦促私营企业要严格依照《工会法》规定建立工会组织，以代表劳工利益，保障工人的合法权益，形成私营企业主与务工人员平等的权利与机制。福建省政府要出台具体的政策和措施以营造良好的用工环境。比如石狮市政府出台了善待外来工的有关规

定。这一规定把广大外来工定位为经济发展的重要生产者和建设者，并要求政府有关部门切实负起责任，维护外来工的合法权益。石狮市政府的做法在一定程度上维护了工人的利益，改善了私营企业主与工人的关系，缓解了劳资矛盾，缓解了用工难问题，促进了私营经济的稳定发展。

2. 给予农民工平等的政治参与机会和条件

福建省各级政府要通过宣传引导市民以平等的心态来接纳农民工这个群体；福建省政府各级行政管理职位要向优秀的农民工开放；在福建省各级人大代表选举中保证农民工代表参选的适当比例；要建立福建省农民工的政治参与组织；努力增加农民工的经济收入，减轻农民工的负担，为农民工的有序政治参与提供物质保障；要提高有利于农民工政治参与的素质与能力，包括加大农民工就业培训力度，提高其职业技能素质；对农民工进行普法宣传，增强其维权意识、法制意识和参与意识；提高农民工的思想文化素质和政治参与能力；等等。

福建省政府不仅要保障给予农民工平等的政治参与的机会与条件，还要鼓励工人阶级进行政治参与，切实保障民营科技企业的创业人员和技术人员、受聘于外资企业的管理技术人员、个体户、中介组织的从业人员和自由职业人员等社会阶层的政治参与权利。在福建省地方政治中，只有不同的社会阶层都实现了平等的政治参与，不同阶层的人们的利益要求都得以充分表达，不同阶层的人们在根本利益一致的基础上相互理解、相互妥协，协调发展，才有利于维护社会政治稳定，才有利于形成公平正义的社会主义和谐社会环境，才会促进社会主义政治文明的发展。

此外，福建私营企业主自身要努力提高政治素质，积极主动地参与政治。福建私营企业主要加强政治参与主体意识，以主人翁的姿态积极加入到国家建设和福建省海西发展中来。要从国家与社会政治进步、地方经济社会发展以及自身企业生存与发展、个人实现人生理想抱负的高度深切认识政治参与的意义与价值，积极主动地参与政治。福建私营企业主在行使政治权利的同时，要主动担负政治参与的义务与责任，要主动回应民主政治化和政治参与法制化的前进趋势，努力提高自身的政治参与素质和政治参与能力，把自己培养成为政治合格的中国经济精英。

附录　福建省私营企业主阶层政治参与状况调查问卷

1. 您出生的年份：　　　年，性别：男（　　），女（　　），您的企业成立于　　年。

2. 您的文化程度：

（1）小学（　　）　（2）初中　（　　）　（3）高中或中专（　　）

（4）大专（　　）　（5）本科　（　　）　（6）研究生（　　）

3. 您在开办私营企业前的最后职业：

（1）专业技术人员（　　）

（2）机关、事业单位负责人（　　）

（3）企业负责人（　　）

（4）一般干部（　　）

（5）县、处级干部（　　）

（6）村（大队）干部（　　）

（7）办事人员（　　）

（8）普通工人（　　）

（9）商业、服务业员工（　　）

（10）供销人员（　　）

（11）务农农民（　　）

（12）个体户（　　）

（13）军人（　　）

（14）无职业（　　）

（15）未参加工作（直接创业）

4. 您创办私营企业最主要的原因是（只选一项）：

（1）在原单位无法发挥专长（　　）

（2）没有稳定的工作（　　）

(3) 原工作岗位挣钱太少（　　）
(4) 受亲戚朋友创业成功的激励启发（　　）
(5) 实现自己的人生价值（　　）
(6) 原单位人际关系难处理（　　）
(7) 政府推动（　　）
(8) 实业报国（　　）

5. 您的家里属于下列机构和组织的人：
(1) 地方人民代表大会（　　）
(2) 村委会或居委会（　　）
(3) 中国共产党（　　）
(4) 民主党派（　　）
(5) 政府部门（　　）
(6) 个体劳动者协会或私营企业主协会（　　）
(7) 行业协会或协会（　　）

您的亲戚中属于下列机构和组织的人：
(1) 地方人民代表大会（　　）
(2) 村委会或居委会（　　）
(3) 中国共产党（　　）
(4) 民主党派（　　）
(5) 政府部门（　　）
(6) 个体劳动者协会或私营企业主协会（　　）
(7) 行业协会或协会（　　）

6. 您创业时的资本是　　万元，主要来自：
(1) 继承家业（　　）　(2) 银行贷款（　　）
(3) 向亲戚朋友借款（　　）　(4) 自己的劳动、经营积累（　　）
(5) 股票、房地产收益（　　）(6) 海外投资（　　）

7. 您的企业现在的资产规模是：
(1) 1000万元以下（　　）
(2) 1000万～5000万元（　　）
(3) 5000万～1亿元（　　）
(4) 1亿元以上（　　）

8. 您的企业现在员工是（　　　）人。

9. 您的企业的组织形式：
（1）独资企业（　　）
（2）合伙企业（　　）
（3）股份公司（　　）
10. 您的企业内部是否具备以下组织：
（1）股东会（　　）
（2）董事会（　　）
（3）监事会（　　）
（4）党组织（　　）
（5）工会（　　）
（6）职代会（　　）
11. 您的企业与外资（台资）合作状况：
（1）有（　　）
（2）没有（　　）
（3）现在没有，但有合作打算（　　）
12. 您的企业与外资（台资）的业务往来情况：
（1）很多（　　）　　（2）较多（　　）
（3）较少（　　）　　（4）没有（　　）
13. 您的企业在收费上与外资企业待遇是否一样：
（1）一样（　　）
（2）基本一样（　　）
（3）不一样（　　）
（4）不知道（　　）
14. 您本人是否是共产党员？是（　　），否（　　）。
如果您是共产党员，入党是在企业：注册前（　　），注册后（　　）。
您入党的动机是：
（1）为了企业的发展（　　）
（2）希望自己成为共产党的健康力量（　　）
（3）提高社会地位（　　）
（4）在政治上得到承认（　　）
（5）便于为私营企业的发展说话（　　）
（6）保护自己的财产安全（　　）

(7) 为了信仰（　　）

(8) 接受教育（　　）

(9) 受别人入党的影响（　　）

15. 您的企业是否成立了党支部？是（　　），否（　　）。

如果成立了党支部，您认为党支部在企业中的作用：

(1) 很大（　　）　　(2) 较大（　　）

(3) 刚组建，不太明显（　　）　　(4) 无作用（　　）

您对党支部的工作：

(1) 大力支持（　　）　　(2) 支持（　　）

(3) 看情况支持（　　）　　(4) 不支持（　　）

党支部成立后，是否在您的企业中发展过党员，发展过（　　），数量（　　）人，没发展过（　　）。

16. 您认为，私营企业成立党组织，主要会有哪些顾虑？

(1) 无合适的党建工作负责人（　　）

(2) 付出额外企业成本（　　）

(3) 党组织干涉企业管理（　　）

(4) 企业受党政部门控制（　　）

(5) 无明显顾虑（　　）

(6) 其他顾虑（　　）

17. 如果您的企业中尚未建立党组织，您期望它能发挥什么作用？

(1) 与党政部门加强联系（　　）

(2) 树立、宣传企业形象（　　）

(3) 利于企业内部管理（　　）

(4) 发挥党的领导、监督职能（　　）

(5) 没什么作用（　　）

(6) 其他作用（　　）

如果您的企业中建立了党组织，您认为它发挥着什么作用？

(1) 与党政部门加强联系（　　）

(2) 树立、宣传企业形象（　　）

(3) 利于企业内部管理（　　）

(4) 发挥党的领导、监督职能（　　）

(5) 没什么作用（　　）

（6）其他作用（　　）

18. 您的企业是否组建了工会？

是（　　），哪一年组建（　　），否（　　）。

如果组建了工会，您认为工会的作用：

（1）很大（　　）　（2）较大（　　）

（3）不明显（　　）　（4）没有作用（　　）

您对工会的工作：

（1）大力支持（　　）　（2）支持（　　）

（3）看情况支持（　　）　（4）不支持（　　）

19. 您目前参加了下列哪些组织？

（1）个体劳动者协会（　　）　（2）私营企业主协会（　　）

（3）私营企业家联谊会（　　）　（4）同业工会（　　）

（5）工商联（　　）　（6）共产党（　　）

（7）共青团（　　）　（8）民主党派（　　）

（9）其他民间组织（　　）

20. 您是不是人大代表？是（　　），不是（　　）。

如果是人大代表，是哪一级的？

（1）区、县（　　）　（2）地市（　　）

（3）省（　　）　（4）全国（　　）

是否担任下列职务？

（1）主任（　　）　（2）副主任（　　）　（3）常委（　　）

您是不是政协委员？是（　　），不是（　　）。

如果是政协委员，是哪一级的？

（1）区、县（　　）　（2）地市（　　）

（3）省（　　）　（4）全国（　　）

是否担任下列职务？

（1）主席（　　）　（2）副主席（　　）　（3）常委（　　）

您在工商联内是否担任下列职务？

（1）主席（　　）　（2）副主席（　　）　（3）执委（　　）

21. 您对国家政治生活中的大事的关注程度：

（1）厌倦（　　）　（2）与我无关（　　）

（3）关注（　　）　（4）非常关注（　　）

22. 您最关心的社会议题是：
（1）贷款政策的落实（　　）
（2）政府政策的透明度（　　）
（3）国家政策的连续性（　　）
（4）社会稳定（　　）
（5）不同群体的政治利益（　　）
23. 您关心政治的目的是：
（1）与自己的切身利益有关（　　）
（2）影响企业的发展决策（　　）
（3）社会责任感（　　）
（4）作为公民的义务（　　）
24. 您获取国家政治领域内的政治信息的主要渠道是：
（1）报纸（　　）　　（2）广播（　　）
（3）电视（　　）　　（4）互联网（　　）
（5）听课（　　）　　（6）闲聊（　　）
（7）其他（　　）
25. 您认为现在表达意见、反映问题是否方便？
（1）不方便（　　）
（2）基本方便（　　）
（3）非常方便（　　）
26. 和改革前相比，您感觉现阶段我国的民主状况如何？
（1）有很大进步（　　）
（2）有较大进步（　　）
（3）有一定进步但进步不大（　　）
（4）差不多（　　）
（5）不如从前（　　）
（6）不知道（　　）
27. 您对《工会法》、《劳动法》熟悉吗？
（1）熟悉（　　）　（2）比较熟悉（　　）　（3）不熟悉（　　）
28. 对应出台专门政策对“老板原罪”不予追究的观点，您的看法是：
（1）很同意（　　）
（2）同意（　　）

（3）不同意（　　）

（4）很不同意（　　）

29. 对于“保持稳定比推行民主更重要”的观点，您的看法是：

（1）很同意（　　）

（2）同意（　　）

（3）不同意（　　）

（4）很不同意（　　）

30. 个体工商户和私营企业主应当在商言商，无须参政议政，您对此的看法：

（1）完全同意（　　）

（2）基本同意（　　）

（3）基本不同意（　　）

（4）完全不同意（　　）

（5）不知道（　　）

（6）未回答（　　）

31. 对于“和普通阶层相比，‘私营企业主’阶层应该拥有特权”的观点，您的看法是：

（1）很同意（　　）

（2）同意（　　）

（3）不同意（　　）

（4）很不同意（　　）

32. 在您所在的选区举行人大代表选举时，您是怎么参与的：

（1）每次都认真参与（　　）

（2）多数时候认真参与（　　）

（3）有时参与，有时不参与（　　）

（4）主要委托他人参与（　　）

（5）很少参与（　　）

（6）有人叫就去（　　）

（7）未回答（　　）

33. 您有过试图影响政府决策的亲身经历吗？

（1）没有过参政经历（　　）

（2）有过参政经历（　　）

如果有，那么您认为您影响政府决策的效果如何？

（1）决定性影响（　　）

（2）有些影响（　　）

（3）影响很小（　　）

（4）没有任何影响（　　）

34. 私营企业主阶层对政府决策的影响，和其他阶层相比如何？

（1）大很多（　　）

（2）大一些（　　）

（3）差不多（　　）

（4）比较小（　　）

35. 您如何形容私营企业和政府之间的关系？

（1）政府对企业的扶持很大（　　）

（2）政府对企业扶持不够，应加大（　　）

（3）政府干涉企业太多，影响企业发展（　　）

（4）政府和企业发展关系不大，无所谓（　　）

（5）其他关系（　　）

36. 当地政府对您私营企业的发展，主要是起到推动作用，还是阻碍作用？

（1）推动（　　）

（2）阻碍（　　）

（3）推动/阻碍相当（　　）

（4）不好说（　　）

37. 私营企业主对当地政府活动的影响大吗？

（1）影响很大（　　）

（2）有一定影响（　　）

（3）影响不大（　　）

（4）感觉不到影响（　　）

38. 您认为，政治身份的主要作用在哪些方面？

（1）方便参政议政（　　）

（2）提高政治与社会地位（　　）

（3）整合资源发展企业（　　）

（4）保护企业不受刁难（　　）

（5）其他作用（　　）

39. 您认为，要得到政治身份，主要取决于哪些方面的因素？

（1）遵纪守法，无不良记录（　　）

（2）回报社会，扩大社会知名度（　　）

（3）做大企业，扩大影响力（　　）

（4）与有关部门和官员密切交往（　　）

（5）其他因素（　　）

40. 您和当地政府打交道时，他们是否规范？（只选一项）

（1）很规范（　　）

（2）过得去（　　）

（3）不太规范（　　）

（4）很不规范（　　）

41. 总体上看，政府部门办事规范起来，当前对您的企业发展是好是坏？（只选一项）

（1）利大于弊（　　）

（2）弊大于利（　　）

（3）利弊相当（　　）

（4）不好说（　　）

42. 您如何形容“老板”和官员之间的关系？

（1）官员帮助老板为职责（　　）

（2）官员帮助企业求政绩（　　）

（3）官员帮助企业求实惠（　　）

（4）官员为难企业要打点（　　）

（5）老板结纳官员求实惠（　　）

43. 您个人每月的生活消费水平大致是（不含通信费和交通费）：

（1）2000 元以下（　　）

（2）2000 ~ 5000 元（　　）

（3）5000 ~ 10000 元（　　）

（4）10000 元以上（　　）

44. 您认为自己的社会政治地位处在：

（1）上层（　　）　　（2）中上层（　　）

（3）中层（　　）　　（4）中下层（　　）

（5）下层（　）

您认为自己的社会经济地位处在：

（1）上层（　）　（2）中上层（　）

（3）中层（　）　（4）中下层（　）

（5）下层（　）

您认为自己在社会中的总体地位处在：

（1）上层（　）　（2）中上层（　）

（3）中层（　）　（4）中下层（　）

（5）下层（　）

45. 您对自身社会经济地位的满意度是：

（1）很满意（　）

（2）还算满意（　）

（3）不太满意（　）

（4）很不满意（　）

您对自身政治地位的满意度是：

（1）很满意（　）

（2）还算满意（　）

（3）不太满意（　）

（4）很不满意（　）

您对自身社会声望的满意度是：

（1）很满意（　）

（2）还算满意（　）

（3）不太满意（　）

（4）很不满意（　）

46. 您预计，私营企业主阶层的经济地位趋势如何？

（1）越来越高（　）

（2）维持现状（　）

（3）越来越低（　）

（4）不好说（　）

47. 为了提高自己的社会地位，您认为比较有效的办法是（只选一项）：

（1）入党（　）

（2）争取当人大代表（　　）

（3）争取当政协委员（　　）

（4）担任政府职务（　　）

（5）在报刊、电视中多宣传自己的事业（　　）

（6）尽量把企业办大（　　）

（7）多支持社会公益事业（　　）

（8）与政府领导人保持联系（　　）

（9）在日常生活中注意树立良好形象（　　）

48. 您怎样看待中国私营企业主的阶层意识？

（1）已经形成了大致相同的阶层意识（　　）

（2）阶层意识正在逐渐形成（　　）

（3）不会形成大致相同的阶层意识（　　）

49. 福建个体工商户和私营企业主形成了新阶层。对此说法，您是否同意？

（1）完全同意（　　）

（2）基本同意（　　）

（3）基本不同意（　　）

（4）完全不同意（　　）

（5）不知道（　　）

（6）不回答（　　）

50. 您本人和家属安全是否存在问题？

（1）很有问题（　　）

（2）有问题（　　）

（3）无困难（　　）

（4）未回答（　　）

51. 您有否支持过社会福利事业？有（　　），否（　　）。

如果您支持过，自企业成立以来，共计　　元。

您支持社会公益事业的原因是：

（1）回馈社会（　　）

（2）答谢党和政府（　　）

（3）报效父老乡亲（　　）

（4）和当地干部群众搞好关系（　　）

(5) 提高自己的社会地位，提高本企业的知名度（　　）
(6) 实为被摊派（　　）
52. 企业发展中，您认为下列部门最难以沟通的是：
(1) 地方政府（　　）
(2) 公安、消防部门（　　）
(3) 环保部门（　　）
(4) 质量监督部门（　　）
(5) 税务部门（　　）
(6) 物价部门（　　）
(7) 卫生管理部门（　　）
(8) 海关（　　）
(9) 工商行政部门（　　）
(10) 计量管理部门（　　）
53. 您认为对企业发展最重要的是：
(1) 产权法律（　　）　　(2) 税收政策（　　）
(3) 信贷政策（　　）　　(4) 宏观调控（　　）
(5) 政府支持（　　）　　(6) 报刊宣传（　　）
(7) 社会保障（　　）　　(8) 所有制性质（　　）
54. 如果对政府公共决策（比如市政建设、环保、税费征收、就业措施）表达您的看法，最可能选的做法是：
(1) 通过人大代表、政协委员呼吁（　　）
(2) 通过工会、妇联、行业协会等团体提出要求（　　）
(3) 直接向政府领导反映（　　）
(4) 通过各种听证会直接表达意愿（　　）
(5) 通过新闻媒体反映（　　）
(6) 通过上网反映（　　）
(7) 通过各种热线电话，向决策机关或主管部门反映（　　）
55. 您的企业遇到不公正待遇时，您首选的解决途径是：
(1) 找党政领导（　　）
(2) 找工商联、私协（　　）
(3) 找人大代表反映（　　）
(4) 找政协委员反映（　　）

（5）通过法律途径（　　）
（6）找民营企业投诉中心（　　）
（7）组织员工上访（　　）
（8）忍气吞声（　　）

56. 如果您的企业遇到纠纷，那么最经常发生的纠纷是什么？
（1）与供货单位（　　）
（2）与买方（　　）
（3）与本企业人员（　　）
（4）与消费者（　　）
（5）与当地政府有关管理部门（　　）
（6）与当地居民或其他单位（　　）
（7）其他（　　）

57. 您对集体上访或游行的看法是：
（1）任何时候都不要采取这种形式（　　）
（2）最好不要采取这种形式（　　）
（3）必要时可以采取这种形式（　　）
（4）是否采取这种形式无法判断（　　）

58. 您认为下面列举的哪个问题是现在社会最严重的问题：
（1）分配不公（　　）　　（2）腐败问题（　　）
（3）治安恶化（　　）　　（4）乱罚款、乱收费、乱摊派（　　）
（5）法治不健全（　　）　　（6）艾滋病（　　）
（7）其他（　　）

59. 您认为当前影响私营企业主政治参与的主要障碍是什么？
（1）自身素质与知识水平有限（　　）　（2）时间与精力有限（　　）
（3）渠道不畅通（　　）　　（4）无人受理和重视（　　）

60. 对于近年来私营企业发展的相关环境有无改善的判断（有改善在括号内打√，无改善在括号内打×）是：
（1）落实保护私有财产的相关法律法规（　　）
（2）社会治安与私营企业主人身安全（　　）
（3）放宽经营领域，降低市场准入门槛（　　）
（4）简化政府部门审批过程（　　）
（5）管理、执法部门的工作作风（　　）

(6)“三乱”问题(乱收费、乱摊派、乱集资)(　　)
(7)投融资环境(　　)
(8)建立私营企业信用制度(　　)
(9)私营企业主的社会政治地位(　　)
61. 在本省范围内,您企业所在地的私营经济发展环境如何?
(1)较好(　　)
(2)一般(　　)
(3)较差(　　)
(4)未回答(　　)
在全国范围内,您企业所在省的私营经济发展环境如何?
(1)本省的环境较好(　　)
(2)本省的环境一般(　　)
(3)本省的环境较差(　　)
(4)不清楚(　　)
(5)未回答(　　)
62. 您认为中国哪个地方的私营经济发展环境最好?
(1)江苏(　　)
(2)广东(　　)
(3)浙江(　　)
(4)福建(　　)
(5)其他省份(　　)
(6)未填写(　　)
63. 在您看来,福建省海西建设对您的企业发展有什么影响?
(1)有很大的推动作用(　　)
(2)有一定的推动作用(　　)
(3)没有什么影响(　　)
(4)可能有负面影响(　　)
(5)肯定有负面影响(　　)
(6)没有考虑过这个问题(　　)
64. 在您看来,闽台关系的良好发展,对您的企业发展有什么影响?
(1)有很大的推动作用(　　)
(2)有一定的推动作用(　　)

（3）没有什么影响（　　）

（4）可能有负面影响（　　）

（5）肯定有负面影响（　　）

（6）没有考虑过这个问题（　　）

和台湾企业打交道，对您企业的生产、经营、销售理念等有影响吗？

（1）有很大的推动作用（　　）

（2）有一定的推动作用（　　）

（3）没有什么影响（　　）

（4）可能有负面影响（　　）

（5）肯定有负面影响（　　）

（6）没有考虑过这个问题（　　）

65. 根据您的经营实践和对形势的判断，您的企业在今后两三年，前景如何？

（1）大有发展前途（　　）　（2）稳定发展（　　）

（3）勉强维持（　　）　　　（4）可能无法维持（　　）

66. 假设能梦想成真，您最希望自己的职业是什么？

（1）职位相当的官员（　　）

（2）专家学者（　　）

（3）私企、外企高管（　　）

（4）国企高管或负责人（　　）

（5）文体明星（　　）

（6）普通市民（　　）

（7）其他（　　）

67. 您目前的打算：

（1）争取加入中国共产党（　　）

（2）争取当人大代表、政协委员（　　）

（3）与党政领导人经常联系（　　）

（4）在各种媒体上多宣传自己的事业（　　）

（5）在商言商，把企业办好（　　）

（6）在日常生活中树立良好的个人和企业形象，做一名社会贤达（　　）

（7）和社会其他阶层成员和睦相处（　　）

68. 您认为制约您的企业发展壮大的最主要问题是：

____

____

69. 如果您有机会和省长座谈，您最希望告诉省长的一句话是：

____

____

参考文献

敖带芽:《私营企业主阶层的政治参与》,中山大学出版社,2005。

陈剩勇、魏仲庆:《民间商会与私营企业主阶层的政治参与》,《浙江社会科学》2003 年第 9 期。

陈剩勇:《组织化、自主治理与民主——浙江温州民间商会研究》,中国社会科学出版社,2004。

陈勇、刘贤伟:《闽商文化的形成与发展研究》,《现代商贸工业》2009 年第 12 期。

陈章龙主编《民营经理发展与工商联工作调研成果选编》(1996 ~ 2006 年),泉州市内刊第 13 号,2007。

陈振明:《政治学——概念、理论和方法》,中国社会科学出版社,1999。

陈志谦:《转型期私营企业党的建设研究》,博士学位论文,中共中央党校,2005。

成伟:《加强私营企业主政治参与研究》,《湖北社会科学》2003 年第 3 期。

〔德〕托马斯·海贝勒:《作为战略群体的企业家——中国私营企业家阶层的社会与政治功能研究》,吴志成译,中央编译出版社,2003。

《邓小平文选》第 1 ~ 3 卷,人民出版社,1993、1994。

董明:《政治格局中的私营企业主阶层》,中国经济出版社,2002。

方江山:《非制度政治参与——以转型期中国农民为对象分析》,人民出版社,2000。

房宁主编《中国政治参与报告》(2011),社会科学文献出版社,2011。

冯同庆:《中国工人的命运——改革以来工人的社会行动》,社会科学文献出版社,2002。

福建省工商业联合会：《福建民营经济发展报告》（2004～2010）蓝皮书，内刊。

福建省工商业联合会：《全面推进海峡西岸经济区建设2011年调研论文集》，内刊。

福建省工商业联合会：《全面推进海峡西岸经济区建设2008年调研论文集》，内刊。

福建省工商业联合会人事教育部编《坚定信心　共克时艰》，2009，内刊。

福建省光彩事业促进会编《福建光彩——福建省光彩事业十一年历程》（1997～2008年），内刊。

福建省统计局：《福建统计年鉴》（1995～2011）。

高贤峰：《我国民营企业家政治行为分析——以S市调查为例》，博士学位论文，北京大学，2007。

高勇强、田志龙：《关于企业家参政与中国人大系统改革的思考》，《经济前沿》2004年第1期。

郜会远：《当前我国非制度化政治参与问题探析》，《云南行政学院学报》2005年第2期。

〔古希腊〕亚里士多德：《政治学》，吴寿彭译，商务印书馆，1981。

海西区建言献策论坛组委会编《为全面推进海峡西岸经济区建设提供最广泛的力量支撑——福建统一战线建言献策理论研究成果汇编》，2008，内刊。

何清涟：《当前中国社会结构演变的总体性分析》，《书屋》2000年第3期。

胡锦涛：《高举中国特色社会主义伟大旗帜　为夺取全面建设小康社会新胜利而奋斗》（单行本），人民出版社，2007。

胡林辉：《私营企业党的建设理论与实践》，人民出版社，2002。

华正学：《需要层次理论视域下的私营企业主政治参与》，《河北省社会主义学院学报》2004年第4期。

黄婷：《福建文化优势产业群构建的依据和基础》，《发展研究》2006年第10期。

《建国以来毛泽东文稿》第1～6册，中央文献出版社，1987。

《江泽民文选》第3卷，人民出版社，2006。

近年来《福建日报》、《东南快报》、《海峡都市报》、《中华工商时报》等关于福建私营企业及福建私营企业主的报道。

李宝梁：《从共生走向和谐——当代中国私营企业主成长的社会生态研究》，天津社会科学院出版社，2005。

李斌：《网络政治学导论》，中国社会科学出版社，2006。

李宏芳：《论现阶段我国私营企业主阶层的政治地位和政治诉求》，硕士学位论文，东北师范大学，2007。

李鸿阶、林心淦：《互动发展：闽商与福建经济社会》，《管理与财富》2004年第5期。

李华林：《当代中国私营企业主政治参与研究》，硕士学位论文，福建师范大学，2005。

李敬华：《论现代化进程中民营企业主阶层的政治参与》，硕士学位论文，河南大学，2005。

李路路：《转型社会中的私营企业主：社会来源及企业发展研究》，中国人民大学出版社，1998。

李元书、刘昌雄：《论政治参与制度化》，《江苏社会科学》2001年第5期。

李志国：《论私营企业主阶层是中国特色社会主义事业的建设者——温州私营经济实证分析》，《社会科学战线》2003年第2期。

《列宁选集》第1～4卷，人民出版社，1972。

林贻瑞：《浅论闽文化中的爱国主义精神》，《中共福建省委党校学报》2002年第3期。

刘坤：《改革开放以来中国共产党私营经济政策研究》，硕士学位论文，武汉大学，2004。

刘妙妙：《现阶段我国私营企业主政治参与研究》，硕士学位论文，华东师范大学，2008。

刘文富：《网络政治：网络社会与国家治理》，商务印书馆，2002。

刘学军：《政治文明的文化视角——中国现代化进程中的政治文化走向》，江西高校出版社，2004。

刘学军：《中国的政治文化及其影响》，《胜利油田党校学报》2003年第1期。

陆学艺主编《当代中国社会阶层研究报告》，社会科学文献出版社，2002。

陆学艺主编《当代中国社会流动》，社会科学文献出版社，2004。

罗英光：《民营企业家参政议政与企业绩效》，硕士学位论文，汕头大学，2008。

《马克思恩格斯选集》第1~4卷，人民出版社，1995。

〔美〕安东尼·M. 奥罗姆：《政治社会学》，张华青等译，上海人民出版社，1989。

〔美〕加布里埃尔·A. 阿尔蒙德、西德尼·维伯：《公民文化——五个国家的政治态度和民主制》，徐湘林等译，东方出版社，2008。

〔美〕加布里埃尔·A. 阿尔蒙德、小G. 宾厄姆·鲍威尔：《比较政治学：体系、过程和政策》，曹沛霖等译，东方出版社，2007。

〔美〕塞缪尔·亨廷顿：《变化社会中的政治秩序》，王冠华译，三联书店，1989。

〔美〕塞缪尔·亨廷顿、琼·纳尔逊：《难以抉择——发展中国家的政治参与》，汪晓寿、吴志华、项继权译，华夏出版社，1989。

闵琦：《中国政治文化》，云南人民出版社，1989。

秦海霞：《关系网络的建构：私营企业主的行动逻辑——以辽宁省D市为个案》，博士学位论文，上海大学，2005。

秦宣：《构建社会主义和谐社会专辑》，中国人民大学出版社，2005。

秦颖：《公共选择理论与私营企业主阶层政治参与研究》，硕士学位论文，武汉科技大学，2007。

〔日〕今田高俊：《社会阶层与政治》，赵华敏译，经济日报出版社，1989。

〔日〕蒲岛郁夫：《政治参与》，解莉莉译，经济日报出版社，1989。

〔日〕三宅一郎：《投票行动》，冯建新译，经济日报出版社，1989。

〔日〕山口定：《政治体制》，韩铁英译，经济日报出版社，1989。

〔日〕辻中丰：《利益集团》，郝玉珍译，经济日报出版社，1989。

水延凯等编著《社会调查教程》（第三版），中国人民大学出版社，2003。

苏红霞、王利红、王怀印：《私营企业主的政治参与在实现政治和谐中作用》，《邯郸学院学报》2006年第4期。

苏杰：《泉州民企：缺工20万，打工者却不敢再来》，《政工研究动态》2003 年第 12 期。

孙永芬:《中国社会各阶层政治心态研究——以广东调查为例》,中央编译出版社,2007。

陶东明、陈明明:《当代中国的政治参与》,浙江人民出版社,1998。

王名、孙伟林:《我国社会组织发展的趋势和特点》,《中国非营利评论》2010 年第 1 期。

王浦劬主编《政治学基础》(第二版),北京大学出版社,2006。

王维国编著《公民有序政治参与的途径》,人民出版社,2007。

王锡锌主编《公众参与和中国新公共运动的兴起》,中国法制出版社,2008。

王晓燕:《私营企业主的政治参与》,社会科学文献出版社,2007。

卫兴华:《卫兴华选集》,山西人民出版社,1988。

魏星河等:《当代中国公民政治参与研究》,人民出版社,2007。

吴永辉:《我国社会主义市场经济条件下私营企业主价值观研究》,硕士学位论文,陕西师范大学,2005。

项金玉:《推进福建民营经济发展的探讨》,《发展研究》2003 年第 2 期。

新华网福建频道、福建政府网、福建省政协、福建省人大常委会、中共福建省委统战部、福建省工商联、闽商网、福建省民营企业商会、福建文明网、福建法制网、中国反腐网等 30 多家网站下载的关于福建私营企业和福建私营企业主的情况。

邢乐勤、杨逢银:《浙江省私营企业主政治参与的现状分析:以温州永嘉私营企业主的政治参与状况为个案》,《中国行政管理》2004 年第 11 期。

严正、伍长南:《着力提升福建民营经济发展水平》,《发展研究》2004 年第 8 期。

杨光斌主编《政治学导论》(第三版),中国人民大学出版社,2007。

余楠:《民营企业思想政治工作及其价值研究》,厦门大学出版社,2007。

俞可平:《中国公民社会的兴起与治理的变迁》,社会科学文献出版社,2002。

曾永泉、黎民:《私营企业主群体研究述评》,《广东社会科学》2001

年第6期。

张东昱：《福建民营经济发展政策环境研究》，《闽江学院学报》2006年第6期。

张铭、严强主编《政治学方法论》（第二版），苏州大学出版社，2003。

张喜红：《社会团体与当代中国民主政治发展》，《长白学刊》2007年第3期。

赵海月：《中国政治分析——视界与维度》（第三版），吉林大学出版社，2008。

赵丽江：《中国私营企业家阶层的政治参与》，中国经济出版社，2006。

赵丽娜：《当前我国私营企业主阶层政治参与的现状及对策分析》，硕士学位论文，东北师范大学，2006。

郑云鹏：《转型期私营企业主政治参与的理性思考》，硕士学位论文，南京师范大学，2006。

中国人民大学书报资料中心编《政治学》（1996～2010）。

中国私营企业研究课题组：《2008年第八次全国私营企业抽样调查数据分析综合报告》（2005～2007年）。

周师：《论我国私营企业主非制度性政治参与及其防范》，硕士学位论文，湖南师范大学，2007。

周天勇、王长江、王安岭主编《攻坚——十七大后中国政治体制改革研究报告》，新疆生产建设兵团出版社，2007。

朱光磊：《当代中国社会各阶层分析》，天津人民出版社，1998。

后　记

本书是我主持的2008年度国家社会科学基金项目“改革开放三十年福建私营企业主阶层政治参与问题研究”（项目批准号：08BKS007）的最终研究成果。在研究此课题之前，我已经顺利主持过几项课题的研究工作，积累了一些课题研究的经验，因此，对国家级课题研究任务之艰巨也做了一定的心理准备。但是，在实际研究中面临的调查任务之重，写作工作之难，耗费时间与精力之巨，远远超出了原先的预想和计划。四年来，多少天电脑前的不眠之夜，多少趟调研中的奔波疲顿，多少回思考中的焦灼绝望，多少次攻坚后的欣喜愉悦，种种酸甜苦辣滋味，实是笔墨难以表达。

我自知生性愚钝，但是好在做事情还算执著认真，还算耐得住理论研究的寂寞和清苦，但是也有力不从心、畏难不前之时，是我的老师、同学、朋友和家人给予了我最及时的关心、支持和帮助，使我最终完成任务。

感谢我的老师——中国人民大学的秦宣教授。在他的指导和帮助下，我积累了一定的理论知识，确定了自己的研究方向，找到了适合自己的研究范式，学到了论文写作和课题论证的方法。更重要的是，从老师的身上我看到了真正学者的风范，这将使我终身受益。

从2009年开始到2011年年底才真正告一段落的调研工作，是在许多人的关心、支持和帮助下完成的。感谢泉州师范学院的钱立洁教授，厦门大学的杨晨副教授，厦门理工学院的孙华玉教授，龙岩学院的杨玉凤教授，武夷学院的叶琪瑛副教授，集美大学的余楠教授，游秋梅副教授，还有我的课题组成员郑建岚副教授、黄星榕副教授，以及我的同事陈长青老师，他们出谋划策、出人、出力，从多种渠道分发问卷，保障了问卷发放的质量和比较高的回收率。

感谢福建省委统战部、福建省工商联、泉州市工商联等有关部门对我的研究工作的热情支持。统战部部长张燮飞以及原统战部副部长、福建省工商联党组书记张剑珍亲自对我的调研工作进行安排，使我有幸亲临福建省高层私营企业主的会议现场当场进行调研，并接触了一些极有价值的内部资料。福建省工商联的调研员刘军、政策研究室的曹宛红主任、会员部的陈飚部长热情接待了我，有问题时我会直接向他们咨询。

感谢林仁铨老师无私、及时的帮助，在我的书稿修改过程中给了我许多具体的意见和建议，他所提出的修改建议对本书的最终完成起到了重要作用。

感谢我的家人在我的研究期间给予的支持。我的先生黄二林工作繁忙，但是对我的研究工作很关心。他每次回到家中都尽可能承担更多的家务，客观上使我多一些研究的时间，而且，他认为我的选题很有现实意义，也会从他的角度和我探讨研究的内容，给我一些启发。在我想偷懒的时候他还会提醒我，督促我，使我不敢懈怠。今年恰逢儿子小升初，也是我的写作处于最关键的时刻，但是他很少让我操心，使我深感欣慰。母亲虽然文化程度不高，但每次来电必问我书稿事项，我也唯有尽快完成，才能回报她老人家的殷切期望。

书稿已经告一段落。但是，现在的我并没有想象中的轻松和如释重负，反而有一种沉甸甸的感觉。对我来说，关于福建私营企业主阶层政治参与问题的研究才刚刚开始，很多问题都还有待于进一步深入研究，特别是，对于福建省私营企业主阶层政治参与的途径和渠道还可以分别进行深入研究，福建省不同地区私营企业主政治参与状况的比较研究还只是初步分析，这些问题都为以后的研究留下了更多的任务。我想，沿着这个方向一定有很多课题等着我。

邢建华

2012 年 9 月于福州仓山

图书在版编目(CIP)数据

福建私营企业主阶层的政治参与 / 邢建华著. —北京:社会科学文献出版社, 2012.12 (2013.2 重印)

ISBN 978 - 7 - 5097 - 4197 - 9

Ⅰ.①福… Ⅱ.①邢… Ⅲ.①私营企业 - 企业家 - 参与管理 - 研究 - 中国 Ⅳ.①D621

中国版本图书馆 CIP 数据核字 (2013) 第 004280 号

福建私营企业主阶层的政治参与

著 者 / 邢建华

出 版 人 / 谢寿光
出 版 者 / 社会科学文献出版社
地 址 / 北京市西城区北三环中路甲 29 号院 3 号楼华龙大厦
邮政编码 / 100029

责任部门 / 社会政法分社 (010) 59367156
责任编辑 / 黄金平 关晶焱
电子信箱 / shekebu@ ssap. cn
责任校对 / 王伟涛
项目统筹 / 王 绯
责任印制 / 岳 阳
经 销 / 社会科学文献出版社市场营销中心 (010) 59367081 59367089
读者服务 / 读者服务中心 (010) 59367028

印 装 / 北京季蜂印刷有限公司
开 本 / 787mm × 1092mm 1/16
印 张 / 21
版 次 / 2012 年 12 月第 1 版
字 数 / 353 千字
印 次 / 2013 年 2 月第 2 次印刷
书 号 / ISBN 978 - 7 - 5097 - 4197 - 9
定 价 / 65.00 元